中学教科書ワーク　学習カード

ポケットスタディ 47都道府県

社 会 地 理

音声つき

どの都道府県？　北海道地方

ヒント
❶面積日本一！
❷大規模な農業が盛ん
❸古くからアイヌの人々が住んでいた

1

どの都道府県？　東北地方

ヒント
❶りんごの生産量日本一！
❷「ねぶた祭」が有名
❸有名な伝統産業は漆器の津軽塗

2

どの都道府県？　東北地方

ヒント
❶リアス海岸が続く三陸海岸
❷沖合に潮目（潮境）があってよい漁場
❸南部鉄器が有名

3

どの都道府県？　東北地方

ヒント
❶冷害に強い品種,「ひとめぼれ」を開発
❷仙台七夕まつりは夏の風物詩
❸東北で唯一の政令指定都市がある

4

どの都道府県？　東北地方

ヒント
❶銘柄米の「あきたこまち」
夏は「竿燈まつり」
青森県との県境に世界遺産の「白神山地」

5

どの都道府県？　東北地方

ヒント
❶さくらんぼの生産量日本一
❷「はえぬき」,「つや姫」などの銘柄米
❸天童将棋駒が有名

6

どの都道府県？　東北地方

ヒント
❶ももの生産が盛ん
❷郡山市内の高速道路沿いに工業団地
❸有名な伝統産業は漆器の会津塗

7

どの都道府県？　関東地方

ヒント
❶白菜やねぎなどの近郊農業が盛ん
❷筑波研究学園都市
❸霞ヶ浦がある

8

どの都道府県？　関東地方

ヒント
❶いちごの生産量日本一
❷かんぴょうの生産が盛ん
❸群馬などとともに北関東工業地域の一部

9

どの都道府県？　関東地方

ヒント
❶嬬恋村などで高原野菜を栽培
❷こんにゃくいもの生産が盛ん
❸ここを含む北関東は冬にからっ風が吹く

10

どの都道府県？　関東地方

ヒント
❶さいたま新都心
❷首都圏の水害を防ぐ地下の放水路がある
❸小松菜の生産が盛ん

11

北海道 ◎札幌市

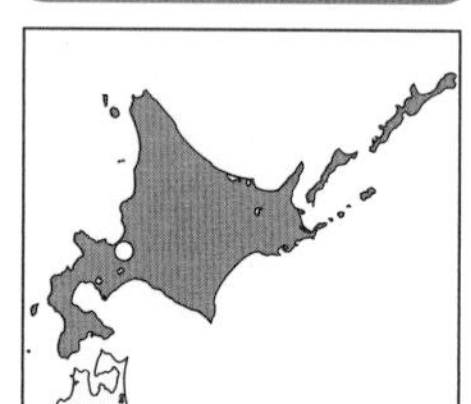

❶面積の特徴は？
❷○○な農業が盛ん
❸古くから住む先住民族の人々は？

\ズバッ/と答えて！

使い方

音声も聞けるよ！

◎切り取ってリングなどでとじましょう。
◎カードは表からも裏からも使えます。
◎それぞれの地図の縮尺は異なります。

https://www.kyokashowork.jp/so11.html

岩手県 ◎盛岡市

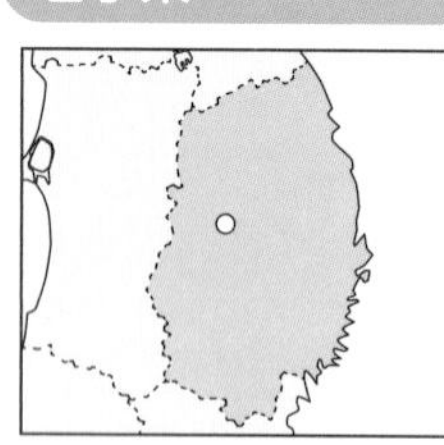

❶リアス海岸で有名
❷暖流と寒流が出会う場所は何？
❸鉄瓶や茶釜で有名な伝統的工芸品は？

\ズバッ/と答えて！

青森県 ◎青森市

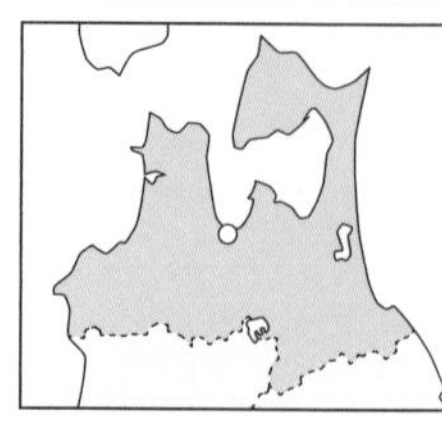

❶生産量１位の果物
❷東北三大祭りの１つ，青森○○祭
❸この県で有名な伝統的工芸品は？

\ズバッ/と答えて！

秋田県 ◎秋田市

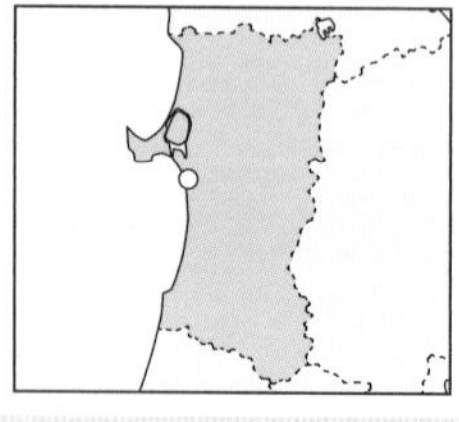

❶産地や品種が登録された米は？
❷東北三大祭りの１つ
❸隣の県との県境にある世界自然遺産

\ズバッ/と答えて！

宮城県 ◎仙台市

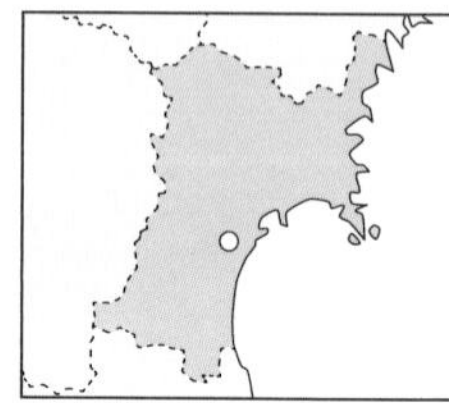

❶やませが原因で起こる農業への被害は？
❷仙台市の夏祭り
❸人口が多く特別な権限をもつ大都市

\ズバッ/と答えて！

福島県 ◎福島市

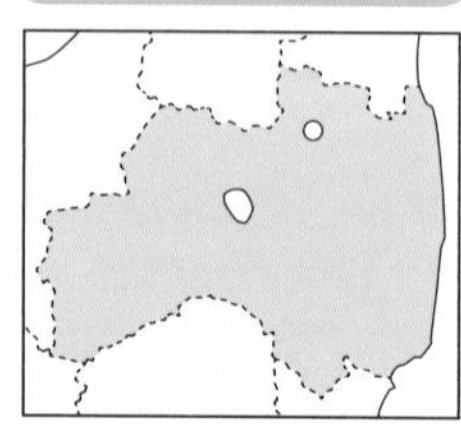

❶県を代表する果物
❷高速道路のそばに工場を集めたのは？
❸会津地方の有名な伝統的工芸品は？

\ズバッ/と答えて！

山形県 ◎山形市

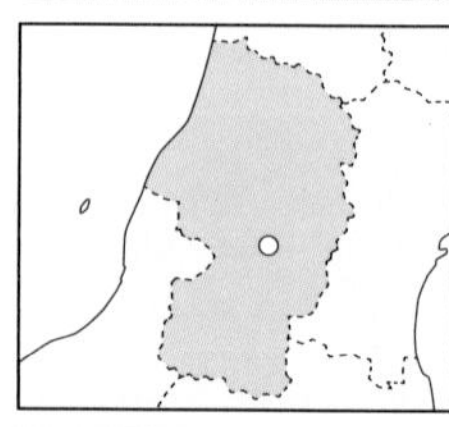

❶佐藤錦などが有名で生産が盛んな果物
❷銘柄米の○○や○○
❸天童市で作られる伝統的工芸品は？

\ズバッ/と答えて！

栃木県 ◎宇都宮市

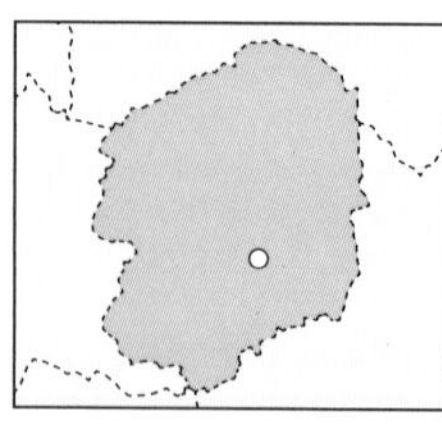

❶とちおとめで有名な農産物
❷盛んにつくられる工芸作物
❸関東内陸の工業地域

\ズバッ/と答えて！

茨城県 ◎水戸市

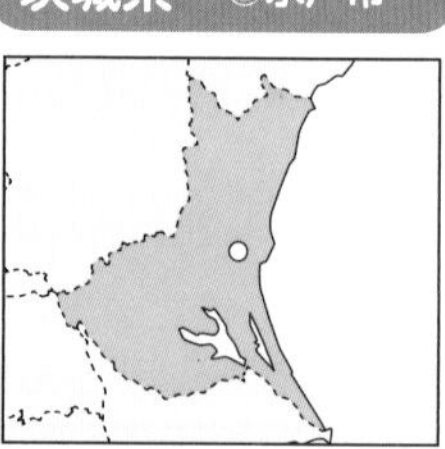

❶大消費地に近い農業
❷大学や研究機関が移転した都市
❸日本で２番目に大きい湖

\ズバッ/と答えて！

埼玉県 ◎さいたま市

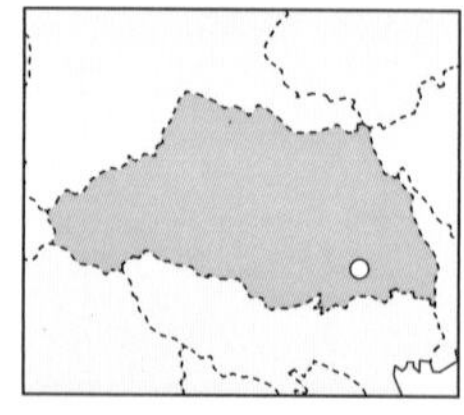

❶さいたま○○○に東京の一部機能を分散
❷春日部市の地下にある放水路が防ぐ災害
❸生産が盛んな野菜

\ズバッ/と答えて！

群馬県 ◎前橋市

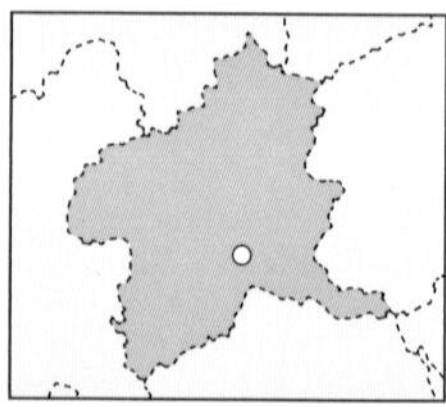

❶キャベツなど冷涼な気候を生かす野菜
❷盛んにつくられる工芸作物
❸内陸の冬の乾いた風

\ズバッ/と答えて！

どの都道府県？　関東地方

ヒント
❶成田国際空港がある
❷石油化学工業が盛んな京葉工業地域
❸落花生の生産量日本一

12

どの都道府県？　関東地方

ヒント
❶首都。政治や経済の中枢で，世界都市
❷過密が深刻化
❸伊豆諸島，小笠原諸島も含む

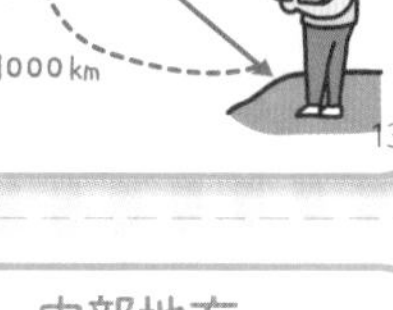

13

どの都道府県？　関東地方

ヒント
❶横浜市で「みなとみらい21」を再開発
❷京浜工業地帯の中心
❸三浦半島で１年中生花を栽培

14

どの都道府県？　中部地方

ヒント
❶米の生産が特に盛ん
❷信濃川・阿賀野川の下流に越後平野
❸燕市などで地場産業の金属加工が盛ん

15

どの都道府県？　中部地方

ヒント
❶チューリップの球根栽培が盛ん
❷アルミニウム加工や製薬が盛ん
❸黒部川で水力発電

16

どの都道府県？　中部地方

ヒント
❶金沢市はもと城下町
❷輪島塗・加賀友禅などの伝統的工芸品
❸北陸新幹線で関東と結び付く

17

どの都道府県？　中部地方

ヒント
❶鯖江市の眼鏡枠
❷越前和紙などの伝統的工芸品が有名
❸恐竜の化石が発掘された

杉田玄白の出身地

18

どの都道府県？　中部地方

ヒント
❶甲府盆地に扇状地が広がる
❷もも・ぶどうの生産が盛ん
❸ワインをつくるワイナリーが多い

19

どの都道府県？　中部地方

ヒント
❶高原野菜のレタスの生産量が日本一
❷諏訪盆地で精密機械工業が発達
❸旧中山道の宿場町の町並みが人気

20

どの都道府県？　中部地方

ヒント
❶濃尾平野に輪中地帯
❷白川郷の合掌造りは世界遺産
❸多治見市でファインセラミックスを生産

21

どの都道府県？　中部地方

ヒント
❶焼津港は遠洋漁業基地の代表
❷茶の生産量日本一
❸製紙や楽器の生産が盛んな東海工業地域

22

どの都道府県？　中部地方

ヒント
❶自動車工業が盛ん
❷中京工業地帯の中心
❸東海の中心で名古屋大都市圏を形成

23

東京都 ◎東京

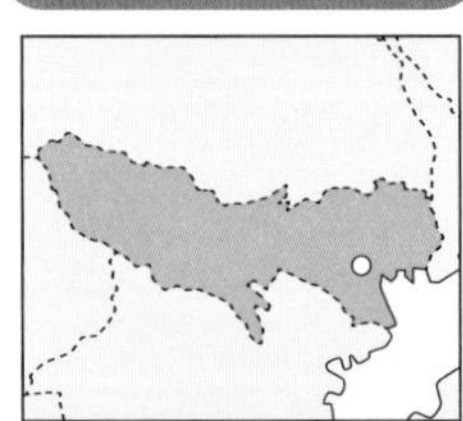

❶政治・経済・文化で世界と結び付く都市
❷人口が集中して起こる問題
❸世界遺産の島

\ズバッ/と答えて！

千葉県 ◎千葉市

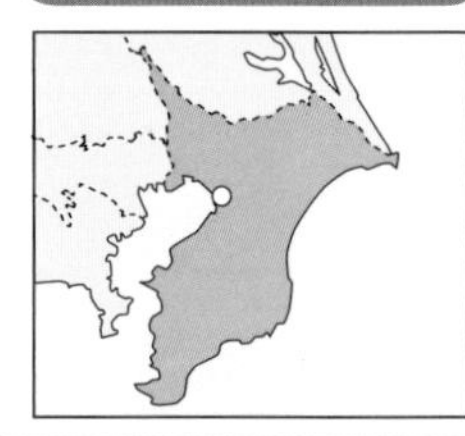

❶日本最大の貿易額の空港
❷東京湾沿いの工業地域
❸生産量日本一の豆

\ズバッ/と答えて！

新潟県 ◎新潟市

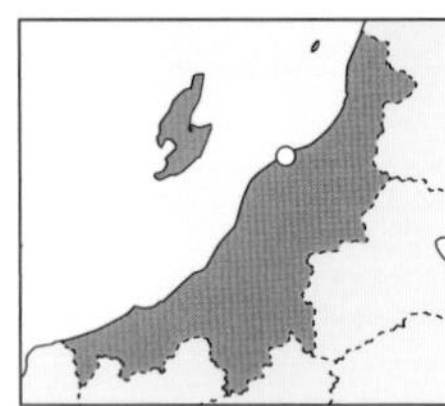

❶生産量１位の穀物
❷日本で一番長い河川
❸北陸などで盛んな冬の副業から生まれた産業

\ズバッ/と答えて！

神奈川県 ◎横浜市

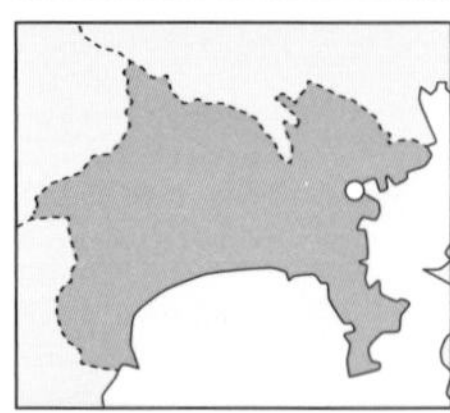

❶町を新しい目的のためにつくり直すこと
❷湾岸部の工業地帯
❸南部の冬でも温暖な半島

\ズバッ/と答えて！

石川県 ◎金沢市

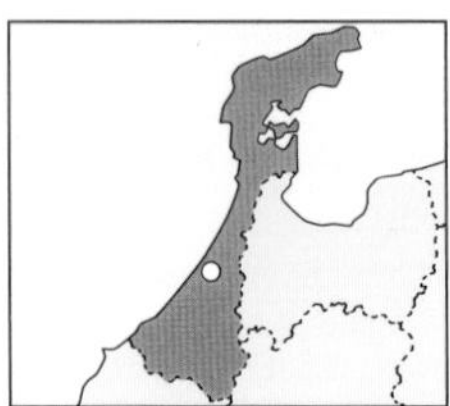

❶城の周りにできた町
❷有名な○○塗
❸東京 - 金沢間を結ぶ新幹線

\ズバッ/と答えて！

富山県 ◎富山市

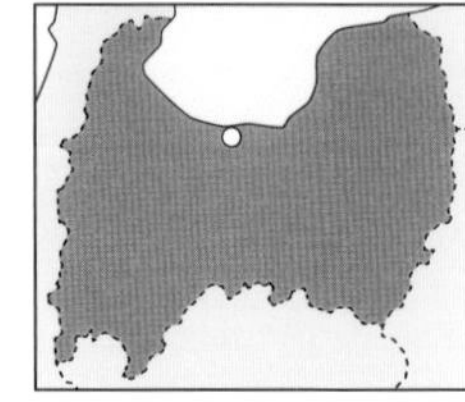

❶県内で球根の栽培が盛んな花
❷雪解け水の利用で何の金属加工が盛ん？
❸水を使った発電

\ズバッ/と答えて！

山梨県 ◎甲府市

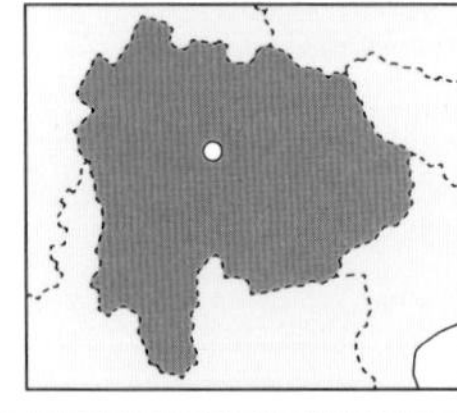

❶山地から川が出るところに広がる傾斜地
❷生産が盛んな果樹
❸生産が盛んなぶどうからつくる酒

\ズバッ/と答えて！

福井県 ◎福井市

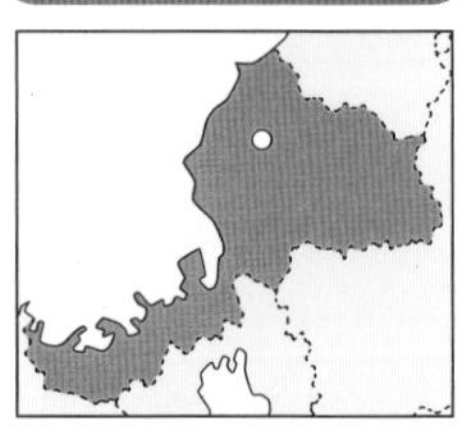

❶鯖江市で盛んに生産
❷古くから伝わる技術でつくる工芸品
❸勝山市で盛んに発掘された○○の化石

\ズバッ/と答えて！

岐阜県 ◎岐阜市

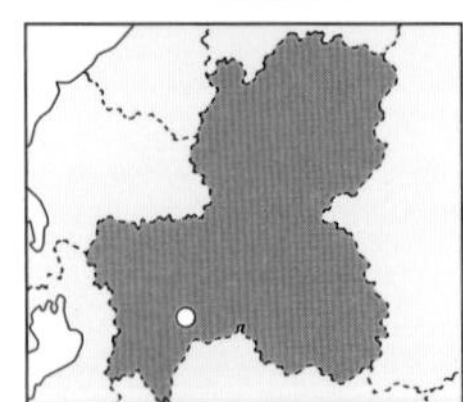

❶南部の濃尾平野で堤防に囲まれた低地
❷白川郷の伝統的な家
❸古くから陶磁器の生産で知られる市

\ズバッ/と答えて！

長野県 ◎長野市

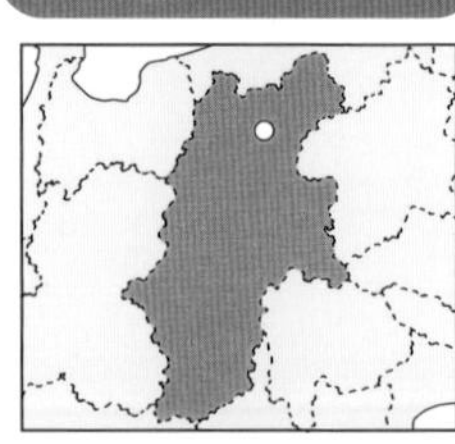

❶標高の高い高原で盛んに栽培される野菜
❷精密機械工業が盛んな○○盆地
❸昔の街道沿いの町

\ズバッ/と答えて！

愛知県 ◎名古屋市

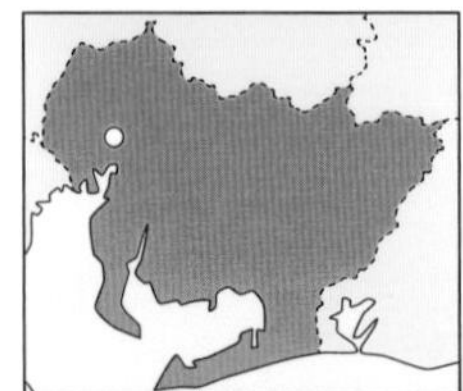

❶最も盛んな工業
❷○○工業地帯の中心
❸三大都市圏のうち名古屋市を中心とした地域

\ズバッ/と答えて！

静岡県 ◎静岡市

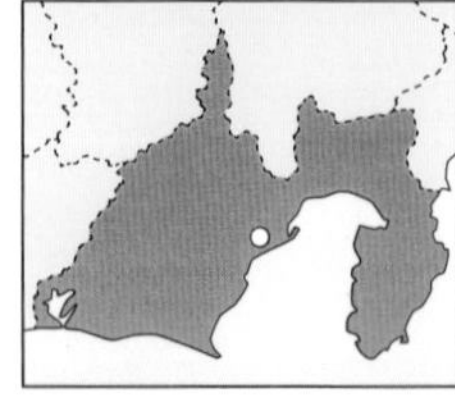

❶世界各地の海でまぐろなどをとる漁業
❷生産量日本一の工芸作物
❸沿岸部の工業地域

\ズバッ/と答えて！

どの都道府県？　近畿地方

ヒント
❶四日市市に石油化学コンビナート
❷リアス海岸が見られる志摩半島
❸東海に含めることもある

「松阪牛」も特産のひとつ！

24

どの都道府県？　近畿地方

ヒント
❶日本最大の湖，琵琶湖がある
❷琵琶湖から大阪湾に淀川が流れる
❸タヌキの置物で有名な信楽焼がある

25

どの都道府県？　近畿地方

ヒント
❶平安京が置かれた
❷西陣織・清水焼などの伝統的工芸品
❸景勝地として知られる天橋立

26

どの都道府県？　近畿地方

ヒント
❶阪神工業地帯の中心
❷高い技術をもつ中小企業の町工場が多い
❸堺市にある大仙古墳は世界遺産に登録

江戸時代は「天下の台所」

27

どの都道府県？　近畿地方

ヒント
❶姫路城
❷郊外の丘陵地を削りニュータウンを建設
❸阪神・淡路大震災の教訓を生かしている

28

どの都道府県？　近畿地方

ヒント
❶平城京が置かれた
❷東大寺の大仏などの文化財が多い
❸紀伊山地ですぎやひのきの林業が盛ん

29

どの都道府県？　近畿地方

ヒント
❶みかんの生産量日本一
❷梅の生産量も日本一
❸黒潮の影響で冬も気候が温暖

30

どの都道府県？　中国・四国地方

ヒント
❶日本最大級の砂丘
❷らっきょう，なしの生産が盛ん
❸境港市は妖怪で町おこし

31

どの都道府県？　中国・四国地方

ヒント
❶「神話の里」といわれ，出雲大社が有名
❷石見銀山は世界遺産に登録
❸宍道湖でしじみの養殖が盛ん

32

どの都道府県？　中国・四国地方

ヒント
❶倉敷市水島地区に石油化学コンビナート
❷白桃・マスカットの生産が盛ん
❸学生服の生産日本一

33

どの都道府県？　中国・四国地方

ヒント
❶かきの養殖が盛ん
❷瀬戸内工業地域の一部
❸呉市や福山市には製鉄所が建設された

34

どの都道府県？　中国・四国地方

ヒント
❶周南市には石油化学コンビナートが形成
❷萩市が観光で人気
❸下関市ではふぐの漁が盛ん

県西部の秋芳洞はラムサール条約に登録！

35

滋賀県 ◎大津市

❶日本最大の湖
❷大阪湾に向かって❶から流れる川
❸甲賀市を中心につくられる陶器

＼ズバッ／と答えて！

三重県 ◎津市

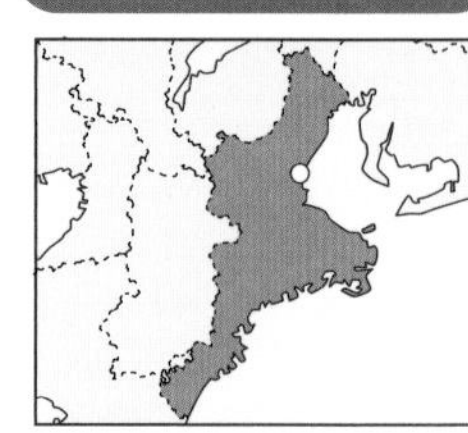

❶伊勢湾岸に石油コンビナートが広がる市
❷入り組んだ海岸
❸三重県と中部地方の太平洋側の地域

＼ズバッ／と答えて！

大阪府 ◎大阪市

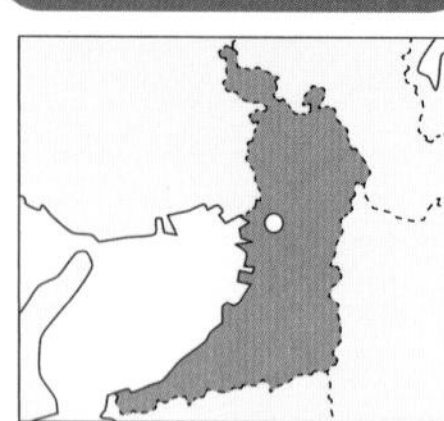

❶○○工業地帯の中心
❷東大阪市の町工場など規模の小さい企業
❸大阪市と○○市は政令指定都市

＼ズバッ／と答えて！

京都府 ◎京都市

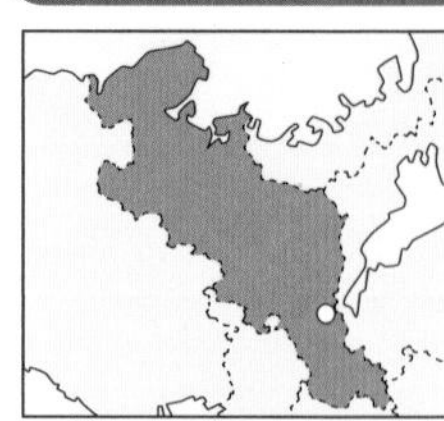

❶ 794 年から置かれた都
❷京都市で生まれた伝統的な織物
❸日本海側の景勝地

＼ズバッ／と答えて！

奈良県 ◎奈良市

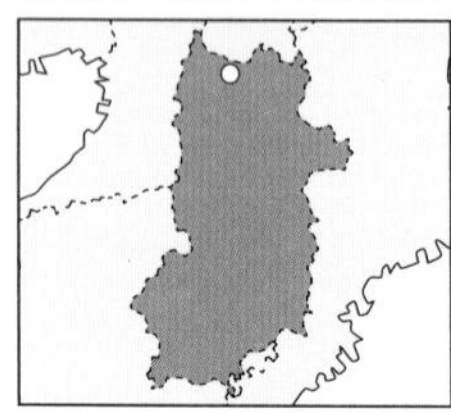

❶奈良時代に置かれていた都
❷奈良の大仏がある寺
❸「吉野すぎ」などの林業が盛んな山地

＼ズバッ／と答えて！

兵庫県 ◎神戸市

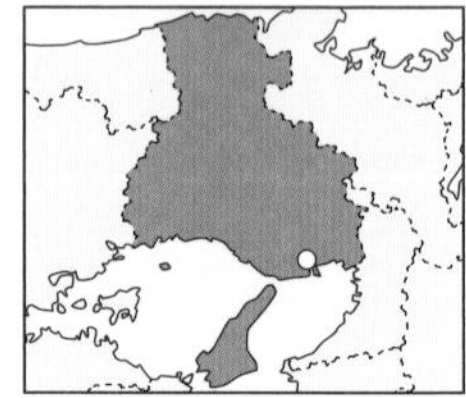

❶世界遺産の城
❷住宅地を広げるために郊外につくった町
❸ 1995 年に起こった震災

＼ズバッ／と答えて！

鳥取県 ◎鳥取市

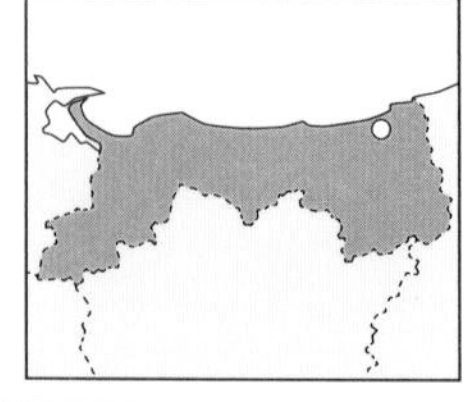

❶日本最大級の砂浜海岸，鳥取○○
❷生産が盛んな果物
❸地域活性化を目指す取り組み

＼ズバッ／と答えて！

和歌山県 ◎和歌山市

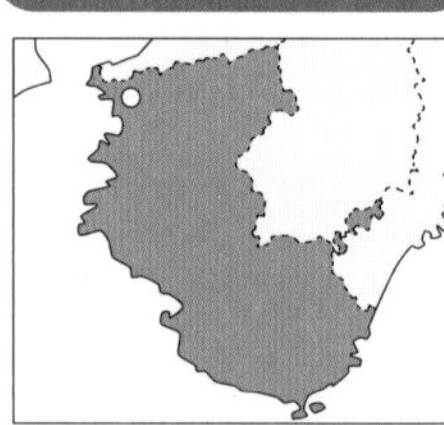

❶愛媛県，静岡県でも生産が盛んな果物
❷生産量日本一の果物
❸日本の太平洋沖を北上する暖流

＼ズバッ／と答えて！

岡山県 ◎岡山市

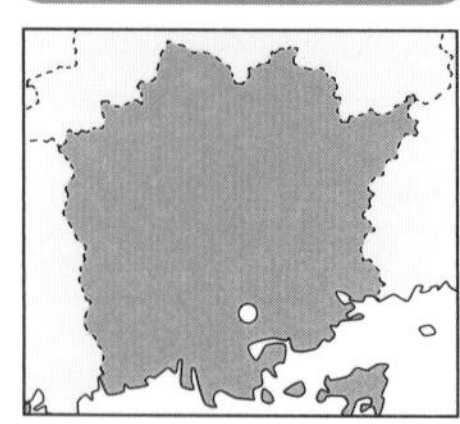

❶石油化学工業や鉄鋼業が盛んな○○市
❷丘陵地で栽培され，海外でも人気の果物
❸生産量日本一の服

＼ズバッ／と答えて！

島根県 ◎松江市

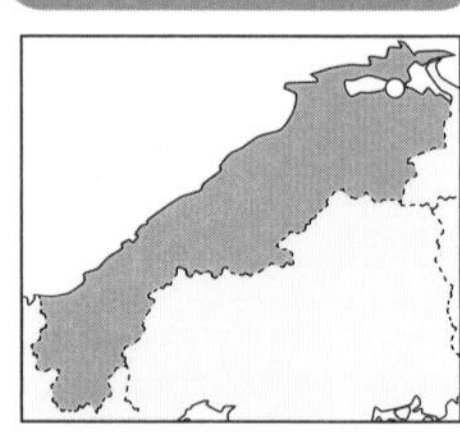

❶神話にも出てくる古い神社
❷世界遺産の史跡
❸宍道湖で養殖しているのは？

＼ズバッ／と答えて！

山口県 ◎山口市

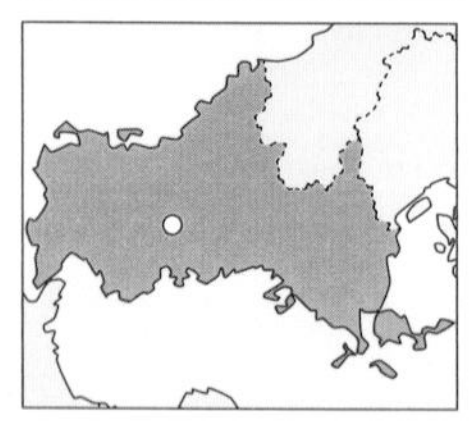

❶石油製品を製造する工場が集まるのは？
❷武家屋敷が人気の市
❸ふぐ漁が盛んな市

＼ズバッ／と答えて！

広島県 ◎広島市

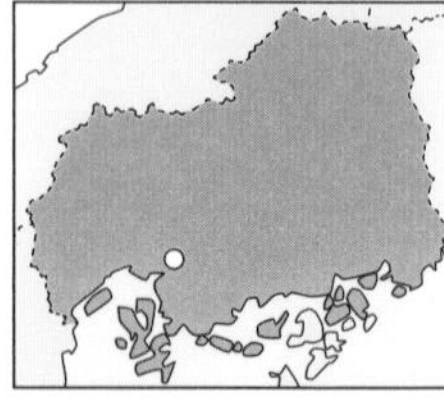

❶養殖が盛んな水産物
❷瀬戸内海沿岸に広がる工業地域
❸呉市や福山市で発達した重化学工業

＼ズバッ／と答えて！

どの都道府県？

中国・四国地方

ヒント

❶大鳴門橋で兵庫県の淡路島とつながる
❷阿波踊りにたくさんの観光客
❸すだちの生産日本一

36

どの都道府県？

中国・四国地方

ヒント

❶瀬戸大橋で岡山県とつながる
❷水不足に備えるためのため池がある
❸オリーブの生産量日本一

37

どの都道府県？

中国・四国地方

ヒント

❶いよかん，まだいの生産量日本一
❷しまなみ海道で広島県とつながる
❸今治市のタオルは地域ブランド

38

どの都道府県？

中国・四国地方

ヒント

❶高知平野でなすやピーマンの促成栽培
❷なすの生産量日本一
❸過疎が進んだ馬路村はゆずで町おこし

39

どの都道府県？

九州地方

ヒント

❶筑紫平野に九州の人口が集中
❷北九州工業地帯（地域）の中心
❸公害の反省から北九州市はエコタウンに

40

どの都道府県？

九州地方

ヒント

❶のりの生産量日本一
❷有田焼などの伝統的工芸品が有名
❸日本最大の干潟のある有明海

41

どの都道府県？

九州地方

ヒント

❶対馬，五島列島など，971 の島々
❷西部は大陸棚が広がり漁業が盛ん
❸島原半島に雲仙岳

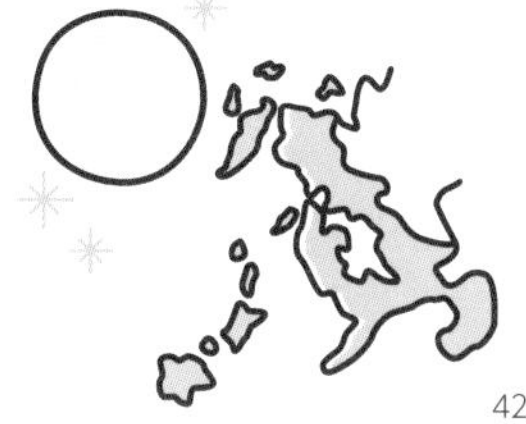

42

どの都道府県？

九州地方

ヒント

❶大きなカルデラを形成した阿蘇山がある
❷水俣市で公害病の経験を生かす取り組み
❸トマトの生産量日本一

43

どの都道府県？

九州地方

ヒント

❶温泉のわき出す量が日本一
❷別府温泉や湯布院温泉が有名
❸日本最大級の地熱発電所

44

どの都道府県？

九州地方

ヒント

❶きゅうり・ピーマンの促成栽培
❷ブランド化したマンゴーが人気
❸鶏肉（ブロイラー）の生産量が日本一

45

どの都道府県？

九州地方

ヒント

❶活発に活動する桜島
❷豚の飼育頭数が日本一
❸水はけのよいシラス台地が広がる

世界遺産「屋久島」

46

どの都道府県？

九州地方

ヒント

❶かつての琉球王国
❷サンゴ礁の美しい海を観光に生かす
❸アメリカ軍の軍用地が多く置かれている

47

香川県 ◎高松市

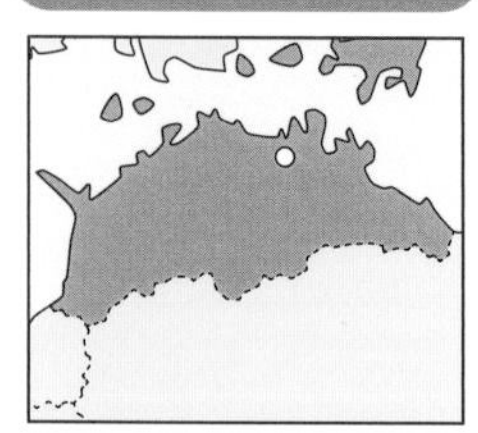

❶岡山県と香川県をつなぐ橋
❷讃岐平野で水不足を防ぐ池
❸小豆島で生産が盛ん

\ズバッ/と答えて！

徳島県 ◎徳島市

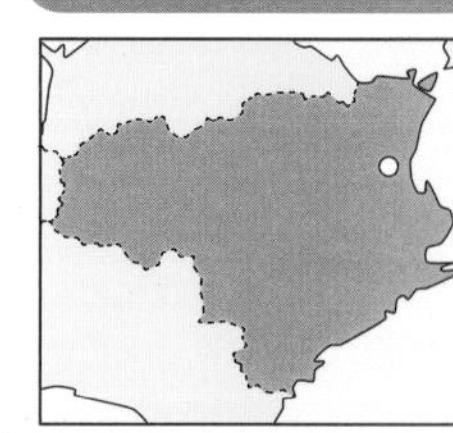

❶明石海峡大橋と○○橋で本州とつながる
❷８月に行われる人気の祭り
❸生産量日本一の果物

\ズバッ/と答えて！

高知県 ◎高知市

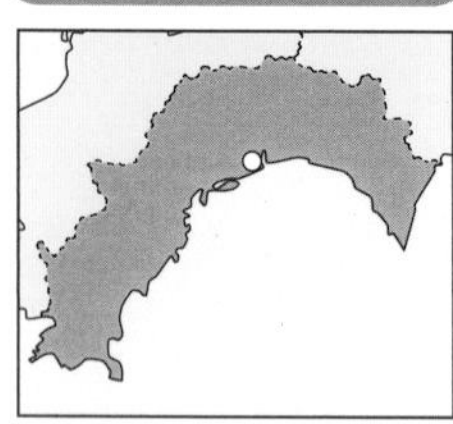

❶温暖な気候を生かして野菜や果物を生産
❷生産量日本一の野菜
❸地域の人口が減ること

\ズバッ/と答えて！

愛媛県 ◎松山市

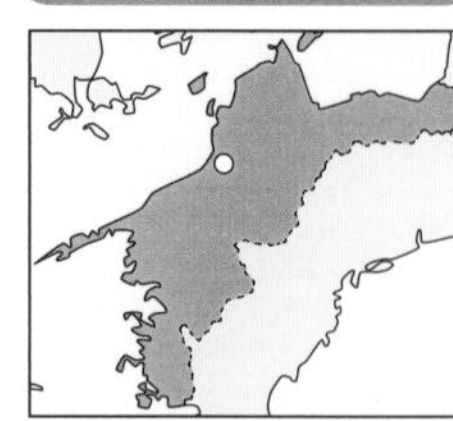

❶養殖が盛んな魚
❷本州四国連絡橋の尾道 - 今治ルート
❸高品質なタオルの生産が盛んな市

\ズバッ/と答えて！

佐賀県 ◎佐賀市

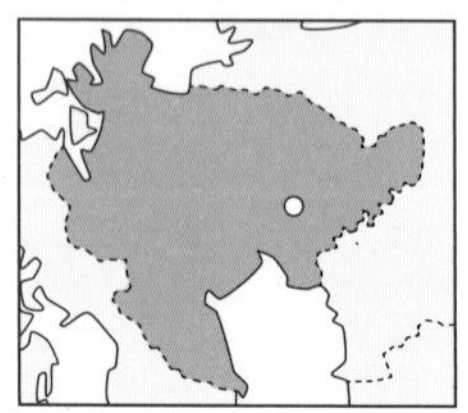

❶養殖で生産量日本一の水産物
❷○○焼で有名な磁器
❸❶の養殖が盛んな海

\ズバッ/と答えて！

福岡県 ◎福岡市

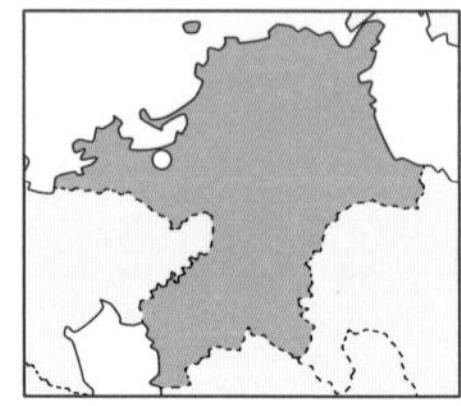

❶福岡県と佐賀県にかけて広がる平野
❷日本の重工業が発祥した工業地帯
❸かつて製鉄業で発展

\ズバッ/と答えて！

熊本県 ◎熊本市

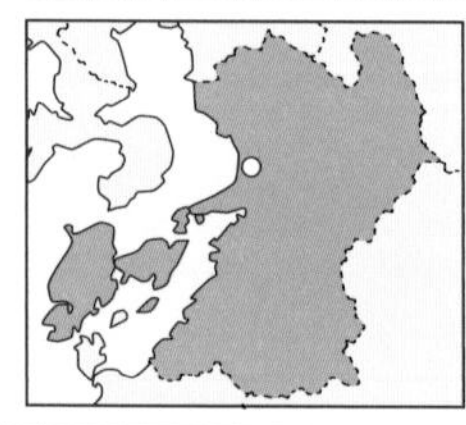

❶火山の噴火でできた大きなくぼ地
❷環境モデル都市になった市
❸生産量日本一の野菜

\ズバッ/と答えて！

長崎県 ◎長崎市

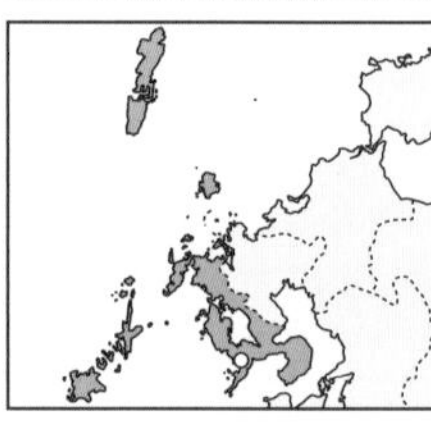

❶○○や五島列島など多くの島からなる
❷大陸の周辺の水深200m までの海底
❸島原半島に○○岳

\ズバッ/と答えて！

宮崎県 ◎宮崎市

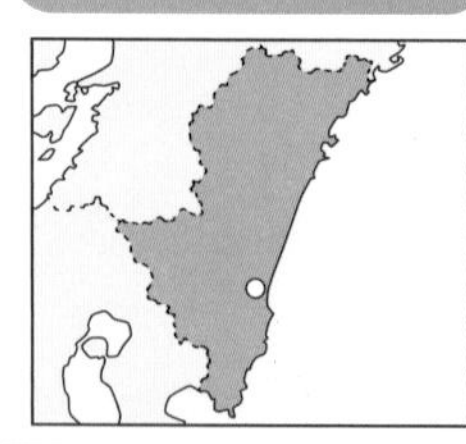

❶促成栽培される，生産量日本一の野菜
❷ブランド化した果物
❸生産量日本一の畜産物

\ズバッ/と答えて！

大分県 ◎大分市

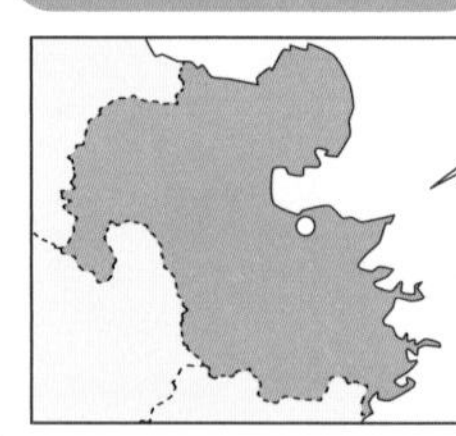

❶火山で温められた地下水がわき出す
❷○○温泉や湯布院温泉が有名
❸火山の熱を使う発電

\ズバッ/と答えて！

沖縄県 ◎那覇市

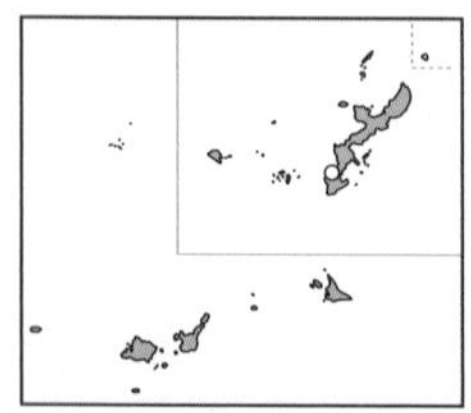

❶かつて栄えた国は？
❷○○の海を観光に生かす
❸置かれているのはどこの国の軍用地？

\ズバッ/と答えて！

鹿児島県 ◎鹿児島市

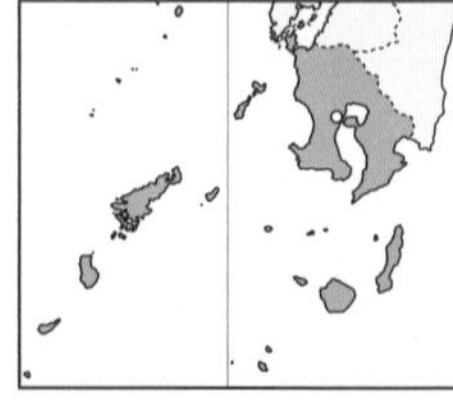

❶薩摩半島と大隅半島の間にある火山
❷飼育頭数が日本一
❸火山の噴出物でできた台地

\ズバッ/と答えて！

日本文教版 社会地理 もくじ

カード音声

		教科書ページ	ステージ1 確認のワーク	ステージ2 定着のワーク	ステージ3 実力判定テスト
第1編 世界と日本の地域構成					
1	世界の地域構成	2〜7	2〜3	6〜7	14〜17
		8〜11	4〜5		
2	日本の地域構成	12〜15	8〜9	12〜13	
		16〜21	10〜11		
第2編 世界のさまざまな地域					
第1章	世界各地の人々の生活と環境	24〜29	18〜19	24〜25	26〜29
		30〜35	20〜21		
		36〜41	22〜23		
第2章	世界の諸地域				
1	アジア州	46〜49	30〜31	34〜35	36〜37, 48〜49
		50〜55	32〜33		
2	ヨーロッパ州	60〜63	38〜39	44〜45	46〜49
		64〜69	40〜41		
3	アフリカ州	74〜80	42〜43		
4	北アメリカ州	84〜87	50〜51	54〜55	56〜57, 66〜67
		88〜93	52〜53		
5	南アメリカ州	98〜103	58〜59	62〜63	64〜67
6	オセアニア州	108〜116	60〜61		
第3編 日本のさまざまな地域					
第1章	地域調査の手法	120〜137	68〜69	70〜71	—
第2章	日本の地域的特色と地域区分	140〜143	72〜73	76〜77	78〜79, 88〜89
		144〜149	74〜75		
		152〜155	80〜81	84〜85	86〜89
		156〜161	82〜83		
第3章	日本の諸地域				
1	九州地方	166〜169	90〜91	96〜97	98〜99, 114〜115
		170〜175	92〜93		
2	中国・四国地方	180〜189	94〜95		
3	近畿地方	194〜197	100〜101	104〜105	112〜115
		198〜203	102〜103		
4	中部地方	208〜211	106〜107	110〜111	
		212〜217	108〜109		
5	関東地方	222〜225	116〜117	120〜121	130〜133
		226〜231	118〜119		
6	東北地方	236〜239	122〜123	128〜129	
		240〜245	124〜125		
7	北海道地方	250〜259	126〜127		
第4章	地域のあり方	264〜273	134	135	—

プラスワーク　世界の国々　136

特別ふろく
- 定期テスト対策
  - 予想問題　137〜152
  - スピードチェック　別冊
- 学習サポート
  - ポケットスタディ(学習カード)
  - どこでもワーク(スマホアプリ)
  - 要点まとめシート
  - ホームページテスト

※付録について，くわしくは表紙の裏や巻末へ

解答と解説　別冊

写真提供：アフロ，AP（敬称略・五十音順）
ポケットスタディ音声：那波一寿

予習・復習 こつこつ 解答 p.1

確認のワーク ステージ1　1　世界の地域構成①

教科書の要点　(　)にあてはまる語句を答えよう。

1 地球の姿をながめよう　教 p.2～3

●六大陸と三大洋

◆六大陸▶ユーラシア大陸，アフリカ大陸，北アメリカ大陸，南アメリカ大陸，オーストラリア大陸，(①　　)大陸。

◆三大洋▶(②　　)，大西洋，インド洋。

◆陸地と海洋の面積の割合▶約３対７。

↓世界の姿

●六つの州に分けられる世界

◆六つの州▶アジア州，(③　　)州，(④　　)州，北アメリカ州，南アメリカ州，オセアニア州。

(③ ユーラシア大陸のもう一つの州)
(④ 人類誕生の地といわれる)

2 主な国々の名前と位置をとらえよう(1)　教 p.4～5

●国境からみる世界

◆国境▶山地，川，海洋など，自然の地形を利用したものと，緯線や経線を使った人工的なものがある。

(植民地時代の名残が多い)

◆(⑤　　)▶海に囲まれている国。

◆(⑥　　)▶国土が海に面していない国。

↓アジア州の区分

●人口と面積からみる世界

◆世界の人口▶(⑦　　)億人以上(2020年)。中国，インドの人口は10億人をこえる。

◆世界最大の面積の国▶(⑧　　)は，世界の陸地の１割を占める。

(⑧ 1700万km²をこえる)

◆(⑨　　)▶ある地域の人口をその面積で割った値。１km²あたりの人口の数を示すことができる。日本は世界平均の約６倍。

3 主な国々の名前と位置をとらえよう(2)　教 p.6～7

●国名からみる世界

◆国名▶その国の地形や気候，民族や文化，歴史などから名づけられている。

(エジプトは「ナイルのたまもの」)

●国旗からみる世界

◆(⑩　　)▶色や形，図柄には，国の歴史や人々の思いがこめられていて，国の象徴となっている。

(アメリカの国旗の星は州の数)

↓似た図柄の国旗

上からイギリス，オーストラリア，ニュージーランドの国旗だよ。

まるごと暗記　3：7 陸地と海の面積比，水の惑星　人口密度 人口÷面積

教科書の資料　次の問いに答えよう。

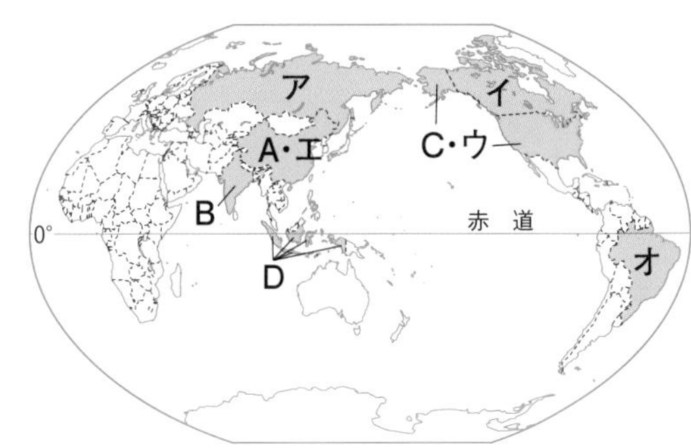

(1) 地図中のA～Dは，人口の多い国上位４か国です。あてはまる国名を書きなさい。

A（　　　）
B（　　　）
C（　　　）
D（　　　）

(2) 地図中のア～オは，面積の広い国上位５か国です。あてはまる国名を書きなさい。

ア（　　　）　イ（　　　）　ウ（　　　）

エ（　　　）　オ（　　　）

チェック 教科書一問一答　次の問いに答えよう。

/10問中

★は教科書の太字の語句

1 地球の姿をながめよう

①三大洋は，太平洋(たいへいよう)，大西洋と，もう一つは何ですか。　□①

②２つの州を含(ふく)む，最も広い大陸を何といいますか。　□②

③１つの国しかないのはどの大陸ですか。　□③

④アジア州をさらに細かく分けたとき，インドやパキスタンを含む地域を何といいますか。　□④

2 主な国々の名前と位置をとらえよう(1)

⑤イギリスや日本のように，海に囲まれた国を何といいますか。　□⑤★

⑥モンゴルやスイスのように，国土が海に面していない国を何といいますか。　□⑥★

⑦世界で最も人口が少なく，面積も最も小さい国はどこですか。　□⑦

⑧ある地域の人口をその面積で割ることで計算できるのは何ですか。　□⑧★

3 国々の名前と位置(2)

⑨日本の国旗のことを何といいますか。　□⑨

⑩ナイルのたまものという意味の国はどこですか。　□⑩

国旗の縦の長さと横の長さの比は，２：３が最も多く，世界のおよそ半分の国があてはまります。また，１：１を使用している国は，スイスとバチカン市国の２か国だけです。

予習・復習 こつこつ 解答 p.1

確認のワーク ステージ1

1 世界の地域構成②

教科書の要点 （　）にあてはまる語句を答えよう。

1 緯度と経度のしくみをとらえよう 教 p.8～9

●緯度・経度▶国や都市の位置を正確にあらわすことができる。

◆（①　　　　）▶ある地点の南北の位置をあらわす。

■緯線▶赤道と平行に引かれた線。緯度をあらわす。

■（②　　　　）▶0度の緯線。北側…**北半球**。南側…**南半球**。

■**北緯・南緯**▶それぞれ（③　　　　）**度まで**。

◆（④　　　　）▶ある地点の東西の位置をあらわす。

■経線▶北極点と南極点を結んだ線。経度をあらわす。

■（⑤　　　　）▶ロンドン（イギリス）の郊外にあるグリニッジを通る0度の経線。東側…**東半球**。西側…**西半球**。

■**東経・西経**▶それぞれ（⑥　　　　）**度まで**。

2 地球儀と世界地図から世界をとらえよう 教 p.10～11

●**地球儀と世界地図**

◆（⑦　　　　）▶地球を小さくした模型。

■距離，方位，面積，形をほぼ正確にあらわす。

■一度に全体を見ることができない。持ち運びに不便。

◆（⑧　　　　）▶丸い地球を平面であらわしたもの。

■持ち運びに便利。

■距離，方位，面積，形のすべては正確にあらわせない。

●**地図の図法**▶**距離**，**方位**，**面積**，**形**のうち，いくつかを正確にあらわす約束。

◆（⑨　　　　）**図法**▶地図上の2地点を結ぶ直線が経線に対して等しい角度になる。

◆（⑩　　　　）**図法**▶面積が正しい。

◆**正距方位図法**▶中心からの距離と方位が正しい。

↓緯度と経度のしくみ

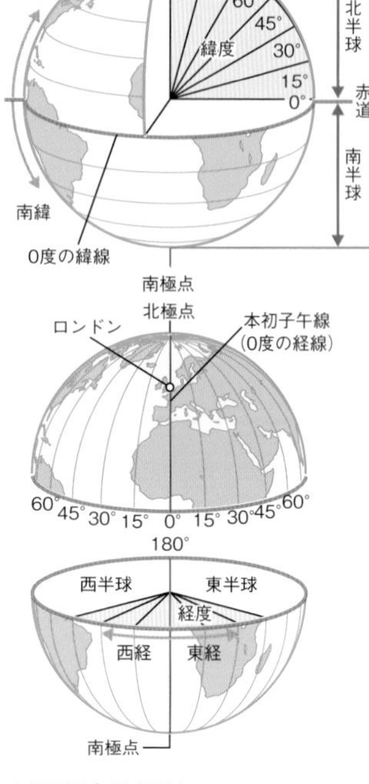

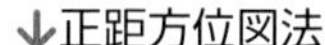

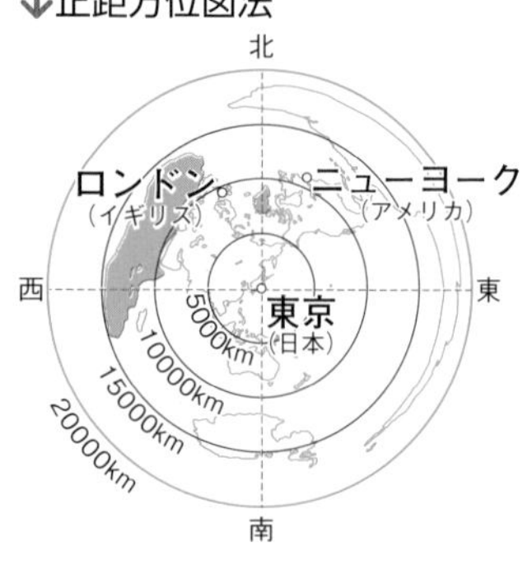

↓正距方位図法

↓モルワイデ図法

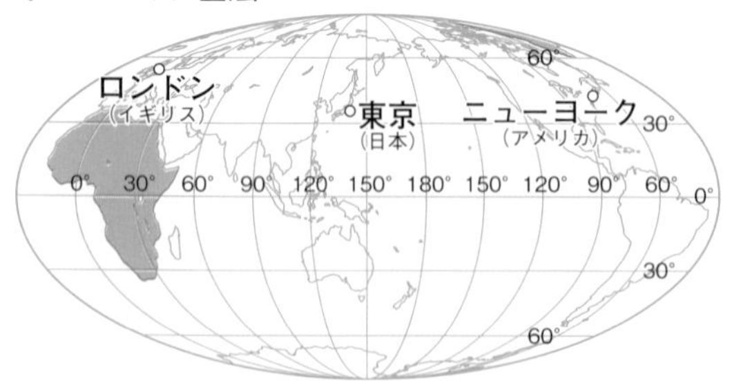

↓メルカトル図法

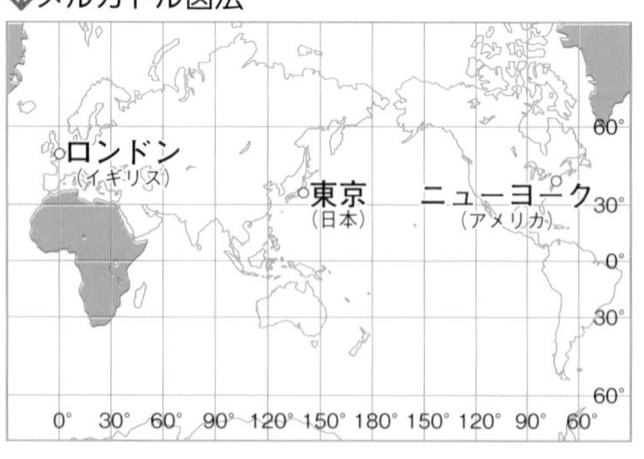

まるごと暗記　緯度 南北の位置をあらわす。赤道が０度　経度 東西の位置をあらわす。本初子午線が０度

教科書の資料　次の問いに答えよう。

(1) 次の緯度・経度であらわされる地点を，地図中のA～Cからそれぞれ選びなさい。

① 南緯30度，東経135度 (　　)

② 北緯45度，西経75度 (　　)

③ 北緯10度，東経45度 (　　)

(2) 北半球と東半球に含まれるものを，地図中のA～Cから選びなさい。 (　　)

(3) 日本の東京（とうきょう）の緯度と経度は，およそ何度ですか。□からそれぞれ選びなさい。

緯度 (　　)

経度 (　　)

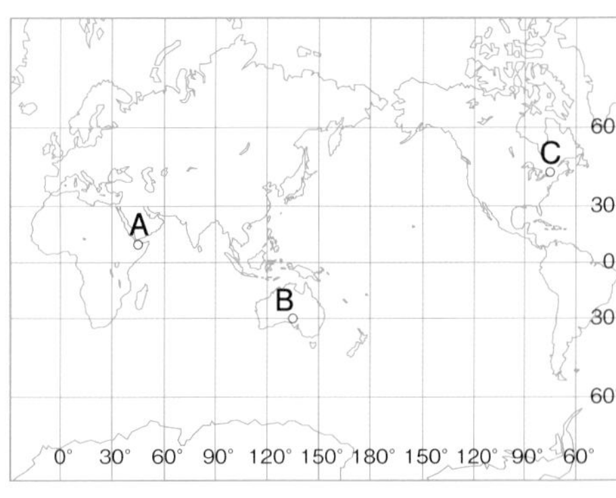

北緯36度　南緯36度

東経140度　西経140度

チェック 教科書一問一答　次の問いに答えよう。

/10問中

★は教科書の太字の語句

1 緯度と経度のしくみをとらえよう

①地球上の南北の位置を示す線を何といいますか。 □★①＿＿＿＿

②地球上の東西の位置を示す線を何といいますか。 □★②＿＿＿＿

③北緯は何度までありますか。 □③＿＿＿＿

④赤道より南側を何といいますか。 □④＿＿＿＿

⑤本初子午線（ほんしょしごせん）が通る，グリニッジがある国はどこですか。 □⑤＿＿＿＿

⑥本初子午線の東側を何といいますか。 □⑥＿＿＿＿

⑦西経は何度までありますか。 □⑦＿＿＿＿

2 地球儀と世界地図から世界をとらえよう

⑧距離，方位，面積，形をほぼ正確にあらわすことができる地球の模型を何といいますか。 □★⑧＿＿＿＿

⑨地球の表面を正確に地図であらわすための地図の作成方法を何といいますか。 □★⑨＿＿＿＿

⑩中心からの距離と方位が正しくなる地図の作成方法を何といいますか。 □⑩＿＿＿＿

知識の泉　地球は丸いといわれますが，正確には赤道の全周は約40075km，経線の全周は約40008kmであり，完全な球体ではありません。

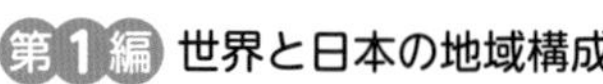

こつこつ テスト直前 解答 p.1

定着のワーク ステージ2 1 世界の地域構成

1 六大陸と三大洋 次の問いに答えなさい。

(1) 世界を構成する大陸や海洋，州について述べた文として正しいものを次から選びなさい。（　　）

ア 世界で最も広い大陸はアフリカ大陸である。

イ 世界は八つの州で構成されている。

ウ 州に区分されない大陸がある。

(2) Cの大陸にある国をすべて書きなさい。（　　　　）

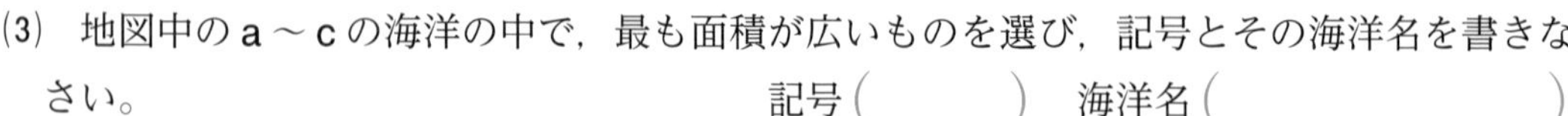

(3) 地図中のa～cの海洋の中で，最も面積が広いものを選び，記号とその海洋名を書きなさい。 記号（　　） 海洋名（　　　　）

(4) アジアを細かく分けたときに西アジアにある国を，次から選びなさい。（　　）

ア カザフスタン　イ インド

ウ サウジアラビア　エ 韓国(かんこく)

(5) 海洋と陸地の面積のおおよその割合を，次から選びなさい。（　　）

ア 3対7　イ 3対5　ウ 7対3　エ 5対3

(1)地図上でアフリカ大陸はどれでしょうか。
(3)海洋名の漢字に注意しましょう。

2 世界の国々 次の問いに答えなさい。

(1) 地図中のA～Dの中で，次の説明があてはまるものを選び，記号と国名をそれぞれ書きなさい。

① 最も面積が広い国 記号（　　） 国名（　　　　）

② 東アジアにある，人口が10億人をこえる国 記号（　　） 国名（　　　　）

③ 面積では上位5か国に入っていないが，人口では上位5か国に入っている国 記号（　　） 国名（　　　　）

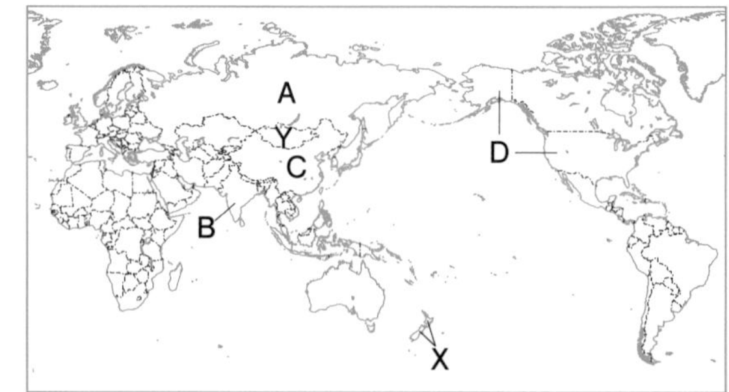

(2) 地理的な特徴から，Xのような国々とYのような国々のことをそれぞれ何といいますか。

X（　　　　）　Y（　　　　）

(3) 人口を面積で割った値のことを何といいますか。（　　　　）

(1)③南アジアの国です。
(2)国の境に注目しましょう。

3 緯度・経度　次の問いに答えなさい。

(1)　次の文中の□にあてはまる語句をそれぞれ書きなさい。

①(　　　　　)　②(　　　　　)

③(　　　　　)　④(　　　　　)

地球上のある地点の南北の位置をあらわす ① 度は，② を0度として，北 ① と南 ① に分けられる。地球上のある地点の東西の位置をあらわす ③ 度は，ロンドンの ④ を通る ③ 線を0度として，東 ③ と西 ③ に分けられる。

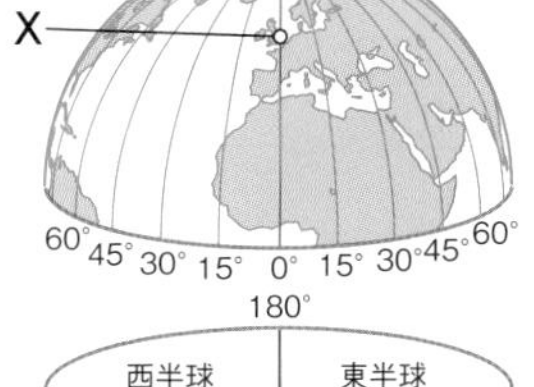

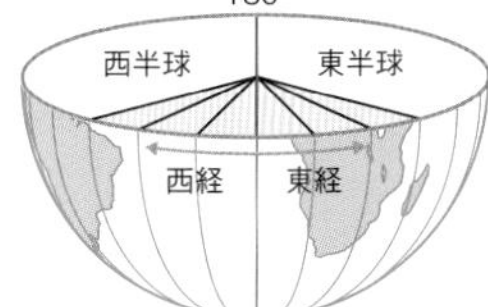

(2)　右の図のXの線を何といいますか。

(　　　　　)

(3)　180度まであるのは，緯度と経度のどちらですか。

(　　　　　)

ヒントの森
(2)経線は，子午線ともいわれます。

4 地球儀と地図　次の問いに答えなさい。

(1)　距離（きょり），方位，面積，形をほぼ正確に表した地球の模型（もけい）を何といいますか。

(　　　　　)

レベルUP

(2)　次の地図を見て，あとの問いに答えなさい。

A

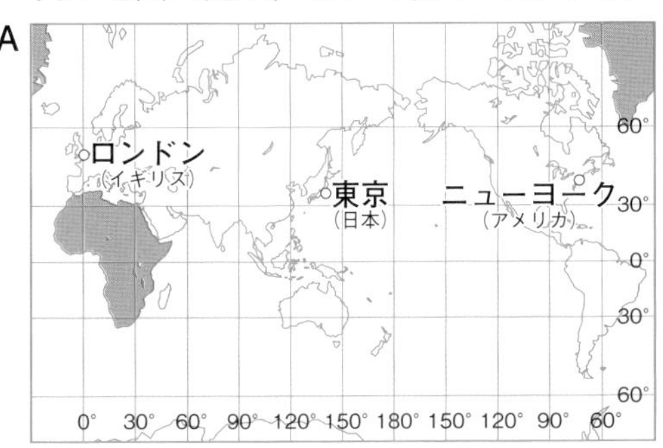

B

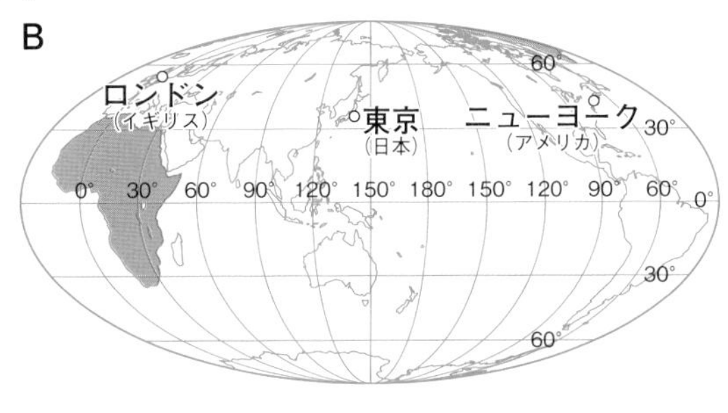

C

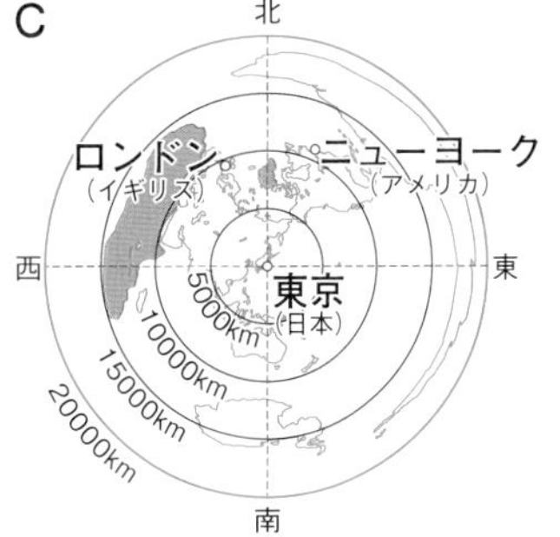

①　A～Cにはどのような特徴がありますか。次からそれぞれ選びなさい。

A(　　　)　B(　　　)　C(　　　)

ア　地図中の2地点を結ぶ直線が経線に対して等しい角度になる。

イ　地図の中心から各地への距離と方位が正しくなる。

ウ　形のゆがみをおさえ，面積が正しくなる。

②　A～Cの図法を，□からそれぞれ選びなさい。

A(　　　　　)　B(　　　　　)

C(　　　　　)

正距方位図法　　モルワイデ図法　　メルカトル図法

(3)　8方位で方角を表すとき，南と東の間にある方位を何といいますか。　(　　　　　)

ヒントの森
(1)世界全体をいちどに見渡すことはできません。
(3)方位を表すときは，東西よりも南北を優先します。

予習・復習　こつこつ　解答 p.2

確認のワーク ステージ1　2　日本の地域構成①

教科書の要点　(　)にあてはまる語句を答えよう。

1 日本の位置をとらえよう　教 p.12〜13

●緯(い)度(ど)・経度からみた日本の位置

◆南北▶およそ(①　　　　)20度〜46度の範囲。北半球にある。同緯度に，スペイン，エジプト，イラン，中国，アメリカなど。

◆東西▶およそ(②　　　　)122度〜154度の範囲。東半球にある。同経度に，ロシア，韓国(かんこく)，オーストラリアなど。

↓日本と緯度・経度が同じ範囲

東経122度　東経154度　北緯46度　北緯20度　北端　東端　南端　西端　赤道　大西洋　インド洋　太平洋

●他国からみた日本の位置

◆(③　　　　)（海洋国）のため，周辺の韓国，北朝鮮(きたちょうせん)，中国，ロシア，フィリピンなどと海をはさみとなり合う。

◆(④　　　　)大陸の東，(⑤　　　　)洋の西側に位置。極東ともよばれる

↓ユーラシア大陸からみた日本

日本　韓国　北朝鮮　ロシア　中国　ユーラシア大陸　太平洋　オホーツク海　日本海　東シナ海

2 日本と世界各地との時差(じさ)をとらえよう　教 p.14〜15

●世界各地の標準時(ひょうじゅんじ)

◆時差▶世界の国々の標準時の差。

◆(⑥　　　　)▶標準時子午線(ひょうじゅんじしごせん)の真上に太陽がきたときを午後0時（正午）とする。

■日本▶明石(あかし)市を通る**東経**(⑦　　　　)度の経線が標準時子午線。

●時差のしくみを知る

◆地球は24時間で1回転（1時間に15度回転）→(⑧　　　　)**度**で**1時間**の時差。

◆(⑨　　　　)▶西側は東側より日付が1日進む。

■(⑩　　　　)度の経線にほぼ沿(そ)う。

↓世界の時差

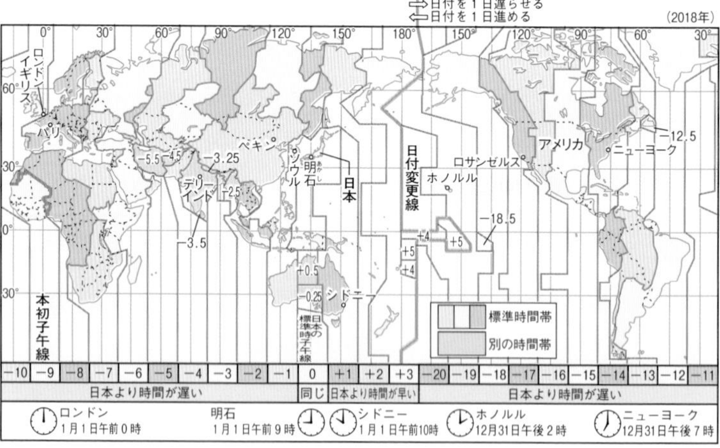

（「World Time Zone」資料ほか）

時差 経度15度で1時間の差　日付変更線 西側は東側より日付が1日進む

教科書の資料 次の問いに答えよう。

(1) 日付変更線について，次の文の①・②にあてはまる語句を□から書きなさい。

①(　　　　)　②(　　　　)

日付変更線をAからBにこえるときは，日付を1日[①]。反対に，BからAにこえるときは，日付を1日[②]。

進める　遅らせる

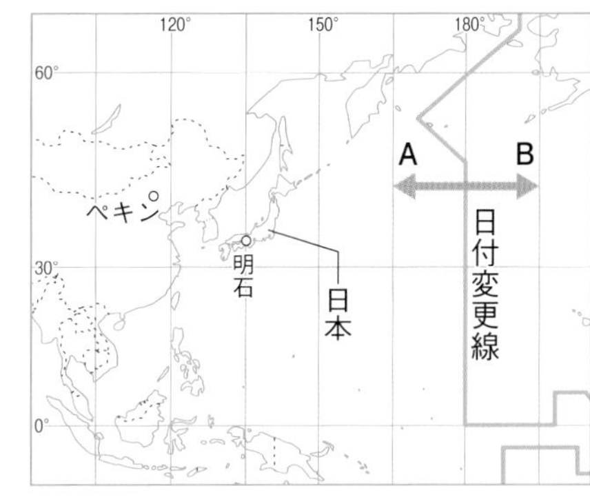

(2) ペキンの標準時子午線は，東経120度です。ペキンと日本との時差は何時間ですか。

(　　　　)

チェック 教科書一問一答 次の問いに答えよう。

/10問中

★は教科書の太字の語句

1 日本の位置をとらえよう

①日本は，北半球と南半球のどちらにありますか。　□①

②日本は，東半球と西半球のどちらにありますか。　□②

③東アジアの国から見て，日本はどの方角にありますか。　□③

④日本を含む東アジアは，ヨーロッパから見て東の果てであることから，何とよばれることがありますか。　□④

⑤日本と緯度が同じ範囲にある国は，オーストラリア，中国，ブラジルのうちのどこですか。　□⑤

⑥日本の南にあり，日本と経度が同じ範囲にある大陸はどこですか。　□⑥

2 日本と世界各地との時差をとらえよう

⑦15度で1時間生じる，世界各地の標準時の差を何といいますか。　□★⑦

⑧世界各国が設定している，その国の標準時のもととなる経線を何といいますか。　□★⑧

⑨日本の⑧が通る兵庫県の都市はどこですか。　□⑨

⑩日本の⑧の経度は何度ですか。　□⑩

ロシアやアメリカなど国土が東西に広い国は，複数の標準時を設定していることがありますが，中国は1つの標準時しかありません。

予習・復習 こつこつ 解答 p.2

確認のワーク ステージ1 2 日本の地域構成②

教科書の要点 （ ）にあてはまる語句を答えよう。

1 日本の領域の特色をとらえよう 教 p.16~17

●日本の領域をとらえる/日本の海の国境

◆（①　　　　）▶国の主権がおよぶ範囲。陸地である領土，領土に接する海域である領海，領土と領海の上の空間の領空からなる。

◆（②　　　　）▶海岸線から200海里までの範囲のうち，領海を除く部分。水産資源や鉱産資源を利用できる。（人工衛星の軌道あたりまで）

◆日本の領土▶北海道，本州，四国，九州の四つの大きな島と，周辺の伊豆諸島，小笠原諸島，南西諸島などの島々。多くの離島がある。面積は約37万8000km²。

◆日本の（③　　　　）▶海上に引かれる。

↓日本の領域と排他的経済水域

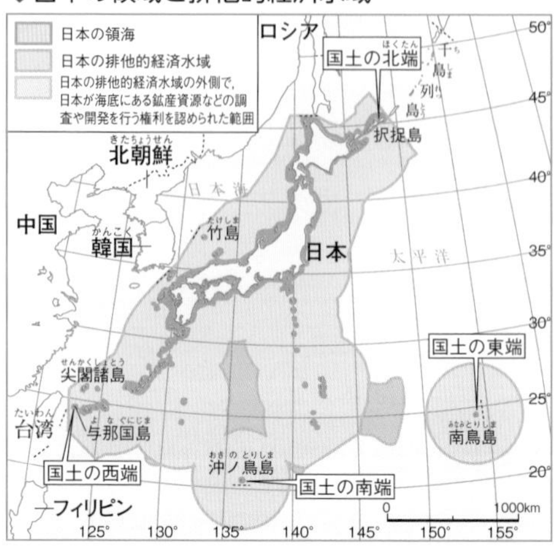

2 日本の領域をめぐる問題をとらえよう 教 p.18~19

●北方領土▶歯舞群島，色丹島，国後島，択捉島からなる日本固有の領土。（④　　　　）が不法に占拠。（北海道）

●（⑤　　　　）▶日本海にある日本固有の領土。韓国が不法に占拠。（島根県）

●領土問題▶北方領土と竹島の領土問題の解決をめざす。（ビザなし交流などの実施）

●尖閣諸島▶東シナ海にある日本固有の領土で，領土問題は存在しない。（⑥　　　　）が領有権を主張。（沖縄県）

↓領域と排他的経済水域の範囲

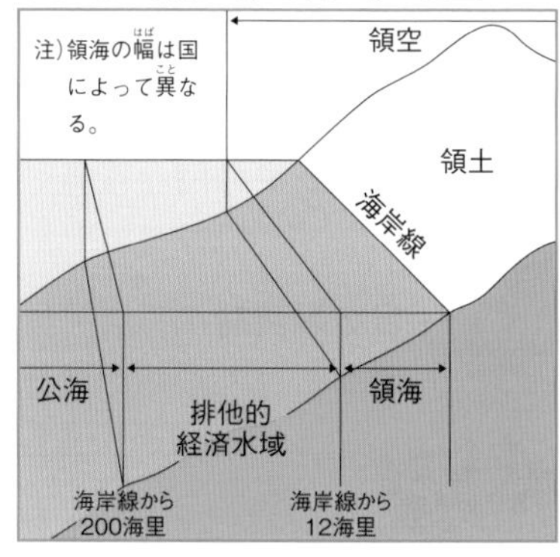

3 日本の都道府県と7地方区分をとらえよう 教 p.20~21

●都道府県と県庁所在地/日本の地域区分

◆日本には47の（⑦　　　　）。

◆（⑧　　　　）▶山地や河川，海峡など，自然の地形に沿って引かれる。

◆（⑨　　　　）▶県庁がおかれている都市。政治や経済，文化の中心地。

◆（⑩　　　　）▶九州地方，中国・四国地方，近畿地方，中部地方，関東地方，東北地方，北海道地方。

◆東日本・西日本，山陰・瀬戸内・南四国，北陸・中央高地・東海などで分けることもある。

↓日本の都道府県と7地方区分

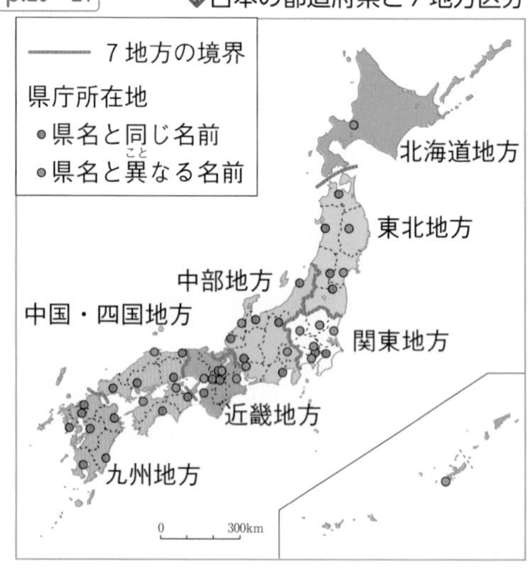

領域 領土・領海・領空　排他的経済水域 海岸線から200海里までの，領海を除く部分

教科書の資料 次の問いに答えよう。

(1) 資料中のA・Bにあてはまる国を，[ ]から書きなさい。
A（　　　）
B（　　　）

日本　ロシア

(2) 日本の排他的経済水域について，正しいものを次から選びなさい。（　　）
ア 領土の海岸線から12海里と定めている。
イ この水域の資源は自国だけで利用できる。
ウ 日本の主権がおよぶ領域に含まれる。

主な国の領土・領海・排他的経済水域を合わせた面積

A 2158.8万km²（449.0万km²／1709.8万km²）
アメリカ 1745.4（762.0／983.4）
オーストラリア 1470.2（701.0／769.2）
中国 1056.4（96.4／960.0）
ニュージーランド 509.8（26.8／483.0）
B 484.8（37.8／447.0）

排他的経済水域と領海の面積（2006年）　領土の面積（2015年）
（海上保安庁資料ほか）

チェック 教科書一問一答 次の問いに答えよう。

/10問中

★は教科書の太字の語句

1 日本の領域の特色をとらえよう

①領土と領海の上の空間を何といいますか。　★①＿＿＿
②日本の東端にある島を何といいますか。　②＿＿＿
③日本の西端にある島を何といいますか。　③＿＿＿
④日本の南端にある島を何といいますか。　④＿＿＿

2 日本の領域をめぐる問題をとらえよう

⑤ロシアに不法に占拠されている日本固有の領土を何といいますか。　★⑤＿＿＿
⑥歯舞群島，色丹島，国後島とともに⑤を構成する，日本の北端にある島を何といいますか。　⑥＿＿＿
⑦韓国に不法に占拠されている，島根県の島を何といいますか。　★⑦＿＿＿
⑧尖閣諸島が編入された都道府県はどこですか。　★⑧＿＿＿

3 日本の都道府県と7地方区分

⑨日本を7つの地方に分けたとき，最も北に位置するのは何地方ですか。　⑨＿＿＿
⑩北陸，中央高地，東海に分けることのできる地方はどこですか。　⑩＿＿＿

東京都の県庁（都庁）は新宿区にありますが，東京23区は市ではないことや，もともと東京市とよばれていたことから，県庁所在地は「東京」とも表現されます。

こつこつ テスト直前 解答 p.2

定着のワーク ステージ2 2 日本の地域構成

1 日本の位置・時差 次の問いに答えなさい。

(1) 日本と緯度が同じ範囲にある国として，正しいものを次から選びなさい。 (　　)

ア オーストラリア　イ エジプト
ウ インドネシア　エ ブラジル

(2) 地図中のXの線を何といいますか。 (　　　　　)

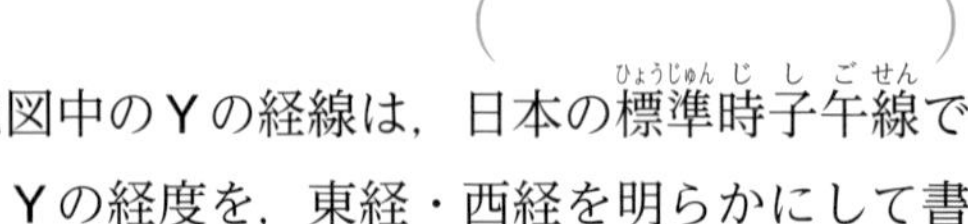

(3) 地図中のYの経線は，日本の標準時子午線です。Yの経度を，東経・西経を明らかにして書きなさい。 (　　　　　)

(4) 地図中のA～Dのうち，最も早く1月1日をむかえる都市を選びなさい。 (　　)

(5) 時差の考え方について，次の文中の□にあてはまる語句を書きなさい。 ①(　　　　　) ②(　　　　　)

地球は，①時間で1回転する。そのため，経度15度につき②時間の時差が生じる。

ヒントの森
(5)1回転で360度回ります。

2 日本の領域の特色 次の問いに答えなさい。

(1) 右の地図中のa～dの国名を書きなさい。

a (　　　　　)
b (　　　　　)
c (　　　　　)
d (　　　　　)

(2) 地図中のA～Dは，日本の国土の端に位置する島です。A～Dの島の名前を書きなさい。

A (　　　　　)
B (　　　　　)
C (　　　　　)
D (　　　　　)

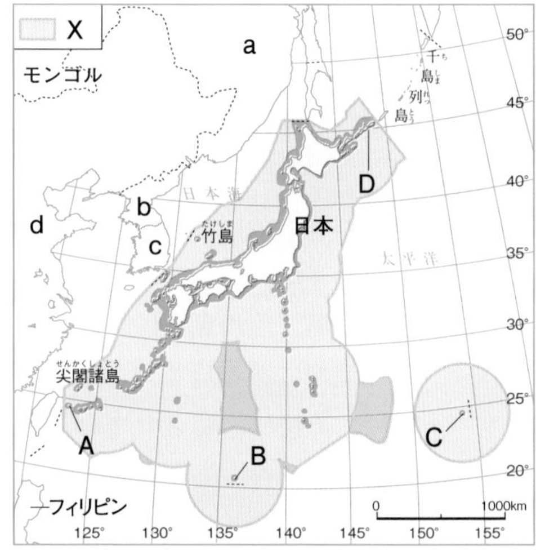

(3) 地図中のXについて，次の文中の□にあてはまる語句をそれぞれ書きなさい。

①(　　　　　)②(　　　　　)

Xは，海岸線から200海里までの範囲の領海を除いた海域で，①といい，日本は①の面積が広い。Bの島がなくなると①が減少し，自国だけで利用できる鉱産②や水産②が減少するため，Bを守る護岸工事が行われた。

ヒントの森
(2)東端の島には「南」という字が入っています。

3 日本の領域をめぐる問題　次の問いに答えなさい。

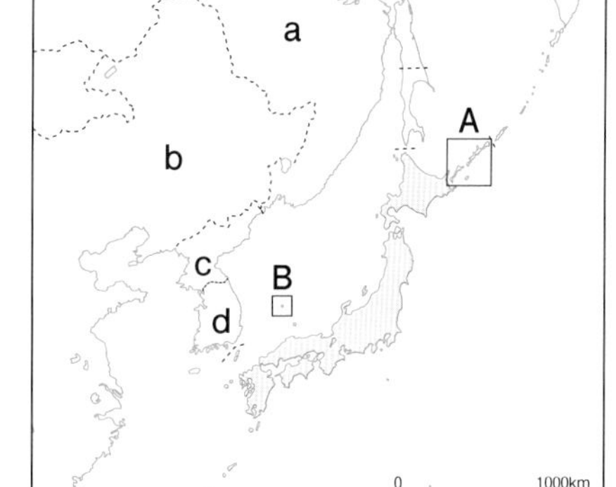

(1) 地図中のAについて，次の問いに答えなさい。

① Aの島々を何といいますか。

(　　　　　　)

② ①に住むロシア人との相互訪問による交流のことを何といいますか。

(　　　　　　)

(2) 地図中のBについて，次の問いに答えなさい。

① Bの島の名前と，Bが国際法に従って編入された都道府県名をそれぞれ書きなさい。

島(　　　　　　)

都道府県(　　　　　　)

② Bの島を不法に占拠している国を，地図中のa～dから選びなさい。(　　)

ヒントの森
(1)②元島民などがロシアへの入国ビザなしで訪問しています。

4 日本の地方区分　次の問いに答えなさい。

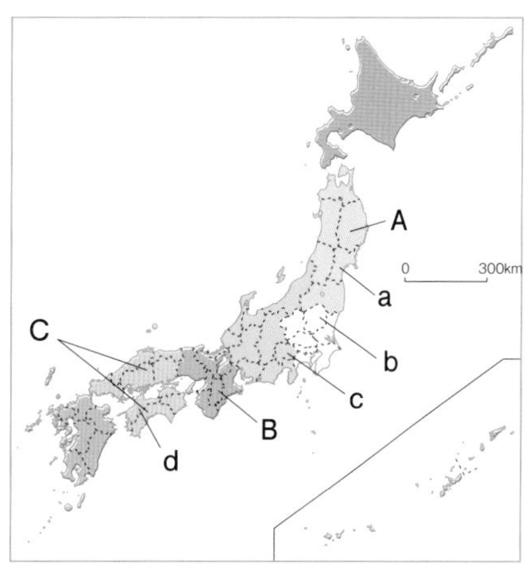

(1) 日本を7つの地方に区分したとき，A～Cの地方をそれぞれ何といいますか。

A(　　　　　　)
B(　　　　　　)
C(　　　　　　)

(2) a～dの①都道府県名と②県庁所在地名を［　］からそれぞれ書きなさい。

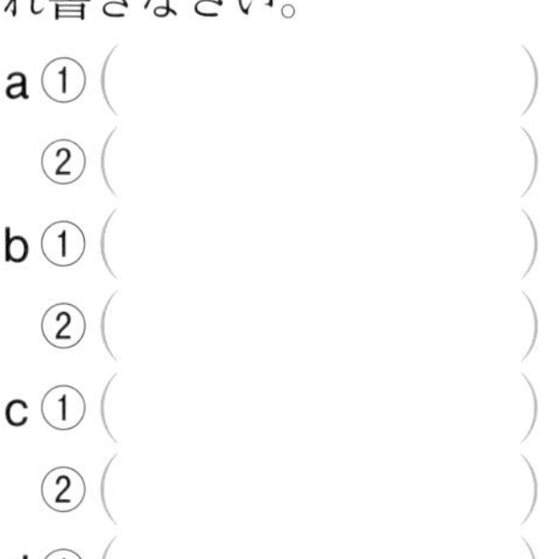
a ①(　　　　　　)
②(　　　　　　)
b ①(　　　　　　)
②(　　　　　　)
c ①(　　　　　　)
②(　　　　　　)
d ①(　　　　　　)
②(　　　　　　)

宮城県	栃木県	山梨県
兵庫県	愛媛県	香川県
神戸市	甲府市	仙台市
松山市	宇都宮市	高松市

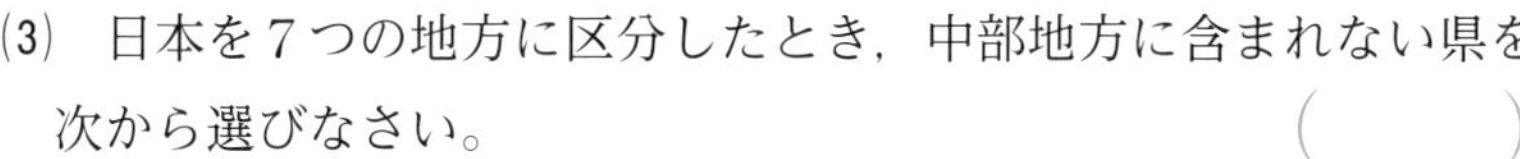
(3) 日本を7つの地方に区分したとき，中部地方に含まれない県を次から選びなさい。(　　)

ア 山梨県　　イ 三重県　　ウ 福井県　　エ 新潟県

(4) 中国・四国地方に含まれない地域を，次から選びなさい。(　　)

ア 山陰　　イ 北陸　　ウ 瀬戸内　　エ 南四国

ヒントの森
(2)a～dは，県名と県庁所在地名が異なります。
(3)近畿地方に含まれる地域です。

こつこつ テスト直前 解答 p.3

総合問題編

1 世界の地域構成
2 日本の地域構成

30分 /100

1 右の地図を見て，次の問いに答えなさい。

3点×10(30点)

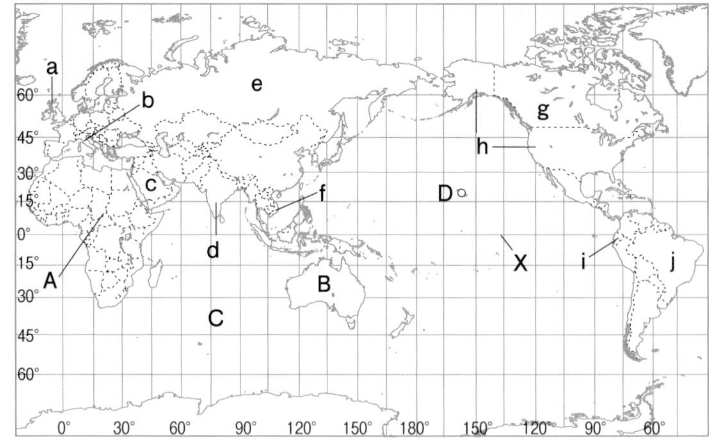

(1) A・Bの大陸名と，C・Dの海洋名をそれぞれ書きなさい。

(2) 次の説明にあてはまる国を，地図中のa～jからそれぞれ選びなさい。

① 世界で最も面積が広い国

② 「赤道」という意味の国名の国

③ アジアのなかの，東南アジアに区分される国

(3) Xは0度の緯線です。Xについて，次の問いに答えなさい。

① この緯線を何といいますか。

② この緯線が通る国を，次から選びなさい。

ア アメリカ　イ 中国　ウ インド　エ ブラジル

作図 (4) 北緯(ほくい)45度，東経90度であらわされる場所を，地図中に●で示しなさい。

(1) A	B	C	D
(2) ①	②	③	(3) ①
②	(4) 図中に記入		

2 右の地図を見て，次の問いに答えなさい。

3点×5(15点)

(1) 右の地図は，中心からの距離(きょり)と方位が正しくあらわされています。この地図の図法を何といいますか。

(2) 東京から見た次の都市の方位を，8方位で書きなさい。

① シンガポール

② サンフランシスコ

(3) 地図中の都市のうち，東京から距離が最も遠い都市を書きなさい。

(4) 東京から真東に進んだ場合，3番目に通過する大陸はどこですか。

北
西
東
南
カイロ
サンフランシスコ
東京(日本)
シンガポール
ブエノスアイレス

(1)	(2) ①	②
(3)	(4)	

目標

- □大陸や大洋，世界の主な国をおさえる
- □時差の考え方をおさえる
- □日本の地域区分をおさえる

自分の得点まで色をぬろう!

かんばろう!	もう一歩	合格!
0	60	80　100点

3 次の文は，２月のある日に日本に住むちあきさんが外国に住むニコラさんに電話をしたときの会話の一部です。これを読んで，あとの問いに答えなさい。　⑶８点，他５点×３（23点）

> ちあきさん：こんばんは。こっちは金曜日の夜の10時だけど，そろそろ寝る時間？
> ニコラさん：こんにちは，ちあき！　こちらはまだ金曜日の午後３時だよ。明日から家族で海外旅行だからすごく楽しみ。
> ちあきさん：日本とは時間がちがうのを忘れていたよ。どこに行くの？
> ニコラさん：ブラジルに行くよ。リオデジャネイロでカーニバルを見るんだ！

⑴　ニコラさんが住む都市と，日本との時差は何時間ですか。

⑵　ニコラさんが住む都市のある国を，地図中のＡ～Ｄから選び，記号と国名を書きなさい。

⑶　リオデジャネイロの標準時子午線は西経45度です。ちあきさんが，旅行中のニコラさんとリオデジャネイロの朝６時に電話で話そうとするとき，ちあきさんは，日本時間の午前または午後何時に電話をかければいいですか。

⑴		⑵	記号	国名
⑶				

4 右の地図を見て，次の問いに答えなさい。　４点×８（32点）

⑴　地図中のＡ～Ｆから，県名と県庁所在地名が異なる県を３つ選びなさい。また，それぞれの県の県庁所在地名を書きなさい。

⑵　日本を７つの地方に区分したとき，山陰・瀬戸内・南四国を含むのは何地方ですか。

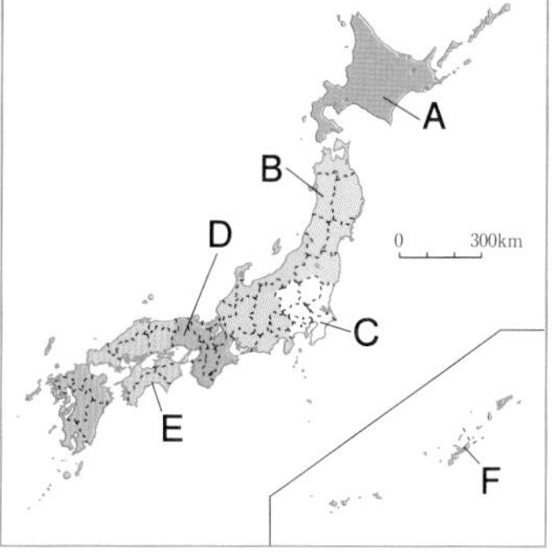

⑶　中部地方を３つに分けたとき，北陸に含まれる県を，右の白地図をぬりつぶして示しなさい。

⑴ 県	市	県	市
県	市	⑵	⑶ 図中に記入

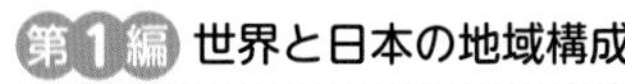

資料活用・思考力問題編

1 世界の地域構成
2 日本の地域構成

こつこつ 解答 p.4

/100

1 次の資料を見て，あとの問いに答えなさい。 6点×3（18点）

Xの国は，国旗にイギリスの国旗をとりこんでいます。このような国は，イギリスと深いつながりがあります。これらの国旗は，現在でもイギリス連邦（れんぽう）の一員であることを示しています。

Aさん：オセアニアのXとYの国旗はよく似ているね。
Bさん：Xのほうには白い星が入っているね。何の形かな？

オセアニアの国々

(1) Xの国の国名を書きなさい。
(2) Xの国の国旗を次から選びなさい。
(3) Xの国の国旗の中にイギリスの国旗の図柄（ずがら）が入っている理由を，資料を参考にして，簡単に書きなさい。

ア 
イ 
ウ 

(1)		(2)	
(3)			

2 次の資料を見て，あとの問いに答えなさい。 6点×4（24点）

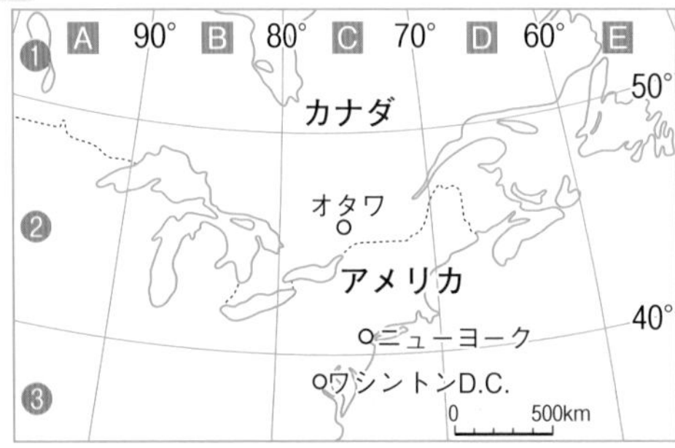

シカゴ（北緯（ほくい）42度，西経88度）の地図帳での示し方

B	②	S
経線間の位置	緯線間の位置	B2の区画の南側（北側の場合はN）

(1) シカゴの位置を，地図中に●で示しなさい。
(2) 地図上にある，Cの列と②の行が交わる区画の南側にある都市を書きなさい。
(3) (2)の都市の緯度（いど）と経度を書きなさい。

(1)	図中に記入	(2)	
(3)	緯度		経度

時差を考えるときは，各都市の経度の差をおさえよう。遠い地域の時差は，経度０度の線との差に注目しよう。

自分の得点まで色をぬろう!

合格!

0　60　80　100点

3 右の地図を見て，次の問いに答えなさい。　6点×５(30点)

(1)　東京の標準時子午線の経度は東経135度です。ホノルルとシドニーの標準時子午線の経度を，東経・西経を明らかにして書きなさい。

(2)　東京が５月１日午前６時のとき，ホノルルとシドニーはそれぞれ何月何日の何時ですか。

(3)　シドニーは日本より時間が早く，ホノルルは日本より時間が遅いのはなぜですか。各都市の位置に注目して，簡単に書きなさい。

日本との時差

シドニー	ホノルル
＋1	－19

(1)	ホノルル	シドニー	(2)	ホノルル	シドニー
(3)					

4 日本の領域について，右の資料を見て，次の問いに答えなさい。　7点×４(28点)

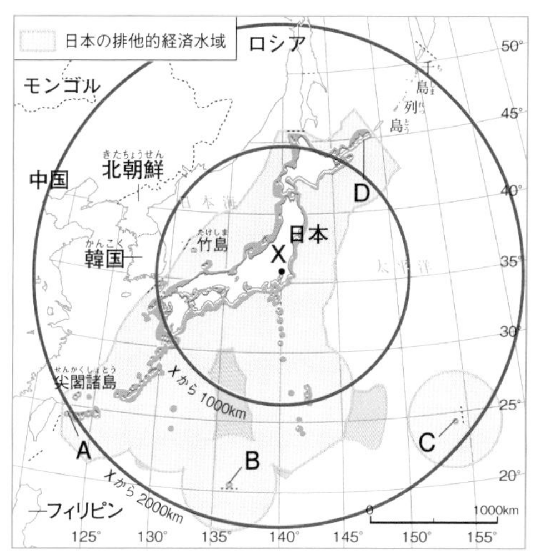

主な国の領土・領海・排他的経済水域を合わせた面積

あ　日本 484.8（37.8／447.0）　ニュージーランド 509.8（26.8／483.0）

い　ロシア 2158.8万km²（449.0万km²／1709.8万km²）　中国 1056.4（96.4／960.0）

排他的経済水域と領海の面積（2006年）　領土の面積（2015年）

（海上保安庁資料ほか）

(1)　日本の国土の端に位置するＡ～Ｄの島のうち，地図中のＸから最も遠い島を選びなさい。

(2)　地図中のＸから1000kmの範囲にある国を，地図中からすべて書きなさい。

(3)　日本の排他的経済水域と領海の面積は，領土の面積の約何倍ですか。小数点以下を四捨五入して整数で書きなさい。

(4)　**あ**の国々の排他的経済水域と領海の面積が領土の面積に対して**い**の国々よりも広いのはなぜですか。理由を簡単に書きなさい。

(1)		(2)	
(3)		(4)	

予習・復習　こつこつ　解答 p.5

第1章　世界各地の人々の生活と環境①

（　　）にあてはまる語句を答えよう。

1 世界のさまざまな場所　教 p.24～25

●**世界の食事のようすから**

◆主食▶自然環境に適した農産物。米，小麦，とうもろこし，いも類など。

2 世界のさまざまな気候　教 p.26～27

●**気候**▶緯度や海からの距離，高度，風や海流などが影響。

◆**熱帯気候**▶1年を通して気温が高い。

■**熱帯雨林気候**▶1年じゅう雨。

■**サバナ気候**▶雨季と乾季がある。

◆（①　　　　　）**気候**▶降水量が少なく，乾燥。

■**砂漠気候**▶1年を通して雨が少なく砂漠が広がる。

■**ステップ気候**▶少しだけ雨が降り草原が広がる。

◆（②　　　　　）**気候**▶四季がはっきり変化。

■**温暖湿潤気候**▶年間の気温差が大きく降水量が多い。

■**西岸海洋性気候**▶年間の気温や降水量の差が小さい。

■（③　　　　　）**気候**▶冬に雨が多く夏に乾燥。

◆**冷帯（亜寒帯）気候**▶夏が短く冬の寒さがきびしい。

◆（④　　　　　）**気候**▶寒さがきびしく樹木が育たない。

■**ツンドラ気候**▶夏に地表の氷がとけ，こけ類が育つ。

■（⑤　　　　　）**気候**▶一年じゅう氷と雪がおおう。

◆（⑥　　　　　）**気候**▶標高の高い地域は，同じ緯度の標高の低い地域より気温が低くなる。

↓世界の気候区分

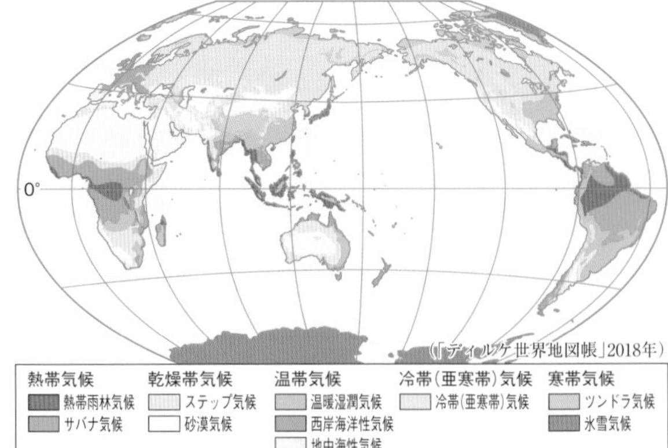

↓雨温図の読み取り方

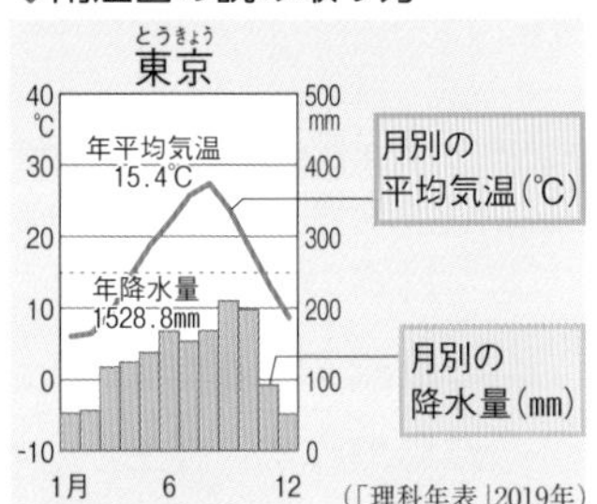

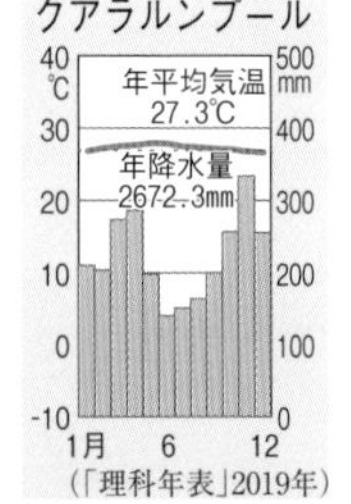

1年じゅう気温が高いね。

3 暑い地域に生きる人々　教 p.28～29

●**森で生きる人々の生活**

◆マレーシア▶熱帯気候。1年を通して気温が高く，午後に（⑦　　　　　）が降る。熱帯雨林が広がる。
熱帯地方で降るはげしい雨

◆先住民のオラン・アスリ▶かつては森の中で自給自足の生活。（⑧　　　　　）式の風通しのよい家屋を使用。

●**変わりゆく生き方**

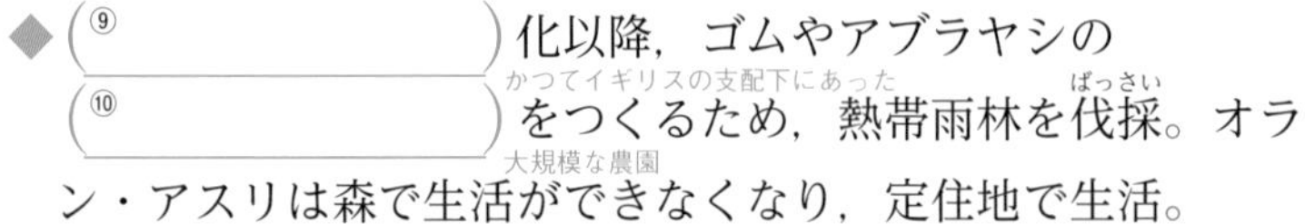

◆（⑨　　　　　）化以降，ゴムやアブラヤシの
かつてイギリスの支配下にあった
（⑩　　　　　）をつくるため，熱帯雨林を伐採。オラン・アスリは森で生活ができなくなり，定住地で生活。
大規模な農園

↓風通しのよい住居（マレーシア）

まるごと暗記　気候帯 熱帯気候，乾燥帯気候，温帯気候，冷帯(亜寒帯)気候，寒帯気候，高山気候

教科書の資料　次の問いに答えよう。

(1) 右の資料は，マレーシアの森の写真です。1年を通して気温が高いこの地域の気候を何といいますか。

（　　　　　）

(2) この地域の特徴について，正しいものを選びなさい。

（　　　）

ア　夏は暑く，四季の変化がはっきりしている。
イ　雨の多い雨季と，少ない乾季がある。
ウ　風通しのよい高床式の家屋が伝統的な住居である。
エ　熱帯雨林の森の資源を生かした，自給自足の生活をする人が増えている。

チェック 教科書一問一答　次の問いに答えよう。

/10問中

★は教科書の太字の語句

1

①稲作が盛(さか)んで，降水量が多く，暖(あたた)かい気候の地域で主食とされている農産物は何ですか。　□①

2 世界のさまざまな気候

②海洋性の気候に対し，降水量が少なく気温の差が大きい，海からはなれた場所の気候を何といいますか。　□②

③月別の平均気温と降水量を合わせて示した図を何といいますか。　□③

④熱帯気候のうち，雨の多い雨季と少ない乾季がある気候を何といいますか。　□④

⑤乾燥帯気候のうち，少しだけ雨が降り草原が広がる気候を何といいますか。　□⑤

⑥夏が短く冬の寒さがきびしい気候を何といいますか。　□⑥

⑦寒帯気候のうち，夏のあいだ地表の氷がとけてこけ類が育つ気候を何といいますか。　□⑦

⑧標高が高い地域に広がる，同じ緯度の標高の低い地域と異(こと)なる気候を何といいますか。　□⑧

3 暑い地域に生きる人々

⑨降水量が多く日照時間が長いことにより，熱帯気候の地域に発達する森林を何といいますか。　□★⑨

⑩植民地化以降につくられた，ゴムやアブラヤシなどの大農園を何といいますか。　□⑩

ゴムの木からは天然ゴム，アブラヤシからはパーム油をつくることができます。生産量を増やすための農園開発が，熱帯林の破壊(はかい)につながることが問題になっています。

予習・復習 こつこつ 解答 p.5

確認のワーク ステージ1 第1章 世界各地の人々の生活と環境②

教科書の要点 （　）にあてはまる語句を答えよう。

1 乾燥地域に生きる人々 教 p.30~31

●モンゴルでの遊牧/家畜のめぐみ

◆モンゴル高原▶（①　　　　　）気候。雨があまり降らず農業に適さない。乾燥に強い家畜を群れで飼う。

◆遊牧▶（②　　　　　）をつれ季節ごとに移動する生活。遊牧を行う人を（③　　　　　）という。

◆家畜のめぐみ▶羊，やぎ，牛，馬，らくだの乳製品，肉，毛皮，羊の毛で作るフェルトを利用。

●遊牧民の生活の変化

◆遊牧の移動回数や距離の減少。遊牧民の数が減少し，ウランバートル（モンゴルの首都）に人口が集中。（④　　　　　）（石炭，銅，金など）の開発。

2 温暖な地域に生きる人々 教 p.32~33

●イタリアの気候と農業/イタリアの街の生活

◆イタリア▶（⑤　　　　　）気候。雨は主に冬に降り，夏は乾燥。

◆（⑥　　　　　）作り中心の農業▶秋に小麦の種まき→夏に小麦の収穫。秋にぶどうの収穫，ワイン作り。

◆石造りで窓の小さい住居▶夏でも室内を涼しく保つ。

●変化する食生活と家族

◆農業▶地元の伝統的な食材を見直すスローフード運動，農業体験を観光に取り入れた（⑦　　　　　）（農業や自然環境，文化，人々との交流を楽しむ）。

3 寒い地域に生きる人々 教 p.34~35

●ツンドラ地域に住む人々の生活

◆北アメリカ北部▶（⑧　　　　　）気候や寒帯気候。

◆アラスカ（アメリカ）からグリーンランド（デンマーク）▶ツンドラ気候。カナダ北部に（⑨　　　　　）など先住民が住む。

◆イヌイット▶狩りをして生活。野生の（⑩　　　　　）（トナカイ）やアザラシの肉と脂肪を食料に，毛皮を衣服の材料に。

●変化する生活

◆村に定住し，休日に狩りや漁業。

◆狩りの方法▶弓矢→ライフル，犬ぞり→スノーモービル，ウミアック・カヤック→モーターつきのカヌーや金属製のボートに変化。

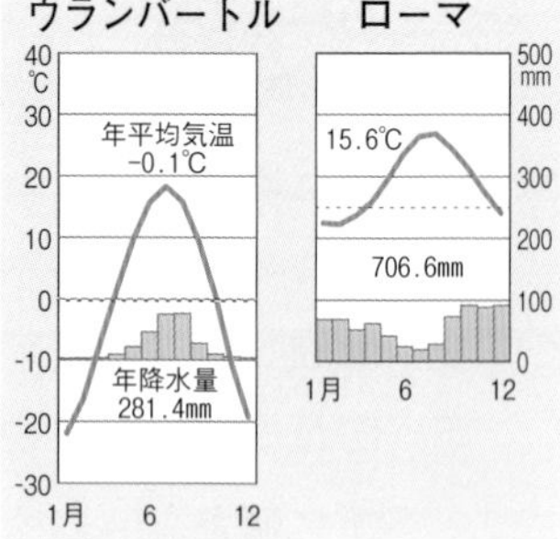

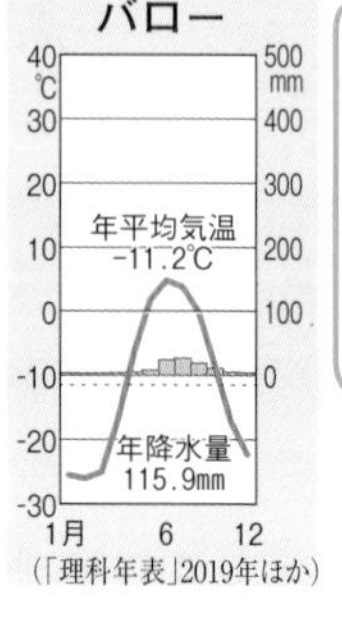

（「理科年表」2019年ほか）

グラフから，1年間の降水量や気温の変化がわかるね。年平均気温も手がかりになるよ。

↓ゲル（モンゴル）

↓石造りの住居（イタリア）

↓イヌイット

  遊牧民 家畜と移動して生活　先住民 ある土地にもともと住んでいた人々

教科書の資料 次の問いに答えよう。

A  B  C 

(1) 写真A～Cの地域の気候を，[　]からそれぞれ書きなさい。

A（　　　　）　B（　　　　）　C（　　　　）

乾燥帯気候　温帯(おんたい)気候　寒帯気候

(2) 農業に適さないため，動物を群れで飼い，その肉や乳製品，毛皮などを利用して生活している地域を，A～Cから選びなさい。（　　）

チェック 教科書一問一答 次の問いに答えよう。

/10問中

★は教科書の太字の語句

1 乾燥地域に生きる人々

①アフリカ北部からユーラシア大陸にかけて広がる，降(こう)水量(すいりょう)が少ない地域の気候を何といいますか。　□★① ＿＿＿＿

②家畜をつれて季節ごとに移動する生活を何といいますか。　□★② ＿＿＿＿

③モンゴルの遊牧民の住居を何といいますか。　□③ ＿＿＿＿

④モンゴルの経済(けいざい)を支える，石炭や銅，金をまとめて何といいますか。　□④ ＿＿＿＿

2 温暖な地域に生きる人々

⑤イタリアは，何という海に囲まれていますか。　□⑤ ＿＿＿＿

⑥イタリアで，秋に収穫される，ワインの原料になる農産物は何ですか。　□⑥ ＿＿＿＿

⑦地元の伝統的な食材を見直す動きを何といいますか。　□⑦ ＿＿＿＿

3 寒い地域に生きる人々

⑧アラスカからグリーンランドに広がる，雪や氷におおわれ，夏はこけ類が育つ気候を何といいますか。　□⑧ ＿＿＿＿

⑨カナダ北部に住む，アザラシやカリブーの狩りを行う先住民を何といいますか。　□⑨ ＿＿＿＿

⑩犬ぞりにかわり現在使われているものは何ですか。　□⑩ ＿＿＿＿

知識の泉 イヌイットは，伝統的にアザラシなどの生肉を食べています。これは，たんぱく質，ビタミンなどをとることができ，寒い環境の中で体温を維持する効果があるからです。

予習・復習　こつこつ　解答 p.5

第1章　世界各地の人々の生活と環境③

教科書の要点　(　　)にあてはまる語句を答えよう。

1 高地に生きる人々　教 p.36~37

●アンデス山脈付近の生活

◆ペルーからボリビアにかけて，(①　　　)山脈沿いに広がる中央アンデス高地▶(②　　　)気候。

■高地には農村，都市，町がある。(ボリビアの首都ラパスの周辺に200万人が住む)

■標高4000m以上の地域▶(③　　　)(運搬用)や**アルパカ**(毛を織物に利用)の放牧。

■標高4000m以下の地域▶じゃがいもなど農産物の栽培。

■さらに標高が低く温暖な低地▶とうもろこしの栽培。

●急速な生活の変化

◆自動車道路の建設，トラックによる運搬→リャマの減少。

2 さまざまな言語と人々の生活　教 p.38~39

●世界のさまざまな言語▶世界には6000以上の言語がある。

◆(④　　　)▶公に用いられる言語。

◆(⑤　　　)国家▶複数の言語を公用語に定めるスイスやカナダ，複数の言語を公認するインドなど。

◆(⑥　　　)▶同じ言葉で地域によりちがいがある。

●言語の変化と人々の生活

◆英語，中国語などが世界で普及。文字をもたない言語や少数言語(少数の人々のみが話す)，消滅が予想される言語もある。

◆母語▶自らの言語。自分や集団のよりどころとなる。

■外来語▶外国のことばを取り入れて使う。

3 さまざまな宗教と人々の生活　教 p.40~41

●世界の三大宗教，人々の生活に結びつく宗教

◆(⑦　　　)▶仏教，キリスト教，イスラム教。

■(⑧　　　)▶インドでおこり，東南アジア，東アジアに広がる。

■(⑨　　　)▶パレスチナ地方でおこり，ヨーロッパの植民地だった地域を中心に移民や布教で広まる。

■(⑩　　　)▶アラビア半島でおこり，アフリカやアジアに広まる。酒や豚肉を食べない，1日に5回のお祈り，断食，女性の服装などのきまり。

◆ヒンドゥー教(インドが中心)など，特定の地域や民族に信仰される宗教も。

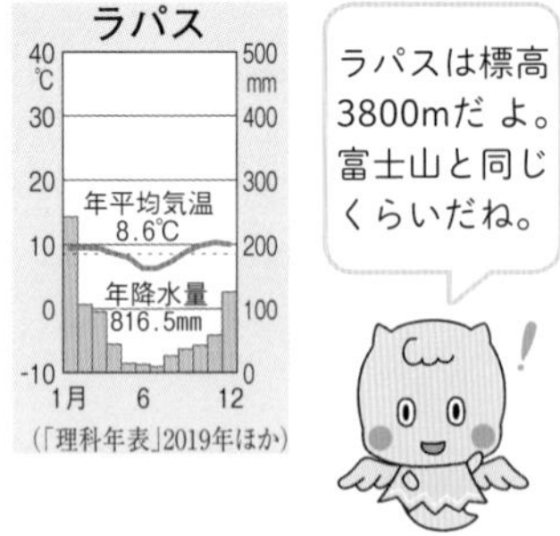

(「理科年表」2019年ほか)

↓標高4300m付近での放牧

↓主な言語の話し手の人口

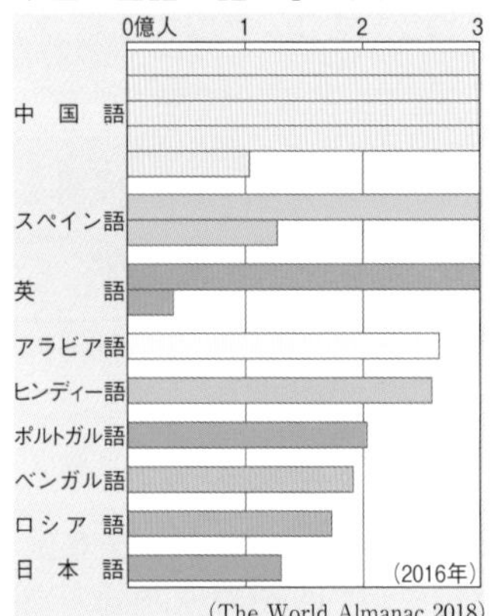

(The World Almanac 2018)

↓世界の主な宗教の人口

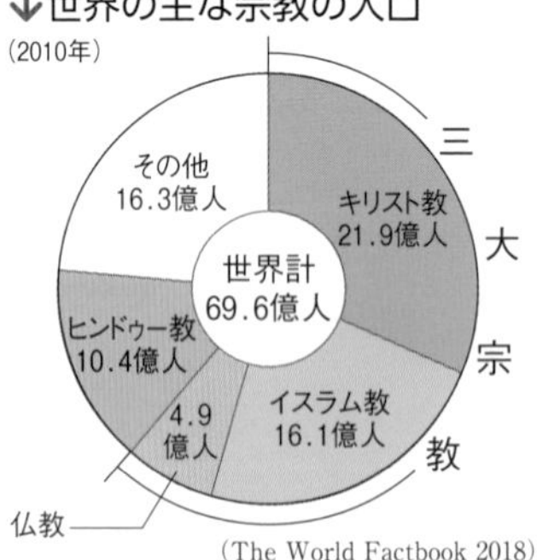

(The World Factbook 2018)

まるごと暗記　公用語 役所などで公に用いられる言語　三大宗教 キリスト教・イスラム教・仏教

教科書の資料　次の問いに答えよう。

(1) 図中のA～Cにあてはまる語句を書きなさい。

A（　　　　　　　　）
B（　　　　　　　　）
C（　　　　　　　　）

(2) 次の文中の□にあてはまる語句をそれぞれ書きなさい。

①（　　　　　　　　）
②（　　　　　　　　）

中央アンデス高地とその周辺の土地利用

A 山脈 西山系
A 山脈 東山系
B 湖
氷雪地
C・アルパカの放牧
じゃがいもの栽培
とうもろこしの栽培
熱帯の農産物の栽培
標高 6000m 5000 4000 3000 2000 1000 0
海岸地帯（太平洋側）
森林地帯（アマゾン川側）
（『ジャガイモのきた道–文明・飢饉・戦争』）

中央アンデス高地には，① 気候が広がっている。中央アンデス高地の標高が高い地域では，気温が ② く，農産物があまり育たないため，放牧が行われている。

チェック 教科書一問一答　次の問いに答えよう。

/10問中

★は教科書の太字の語句

1 高地に生きる人々

①中央アンデス高地で放牧されている，主に毛を織物などに利用されている家畜を何といいますか。　□①

②中央アンデス高地の標高4000m以下の地域で栽培されている，この地域原産のいもを何といいますか。　□②

2 さまざまな言語と人々の生活

③世界で最も話し手が多い言語は何語ですか。　□③

④同じ言語でも地域によってちがいがあるものを何といいますか。　□④★

⑤カナダで英語とともに公用語とされている言語を何といいますか。　□⑤

⑥生まれたときから接する自らの言語を何といいますか。　□⑥★

3 さまざまな宗教と人々の生活

⑦タイで広く信仰されている，インドでおこった宗教を何といいますか。　□⑦★

⑧ヨーロッパを中心に世界に広まった宗教を何といいますか。　□⑧★

⑨イスラム教徒が口にしない肉を何といいますか。　□⑨

⑩インドを中心に信仰されている宗教を何といいますか。　□⑩★

世界には，約6000の言語があるといわれています。英語の話し手の人口は，中国語やスペイン語より少ないですが，公用語としては世界の50以上の国で用いられています。

こつこつ テスト直前 解答 p.5

定着のワーク ステージ2 第1章 世界各地の人々の生活と環境

1 さまざまな地域の気候とくらし 次の問いに答えなさい。

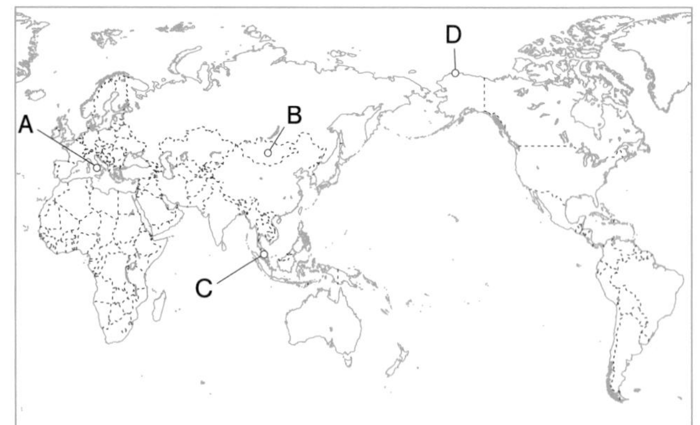

(1) A～Dの都市の雨温図にあてはまるものを，ア～エからそれぞれ選びなさい。

A（　　） B（　　）
C（　　） D（　　）

(2) A～Dの都市のうち，最も緯度が低く，気温が高い場所を選びなさい。（　　）

(3) 次の文中の□にあてはまる語句を，□からそれぞれ書きなさい。

①（　　）
②（　　）
③（　　）
④（　　）
⑤（　　）

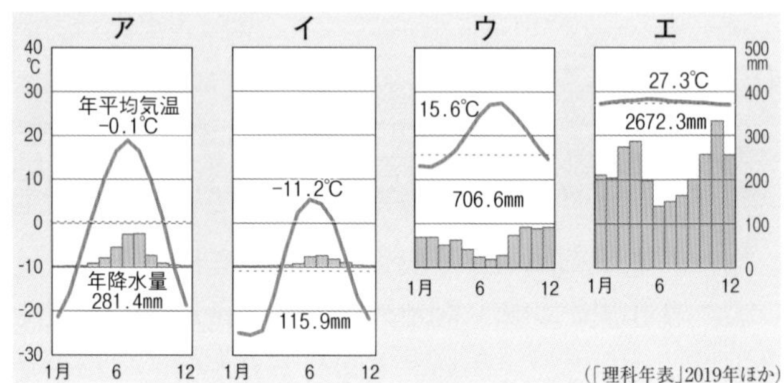

(「理科年表」2019年ほか)

Aは ① 気候に含まれる。 ① 気候はさらに温暖湿潤気候，西岸海洋性気候， ② 気候に分けられ，Aはそのうちの ② 気候である。Dは ③ 気候のなかのツンドラ気候に含まれる。Dの南側には，夏に比較的気温が上がり， ④ が広がる ⑤ （亜寒帯）気候がみられる。

熱帯　温帯　冷帯　寒帯
地中海性　内陸性　針葉樹林　熱帯雨林

(4) 次の①～④の説明があてはまる国や地域を，□からそれぞれ書きなさい。

① 熱帯気候に含まれ，オラン・アスリとよばれる先住民がいる。（　　）

② 高原に遊牧民がくらし，家畜から乳製品を作る。（　　）

③ 住居の多くは石造りで窓が小さく，暑い夏でも室内は涼しい。（　　）

④ 北部には，狩りや漁業を中心とした生活をしていたイヌイットとよばれる先住民がいる。（　　）

イギリス　マレーシア　イタリア
モンゴル　カナダ　南極

(1)降水量と気温に着目しましょう。例えば，乾燥帯のBの雨温図は，降水量が少なくなります。

2 世界のさまざまな言語　右の図を見て，次の問いに答えなさい。

(1) 次の説明があてはまる言語を，グラフ中からそれぞれ書きなさい。

① ビジネスなどに使われ，世界に普及(ふきゅう)している。ドイツ語やスウェーデン語と近い。
（　　　　　　）

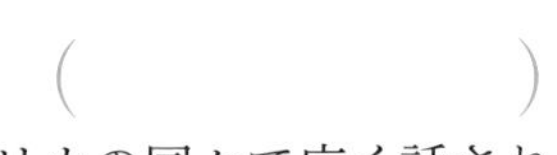

② 中央アンデス高地など，南アメリカの国々で広く話されている。（　　　　　　）

③ イスラム教が信仰(しんこう)されているアラビア半島や北アフリカで広く話されている。（　　　　　　）

④ 人口が14億人をこえる国の言語で，漢字など他国の言語に影響(えいきょう)している。（　　　　　　）

⑤ インドで公用語とされている。
（　　　　　　）

主な言語の話し手の人口

0億人
1
2
3
中国語
スペイン語
英語
アラビア語
ヒンディー語
ポルトガル語
ベンガル語
ロシア語
日本語
(2016年)

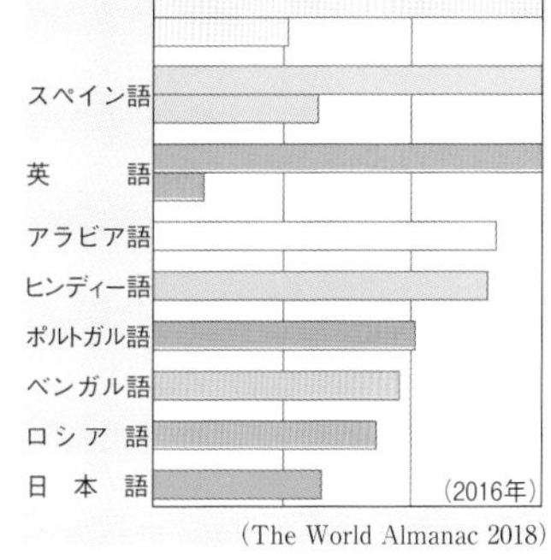

(The World Almanac 2018)

(2) 次の文中の□にあてはまる語句を⬚からそれぞれ書きなさい。

①（　　　　　　）　②（　　　　　　）

公式に使う言語として各国で定められた言語を ① という。世界には，フランスのように，英語とフランス語の２つの言語を ① とする国や，インドのように ① のほかに21の言語を公認(こうにん)する国があり，このような国を ② 国家という。

公用語(こうようご)　外来語(がいらいご)
方言(ほうげん)　母語(ぼご)　多言語

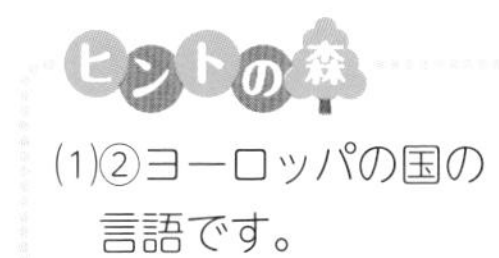

ヒントの森
(1)②ヨーロッパの国の言語です。

3 世界のさまざまな宗教　次の問いに答えなさい。

(1) 次の説明にあてはまる宗教を書きなさい。また，右の資料のA～Cからあてはまるものを選びなさい。

① インドでおこり，日本に６世紀に伝わった宗教。
宗教（　　　　　　）　記号（　　　）

② アラビア半島でおこり，その後，アフリカやアジアに広まった宗教。
宗教（　　　　　　）　記号（　　　）

③ パレスチナ地方でおこり，ヨーロッパをはじめ，世界各地に広まった宗教。
宗教（　　　　　　）　記号（　　　）

世界の主な宗教の人口

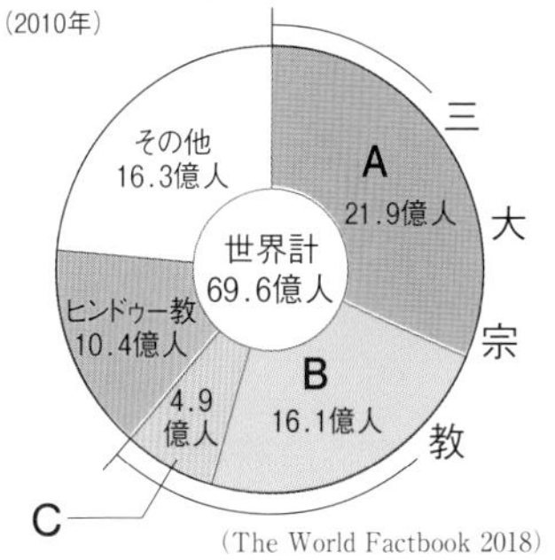

(2010年)
その他
16.3億人
A
21.9億人
世界計
69.6億人
ヒンドゥー教
10.4億人
B
16.1億人
4.9
億人
C
三
大
宗
教

(The World Factbook 2018)

(2) インドを中心に信仰されている宗教を何といいますか。
（　　　　　　）

(3) (2)で聖なる川とされているインドの川を何といいますか。
（　　　　　　）

ヒントの森
(2)この宗教と結びついた身分制度が今なお残っています。

こつこつ テスト直前 解答 p.6

総合問題編

第１章　世界各地の人々の生活と環境

30分　/100

1 次の地図とグラフを見て，あとの問いに答えなさい。　6点×7（42点）

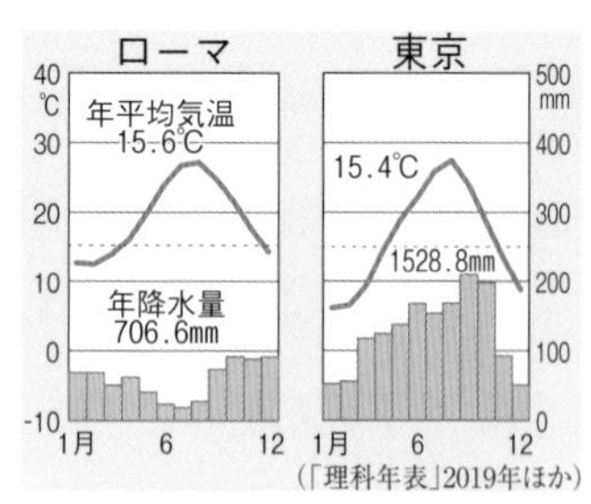

（「理科年表」2019年ほか）

(1) 地図中のイタリアについて，次の問いに答えなさい。

① 次の文を，イタリアの農業の暦と合うように，ならべかえなさい（最初はアです）。

ア　小麦の種をまく。　　イ　ぶどうの収穫やワイン作りをする。

ウ　小麦の収穫を行う。　　エ　農作業を再開する。

オ　一時中断し，クリスマスやカーニバルなど祭りを行う。

記述　② 上の雨温図を参考に，ローマの気候の特徴を簡単に書きなさい。

(2) 地図中のモンゴルについて，次の問いに答えなさい。

① この国が含まれる気候帯を書きなさい。

② 組み立て式の遊牧民の住居を何といいますか。

レベルUP　(3) 地図中のマレーシアとカナダについて，次の問いに答えなさい。

① マレーシアで午後に一時的に降るはげしい雨を何といいますか。

② 次の文は，オラン・アスリの人々，イヌイットの人々のどちらを説明したものですか。次からそれぞれ3つずつ選びなさい。

ア　熱帯雨林の中を移動しながら自給自足の生活をしてきた。

イ　野生のトナカイ（カリブー）やアザラシの肉や脂肪を食料とした。

ウ　カナダ北部に住み，かつてはえものを求めて移動する生活をしていた。

エ　吹き矢ややりで動物をつかまえたり，米やいも類を栽培していた。

オ　犬ぞりのかわりに，スノーモービルに乗って狩りをするようになった。

カ　政府の決めた定住地に移住し，都市に出かせぎに行く人も出るようになった。

(1)	① ア→　→　→　→		
②			
(2) ①	②	(3) ①	
② オラン・アスリ		イヌイット	

目標
- □世界の気候区分をおさえる
- □各地の気候の特色をおさえる
- □世界の主な宗教と言語をおさえる

自分の得点まで色をぬろう!

がんばろう! もう一歩 合格!

0 60 80 100点

2 右の資料を見て，次の問いに答えなさい。

(3)8点，他3点×4 (20点)

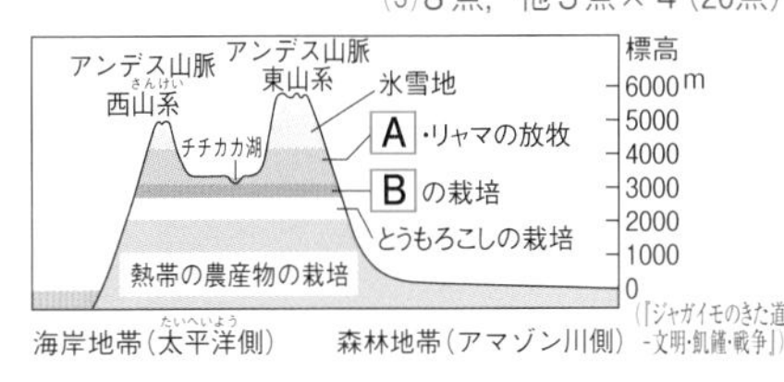

(『ジャガイモのきた道 -文明・飢饉・戦争』)

(1) 図中のA・Bにあてはまる語句を書きなさい。

(2) 中央アンデス高地について，次の文中の□にあてはまる語句を書きなさい。

> アンデス山脈沿いに広がる中央アンデス高地は，①が高く，同じ②の地域よりも気温が低い気候で，多くの都市や町，農村がある。

記述 (3) 中央アンデス高地の標高約4000m以上の地域で放牧が行われている理由を，簡単に書きなさい。

(1)	A	B	(2)	①	②
(3)					

3 右の資料を見て，次の問いに答えなさい。

(4)8点，他5点×6 (38点)

よく出る (1) 地図中のA～Dにあてはまる宗教を，それぞれ書きなさい。

世界の主な宗教の分布

A B C D その他の宗教 人の住んでいない地域

Y X 赤道

注)斜線部分は，複数の宗教が混在している。

(『ディルケ世界地図帳』2018年)

(2) イスラム教の教えについて述べた文としてあやまっているものを，次から選びなさい。

ア 1日5回メッカの方角に礼拝する。
イ 酒，豚肉は口にしない。
ウ 年に1か月，昼間の断食を行う。
エ 毎週日曜日に教会で祈りをささげる。

(3) 地図中のXの国の公用語を，次から選びなさい。

ア 英語　イ スペイン語　ウ 中国語　エ アラビア語

記述 (4) 地図中のYの国の公用語が英語とフランス語である理由を簡単に書きなさい。

(1)	A	B	C	D
(2)		(3)		
(4)				

ステージ3　資料活用・思考力問題編

こつこつ　解答 p.6

第1章　世界各地の人々の生活と環境

/100

1 世界の気候について，右の資料を見て，次の問いに答えなさい。 6点×4（24点）

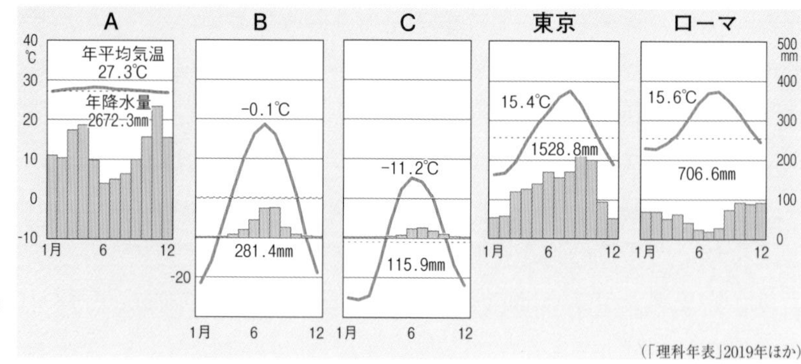

(1) A～Cの雨温図の都市について，あてはまる気候の特徴を，次からそれぞれ選びなさい。

ア　1年の多くが雪と氷におおわれる。

イ　雨があまり降らず，乾燥(かんそう)している。

ウ　1年を通して気温が高く，降水量が多い。

(2) 同じ温帯気候に属する東京とローマの気候のちがいについて，降水量に注目して，わかることを簡単に書きなさい。

(1)	A	B	C
(2)			

2 世界各地の住居について，次の資料を見て，あとの問いに答えなさい。 6点×4（24点）

A　マレーシアの住居

B　イタリアの住居

C　モンゴルの住居（2018年）

D　モンゴルの住居（1995年）

(1) A～Cの住居の特徴を，ア～ウからそれぞれ選びなさい。

ア　高床式(たかゆかしき)で，ヤシの葉や竹で作られている。

イ　石造りで，窓(まど)が小さい。

ウ　テントの壁(かべ)は，羊のフェルトで作られている。

(2) Dは，1995年のモンゴルの遊牧民(ゆうぼくみん)の住居です。モンゴルの遊牧民の生活の変化について，資料から読み取れることを簡単に書きなさい。

(1)	A	B	C	
(2)				

農業は，自然環境や気候と深く関わっている。その地域で盛んな農業と，地形や緯度，海からの距離，高度などを関連づけよう。

自分の得点まで色をぬろう!
0　60　80　100点

3 世界各地の生活について，右の資料を見て，次の問いに答えなさい。　7点×4（28点）

(1)　A・Bの地域（ちいき）で飼育されている家畜（かちく）を，次からそれぞれ選びなさい。

ア　カリブー
イ　アルパカ
ウ　やぎ
エ　アザラシ

A　モンゴルの遊牧

B　アンデスの放牧

(2)　Aの地域で家畜が飼育されている理由を，地域の気候にふれ，簡単に書きなさい。

(3)　Bの地域は，高山気候です。この地域で家畜の放牧のほかにどのような作物の栽培（さいばい）が行われていますか。簡単に書きなさい。

(1)	A	B	
(2)			
(3)			

4 世界の宗教について，次の資料を見て，あとの問いに答えなさい。　8点×3（24点）

資料1　世界の宗教の分布

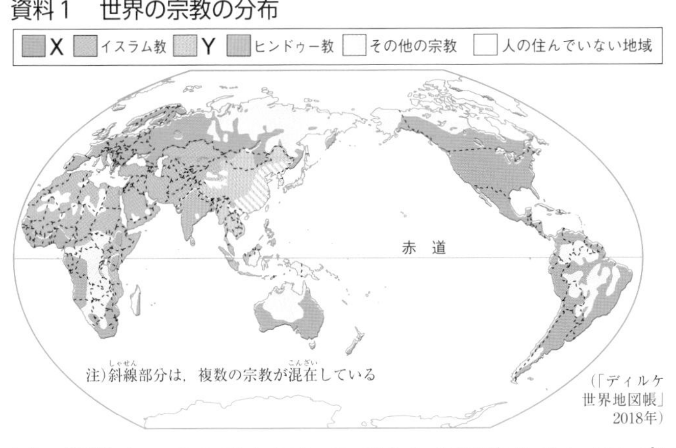

（「ディルケ世界地図帳」2018年）

資料2　世界の主な宗教の人口

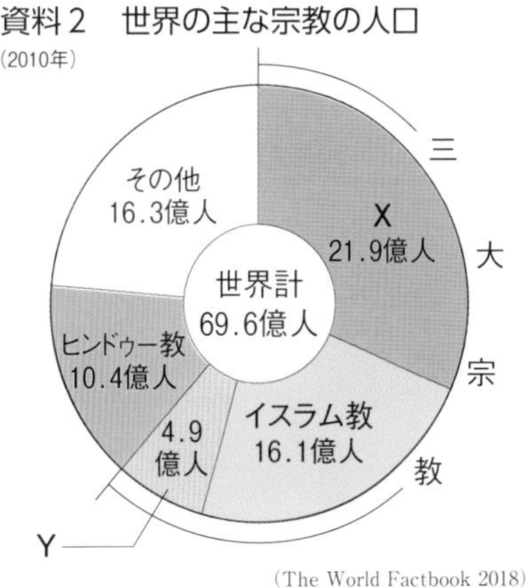

(The World Factbook 2018)

(1)　資料1・2のXとYにあてはまる宗教をそれぞれ書きなさい。

(2)　イスラム教の分布はどのような特徴がありますか。イスラム教がおこった場所にふれ，簡単に書きなさい。

(1)	X	Y	
(2)			

予習・復習　こつこつ　解答 p.7

確認のワーク ステージ1　第2章 世界の諸地域　1 アジア州①

教科書の要点　(　)にあてはまる語句を答えよう。

1 アジアの自然環境と人々のかかわり　教 p.46~47

●アジア▶ユーラシア大陸の広い範囲を占める。

●地形と気候

◆インドシナ半島からヨーロッパ▶地震や火山の噴火が多い。(①　　　)山脈やチベット高原（世界の屋根）など，大きな山脈や高原が広がる。

◆南から順に，熱帯気候，温帯気候，冷帯（亜寒帯）気候，寒帯気候が分布。

◆東部～南部▶(②　　　)（モンスーン）（夏と冬で風向きが変わる風）がふく。夏に雨季（海から陸に湿った季節風），冬に乾季（陸から海に乾いた季節風）。

◆東アジアの内陸部や中央アジア・西アジア▶乾燥帯気候。

↓アジアの地形

ウラル山脈　中国　日本　韓国　黄河　チベット高原　サウジアラビア　ヒマラヤ山脈　長江　太平洋　インド　インダス川　ガンジス川　タイ　フィリピン　赤道　0°　マレーシア　インドネシア　0　2000km　インド洋

●人口と文化，農業

◆経済が発展した(③　　　)と多くの発展途上国（経済発展が進まず生活水準が低い）。

◆人口▶アジアに世界の人口の約6割。

◆文化▶古くから文明が発達した中国とインドの影響。

■(④　　　)（インドでおこる）▶東南アジアや東アジアに広まる。

◆農業▶東アジアや南アジアで（降水量が多い）(⑤　　　)，東アジア北部や南アジアの内陸部で（降水量が少ない）(⑥　　　)。（小麦やとうもろこし）

2 世界への輸出による経済発展　教 p.48~49

●東アジアの経済発展と韓国，中国，経済発展にともなう課題

◆工業化▶日本に続き，韓国，台湾，中国などで進む。

◆韓国▶(⑦　　　)（ハイテク）産業（最先端の高度な技術）や自動車工業。

◆中国▶石炭や鉄鉱石などの鉱産資源が豊富。1970年代以降，外国企業の受け入れなどで急激に工業化が進む。

■(⑧　　　)▶沿岸部に設置し，外国企業をよい条件で受け入れる。ハイテク産業が集積。

■中国は「(⑨　　　)」（安い賃金で製品を作る）▶多様な工業製品を生産。

◆中国の課題▶経済発展が進み，(⑩　　　)(GDP)が世界第2位になった一方，都市部で都市問題の発生。

■沿岸部や都市部で経済発展→内陸部や農村部からの出かせぎに対し，都市整備が追いつかず，環境問題（大気汚染など）が深刻。

◆中国の人口と民族（約9割は漢民族）▶世界各地に華人（移住した中国系の人々）。一人っ子政策（人口増加をおさえようとした）は廃止。

↓工業の盛んな国

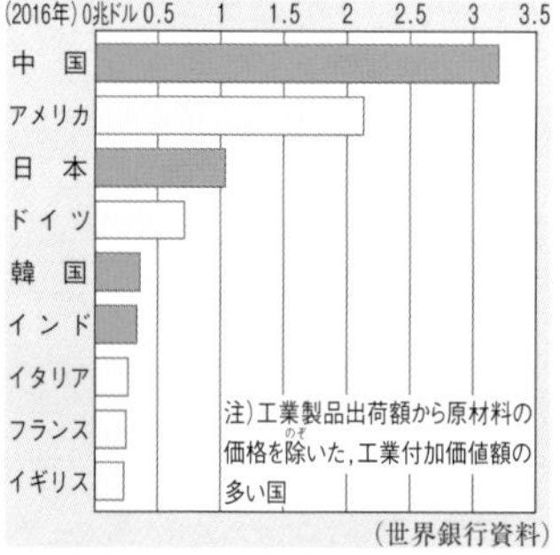

(世界銀行資料)

↓石炭の国別生産量

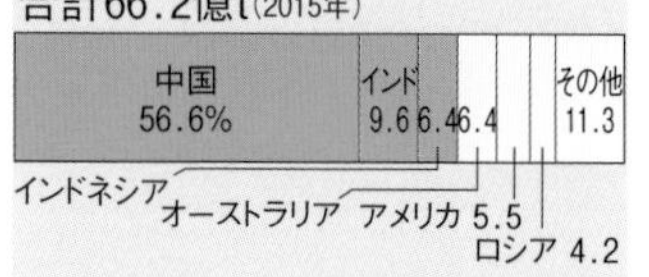

(UN Industrial Commodity Statistic Database)

教科書の資料　次の問いに答えよう。

(1) 中国の，外国企業をよい条件で受け入れている地区を何といいますか。（　　　）

(2) 次の文中の□にあてはまる語句を，□からそれぞれ書きなさい。

①（　　　）②（　　　）

中国の1人あたりの地域別総生産は，①で多いが，②では少なく，大きな差がある。

沿岸部　内陸部

中国の1人あたりの地域別総生産

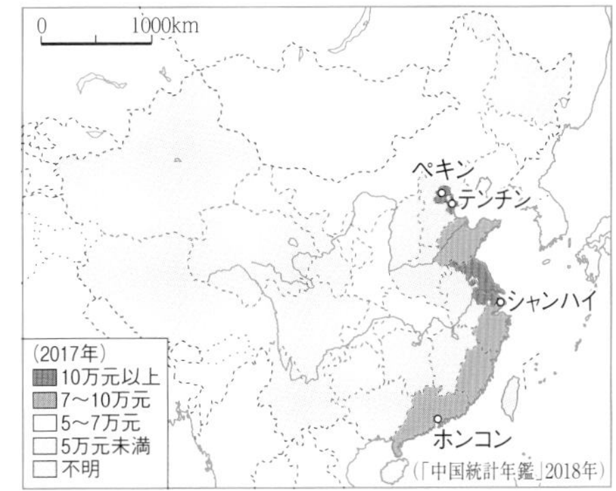

(3) 中国の人口の9割を占め，沿岸部の大都市や平野部に多く住む民族を何といいますか。（　　　）

チェック 教科書一問一答　次の問いに答えよう。

/10問中

★は教科書の太字の語句

1 アジアの自然環境と人々のかかわり

①アジアは何という大陸に位置していますか。　□①

②チベット高原の南にある，標高8000m級の山々がつらなる山脈を何といいますか。　□★②

③アジアの沿岸部の気候に影響をあたえる，夏と冬で風向きの変わる風を，カタカナで何といいますか。　□★③

④③の影響などで降水量が多くなる期間を何といいますか。　□★④

⑤④に対し，降水量が少ない期間を何といいますか。　□★⑤

2 世界への輸出による経済発展

⑥韓国では先端技術産業が盛んです。先端技術のことを，カタカナで何といいますか。　□★⑥

⑦中国は，さまざまな工業製品を作り，世界に輸出していることから，何とよばれていますか。　□★⑦

⑧中国が世界第2位となった，国内で1年間に新しく生産された製品やサービスの額の合計を何といいますか。　□★⑧

⑨都市で起こる，大気汚染などの環境問題や貧困などの社会問題を何といいますか。　□★⑨

⑩世界各地に移住した中国系の人々を何といいますか。　□★⑩

東アジアから南アジアにかけての気候に大きな影響をあたえる「モンスーン」の語源は，アラビア語で「季節」を意味することばです。

予習・復習　こつこつ　解答 p.7

確認のワーク　ステージ1

第2章　世界の諸地域
1　アジア州②

教科書の要点　(　)にあてはまる語句を答えよう。

1 地域統合などによる経済発展　教 p.50~51

●東南アジアの農業・漁業

◆稲作▶季節風による雨季の降水を利用。

■二期作▶高い気温を生かし，年2回収穫。

◆(①　　　　)▶植民地だった時代にひらかれる。天然ゴム，コーヒー，アブラヤシなどの栽培。
大規模な農園

◆冷凍輸送の普及▶えびの養殖，にわとりの飼育。

●東南アジアの工業化，経済発展

◆シンガポール▶輸入した原材料を加工する工業。多くの(②　　　　)団地がある。

◆タイ，マレーシア，インドネシア▶外国企業を受け入れ，工業団地を開発。中国から工場移転の動き。

◆(③　　　　)(ASEAN)▶政治や平和維持のため結成。経済の分野で結びつきを強める。

↓東南アジアの主な国の輸出品の変化

タイ

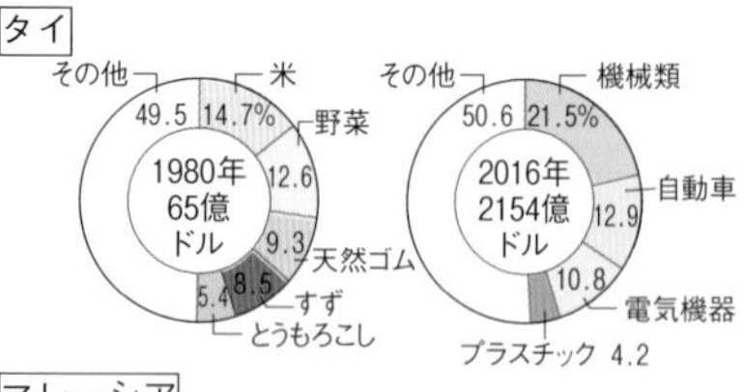

マレーシア

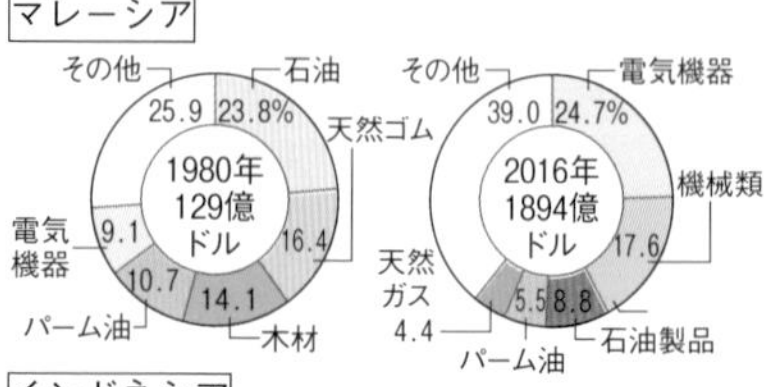

インドネシア

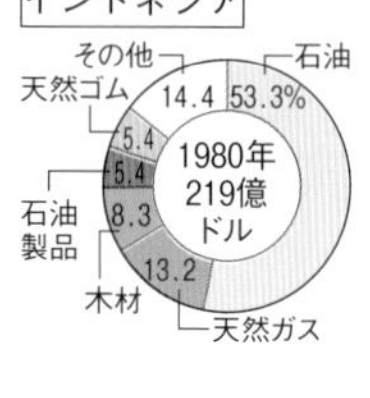

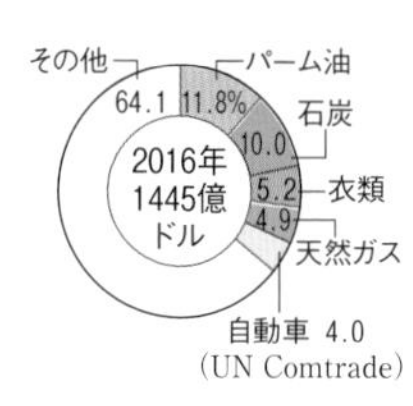

(UN Comtrade)

2 人口増加と産業の変化による経済発展　教 p.52~53

●南アジアの人口と農業

◆南アジア▶米と麦が主要な農産物。綿花と茶の栽培も盛ん。

◆インド▶人口約14億人。

■約7割が(④　　　　)教を信仰。

■1960年代の「緑の革命」▶(⑤　　　　)設備の整備などで収穫量を増やす→人口増加，貧富の差の拡大。
農作物の増産をめざす

●インドの経済発展▶カースト制度の社会問題が残る。
ヒンドゥー教の身分制度　差別など

◆(⑥　　　　)(ICT)産業の発展。英語の普及により アメリカの企業が進出

◆都市問題▶都市部に(⑦　　　　)の形成。

↓南アジアの主な国の輸出品

インド　2560億ドル(2016年)

石油製品	ダイヤモンド	衣類	医薬品	自動車	その他
10.7%	9.6	7.0	5.6	5.3	61.8

パキスタン　205億ドル(2016年)

衣類	繊維品	綿織物	米	糸	その他
28.5%	15.2	10.6	8.3	6.2	31.2

(UN Comtrade)

3 豊富な資源を生かした経済発展　教 p.54~55

●西アジア・中央アジアの経済発展

◆西アジア▶ペルシア湾沿岸は石油の産出地。

■(⑧　　　　)(OPEC)▶産油国が加盟。世界の石油価格に影響力。
世界の3割を生産

◆中央アジア▶石油，天然ガス，石炭，レアメタル(希少金属)などの鉱産資源の開発が進む。

◆(⑨　　　　)教▶文化や政治に影響力。

◆紛争による(⑩　　　　)の発生。
宗教や資源・経済をめぐる

↓西アジア・中央アジアの鉱産資源

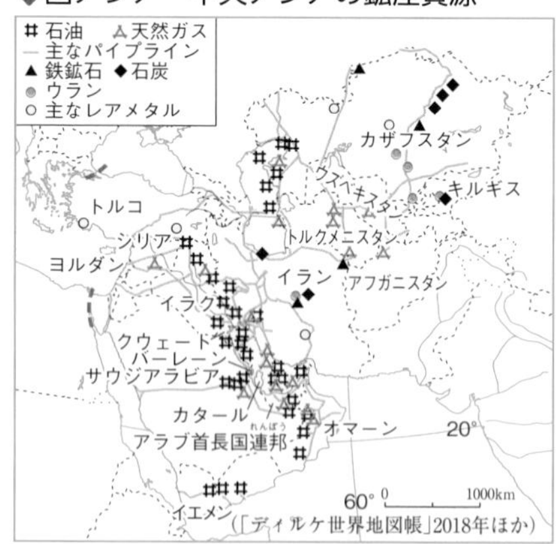

(「ディルケ世界地図帳」2018年ほか)

まるごと暗記　OPEC 石油輸出国機構　ペルシア湾 アラビア半島とイランに囲まれた湾。石油が豊富。

教科書の資料　次の問いに答えよう。

(1) グラフ中のXにあてはまる国を書きなさい。

（　　　　　　　　）

(2) グラフ中の■の国々は，アジアの6つの地域区分のうち，どこに含まれますか。

（　　　　　　　　）

(3) 産油国のアラブ首長国連邦にある，世界で最も高いビルが建てられるなど，経済発展と急速な開発が進む都市を，□から書きなさい。

（　　　　　　　　）

ベンガルール　　デリー　　ドバイ

石油の国別生産量と埋蔵量

生産量 合計43.9億t(2017年)

アメリカ	X	ロシア	カナダ	イラン	イラク	その他
13.0%	12.8	12.6	5.4	5.3	5.0	45.9

埋蔵量 合計2393億t(2017年)

ベネズエラ	X	カナダ	イラン	イラク	ロシア	クウェート	その他
17.9%	15.7	10.0	9.3	8.8	6.3	6.0	26.0

(BP Statistical Review of World Energy 2018)

チェック 教科書一問一答　次の問いに答えよう。

/10問中

★は教科書の太字の語句

1 地域統合などによる経済発展

①東南アジアで多くみられる，年に2回稲を収穫する栽培方法を何といいますか。　★①＿＿＿＿

②東南アジアなどの山地につくられている，階段状の田を何といいますか。　②＿＿＿＿

③東南アジアのプランテーションで栽培されている，パーム油を取ることができるヤシを何といいますか。　③＿＿＿＿

④東南アジアで国境の物資の移動を制限しないなどのしくみをめざす組織を何といいますか。　★④＿＿＿＿

2 人口増加と産業発展

⑤ICT関連の企業や研究施設が集中し，インドのシリコンバレーとよばれている都市を何といいますか。　⑤＿＿＿＿

⑥差別などの社会問題が残る，ヒンドゥー教に基づく身分制度を何といいますか。　★⑥＿＿＿＿

3 豊富な資源を生かした経済発展

⑦石油の埋蔵量が豊富な，アラビア半島とイランに囲まれた湾を何といいますか。　⑦＿＿＿＿

⑧1960年に西アジアなどの産油国が利益を守るためにつくった組織を，アルファベットで何といいますか。　★⑧＿＿＿＿

⑨中央アジアの国々で産出される，希少金属とよばれる鉱産資源を，カタカナで何といいますか。　⑨＿＿＿＿

⑩紛争が起こった国で発生している，迫害によりほかの国にのがれた人のことを何といいますか。　★⑩＿＿＿＿

オイルマネーによる都市開発が進むアラブ首長国連邦のドバイには，世界一高い828mのビルがあります。

こつこつ　テスト直前　解答▶p.7

定着のワーク　ステージ2

第2章　世界の諸地域
1　アジア州

1 アジアの気候と人々のくらし　次の問いに答えなさい。

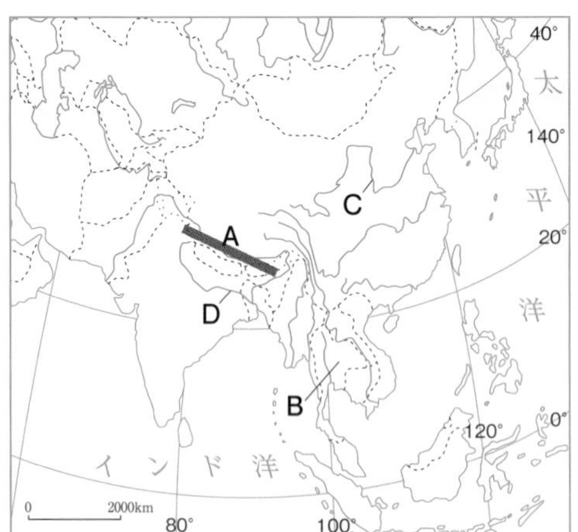

(1) 地図中のAの山脈，Bの半島，Cの川，Dの川の名称をそれぞれ書きなさい。

A(　　　　)
B(　　　　)
C(　　　　)
D(　　　　)

(2) 次の文中の□にあてはまる語句を，それぞれ書きなさい。

①(　　　　)
②(　　　　)

アジアの東部から南部は季節風の影響で，①に特に降水量が多くなる。東アジアの内陸部や中央アジア，西アジアは季節風の影響を受けにくく，②気候が広がっている。

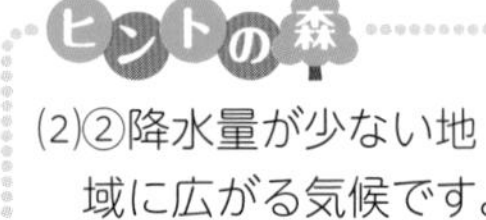

(2)②降水量が少ない地域に広がる気候です。

2 東アジア　次の問いに答えなさい。

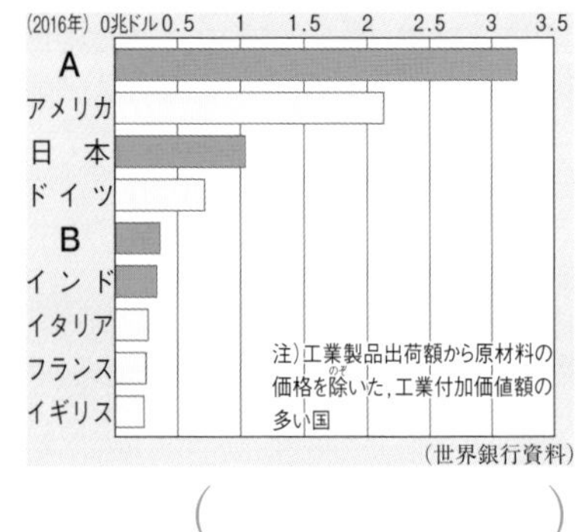

(1) グラフを見て，次の問いに答えなさい。

① Aは，さまざまな工業製品を作り，「世界の工場」とよばれています。Aの国名を書きなさい。

(　　　　)

② Aの沿岸部につくられている，外国企業をよい条件で受け入れている地域を何といいますか。

(　　　　)

③ Bは，現在先端技術（ハイテク）産業や自動車工業が盛んな東アジアの国です。Bの国名を書きなさい。

(　　　　)

(2) 次の文中の□にあてはまる語句を，それぞれ書きなさい。

①(　　　　)　②(　　　　)

Aでは，都市部や沿岸部の経済が発展する一方，都市の整備が追いつかず，①などの環境問題が起こっている。また，都市のなかでの貧富の差などによる，②問題の解決が課題になっている。

(3) 現在の中国のおよその人口を，次から選びなさい。

(　　　　)

ア　約1億人　　イ　約10億人
ウ　約14億人　　エ　約20億人

(2)①工場や自動車の排気などが原因とされています。

3 東南アジア　次の問いに答えなさい。

東南アジアは，季節風による降水を利用して稲作（いなさく）が行われており，平野部では高い気温を生かした（　A　）もみられる。ヨーロッパの植民地だった時代につくられたプランテーションでは，（　B　），コーヒー，アブラヤシなどの栽培（さいばい）が行われ，現在も世界各国に輸出されている。

(1)　文中のA・Bにあてはまる語句を，［　］からそれぞれ書きなさい。

A（　　　　　　　　）　B（　　　　　　　　）

二期作（にきさく）　　綿花　　天然ゴム　　なつめやし

(2)　下線部について，正しいものを次から２つ選びなさい。

（　　　）（　　　）

ア　１年を通して海から陸にふく。
イ　夏と冬で風向きが変わる。
ウ　モンスーンとよばれる。
エ　東南アジアで冬の雨季に雨をもたらしている。

タイ
2016年 2154億ドル
X 21.5%　自動車 12.9　電気機器 10.8　プラスチック 4.2　その他 50.6

マレーシア
2016年 1894億ドル
電気機器 24.7%　X 17.6　石油製品 8.8　パーム油 5.5　天然ガス 4.4　その他 39.0

（UN Comtrade）

(3)　右のグラフは，タイとマレーシアの輸出品目を示しています。グラフ中のXに共通してあてはまる品目を，次から選びなさい。

（　　　）

ア　米　　　　　イ　石油
ウ　パーム油　　エ　機械類

ヒントの森
(3)近年，工業団地の開発が進みました。

4 南アジア・西アジア・中央アジア　次の問いに答えなさい。

(1)　次の文中の［　］にあてはまる語句を，それぞれ書きなさい。

①（　　　　　　）②（　　　　　　）
③（　　　　　　）

インドでは，［①］教が約７割（わり）の人に信仰（しんこう）され，神聖（しんせい）な動物である［②］が大切にされている。西アジアや中央アジアでは，［③］教が広く信仰されており，サウジアラビアでは国教とされている。

（「ディルケ世界地図帳」2018年ほか）

(2)　インドのベンガルールに集積する，インドで発展している産業を書きなさい。（　　　　　）

(3)　右の地図中のXについて，次の問いに答えなさい。

①　Xは，ペルシア湾（わん）沿岸に世界の約半分の埋蔵量（まいぞうりょう）があるとされます。この資源（しげん）を何ですか。（　　　　　）

②　Xの輸出国が結成した国際機構を書きなさい。

（　　　　　）

ヒントの森
(1)③西アジアのアラビア半島でおこりました。
(2)ベンガルールはインドのシリコンバレーとよばれています。

第2編 第2章

こつこつ テスト直前 解答 p.8

総合問題編

1 アジア州

30分 /100

1 右の資料を見て，次の問いに答えなさい。

5点×8（40点）

よく出る (1) 地図中のX・Yの河川名を書きなさい。

(2) あ～うの国名を書きなさい。

(3) 地図中に示された緯線の緯度は何度ですか。

レベルUP (4) 地図中のaの都市の雨温図を，ア～ウから選びなさい。

(5) アジアの人口と文化について，正しいものを次から1つ選びなさい。

ア シベリアの人口密度が高くなっている。

イ 稲作はせまい土地でもたくさんの量を収穫できることから，アジアの人口を支えている。

ウ 仏教がおこったインドでは，現在約7割の人がイスラム教を信仰している。

エ アジアの人口は，世界の人口のうちの約3割を占めている。

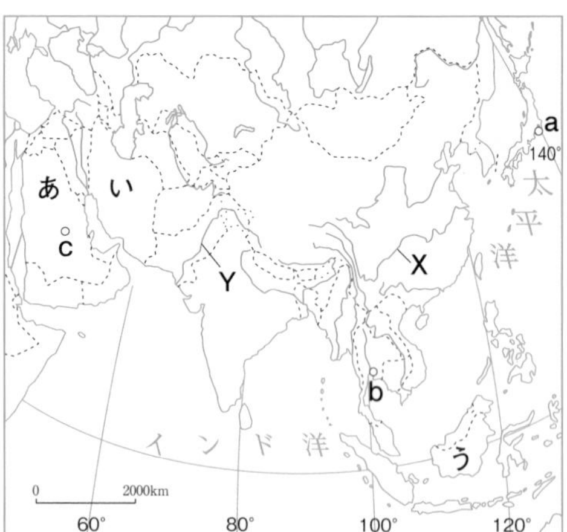

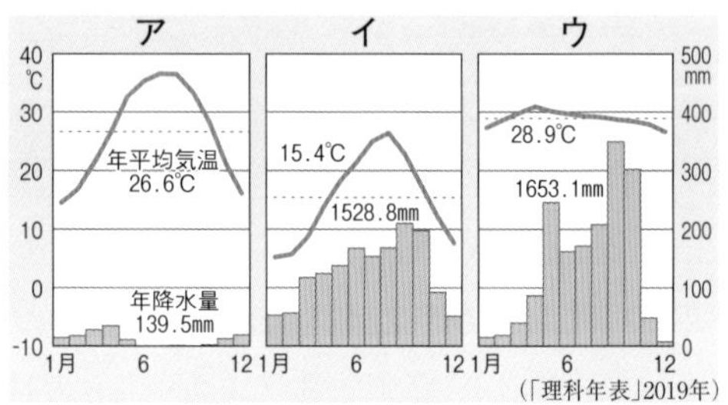

(1)	X	Y	(2)	あ	い
う		(3)		(4)	(5)

2 右の資料を見て，次の問いに答えなさい。

6点×3（18点）

(1) 韓国で盛んな，最先端の高度な技術を要する産業を何といいますか。

(2) 中国は，さまざまな工業製品がつくられ世界中に輸出されていることから，何とよばれていますか。

(3) 中国の経済発展の特徴について，右の資料からわかることを書きなさい。

中国の1人あたりの地域別総生産

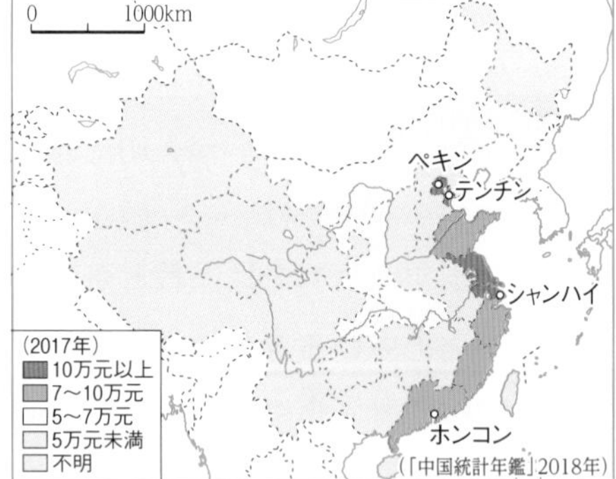

(1)		(2)		
(3)				

目標
- □アジアの自然と気候をおさえる
- □アジアの産業の特色をおさえる
- □アジアの各地域のちがいをおさえる

自分の得点まで色をぬろう!
かんばろう! もう一歩 合格!
0 60 80 100点

3 右の資料を見て，次の問いに答えなさい。

6点×4（24点）

(1) 資料Ⅰについて，次の問いに答えなさい。

① この農産物が栽培されている，植民地時代にひらかれた農園を何といいますか。

② このグラフは，何の農産物の国別生産量を示したものですか。

(2) 資料Ⅱのグラフの国が加盟している，東南アジアの地域組織を何といいますか。

(3) 資料Ⅱから読み取れる内容として，正しいものを次から選びなさい。

ア 1980年には，どちらの国も農産物の輸出の割合が鉱産資源や工業製品よりも高かった。

イ タイの輸出総額は，2016年には1980年の約30倍以上になっている。

ウ インドネシアでは石油が輸出品に占める割合は減ったが，2016年の輸出額の上位は，パーム油などの鉱産資源である。

資料Ⅰ

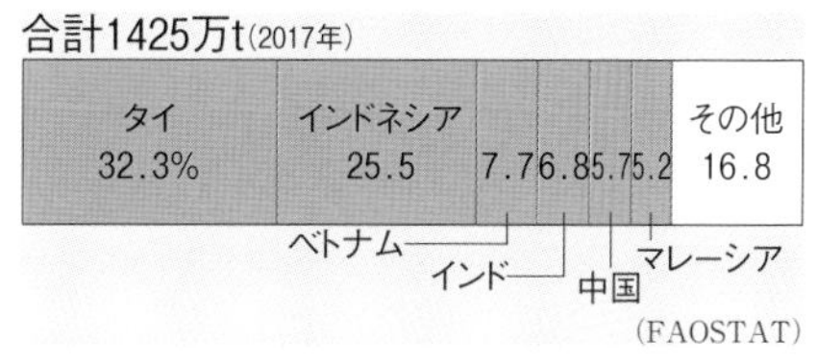

資料Ⅱ 主な国の輸出品目の変化

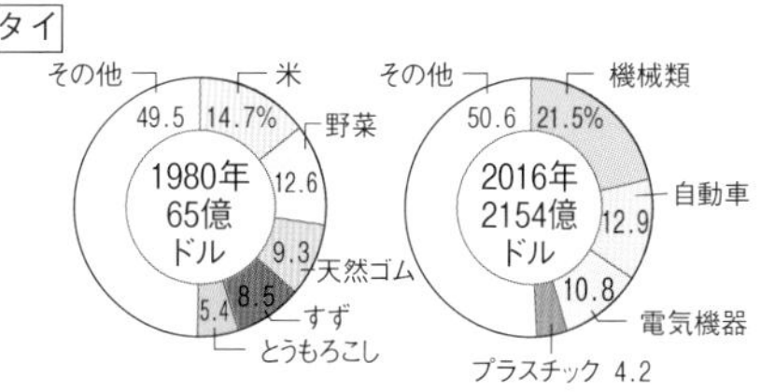

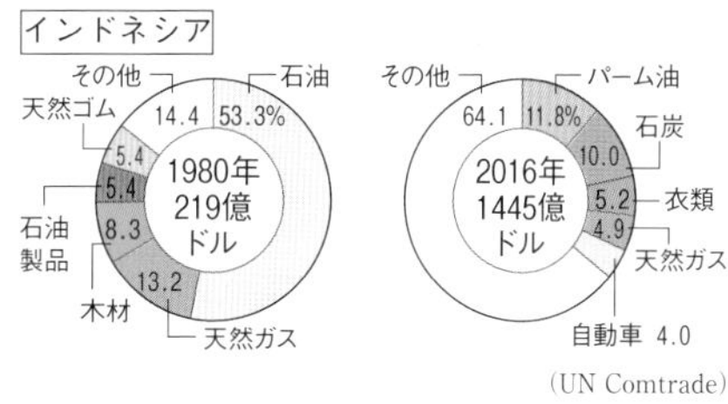

(1)	①		②	
(2)		(3)		

4 右の資料を見て，次の問いに答えなさい。

(2)6点，他4点×3（18点）

(1) Xにあてはまる輸出品を，次から選びなさい。

ア 米　イ 茶　ウ パーム油　エ 衣類

(2) インドには，アメリカのICT企業が進出しています。アメリカのICT企業の仕事が増えた理由を，インドで普及している言語にふれ，簡単に書きなさい。

(3) 西アジアの石油の埋蔵量は，最低でも世界の約何割を占めているといえますか。整数で書きなさい。

(4) 政治や経済をめぐる紛争が原因で，ほかの国にのがれた人のことを何といいますか。

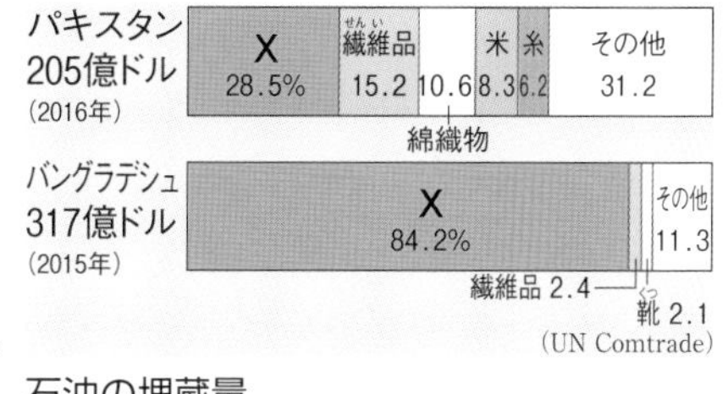

石油の埋蔵量

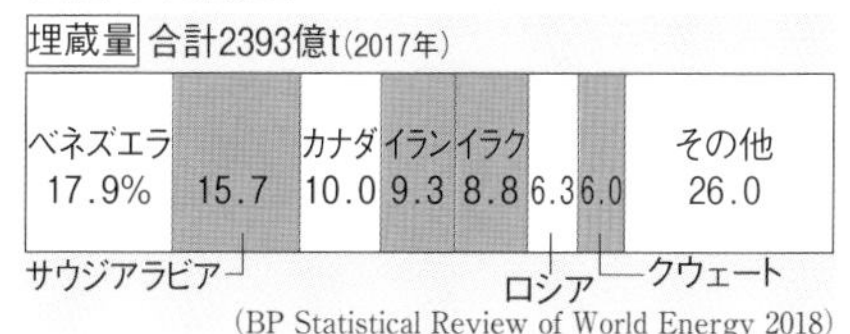

(1)		(2)	
(3)	約　割	(4)	

予習・復習　こつこつ　解答 p.8

確認のワーク ステージ1

第2章　世界の諸地域
2　ヨーロッパ州①

教科書の要点　(　　)にあてはまる語句を答えよう。

1 ヨーロッパの自然環境と人々のかかわり　教 p.60～61

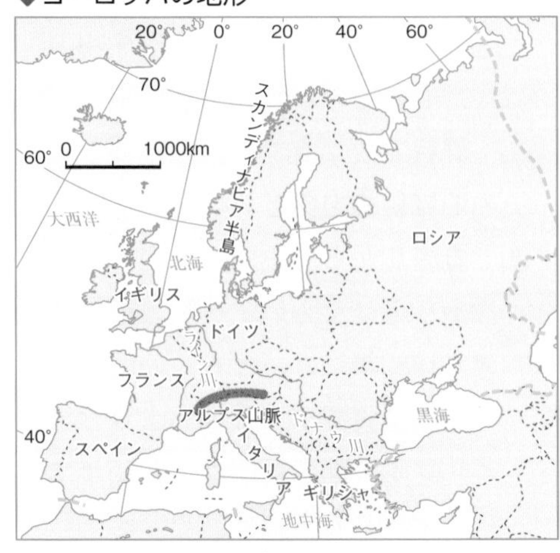

●地形

◆ヨーロッパの中央▶(①　　　　　　)山脈が東西につらなる。

■南側▶火山や地震の多いイタリアなど。

■北側▶フランスからロシアにかけて広大な平原やなだらかな丘陵。ライン川やドナウ川は国際的な水上交通路。（運河で結ばれている）

◆北部▶スカンディナビア半島に氷河でけずられてできた湾（(②　　　　　　)）や湖。（氷河でけずられた谷に海水が入りこんでできた）

●気候

◆大西洋や北海の沿岸▶(③　　　　　　)。(④　　　　　　)海流と偏西風の影響。（暖流　海流で暖められた空気を運ぶ）

◆ヨーロッパ南部の地中海沿岸▶地中海性気候。（ギリシャ，イタリア，スペインなど）

◆ヨーロッパ東部，北部▶冷帯（亜寒帯）気候。（ポーランドやロシア　スカンディナビア半島）

●多様な生活

◆大西洋や北海の沿岸地域▶安定した降水量で農産物を生産。牧畜や(⑤　　　　　　)も盛ん。

◆地中海沿岸▶夏に晴れが続き，観光地として人気。

◆緯度が高い地域▶夏は昼が長い。（一日じゅう空がうす明るい白夜が起こる）

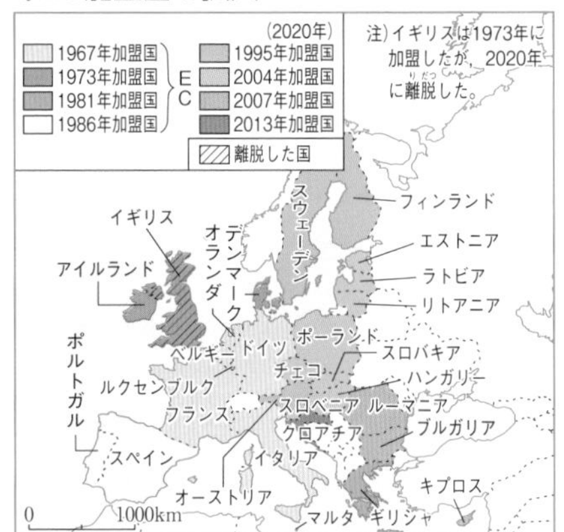

2 国境をこえた統合のあゆみ　教 p.62～63

●多様な民族と共通する文化

◆多様な民族。民族を単位に成立した国が多い。

◆言語▶ゲルマン系，(⑥　　　　　　)系，スラブ系など。

◆キリスト教▶ヨーロッパで広く信仰され，共通する特色に。(⑦　　　　　　)，プロテスタント，正教会などの宗派。

●国境をこえた統合

◆二度の世界大戦後，西ヨーロッパで協調の取り組み。（アメリカ，ソ連にも対抗）

◆(⑧　　　　　　)（EU）▶1993年に結成。加盟国で共通政策。東ヨーロッパにも加盟国が広がる。

■多くの加盟国で共通通貨の(⑨　　　　　　)を導入。

■(⑩　　　　　　)なしで国境を通過できる。

■資格など，国ごとに異なっていた制度を統一。

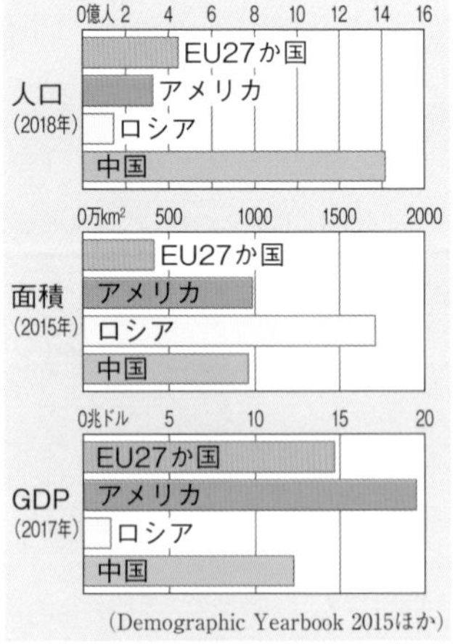

まるごと暗記　北大西洋海流 ヨーロッパの大西洋岸や北海を流れる暖流　偏西風 西から東にふく

教科書の資料　次の問いに答えよう。

(1) 地図中のA～Cについて，あてはまるキリスト教の宗派を［　］からそれぞれ書きなさい。

A（　　　　　　）
B（　　　　　　）
C（　　　　　　）

カトリック　正教会
プロテスタント

(2) Dは，キリスト教以外の宗教です。Dの宗教を書きなさい。（　　　　　　）

ヨーロッパと周辺の宗教の分布

チェック 教科書一問一答　次の問いに答えよう。

/10問中

★は教科書の太字の語句

1 ヨーロッパの自然環境と人々のかかわり

①ドイツなどを流れ，ドナウ川とともにヨーロッパの水上交通に重要な役割(やくわり)を果たす河川を何といいますか。 □①

②ノルウェーやフィンランドがあり，西海岸にフィヨルドが多く見られる半島を何といいますか。 □②

③イギリスやオランダ，デンマークなどに囲まれた海を，何といいますか。 □③

④北緯40～50度付近でほぼ１年じゅう西から東へ吹いている風を何といいますか。 □④★

⑤ポーランドやロシア，スカンディナビア半島に広がる気候を何といいますか。 □⑤

⑥ギリシャやイタリアなど，地中海沿岸で見られる気候を何といいますか。 □⑥

2 国境をこえた統合のあゆみ

⑦キリスト教の復活祭のことを何といいますか。 □⑦

⑧ヨーロッパ連合の略称をアルファベットで書きなさい。 □⑧★

⑨ウラル山脈をはさみ，ヨーロッパとアジアにまたがる国を書きなさい。 □⑨

⑩⑨の人口の約８割(わり)を占(し)める民族の言語は何系ですか。 □⑩

EU加盟国でも，デンマークやスウェーデンのように，共通通貨のユーロを導入せず，自国の通貨を使用する国があります。

予習・復習 こつこつ 解答 p.9

確認のワーク ステージ1 第2章 世界の諸地域 2 ヨーロッパ州②

教科書の要点 （　）にあてはまる語句を答えよう。

1 統合による産業の変化と課題 教 p.64～65

● 地域によって異なる農業/EUがめざす農業と課題

◆アルプス山脈より北側▶（①　　　　　　）。
小麦，ライ麦などと，豚や牛

◆地中海沿岸▶（②　　　　　　）。
ぶどうやオリーブなど

◆EUの共通農業政策▶（③　　　　　　）を上げるため，農産物の価格を高くし，補助金を出す。

● 国境をこえた工業のうごき

◆工業▶化学，自動車，航空機，**先端技術**（ハイテク）**産業**などが盛ん。

◆国境をこえた協力▶フランスの航空機メーカーで，加盟国の技術をもち寄り航空機を開発。

◆賃金の安い（④　　　　　　）に工場を移転する動き。

↓主な国の食料自給率

	小麦	いも類	野菜類	果実類	肉類	牛乳・乳製品
フランス	190	116	73	57	98	123
ドイツ	152	117	40	25	114	123
オランダ	27	221	284	22	176	224
スペイン	72	60	183	135	125	76
イタリア	66	45	141	106	79	68
イギリス	82	75	38	5	69	81
アメリカ	170	96	90	74	116	104
日本	12	74	80	41	53	62

自給率（%）　（2013年，日本のみ2016年）
150以上　100～149　50～99　50未満
（「食料需給表」2016年）

↓国境をこえる航空機生産の例

航空機の各部分の生産国
フランス　イギリス　ドイツ　スペイン

2 統合による社会の変化と課題 教 p.66～67

● 環境保全による持続可能な社会への取り組み

◆（⑤　　　　　　）な社会▶環境などの面で将来の人々に負担を残さない社会。ヨーロッパで取り組みが盛ん。

■都心部で，徒歩・自転車や，バス・路面電車（LRT）の利用。

■EUの安全基準を守っていることを証明するCEマーク。

■リサイクルの徹底。

● 環境に配慮した資源・エネルギー政策と課題

◆送電線や（⑥　　　　　　）で，電力や資源を輸出入。フランスの原子力発電，ロシアの石油・天然ガスにたよる。

◆原子力発電所の事故→（⑦　　　　　　）利用の取り組み。
風力，太陽光，バイオマスなど

◆**地球温暖化**を防ぐため，（⑧　　　　　　）の削減。
二酸化炭素など

◆環境に悪影響をおよぼす物質への課税。

3 移民の増加とゆらぐ統合のうごき 教 p.68～69

● 多文化社会/ゆらぐEUの統合/分離のうごき

◆（⑨　　　　　　）の形成▶東ヨーロッパからの移住や，アジア・アフリカからの（⑩　　　　　　）やその子孫，トルコ，シリアなどの外国人労働者や難民の増加。
過去の植民地　イスラム教を信仰

◆イギリスのＥＵ離脱▶2016年の国民投票で，離脱が決定。
2020年に離脱

◆イギリスのスコットランドやスペインのバスク地方で独立運動や自治権の拡大を求めるうごきが続く。

↓外国生まれの人の人口

（2016年）0万人 300 600 900 1200

国	（総人口に占める割合）
ドイツ	(14.0%)
イギリス	(13.7)
フランス	(12.6)
スペイン	(12.8)
イタリア	(9.9)
スイス	(28.8)
オランダ	(12.1)
ベルギー	(16.3)
スウェーデン	(17.0)
オーストリア	(18.3)
アイルランド	(17.0)
ノルウェー	(14.7)
デンマーク	(9.5)
フィンランド	(6.1)
ルクセンブルク	(46.3)

注）かっこ内は総人口に占める割合
(OECD International Migration Outlook 2018)

まるごと暗記　混合農業 小麦やライ麦の栽培と豚や牛の飼育　地中海式農業 夏にぶどう，オリーブ，オレンジ類

教科書の資料　次の問いに答えよう。

(1) 地中海沿岸で栽培されている夏の高温や乾燥に強い農産物を，図中から３つ書きなさい。

(　　　　)(　　　　)

(　　　　)

(2) 地中海沿岸で盛んな，夏に(1)，冬に小麦などを栽培する農業を何といいますか。

(　　　　)

(3) アルプス山脈の北側で行われてきた混合農業で，家畜の飼育と組み合わせて栽培される農産物を，図中から２つ書きなさい。

(　　　　)(　　　　)

ヨーロッパと周辺の農業

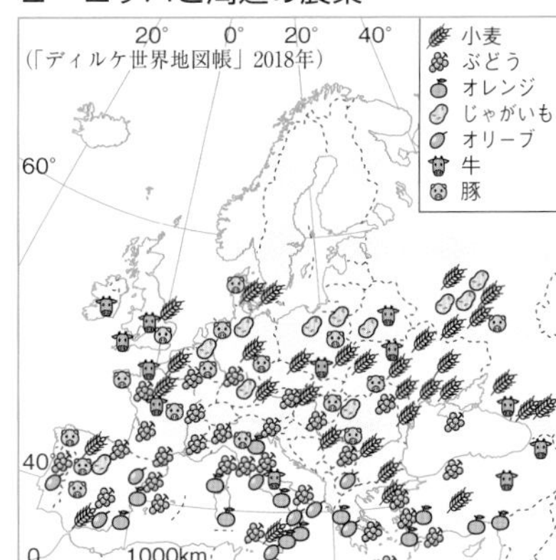

第2編
第2章

チェック 教科書一問一答　次の問いに答えよう。

/10問中

★は教科書の太字の語句

1 統合による産業の変化と課題

①ヨーロッパの北部で行われてきた小麦などの栽培に豚などの飼育を組み合わせた農業を何といいますか。　★①

②地中海沿岸で栽培が盛んな，ワインの原料になる農産物を何といいますか。　②

2 統合による社会の変化と課題

③ヨーロッパの都市の都心部で使われている路面電車のことを，アルファベットで何といいますか。　★③

④将来の世代のための環境保全と開発とを両立させる社会を何といいますか。　★④

⑤環境保全のため取り組まれている，ごみを分別し資源として再利用することを何といいますか。　★⑤

⑥風力や太陽光など，消費しても枯渇しない，環境に負担が少ないエネルギーを何といいますか。　★⑥

⑦二酸化炭素の増加が原因とされる，地球の気温が上昇する地球規模の環境問題を何といいますか。　⑦

⑧森林が枯れる，コンクリートが溶けるなど，国境をこえて被害をおよぼす強い酸性の雨を何といいますか。　★⑧

3 移民の増加とゆらぐ統合

⑨ヨーロッパへの流入が増えている，迫害を受けるなどしてほかの国にのがれた人のことを何といいますか。　★⑨

⑩ヨーロッパのほぼ中央にある，EUには加盟しておらず，高級時計の生産で有名な国はどこですか。　⑩

オランダの風車は，羽のとめ方に意味があります。羽が＋型にとまっているときは，「大休止中」，×型にとまっているときは「小休止中」をあらわしています。

予習・復習　こつこつ　解答 p.9

確認のワーク ステージ1　第2章　世界の諸地域　3　アフリカ州

教科書の要点　(　　)にあてはまる語句を答えよう。

1 アフリカの自然環境と人々のかかわり　教 p.74~75

●地形と気候/農業

◆アフリカ大陸▶起伏がゆるやかで台地状。

◆ナイル川が古くから交通路として使われ，農業をはぐくむ。北部に（①　　　　）。
世界最大の砂漠

◆気候▶赤道をはさみ，南北に対称的に分布。

■ギニア湾沿岸▶**熱帯雨林気候**。その外側に**サバナ気候**，**ステップ気候**，**砂漠気候**。

■大陸の北端，東部の高原，南部▶**温帯気候**。

◆農業▶熱帯気候の地域で（②　　　　），乾燥帯気候の地域で（③　　　　），温帯気候の地域で小麦やぶどうの栽培。

↓アフリカの地形

●歴史と南北で異なる文化

◆16世紀ごろ，ヨーロッパ系の人々が（④　　　　）としてアフリカの人々を北・南アメリカにつれ去る。

◆ヨーロッパの国々の植民地に→直線的な国境線が引かれる。

◆サハラ砂漠以北でアラビア語，イスラム教。以南ではヨーロッパの言語やスワヒリ語が（⑤　　　　）。

↓カカオ・ダイヤモンド・レアメタルの国別生産量

カカオ　合計520万t(2017年)

コートジボワール	ガーナ	インドネシア	ナイジェリア	カメルーン	その他
39.1%	17.0	12.7	6.3	5.7	19.2

ダイヤモンド　合計62t(2016年)

コンゴ民主共和国	ロシア	オーストラリア	ボツワナ	南アフリカ共和国	ジンバブエ	その他
30.6%	29.0	22.6	9.7	3.2	3.2	1.7

コバルト　合計11.1万t(2016年)

コンゴ民主共和国	オーストラリア	ロシア	カナダ	その他
57.7%	5.0	5.0	3.8	28.5

クロム　合計3020万t(2016年)

南アフリカ共和国	カザフスタン	インド	トルコ	その他
48.7%	17.8	10.6	9.3	13.6

注)コバルト・クロムは，レアメタルに含まれる。

(FAOSTAT, Mineral Commodity Summaries 2018)

2 農産物や鉱産資源の輸出にたよる経済　教 p.76~77

●輸出用の農産物/鉱産資源/モノカルチャー経済の克服

◆農産物▶植民地支配からの独立後も，（⑥　　　　）で輸出用農産物の栽培が続く。主食の自給が課題。
カカオ，コーヒーなど

◆鉱産資源▶金，銀，ダイヤモンドなどが豊富。石油や（⑦　　　　）(希少金属)，天然ガスの開発が進む。

◆（⑧　　　　）経済の克服が課題。
特定の農産物や鉱産資源などの輸出にたよる経済

◆生産者と消費者が協力する（⑨　　　　）が広がる。
自然環境や，生産者と消費者の生活に配慮した貿易

3 社会・経済の開発や発展と国際協力　教 p.78~79

●若い人々の多さと経済発展/課題/国際協力

◆鉱産資源の価格の上昇，若者や働くことに適した年齢の人の多さで経済発展→都市化の進行，都市問題の発生。

◆民族の分布を無視した国境線→民族問題で紛争が起こる。

◆（⑩　　　　）(ＡＵ)▶アフリカの国々が連携。

◆**政府開発援助**（ＯＤＡ）や**非政府組織**（ＮＧＯ）が国際協力。

↓主な国の都市人口の割合

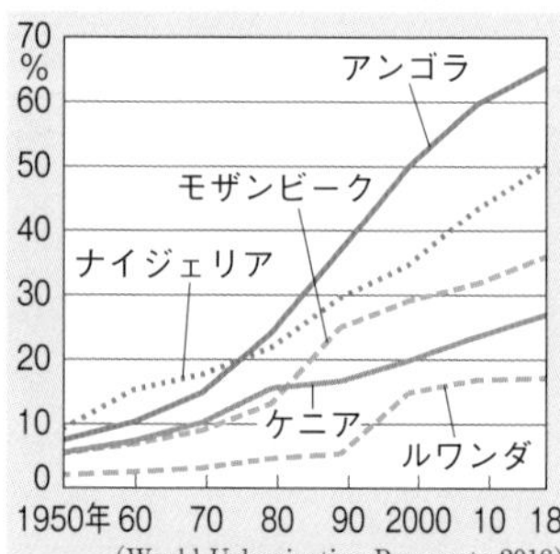

(World Urbanization Prospects 2018)

まるごと暗記　モノカルチャー経済 特定の農産物や鉱産資源に依存　アフリカ連合 アフリカの国際組織

教科書の資料　次の問いに答えよう。

(1) 右のグラフについて，A～Dにあてはまる品目を，□からそれぞれ書きなさい。

A（　　　　）　B（　　　　）

C（　　　　）　D（　　　　）

銅　ダイヤモンド
石油　茶

(2) ナイジェリア，ボツワナ，ザンビアでは，輸出額が最も多い品目が，全体の７割以上を占めています。このような特徴をもつ経済を，何といいますか。

（　　　　）

アフリカの主な国の輸出品目

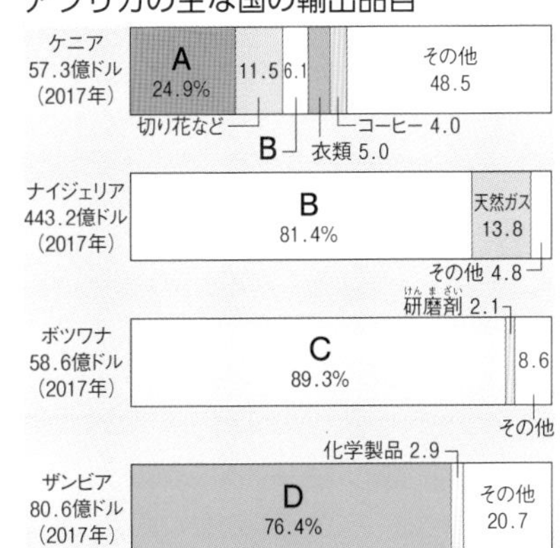

チェック 教科書 一問一答　次の問いに答えよう。

/10問中

★は教科書の太字の語句

1 アフリカの自然環境と人々のかかわり

①アフリカ大陸の東部を流れる，文明を生み出した川を何といいますか。　★①＿＿＿＿

②赤道に近いギニア湾沿岸に広がる気候は何ですか。　②＿＿＿＿

③森林を伐採して火を入れ，農産物を栽培したあと，森林を回復させる農法を何といいますか。　★③＿＿＿＿

④ヨーロッパの国々によって支配された地域を何といいますか。　★④＿＿＿＿

⑤④になったときに直線的に引かれた境界線で，独立後も民族問題の原因となっているのは何ですか。　⑤＿＿＿＿

⑥北アフリカで広く信仰されている，西アジアで生まれた宗教は何ですか。　⑥＿＿＿＿

2 輸出にたよる経済

⑦コートジボワールやガーナなど，ギニア湾沿岸の国々で生産が盛んなチョコレートの原料は何ですか。　⑦＿＿＿＿

⑧アフリカで開発が進んだ，コバルトやクロムなどの鉱産資源を何といいますか。　★⑧＿＿＿＿

3 開発や発展と国際協力

⑨アフリカ連合の略称を，アルファベットで何といいますか。　★⑨＿＿＿＿

⑩アフリカで国際協力に取り組むなど，国境をこえた活動を行う民間組織を何といいますか。　★⑩＿＿＿＿

かつて南アフリカ共和国では，非白人を差別するアパルトヘイト政策が行われていました。弁護士だったインドの独立の指導者ガンジーも，この政策を目の当たりにしました。

こつこつ テスト直前 解答 p.9

定着のワーク ステージ2

第2章 世界の諸地域 2 ヨーロッパ州 3 アフリカ州

1 ヨーロッパの自然と人々のくらし 次の問いに答えなさい。

よく出る (1) 地図中のXの山脈名とYの河川名を書きなさい。

X（ ）Y（ ）

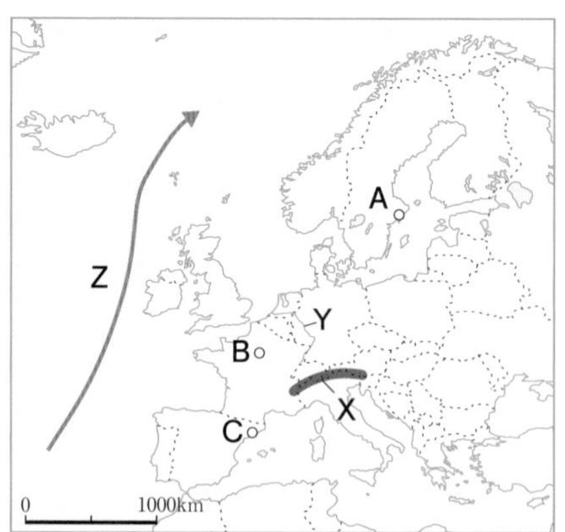

(2) 地図中のZの海流名を書きなさい。

（ ）

(3) 地図中のA～Cの都市の雨温図を，ア～ウからそれぞれ選びなさい。

A（ ） B（ ） C（ ）

(4) 次の文中の①・②にあてはまる語句を，からそれぞれ書きなさい。

①（ ）

②（ ）

ヨーロッパの言語は，ゲルマン系(けい)，①系，スラブ系に大きく分けられるが，文字や単語が似ているなどの共通部分が多い。宗教は，キリスト教が広く信仰(しんこう)され，フランスやスペインには②が多い。

ラテン カトリック
プロテスタント 正教会(せいきょうかい)

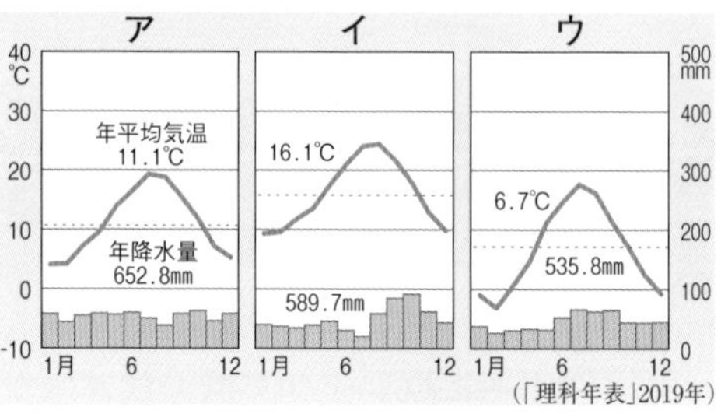

(「理科年表」2019年)

ヒントの森
(3) Aは冷帯（亜寒帯）気候，Cは地中海性気候です。

2 ヨーロッパの産業・地域統合 次の問いに答えなさい。

(1) アルプス山脈の南側で行われている，夏にぶどうやオリーブ，オレンジ類，冬に小麦などを栽培(さいばい)する農業を何といいますか。（ ）

(2) 次の文中の①～③にあてはまる語句を，□からそれぞれ書きなさい。

①（ ） ②（ ） ③（ ）

アルプス山脈の北側では，①などの栽培と，豚や牛などの②の飼育を組み合わせた③が行われています。

家畜(かちく) 混合農業(こんごう) 酪農(らくのう) 小麦 米

(3) ヨーロッパ連合の略称を何といいますか。アルファベットで書きなさい。

（ ）

ヒントの森
(2) 酪農は，家畜を飼育し，生乳や乳製品を作る農業です。

全部できたら，➡に✔をかいて☺にしよう！

3 アフリカの自然と歴史　次の問いに答えなさい。

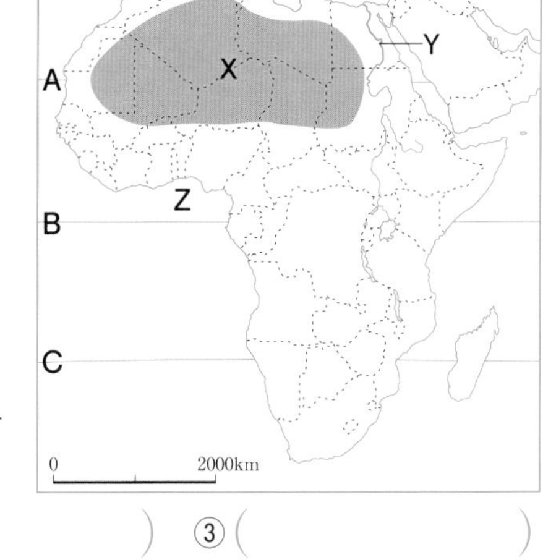

(1) 地図中のXの砂漠，Yの河川，Zの湾の名称を，それぞれ書きなさい。

X（　　　　　）　Y（　　　　　）
Z（　　　　　）

(2) Zの湾の沿岸に広がる気候は何ですか。

（　　　　　）

(3) 赤道を，A～Cから選びなさい。（　　　）

(4) 次の文中の①～③にあてはまる語句を［　　］からそれぞれ書きなさい。

①（　　　　　）　②（　　　　　）　③（　　　　　）

16世紀ごろから［①］系の人々がアフリカ大陸に進出しはじめ，多くの人々を［②］としてつれ去った。19世紀末までには，ほとんどの地域が［①］の［③］となった。

ヨーロッパ　　アメリカ　　奴隷　　先住民　　植民地

(1) Yエジプト文明と関わりがあります。
(2) 赤道に近く，高温多湿な気候です。

4 アフリカの経済と人々のくらし　次の問いに答えなさい。

アフリカでは，鉱産資源の不法な採掘や取り引きなどが原因の（ A ）が発生している。民族の分布を無視した（ B ）線が引かれたことで民族問題による（ A ）もしばしば発生し，飢餓や難民の発生につながっている。アフリカの国々はアフリカの課題の解決や協力のため，（ C ）を結成した。

カカオ 合計520万t (2017年)

X	ガーナ	インドネシア	ナイジェリア	カメルーン	その他
39.1%	17.0	12.7	6.3	5.7	19.2

ダイヤモンド 合計62t (2016年)

Y	ロシア	オーストラリア	ボツワナ	南アフリカ共和国	ジンバブエ	その他
30.6%	29.0	22.6	9.7	3.2	3.2	1.7

(FAOSTAT, Mineral Commodity Summaries 2018)

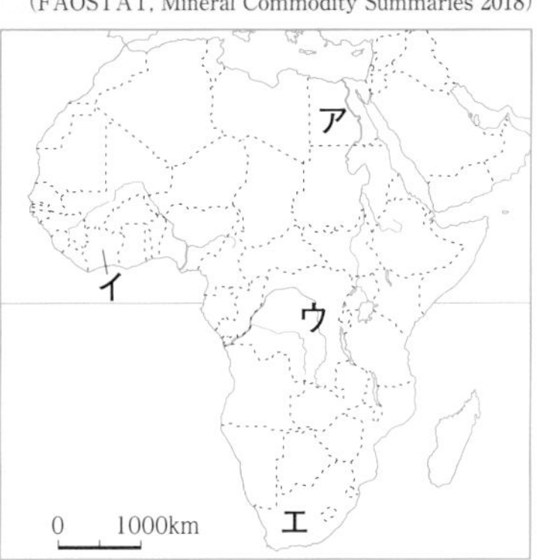

(1) A～Cにあてはまる語句を書きなさい。

A（　　　　　）　B（　　　　　）
C（　　　　　）

(2) カカオとダイヤモンドの国別生産量について，X・Yにあてはまる国を地図中のア～エから選びなさい。

X（　　　）　Y（　　　）

(3) 特定の農産物や鉱産資源の輸出にたよる経済を何といいますか。（　　　　　）

(4) 農産物の買い取り価格を保障するなどして，生産者と消費者が自然環境や双方の生活への配慮に取り組むことを何といいますか。

（　　　　　）

ヒントの森
(2) Yコンゴ民主共和国は中央アフリカに位置します。

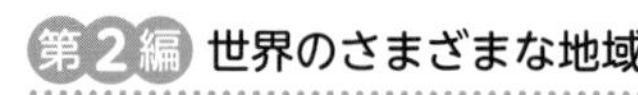

1 右の資料を見て，次の問いに答えなさい。 5点×9（45点）

よく出る (1) 地図中のXの半島に見られる，氷河によってけずられてできた奥行きのある細長い湾を何といいますか。

(2) 地図中のYは，ライン川と同様，国際的な河川として重要な役割を果たしています。河川名を書きなさい。

(3) 地図中のパリについて，次の文中の□にあてはまる語句を書きなさい。

> パリは温帯に含まれ，緯度が比較的高いわりに1年をとおして温暖な ① 気候である。それは，暖流の北大西洋海流の上にふいている ② の影響が大きい。

レベルUP (4) 地図中のローマと緯度が最も近い日本の都市を，次から選びなさい。

ア 札幌市　　イ 金沢市
ウ 名古屋市　エ 福岡市

(5) 右の地図を見て，次の問いに答えなさい。

① あ～うを，ＥＵに加盟した時期が早い順に並べなさい。

② 2016年に，国民投票でＥＵからの離脱を決めた国をa～dから選び，その国名を書きなさい。

ＥＵ加盟国の拡大

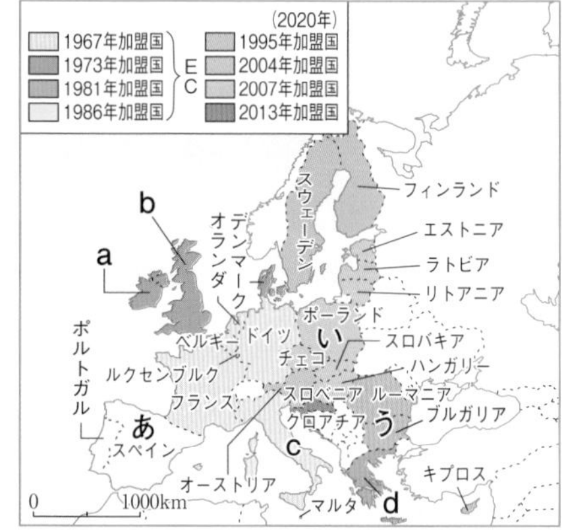

(6) ＥＵについて説明したものとして正しいものを，次からすべて選びなさい。

ア 加盟国間の多くは，パスポートなしで移動できる。

イ すべての加盟国が共通通貨を導入している。

ウ ＥＵの結成当初から加盟しているスイスにＥＵの本部がある。

エ 弁護士などの資格は，ＥＵ加盟国で取得すればほかの国でも利用できる。

(1)			(2)		
(3)	①		②		(4)
(5)	①	→ →	②	記号	国名
(6)					

目標

- □ヨーロッパとアフリカの自然をおさえる
- □ヨーロッパの統合と変化をおさえる
- □アフリカの産業の特色をおさえる

自分の得点まで色をぬろう!

かんばろう! 0 ／ もう一歩 60 ／ 合格! 80 ／ 100点

2 右の資料を見て，次の問いに答えなさい。

4点×5 (20点)

(1) 右のグラフは，フランスの発電方法を表しています。Xにあてはまる発電方法は何ですか。

記述 (2) フランスの電力の輸出入の特徴について，右の地図からわかることを簡単に書きなさい。

(3) ヨーロッパでは，再生可能(さいせいかのう)エネルギーを利用する取り組みも進められています。再生可能エネルギーの例を２つ書きなさい。

(4) (3)のような取り組みで環境(かんきょう)を保全しながら開発を進める社会を何といいますか。

フランス 5570億kWh (2014年)：X 78.4% ／ 水力 11.3 ／ 天然ガス 2.3 ／ 石炭 2.2 ／ 石油 0.6 ／ その他 5.2

(「エネルギー白書」2018年)

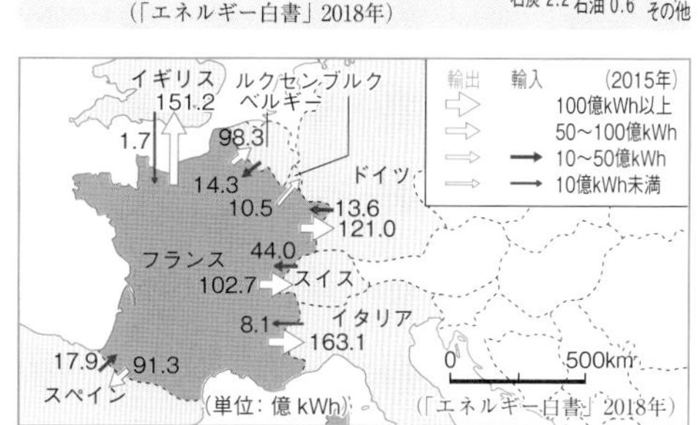

(1)		(2)		
(3)			(4)	

3 右の資料を見て，次の問いに答えなさい。

5点×7 (35点)

(1) 地図中のA～Cの都市の雨温図を，ア～ウからそれぞれ選びなさい。

(2) 次の文中の□にあてはまる語句を書きなさい。

> 北アフリカには，世界最大の[①]砂漠(さばく)が広がっており，[①]砂漠の北ではアラビア語が普及(ふきゅう)し，南では[②]支配をしていたヨーロッパの言語やスワヒリ語などが使われている。

(3) アフリカの経済と社会について，正しいものを次から選びなさい。

ア プランテーションでの天然ゴムの生産が盛(さか)んで，世界に輸出されている。

イ 産油国が多く，ＯＰＥＣが結成された。

ウ 携帯電話が普及し，送金や家畜(かちく)の世話に活用されている。

記述 (4) モノカルチャー経済(けいざい)には，どのような問題がありますか。簡単に書きなさい。

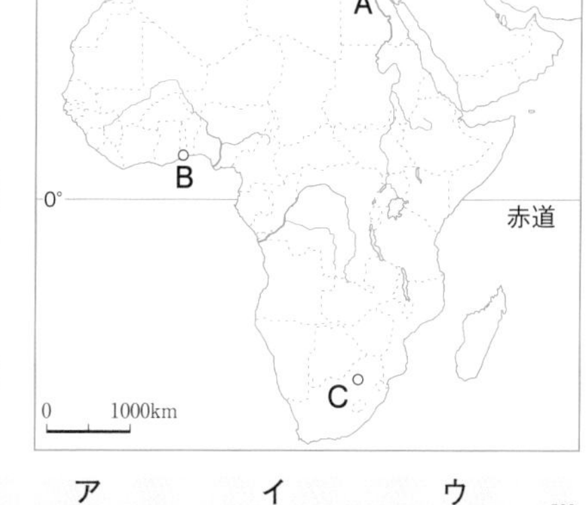

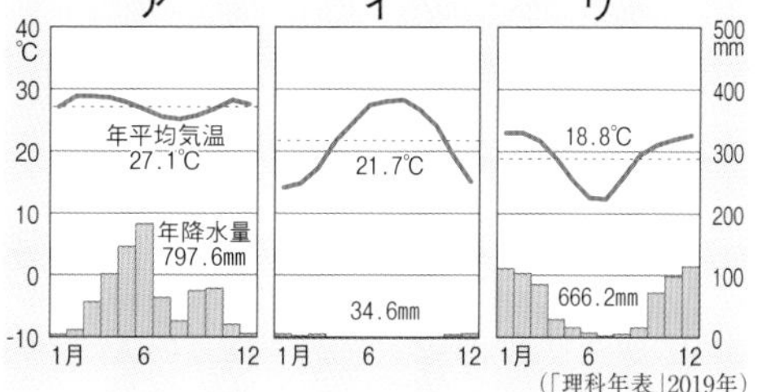

(1)	A	B	C	(2)	①	②
(3)		(4)				

解答 p.10

実力判定テスト ステージ3 資料活用・思考力問題編

第2章 世界の諸地域①

/100

1 アジアの経済発展について，次の資料を見て，あとの問いに答えなさい。 7点×3（21点）

中国には，経済特区（けいざいとっく）が設けられていることや，労働者の（　　）ことから，外国の企業（きぎょう）が進出して工業化が進み，「世界の工場」とよばれるようになった。また，経済が発展（はってん）して生活が豊かになり，a 巨大な市場にもなっている。
東南アジアの国々も，近年，b 外国企業を積極的に受け入れている。中国よりも労働者の（　　）ため，中国からの工場移転もみられる。

日系企業の進出数

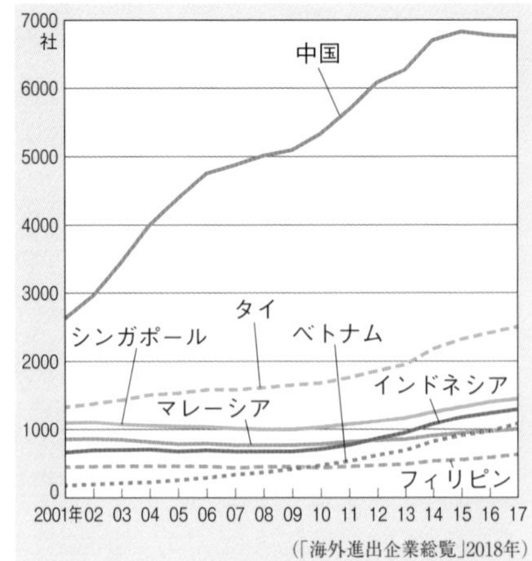

（「海外進出企業総覧」2018年）

(1) 文中の（　　）に共通して入る言葉を，「賃金」という語句を用いて簡単に書きなさい。

(2) 下線部aについて，中国が巨大（きょだい）な市場（しじょう）になったのはなぜですか。中国にくらす人々に注目して簡単に書きなさい。

(3) 下線部bについて，2017年の日系（にっけい）企業の進出数が2013年と比べて約500社増えている国はどこですか。右のグラフから読み取り，国名を書きなさい。

(1)			
(2)		(3)	

2 ヨーロッパの統合について，右の資料を見て，次の問いに答えなさい。 8点×2（16点）

(1) **資料1**中のa～dの国を，EU（EC）に加盟（かめい）した時期が早い順に並べなさい。

(2) 1か月の平均賃金が低い国々にはどのような特徴がありますか。**資料2**の内容と関連づけて簡単に書きなさい。

資料1 1か月の平均賃金

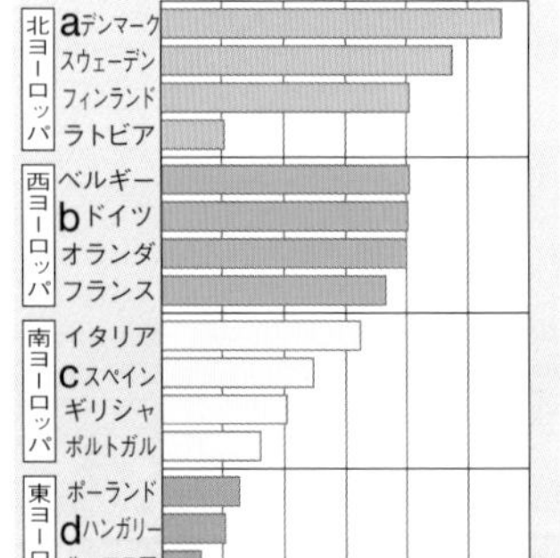

（ILOSTAT）

資料2 EU加盟国の拡大

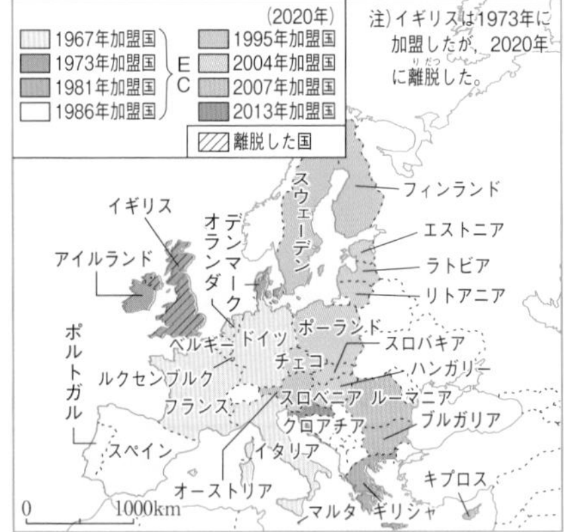

グラフや資料のデータを見るときは，複数のグラフや資料のデータを比較して，特徴をつかもう。

自分の得点まで色をぬろう!

がんばろう! | もう一歩 | 合格!

0 | 60 | 80 | 100点

3 アフリカの開発について，次の資料を見て，あとの問いに答えなさい。

7点×5（35点）

資料1　国別生産量

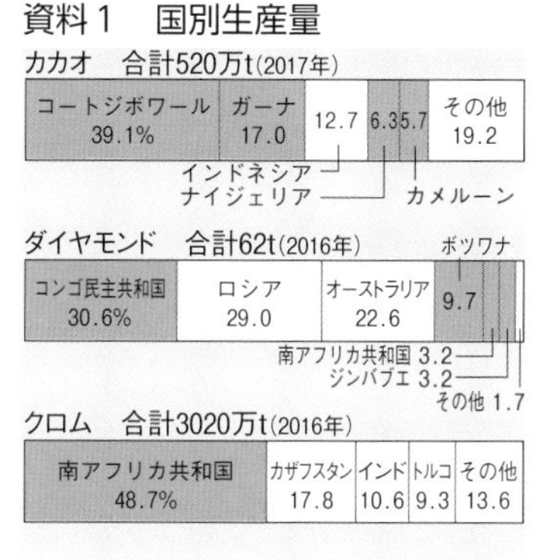

（FAOSTAT, Mineral Commodity Summaries 2018）

資料2　アフリカの国々

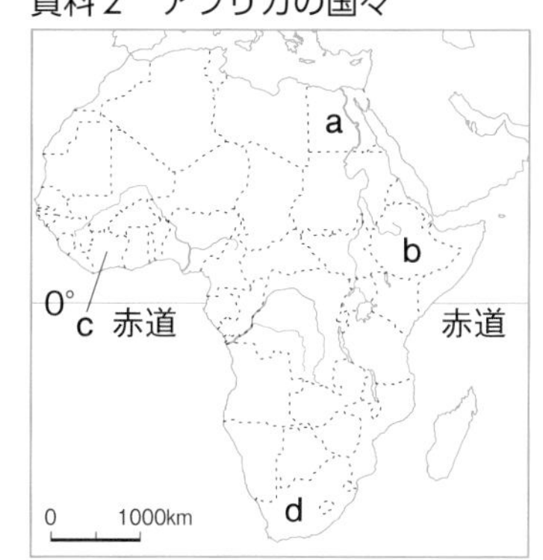

資料3　アフリカの植民地支配

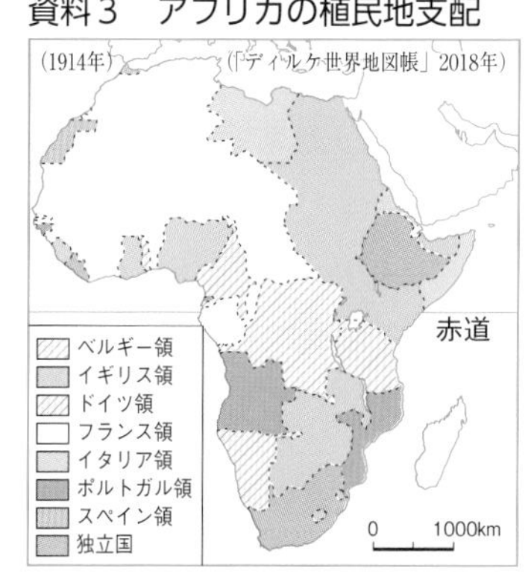

(1)　次の①・②にあてはまる国を**資料2**中のa～dから選び，その国名を書きなさい。

①ギニア湾沿岸（わんえんがん）にある，カカオの生産量が最も多い国。

②植民地支配を受けなかった，ダイヤモンドやクロムなどの鉱産資源（しげん）が豊富な国。

(2)　ヨーロッパの植民地支配は，アフリカの国々にどのような影響（えいきょう）を残していますか。アフリカの国々の領土に注目して，簡単に書きなさい。

(1)	①	記号	国名	②	記号	国名
(2)						

4 国際協力について，次の資料を見て，あとの問いに答えなさい。

7点×4（28点）

A　各国の政治的・経済的な統合と，民族間などで起こる紛争（ふんそう）の解決のためにつくられた。

B　政治的な協力や地域（ちいき）の平和維持（いじ）のために結成。経済協力が進む。東アジアの国々との結びつきが強まっている。

C　資源の共同管理などをする組織が発展し，結成。共通通貨の導入や農業の共通政策の実施などが行われている。

(1)　A～Cが説明しているものを，次から選びなさい。

ア　ASEAN　　イ　EU　　ウ　AU

(2)　ヨーロッパのある航空機メーカーでは，右の資料のように，EU内の各国の工場で部品を作り，航空機を生産しています。この生産方法には，EUのどのような政策が生かされていますか。簡単に書きなさい。

航空機の各部分の生産国

フランス　イギリス　ドイツ　スペイン

(1)	A	B	C
(2)			

予習・復習 こつこつ 解答 p.11

確認のワーク ステージ1

第2章 世界の諸地域

4 北アメリカ州①

教科書の要点 （ ）にあてはまる語句を答えよう。

1 北アメリカの自然環境と人々のかかわり 教 p.84～85

●**北アメリカ**▶北アメリカ大陸と周辺の島々。

◆北アメリカ大陸のカナダ，アメリカ，メキシコ，中央アメリカの国々，カリブ海の島国。

●**地形と気候**

◆西側に**ロッキー山脈**，東側に**アパラチア山脈**，山脈のあいだの**中央平原**から**ミシシッピ川**。
（けわしい）（なだらか）（メキシコ湾に流れる）

◆**グリーンランド**，北極海沿岸▶寒帯気候。（世界最大の島）

◆北緯40度以北▶冷帯（亜寒帯）気候。

◆北緯40度以南　西経100度以東▶温帯気候，
　　　　　　　　西経100度以西▶乾燥帯気候。

◆中央アメリカやカリブ海沿岸▶熱帯気候。

■熱帯低気圧の（①　　　　）が上陸。

↓北アメリカの地形

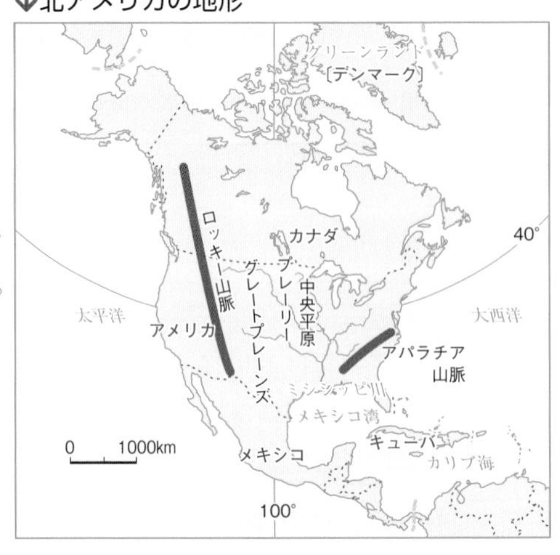

●**歴史や民族**

◆北アメリカ▶もともと（②　　　　）が住む
→ヨーロッパの（③　　　　）が植民地をつくり開拓。アフリカ人の（④　　　　）。（労働力としてつれてこられる）

◆アメリカは**多民族国家**▶複数の民族で国家を形成。

■（⑤　　　　）やアジアからの移民の増加。（メキシコやカリブ海からの移民）

↓アメリカ・カナダの農業

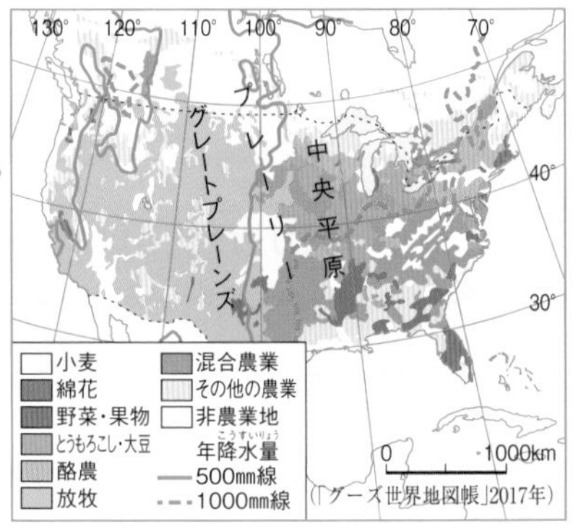

2 世界の食料庫，北アメリカ 教 p.86～87

●**効率的な農産物の生産/適地適作の農業**

◆広大な農地。（⑥　　　　）設備などを使い，少人数で農業。効率よく大量生産。

◆（⑦　　　　）▶労働者を雇い大規模な農場経営。

◆（⑧　　　　）▶各地域の地形や気候に適した農業。

■ロッキー山脈周辺…肉牛の飼育，南部…綿花栽培など。（フィードロット方式で飼育）

●**世界を支えるアメリカの農業**

◆**世界の食料庫**▶北アメリカが世界の食料供給を支える。

■アメリカの小麦，とうもろこし，大豆など。

◆（⑨　　　　）▶アメリカの穀物をあつかう大企業。（世界の農産物市場で大きな影響力）

◆新しい農業技術開発

■**バイオテクノロジー**を利用した品種改良。（遺伝子組みかえ技術など）

■世界規模で事業展開する（⑩　　　　）が多い。

↓農産物の国別生産量と国別輸出量

とうもろこし 生産量 11億3475万t

アメリカ	中国	ブラジル	アルゼンチン	その他
32.7%	22.8	8.6	4.4	31.5

輸出量 1億4736万t

アメリカ	アルゼンチン	ブラジル	ウクライナ	フランス	ロシア	その他
38.0%	16.6	14.8	7.5	3.7	3.6	15.8

大豆 生産量 3億5264万t

アメリカ	ブラジル	アルゼンチン	中国	インド	パラグアイ	その他
33.9%	32.5	15.6	3.7	3.1	3.0	8.2

輸出量 1億3489万t

アメリカ	ブラジル	アルゼンチン	パラグアイ	カナダ	その他
42.8%	38.2	6.6	4.0	3.3	5.1

（FAOSTAT）

まるごと暗記　ヒスパニック　メキシコなどからの移民　適地適作　地形や気候に適した農産物の栽培

教科書の資料　次の問いに答えよう。

(1) 資料中のXにあてはまる語句を書きなさい。（　　　）

(2) (1)の人々の多くがアメリカへの移住前にいた国を，次から選びなさい。（　　　）
ア　カナダ　　イ　メキシコ
ウ　フランス　エ　イギリス

(3) アメリカのように複数の民族から構成されている国家のことを何といいますか。
（　　　）

アメリカの民族の分布

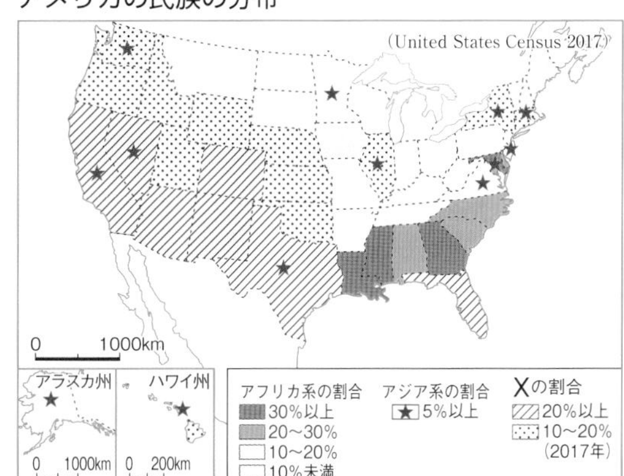

教科書一問一答　次の問いに答えよう。

/10問中

★は教科書の太字の語句

1 北アメリカの自然環境と人々のかかわり

①北アメリカに位置する世界最大の島を何といいますか。　□①

②北アメリカ大陸の太平洋(たいへいよう)側にあるけわしい山脈を何といいますか。　□②

③メキシコ湾(わん)に向かって流れている長大な川を何といいますか。　□③

④北アメリカの南部やカリブ海の島々に風水害をもたらすことがある熱帯低気圧を何といいますか。　□④★

⑤移民が入る前にもともとその土地に住んでいた人々のことを何といいますか。　□⑤★

⑥中央アメリカで広く話されている言語は何ですか。　□⑥

2 世界の食料庫，北アメリカ

⑦地形や気候に適した農産物を集中的に栽培する農業を何といいますか。　□⑦★

⑧北アメリカは世界の食料供給を支えていることから，何とよばれていますか。　□⑧

⑨穀物の売買や消費動向の調査などを行っているアメリカの大企業を何といいますか。　□⑨★

⑩品種改良などに利用される遺伝子組みかえなどの技術を何といいますか。　□⑩

17世紀初頭に，フランスとイギリスが植民地を拡大し，18世紀半ばにイギリスが北アメリカの大部分を獲得しました。18世紀後半，独立戦争の末，アメリカ合衆国が誕生しました。

予習・復習 こつこつ 解答 p.11

確認のワーク ステージ1

第2章 世界の諸地域 4 北アメリカ州②

教科書の要点 （　）にあてはまる語句を答えよう。

1 世界をリードするアメリカの工業 教 p.88〜89

●アメリカの工業の歴史と変化

◆19世紀後半，五大湖周辺で鉄鋼業などの重工業。（鉄鉱石や石炭の産地が近い）

◆20世紀，自動車工業▶流れ作業で大量生産

→世界の工業をリード。

20世紀後半，外国の工業発展で競争力低下。（ドイツ，日本，中国など）

◆航空・宇宙産業の発展▶（①　　　　）（ICT），ソフトウェア開発の発展につながる。

◆（②　　　　）（ハイテク）産業

▶重工業・自動車工業に代わり工業の中心に。

◆（③　　　　）▶北緯37度以南が工業の中心地に。（④　　　　）にICT関連の有名企業。（サンフランシスコ南部）

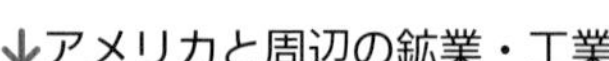
↓アメリカと周辺の鉱業・工業

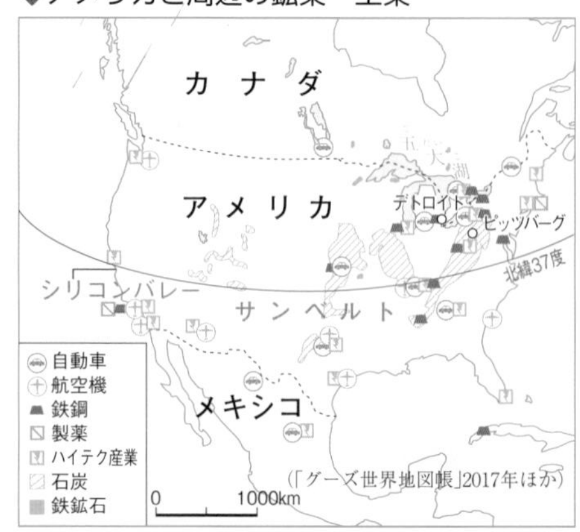

（「グーズ世界地図帳」2017年ほか）

●工業からみた北アメリカの結びつき

◆アメリカ企業の多くがアジアやメキシコで工業生産。（賃金が安い）

◆自由貿易により，メキシコで自動車工業などが盛んに。（アメリカ・メキシコ・カナダが国際組織をつくる）

↓自動車の国別生産台数

（国際自動車工業連合会資料ほか）

2 世界に影響をあたえるアメリカの文化や企業活動 教 p.90〜91

●広がるアメリカの文化/アメリカの多国籍企業

◆（⑤　　　　）語▶世界の共通言語の役割を果たす。

◆ショッピングセンター，ファーストフードのチェーン店方式。

◆ICT関連の多国籍企業が開発した技術

■コンピューターなどの基本ソフトウェア

■SNS　■インターネットショッピング

◆アメリカの多国籍企業▶食料品，医療などで世界をリード。（日用品，金融）

↓アメリカの主な多国籍企業の売上高と各国のGDP

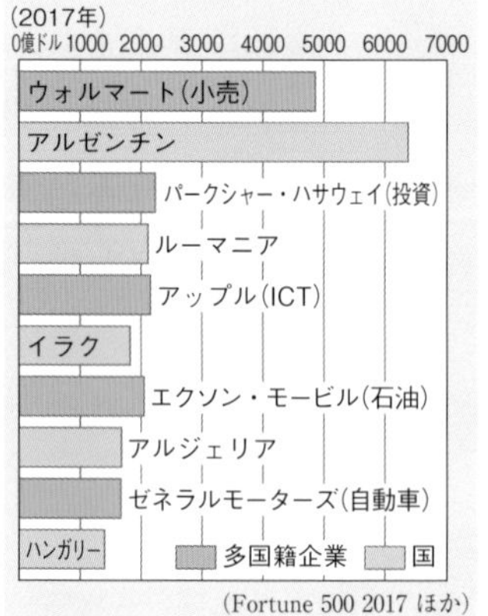

(Fortune 500 2017 ほか)

3 大量生産・大量消費の生活スタイルと持続可能な社会 教 p.92〜93

●自動車社会の生活のようす

◆（⑥　　　　）▶自動車がなければ成り立たない。

●大量生産・大量消費をめぐる問題/新たな取り組み

◆（⑦　　　　）・大量消費▶新しい製品を安く大量に生産・販売し，消費する。生活を便利に。

■多くの資源やエネルギーを消費。大量の廃棄物の問題。

◆シェールガスや（⑧　　　　）の採掘→資源の自給。（天然ガス）（石油）

◆（⑨　　　　）社会をつくる▶環境保全の取り組み。

■（⑩　　　　）による発電　■デポジット制

まるごと暗記　サンベルト 北緯37度より南の工業の中心地域　シリコンバレー ICT産業の中心地

教科書の資料　次の問いに答えよう。

(1) 右のグラフは，外国からの知的財産使用料収入の多い国を示したものです。アメリカにあてはまるものを，グラフ中のア～エから選びなさい。（　　）

(2) 航空機や宇宙，コンピューター，ソフトウェア開発など，最先端の技術を必要とする産業のことを何といいますか。（　　）

(3) (2)の中心となっている，サンフランシスコ郊外の地域を何といいますか。

（　　）

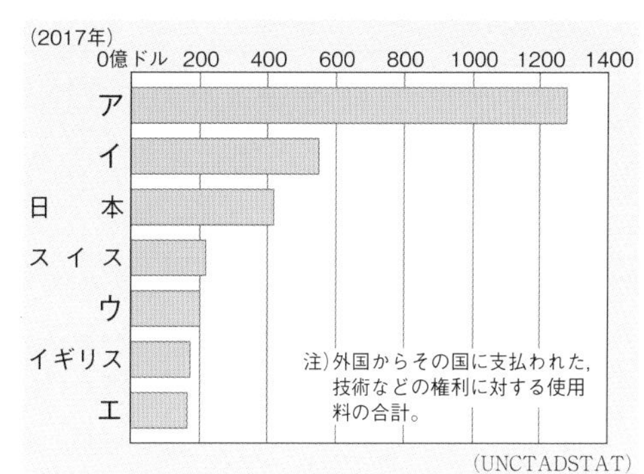

チェック 教科書一問一答　次の問いに答えよう。

/10問中

★は教科書の太字の語句

1 世界をリードするアメリカの工業

①ピッツバーグを中心に，鉄鉱石や石炭の産地に近いことから発展した産業は何ですか。　□①

②流れ作業による大量生産方式を取り入れ，①の産業に続いて発展した産業は何ですか。　□②

③情報処理や情報通信に関する技術のことを，アルファベットで何といいますか。　□★③

④近くにピッツバーグやデトロイトなどの工業都市がある湖を周辺の湖と合わせて何といいますか。　□④

⑤北緯37度以南に発展した工業地域のことを何といいますか。　□★⑤

2 世界に影響をあたえるアメリカの文化や企業活動

⑥ヨーロッパの音楽とアフリカの音楽が合わさってできたアメリカ発祥の音楽は何ですか。　□⑥

⑦注文すればすぐに提供される，アメリカで生み出された食べもののことを何といいますか。　□⑦

⑧アメリカの技術から生まれた電子メールや情報の検索に利用されているネットワークを何といいますか。　□⑧

3 生活スタイルと持続可能な社会

⑨新しい製品を安く大量に生産・販売するアメリカの生活スタイルを何といいますか。　□★⑨

⑩採掘の難しい場所にあったが，技術の進歩により最近採掘が可能になった天然ガスを何といいますか。　□⑩

NAFTAは，北米自由貿易協定。北米にあるアメリカ・カナダ・メキシコの3か国で組織されていました。2020年7月より，USMCA（米国・メキシコ・カナダ協定）となりました。

こつこつ　テスト直前　解答 p.11

定着のワーク ステージ2

第2章　世界の諸地域

4　北アメリカ州

1 北アメリカの自然と人々のくらし　次の問いに答えなさい。

よく出る (1) 地図中のA〜Cの国名を書きなさい。

A（　　　　　　）　B（　　　　　　）

C（　　　　　　）

(2) 地図中のa・bの山脈と，cの川の名称を書きなさい。

a（　　　　　　）　b（　　　　　　）

c（　　　　　　）

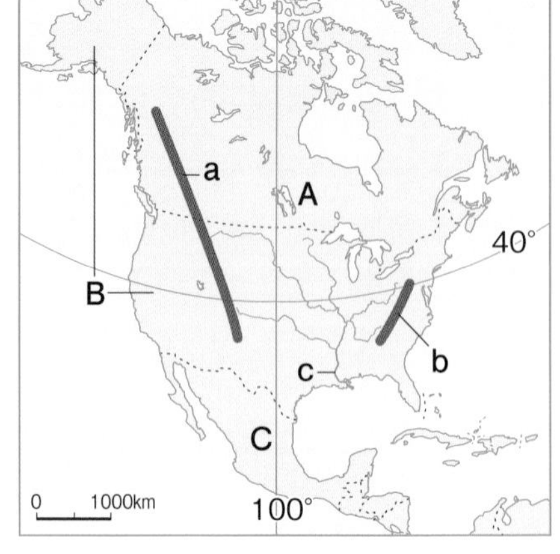

(3) 次の文中の□にあてはまる語句を⬚から選びなさい。

①（　　　　　　）　②（　　　　　　）

③（　　　　　　）　④（　　　　　　）

北アメリカの気候は，北緯(ほくい)40度より北は[①]気候で，それより南のうち，西経100度より東には[②]気候，西には[③]気候が分布しています。また，中央アメリカやカリブ海の島々には[④]気候が分布しています。

寒帯　冷帯（亜寒帯(あかんたい)）　温帯　乾燥帯(かんそうたい)　熱帯

ヒントの森
(3)北緯40度は，アメリカではニューヨーク，日本では秋田市付近です。

2 北アメリカの歴史・民族・産業　次の問いに答えなさい。

(1) 右の資料は，アメリカの人種，民族の分布を示しています。アフリカ系(けい)，アジア系，ヒスパニックの分布を，資料中のA〜Cからそれぞれ選びなさい。

①アフリカ系（　　　）

②アジア系（　　　）

③ヒスパニック（　　　）

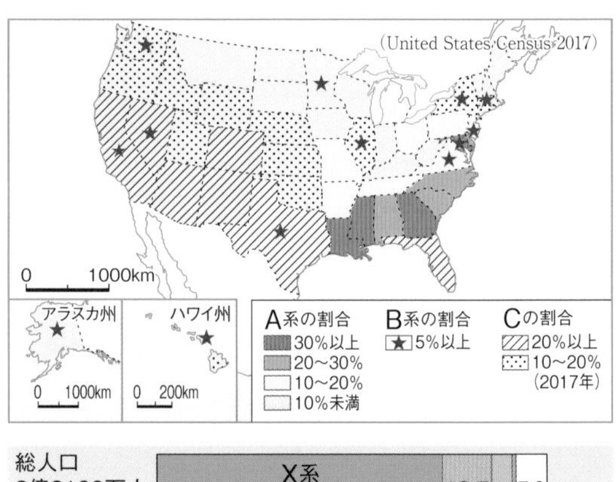

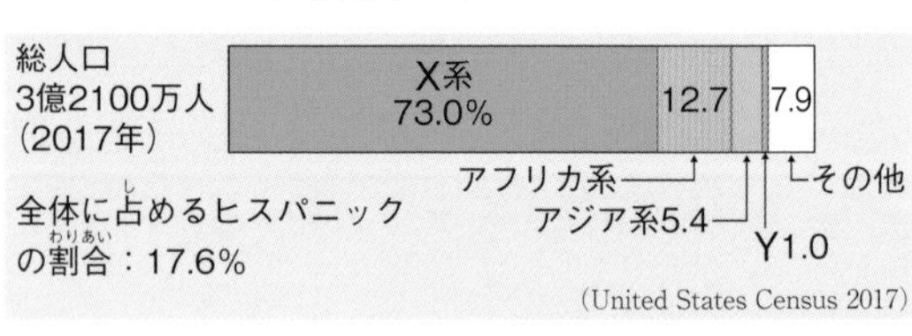

(2) 右のグラフのXにあてはまる語句を書きなさい。（　　　　　）

(3) 右のグラフのYは，移民(いみん)が支配する以前から住んでいた人々です。Yにあてはまる語句を書きなさい。（　　　　　）

(4) アメリカのように，複数の民族がくらしている国家を何といいますか。（　　　　　）

3 北アメリカの農業 次の問いに答えなさい。

(1) 次の農業地域を，地図中のA～Dからそれぞれ選びなさい。

①とうもろこし・大豆（　　　）

②酪農（　　　）　③小麦（　　　）

④綿花（　　　）

(2) 次の文中の□にあてはまる語句を□から選びなさい。

①（　　　　）

②（　　　　）

③（　　　　）

④（　　　　）

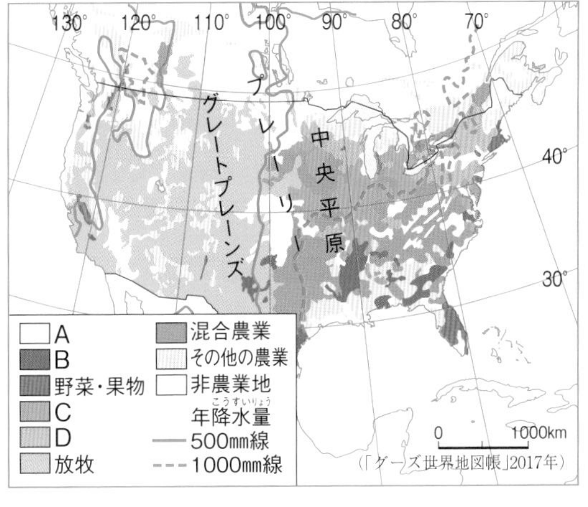

（「グーズ世界地図帳」2017年）

アメリカでは，その土地の地形や気候に適した農産物を集中的に栽培する［①］が行われている。また，広大な農地を，大型機械を使って少ない人数で耕作する［②］とよばれる農業が中心である。アメリカは，小麦やとうもろこし，大豆などの輸出量が非常に多く，「［③］」とよばれている。また，遺伝子組みかえなどの［④］を利用した農作物の品種改良も行われている。

世界の食料庫　企業的農業

適地適作　バイオテクノロジー

ヒントの森

(1)酪農地帯の近くには，乳牛のえさとなるとうもろこしや大豆の栽培地域があります。

4 北アメリカの工業・結びつき 次の問いに答えなさい。

(1) 19世紀後半に，Aの周辺の地域で発展した重工業は何ですか。

（　　　　）

(2) 北緯37度以南は，ハイテク産業が盛んです。この地域を何といいますか。

（　　　　）

(3) サンフランシスコ南部のBの地域には，ICT関連の有名な企業が集まっています。この地域を何といいますか。（　　　　）

カナダ
アメリカ
メキシコ
デトロイト
A
B
サンベルト
北緯37度
自動車
航空機
鉄鋼
製薬
ハイテク産業
石炭
鉄鉱石
0　1000km
（「グーズ世界地図帳」2017年ほか）

(4) アメリカで生まれて世界に広まった技術やサービスについて，次の①・②にあてはまるものを書きなさい。

① 地球規模で相互に接続されたネットワーク。

（　　　　）

② ①を介して人とのつながりを構築するサービス。

（　　　　）

ヒントの森

(2)北緯37度以南は，太陽の光がふりそそぐ暖かい地域です。

4 北アメリカ州

1 右の資料を見て，次の問いに答えなさい。 (7)6点，他4点×11(50点)

(1) 地図中のAの川，Bの湾，Cの海の名称を書きなさい。

(2) 地図中の━━▶の順に見られる地形を，次から選びなさい。

ア 中央平原→グレートプレーンズ→プレーリー

イ 中央平原→プレーリー→グレートプレーンズ

ウ グレートプレーンズ→プレーリー→中央平原

エ グレートプレーンズ→中央平原→プレーリー

(3) 地図中のa～cの都市の雨温図を，ア～ウからそれぞれ選びなさい。

(4) 北緯40度の緯線，西経100度の経線を，地図中のあ～おからそれぞれ選びなさい。

(5) アフリカから奴隷としてつれてこられた人々の多くが綿花の栽培のために働かされていた地域を，地図中のア～エから選びなさい。

(「理科年表」2019年ほか)

(6) 次の文のうち，北アメリカのどの国にもあてはまらないものを選びなさい。

ア この国では，スペイン語が広く話されている。

イ この国は，かつてヨーロッパの国の植民地で，現在でもその国の言語が使われている。

ウ 外国から安い労働力を求めて工場が移転し，「世界の工場」とよばれている。

記述 (7) アメリカが多民族国家とされる理由を，右のグラフ中の語句を使って簡単に書きなさい。

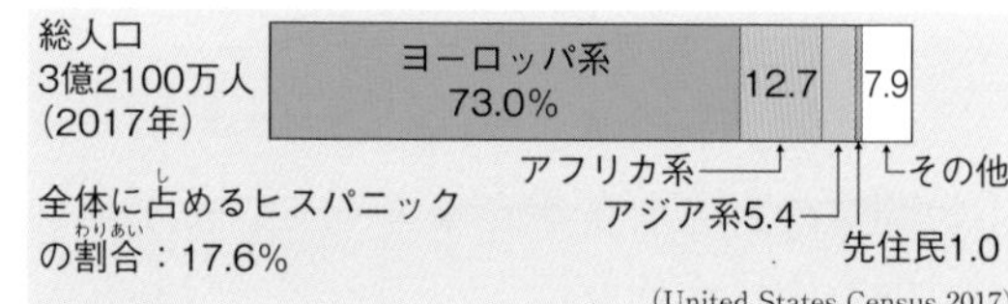

(United States Census 2017)

(1)	A	B	C
(2)		(3) a	b	c
(4)	北緯40度	西経100度	(5)	(6)
(7)				

目標
- □北アメリカの自然をおさえる
- □北アメリカの歴史や民族をおさえる
- □北アメリカの産業をおさえる

自分の得点まで色をぬろう!
がんばろう! もう一歩 合格!
0 60 80 100点

2 右の資料を見て，次の問いに答えなさい。

(3)(6)11点×２，他４点×７ (50点)

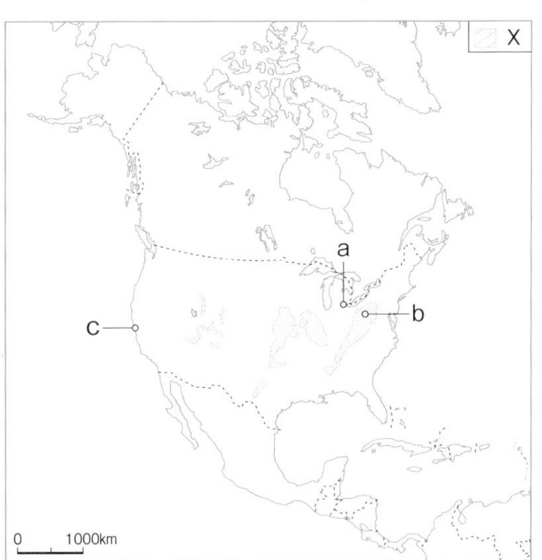

(1) 地図中のXの資源を，次から選びなさい。

ア 石炭　　イ 鉄鉱石(てっこう)

ウ 石油　　エ 天然ガス

(2) 次の①～③にあてはまる都市を，地図中のa～cから選びなさい。

① 鉄鋼業の中心地として発展(はってん)した都市。

② 大量生産方式を取り入れた自動車工業が発展した都市。

③ 近郊にＩＣＴ産業や大学などが集中するシリコンバレーがある都市

記述 (3) アメリカには，「多国籍企業(たこくせききぎょう)」が多く，さまざまな産業の分野で世界をリードしています。「多国籍企業」とはどのような企業ですか。簡単に書きなさい。

(4) 右のグラフは，ある農産物の国別生産量を示しています。①・②の農産物を次からそれぞれ選びなさい。

ア 小麦　　イ 大豆

ウ とうもろこし　　エ 綿花

① 生産量　11億3475万t

アメリカ	中国	ブラジル	アルゼンチン	その他
32.7%	22.8	8.6	4.4	31.5

② 生産量　3億5264万t

アメリカ	ブラジル	アルゼンチン	中国	インド	パラグアイ	その他
33.9%	32.5	15.6	3.7	3.1	3.0	8.2

(FAOSTAT)

(5) アメリカの農業について述べた文としてあやまっているものを次から選びなさい。

ア アメリカでは，適地適作の農業が行われている。

イ アメリカでは，大型機械で大規模(きぼ)に農地を耕作する企業的農業が行われている。

ウ アメリカの農業の中心は，森林を伐採(ばっさい)し，火を入れて畑とし，農産物を栽培する農業である。

エ バイオテクノロジーを利用した品種の改良が行われている。

記述 (6) アメリカが「世界の食料庫」とよばれる理由を，簡単に書きなさい。

(1)		(2) ①		②		③	
(3)							
(4) ①		②		(5)			
(6)							

予習・復習 こつこつ 解答 p.12

確認のワーク ステージ1

第2章 世界の諸地域
5 南アメリカ州

教科書の要点

（　）にあてはまる語句を答えよう。

1 南アメリカの自然環境と人々のかかわり 教 p.98~99

↓南アメリカの地形

●**地形と気候**

◆太平洋岸にけわしい（①　　　　），流域面積が世界最大の（②　　　　），アルゼンチンに（③　　　　）。 大草原

◆赤道付近▶熱帯気候。赤道直下のアマゾン川流域に（④　　　　）が広がる。南に行くと気温が下がり，温帯気候や乾燥帯気候など。

◆南端のパタゴニア▶寒帯気候。

◆アンデス山脈▶熱帯気候，温帯気候，寒帯気候など。 標高で変化

●**自然環境に応じた人口分布と産業**

◆温帯気候の地域や標高の高い地域に人口が集中。

◆大規模な企業的農業で輸出用の農作物を生産。 ブラジルのコーヒーや大豆は世界有数の生産量

◆豊富な鉱産資源で工業化が進む。ブラジルは新興工業国。 ブラジルの鉄鉱石など

2 移民の流入と開発による変化 教 p.100~101

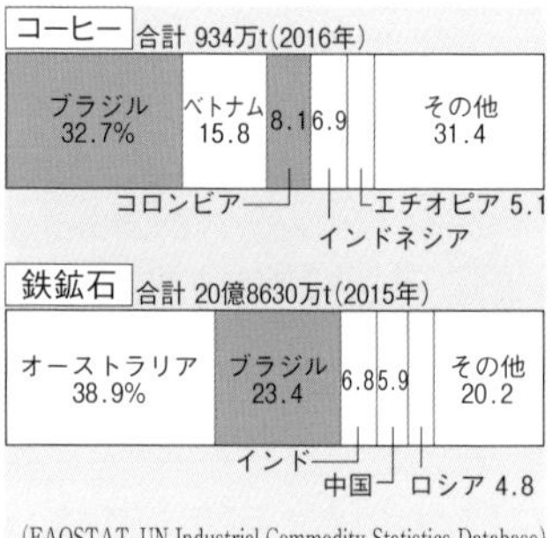

↓コーヒーと鉄鉱石の国別生産量

（FAOSTAT, UN Industrial Commodity Statistics Database）

●**南アメリカの歴史，多様な民族と文化**

◆（⑤　　　　）のインカ帝国など高度な文明が発達→16世紀，スペイン人やポルトガル人が進出，植民地に。 スペイン語やポルトガル語が公用語，キリスト教が信仰されている

◆ヨーロッパ系の人々がアフリカ系の人々を労働力のための（⑥　　　　）としてつれてくる→混血が進む。

◆（⑦　　　　）▶先住民とヨーロッパ系のあいだの混血の人々。

◆20世紀，日本からブラジルに移民。日系人が活躍。 移民の子孫

●**たえ間ない開発による生活への影響**

◆先住民▶焼畑農業，漁業。19世紀，ヨーロッパ系の人々による（⑧　　　　）の開発。 大規模な農園

◆人口増加に都市整備が追いつかず，スラムの形成。

3 世界規模の環境問題と改善に向けた取り組み 教 p.102~103

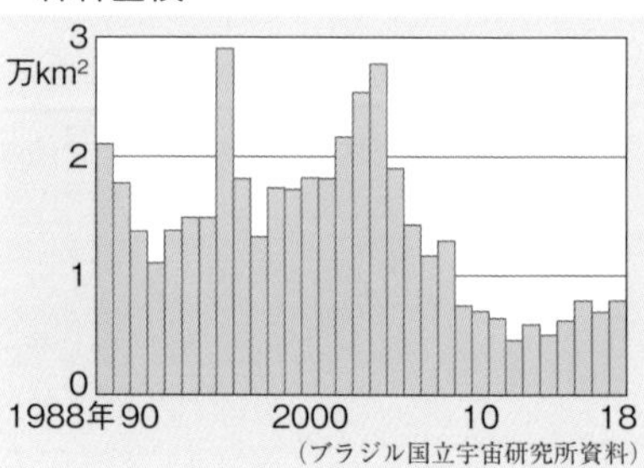

↓アマゾン地区で1年間に失われた森林面積

（ブラジル国立宇宙研究所資料）

●**環境問題，熱帯雨林を守る取り組み**

◆アマゾン川流域の開発▶二酸化炭素を吸収する熱帯雨林の伐採が地球温暖化に影響する可能性。

◆持続可能な開発▶開発と（⑨　　　　）を両立。

◆ブラジルで（⑩　　　　）で走る自動車の普及。 とうもろこしやさとうきびなどから作られる

まるごと暗記　メスチソ 先住民とヨーロッパ系との混血　持続可能な開発 開発と環境保全の両立

教科書の資料　次の問いに答えよう。

(1) 地図中のAにあてはまる言語を書きなさい。

(　　　　　　　)

(2) 次の文中の①・②にあてはまる語句を，それぞれ書きなさい。

①(　　　　　　　)

②(　　　　　　　)

南アメリカは，ヨーロッパの国々の ① とされたことなどから，多様な民族がくらし，それぞれの文化が融合(ゆうごう)した独自の文化が発展している。 ② の文化であるタンゴは，ユネスコの無形文化遺産に登録されている。

南アメリカの主な国の言語

主な言語
A　英語　オランダ語
ポルトガル語　フランス語

赤道　0°

0　2000km

(The World Factbookほか)

チェック 教科書一問一答　次の問いに答えよう。

/10問中

★は教科書の太字の語句

1 南アメリカの自然環境と人々のかかわり

①南アメリカ大陸の太平洋岸に沿ってのびる山脈を何といいますか。　★①

②世界最大の流域面積をもつ川を何といいますか。　★②

③②の流域に広がる広大な森林を何といいますか。　★③

④アルゼンチンに広がる大草原を何といいますか。　★④

2 移民の流入と開発による変化

⑤先住民と白人とのあいだの混血の人々を何といいますか。　★⑤

⑥日本から南アメリカに移り住んだ人々の子孫を何といいますか。　⑥

⑦都市の整備が追いつかない，まずしい人々が密集して住んでいる地域を何といいますか。　★⑦

3 世界規模の環境問題と改善に向けた取り組み

⑧地球の気温が上昇する地球規模の環境問題を何といいますか。　★⑧

⑨将来の世代の欲求を満たしつつ，現在の世代の欲求も満足させるような発展を何といいますか。　★⑨

⑩とうもろこしやさとうきびなどからつくられるエタノールなどの燃料を何といいますか。　★⑩

知識の泉　スペインは16世紀前半，アメリカ大陸に軍隊を送り込み，先住民を使って農場や鉱山を経営しました。きびしい環境で先住民が亡くなると，アフリカの人々を連行しました。

予習・復習　こつこつ　解答 p.13

確認のワーク ステージ1

第2章　世界の諸地域

6　オセアニア州　/　北極地方と南極地方

教科書の要点

(　　)にあてはまる語句を答えよう。

1 オセアニアの自然環境と人々のかかわり　教 p.108～109

● **オセアニア** ▶ オーストラリア大陸と太平洋の島々。
ポリネシア，ミクロネシア，メラネシアに区分

● **地形と気候**

◆オーストラリア大陸は全体になだらか。太平洋の島々は，火山の噴火でできた(①　　　　)や(②　　　　)礁の島。

◆オーストラリア大陸の内陸部 ▶ 乾燥帯気候。

◆東部～南西部の沿岸，ニュージーランド ▶ 温帯気候。

◆赤道に近い太平洋の島々 ▶ 熱帯気候。

● **生活と産業**

◆植民地支配の影響でキリスト教の信仰，英語の使用。
かつてイギリスがオーストラリア，ニュージーランドを支配

◆先住民 ▶ オーストラリアの(③　　　　)，ニュージーランドの(④　　　　)。

◆気候を生かした産業 ▶ 酪農や羊の放牧。根菜類などの農業。
太平洋の島々でタロイモ，ヤムイモ

◆鉱産資源を，地面を直接掘る(⑤　　　　)で採掘。
鉄鉱石，石炭，ボーキサイト

2 多様性を認める社会づくりを進めるオセアニア　教 p.110～111

● **多民族国家のオーストラリア**

◆移民や，先住民がくらす(⑥　　　　)国家。

◆18世紀，イギリスの(⑦　　　　)になり，イギリス人が移住。ヨーロッパの国々やアジアからの移民の増加。

◆(⑧　　　　) ▶ イギリス系の移民を優遇，アジア系の移民を制限。
その後，東ヨーロッパ・南ヨーロッパの出身者も受け入れ

◆1970年代，白豪主義を廃止→(⑨　　　　)社会。

◆アボリジニの生活改善，地位向上を進める。

3 太平洋の島々の多様な文化と自然環境　教 p.112～113

● **太平洋の島々の文化** ▶ 伝統的な文化の復興が進む。
ハワイ諸島の伝統的なフラなど

● **深刻化する環境問題** ▶ (⑩　　　　)による海面上昇→島国の国土が水没するおそれ。ツバルの島々など。
島の土台であるさんご礁の状態悪化

● **アジアからの観光客の増加** ▶ 環境破壊などの課題。
ホテルや観光施設の建設の影響

4 北極地方と南極地方　教 p.116

● **北極地方** ▶ 北極点を中心に陸地に囲まれた北極海が広がる。

● **南極地方** ▶ 南極点を中心に南極大陸が広がる。

● **オゾンホール** ▶ オゾン層に穴。世界的な取り組みが進む。
太陽からの紫外線をさえぎる

↓オセアニアの地形

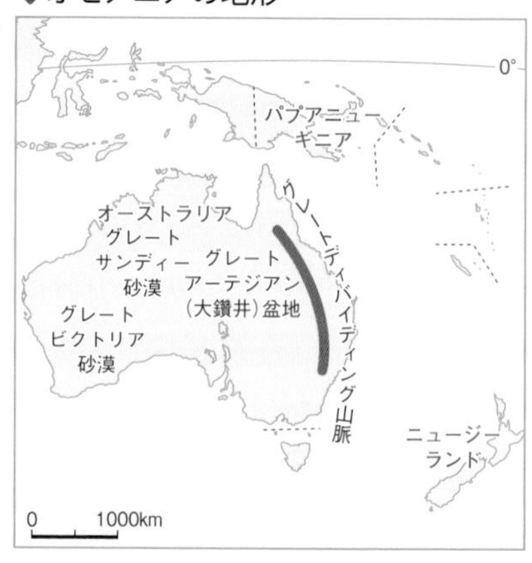

↓羊毛の国別生産量

合計 218万t(2013年)

中国	オーストラリア	ニュージーランド	イギリス	その他
21.7%	16.6	7.6	3.1	51.0

(FAOSTAT)

↓アボリジニ保留地

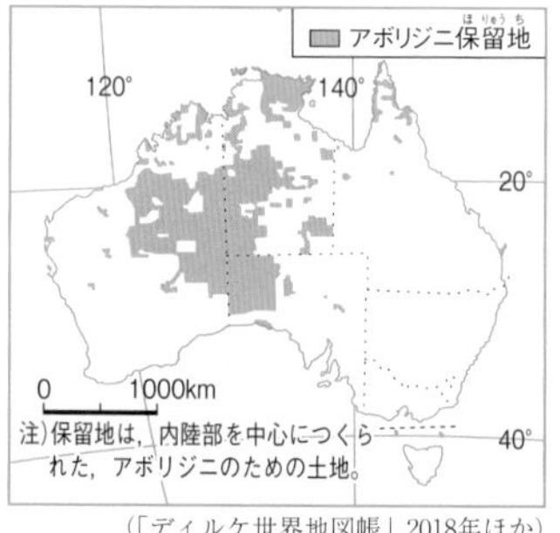

注)保留地は，内陸部を中心につくられた，アボリジニのための土地。

(「ディルケ世界地図帳」2018年ほか)

↓オーストラリアの貿易相手国

1965年　合計 63億ドル

イギリス	アメリカ	日本	西ドイツ	ニュージーランド	その他
22.1%	17.3	12.9	4.4	3.8	39.5

2017年　合計 4403億ドル

中国	日本	アメリカ	韓国	インド	その他
26.6%	8.8	7.2	6.6	3.2	47.6

注)輸出入の合計額　(UN Comtrade)

まるごと暗記　アボリジニ　オーストラリアの先住民　　マオリ　ニュージーランドの先住民

教科書の資料　次の問いに答えよう。

(1)　オーストラリアの白豪主義で優遇されていた移民の出身地を，グラフ中から書きなさい。

(　　　　　　　　)

(2)　(1)からの移民が優遇されていたのに対し，入国が制限されていた移民の出身地を，グラフ中から書きなさい。

(　　　　　　　　)

(3)　オーストラリアのように，複数の民族から構成されている国を何といいますか。

(　　　　　　　　)

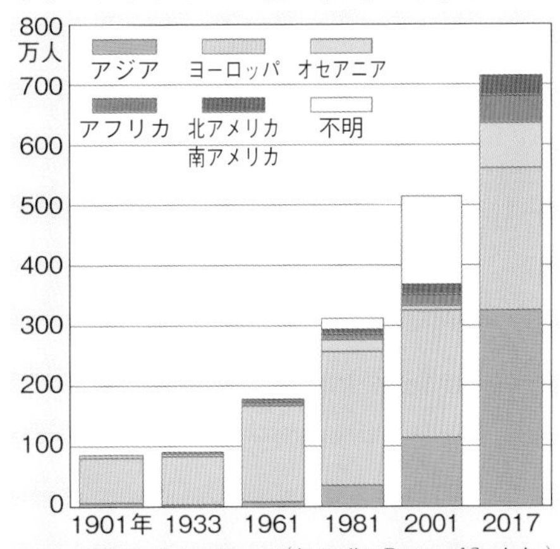

チェック　教科書一問一答　次の問いに答えよう。

/10問中

★は教科書の太字の語句

1 オセアニアの自然環境と人々のかかわり

①オセアニアに含まれる，六大陸の中で最も小さい大陸を何といいますか。　①

②火山活動によってできた島を何といいますか。　★②

③オーストラリアの先住民を何といいますか。　★③

④ニュージーランドの先住民を何といいますか。　★④

⑤オーストラリアやニュージーランドで主に信仰されている宗教は何ですか。　⑤

⑥オーストラリアでの鉄鉱石や石炭，ボーキサイトなどの採掘方法を何といいますか。　★⑥

2 多様性を認める社会づくりを進めるオセアニア

⑦オーストラリアを植民地とした国はどこですか。　⑦

⑧ヨーロッパ系以外の移民を制限する政策を何といいますか。　★⑧

⑨オーストラリアなど，異なる文化や宗教などをもつ人々が共存する社会を何といいますか。　★⑨

3

⑩海面上昇の原因の一つとされる地球規模の環境問題を何といいますか。　★⑩

オーストラリアのほぼ中央部にあるウルル（エアーズロック）はアボリジニの聖地として知られています。

こつこつ テスト直前 解答 p.13

定着のワーク ステージ2

第2章　世界の諸地域

5　南アメリカ州　/　6　オセアニア州

1 南アメリカの自然と産業　次の問いに答えなさい。

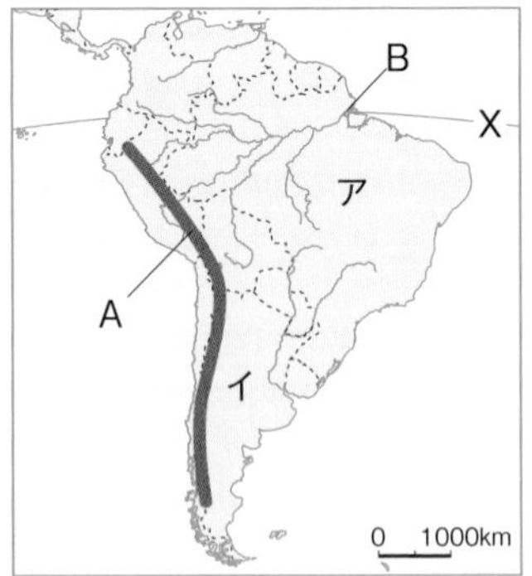

(1)　地図中のAの山脈とBの川の名前を書きなさい。

A (　　　　　　)　B (　　　　　　)

(2)　地図中のXの緯線（いせん）の緯度を書きなさい。

(　　　　　　)

(3)　地図中のアの国について，次の問いに答えなさい。

①　国名を書きなさい。　(　　　　　　)

②　国内のBの流域に広がる，多くの動植物が生息する森林を何といいますか。　(　　　　　　)

(4)　地図中のイの国について，次の問いに答えなさい。

①　国名を書きなさい。　(　　　　　　)

②　イの国にある小麦やとうもろこしの栽培（さいばい），肉牛の放牧が行われている大草原を何といいますか。

(　　　　　　)

(5)　右のグラフA・Bは何の国別生産量を示していますか。次からそれぞれ選びなさい。A (　　　　)　B (　　　　)

ア　米　　イ　コーヒー　　ウ　石油　　エ　鉄鉱石

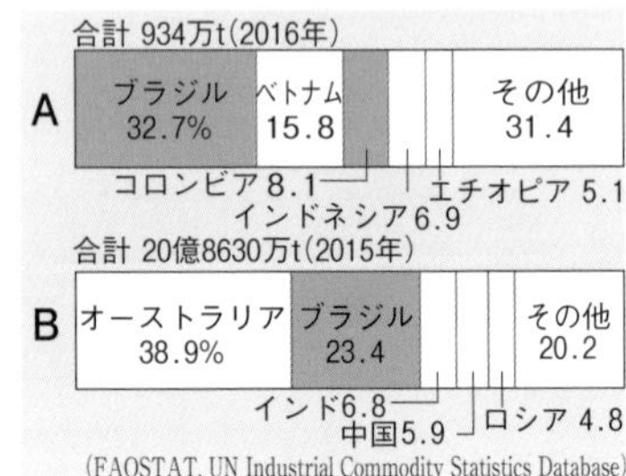

(5) A 飲料になります。
B 鉄鋼の原料になる鉱産資源です。

2 南アメリカの歴史と開発　次の問いに答えなさい。

南アメリカには，(A)から移民がたくさんやってきた。また，奴隷（どれい）として(B)から多くの人々がつれてこられた。20世紀に入ると日本からも移住が進み，現在も多くの(C)が住んでいる。言語は(D)語やポルトガル語を公用語にしている国が多く，さまざまな民族の文化が融合（ゆうごう）した独自の文化がみられる。

20世紀後半以降，<u>農地開発</u>や鉱山開発が進み，環境（かんきょう）問題も引き起こされている。

(1)　A～Dにあてはまる語句を[　　]から書きなさい。

スペイン	アフリカ
日系人	ヨーロッパ

A (　　　　　　)　B (　　　　　　)

C (　　　　　　)　D (　　　　　　)

(2)　下線部について，ブラジルで進む，環境保全（ほぜん）と開発を両立させる取り組みを何といいますか。　(　　　　　　)

(3)　ブラジルで普及（ふきゅう）している，さとうきびなどから作られる燃料を何といいますか。　(　　　　　　)

(3)生物由来の燃料，という意味です。

3 オセアニアの自然と産業　次の問いに答えなさい。

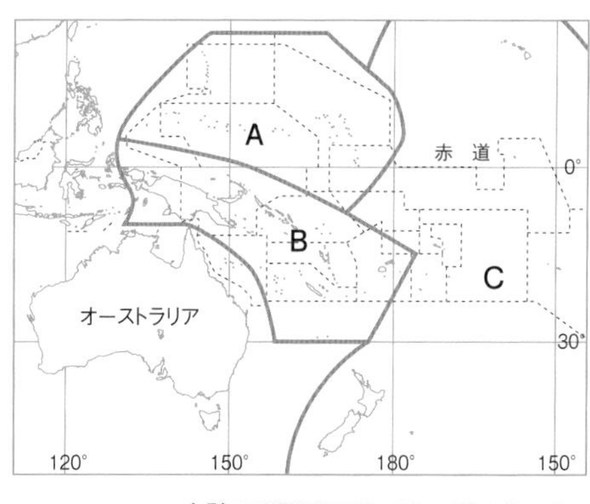

(1) オセアニアは，大きく4つの地域に区分されます。地図中のA～Cはそれぞれ何と呼ばれていますか。

A（　　　　　　）　B（　　　　　　）

C（　　　　　　）

(2) 右のグラフは，何の国別生産量を示していますか。次から選びなさい。（　　　）

ア　牛肉　　イ　羊毛

ウ　小麦　　エ　大豆

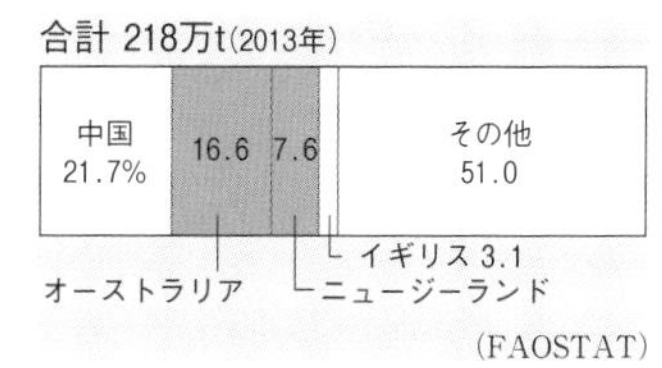

(3) オセアニアの産業について，正しいものを次から選びなさい。（　　　）

ア　鉱山では，地面を直接掘って鉄鉱石などを採掘する露天掘りが行われている。

イ　降水量を生かした米の二期作が盛んである。

ウ　アルパカを放牧し，毛織物を作っている。

エ　ヨーロッパ系の人々がつくったプランテーションで，コーヒーやカカオの栽培が行われている。

(2)乾燥した気候でも育てられる動物から生産します。

4 オセアニアの歴史と環境問題　次の問いに答えなさい。

オーストラリアは，イギリスの植民地であったが，20世紀の初めにイギリスから独立した。独立後もイギリスが最大の貿易相手国で，イギリス系の移民は優遇された。しかし，第二次大戦後は経済力の強まったアメリカや（ A ）との貿易が盛んになった。現在は，経済が成長した（ B ）や韓国との貿易額も増え，（ C ）との経済的な結びつきが強くなっている。

(1) A～Cにあてはまる語句を，□から選びなさい。

A（　　　　　　）　B（　　　　　　）　C（　　　　　　）

中国　　日本　　アジア　　ヨーロッパ

(2) 下線部について，反対に制限されていたのは何系の移民ですか。

（　　　　　　）

(3) オーストラリアのように，移民や先住民など，多様な人々が認め合い共存する社会を何といいますか。

（　　　　　　）

(4) 太平洋の島国では，海面上昇による国土の水没が心配されています。海面上昇の大きな原因の一つとされる地球規模の環境問題を何といいますか。（　　　　　　）

(2)オーストラリアで，金鉱が発見されたことで中国などから多くの人々が移住していました。

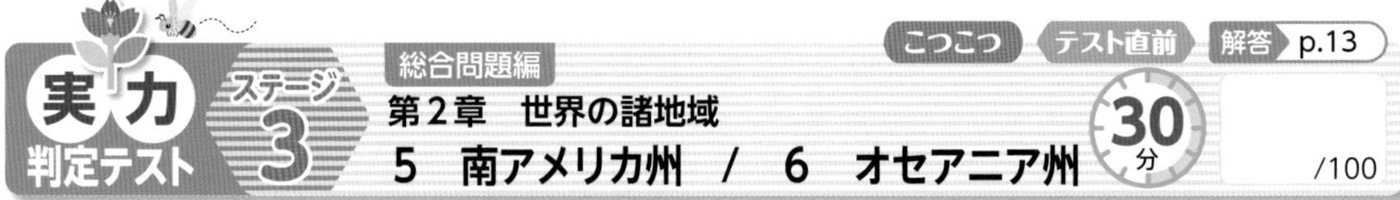

第2章 世界の諸地域 5 南アメリカ州 / 6 オセアニア州

1 右の資料を見て，次の問いに答えなさい。 4点×10(40点)

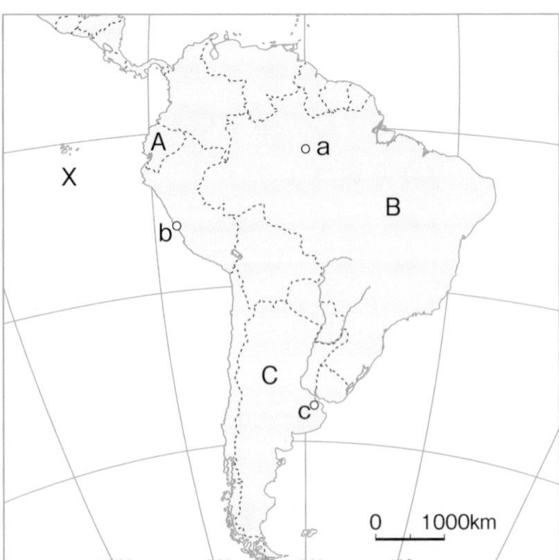

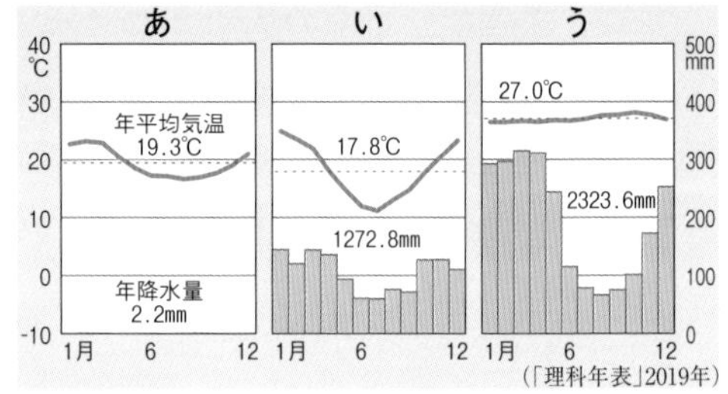

(1) 地図中のa～cの都市の雨温図を，あ～うからそれぞれ選びなさい。

(2) 地図中のAの国について，次の問いに答えなさい。

① この国を通る緯線(いせん)の緯度を書きなさい。

② この国のXには，固有の動植物が生息し，多くの観光客を集めています。この島々の名前を書きなさい。

(3) 地図中のBの国について，次の問いに答えなさい。

① この国で使われている主な言語を，次から選びなさい。

ア スペイン語　イ 英語
ウ ポルトガル語　エ フランス語

② この国では，スラムが問題になっています。スラムはどのような場所につくられますか。次から選びなさい。

ア 農村の交通が不便な地域(ちいき)
イ 都市の周辺部や郊外の環境(かんきょう)整備が進んでいない地域
ウ 都市中心部のオフィス街や繁華街(はんかがい)のある地域

記述 ③ この国のアマゾン川流域に広がっている熱帯雨林が消失している理由を，簡単に書きなさい。

(4) 地図中のCの国について，次の問いに答えなさい。

① この国とウルグアイのあいだを流れる川を何といいますか。

② この国の説明として正しいものを次から選びなさい。

ア リオデジャネイロのカーニバルが有名である。
イ コーヒーの生産量は世界でも有数である。
ウ さまざまな音楽が融合(ゆうごう)したタンゴとよばれる音楽が盛(さか)んである。

(1)	a	b	c	(2)	①	②
(3)	①	②	③			
(4)	①		②			

目標

□南アメリカの自然や歴史・文化をおさえる
□オセアニアの多文化社会をおさえる
□開発と環境保全をおさえる

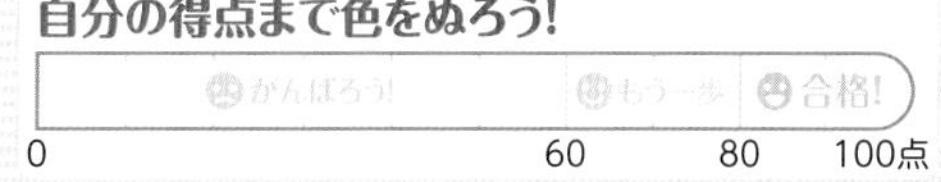

2 右の資料を見て，次の問いに答えなさい。

8点×6（48点）

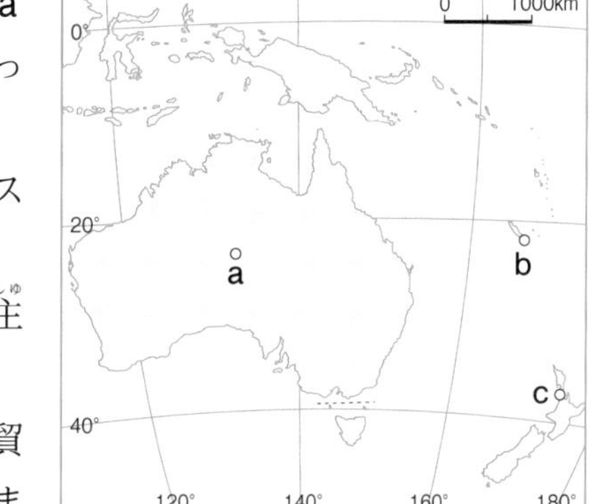

(1) あ～うは，地図中のa～cの都市の雨温図です。aの都市の雨温図をあ～うから選び，この地域に広がっている気候を書きなさい。

(2) 主に(1)の気候の地域に保留地がつくられた，オーストラリアの先住民を何といいますか。

(3) オーストラリアで1970年代までとられていた白豪主義（はくごうしゅぎ）とよばれる政策の内容を，簡単に説明しなさい。

(4) 次のグラフは1965年と2017年のオーストラリアの貿易相手国を示しています。グラフ中のX・Yにあてはまる国を，次からそれぞれ選びなさい。

ア　イギリス
イ　中国
ウ　ツバル
エ　インドネシア

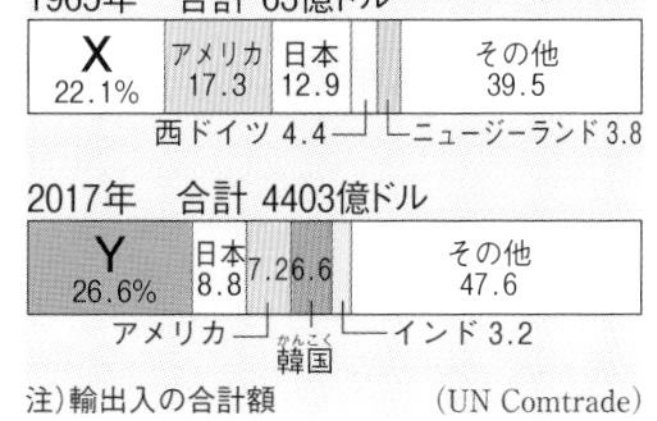

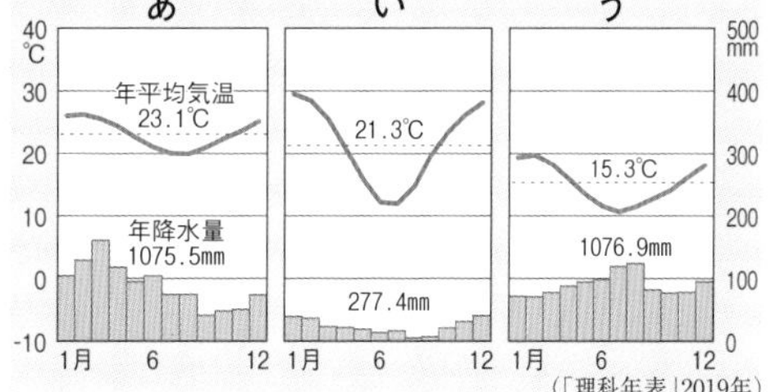

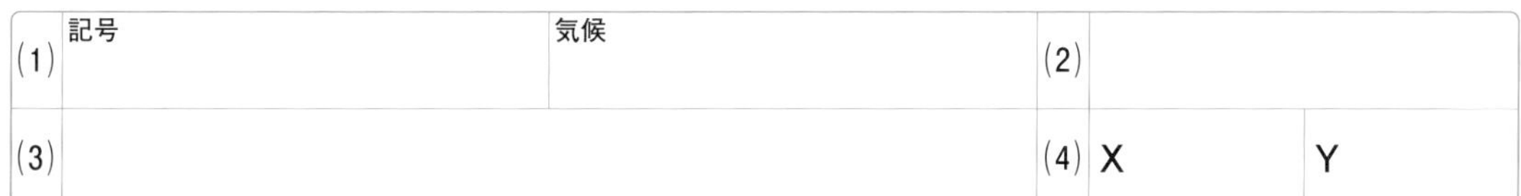

(1)	記号	気候	(2)		
(3)			(4)	X	Y

3 次の文を読んで，あとの問いに答えなさい。

6点×2（12点）

南アメリカのアマゾン川流域の，広大な面積の熱帯雨林の伐採（ばっさい）は，（　　）を進行させている可能性がある。オセアニアにある太平洋の島々は，温室効果ガスの増加による（　　）などの影響（えいきょう）で，国土が水没（すいぼつ）することが心配されている。アマゾン川流域では，森林伐採の抑制や，バイオ燃料の生産技術の開発など，環境保全（ほぜん）の取り組みが進められている。

(1) 文中の（　　）に共通してあてはまる語句を書きなさい。

(2) バイオ燃料の説明として，正しいものを次からすべて選びなさい。

ア　酸性雨の原因となる酸性の化合物の排出量（はいしゅつりょう）をおさえることができる。
イ　サボテンや牧草などからもこの燃料を生産する技術の開発が進められている。
ウ　環境保全のため開発が進むが，ブラジルではまだ普及（ふきゅう）していない。

(1)		(2)		

実力判定テスト ステージ3

資料活用・思考力問題編

第2章 世界の諸地域②

こつこつ 解答 p.14

30分 /100

1 北アメリカ州について，次の資料を見て，あとの問いに答えなさい。 8点×3（24点）

（ X ）は，アメリカ東部（西経100度より東側）で，降水量500mm以上の，冷涼で都市に近い地域で行われている。その南側の地域では，とうもろこし・大豆の栽培や，混合農業が営まれている。温暖な南部では（ Y ）の栽培，フロリダ半島では野菜や果物の栽培が行われている。

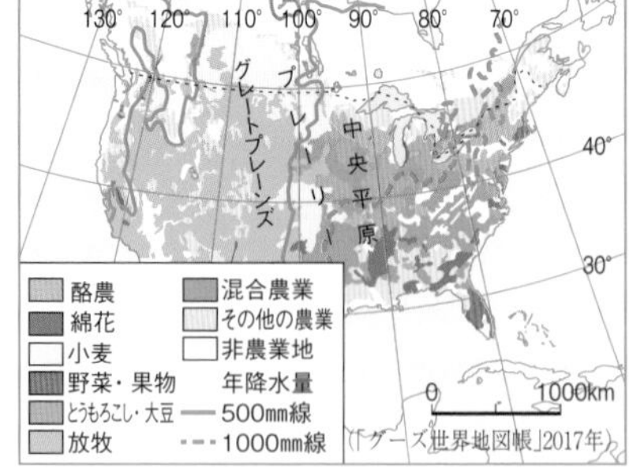

（「グーズ世界地図帳」2017年）

(1) X・Yにあてはまる語句を，地図中から書きなさい。

(2) 放牧が行われている地域の特徴を，Xについての記述にならい，簡単に書きなさい。

(1)	X	Y	
(2)			

2 南アメリカ州について，次の資料を見て，あとの問いに答えなさい。 6点×5（30点）

A 赤道が通る国。この国のガラパゴス諸島には，固有の動植物が多く生息している。観光客の増加で経済が発展したが，環境破壊が進んだ。環境保全のための取り組みが進められている。

B アマゾン川流域の熱帯雨林に，多様な動植物が生息している。農地や鉱産資源の開発などで熱帯雨林の伐採が進んだ。開発と環境保全を両立させた持続可能な開発が進められている。

ア

イ

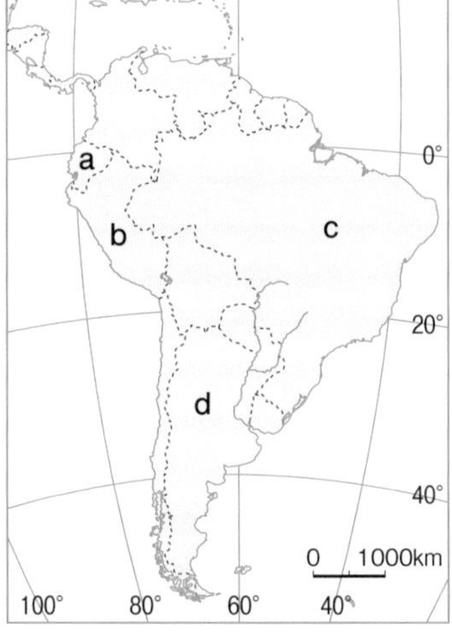

(1) A・Bは，それぞれ南アメリカのある国に関するものです。次の問いに答えなさい。

① A・Bに関係する写真を，ア・イからそれぞれ選びなさい。

② A・Bの位置を，地図中のa～dからそれぞれ選びなさい。

(2) A・Bがかかえる共通の課題について，資料から読み取れることを簡単に書きなさい。

(1)	①	A	B	②	A	B
(2)						

農業は，自然環境や気候と深く関わっている。その地域で盛んな農業と，地形や緯度，海からの距離，高度などを関連づけよう。

自分の得点まで色をぬろう!

がんばろう! もう一歩 合格!

0 60 80 100点

3 オセアニア州について，次の資料を見て，あとの問いに答えなさい。

7点×4（28点）

オセアニアの赤道に近いニューギニア島や太平洋(たいへいよう)の島々は，熱帯気候である。オーストラリアの東部から南西部の沿岸部(えんがんぶ)やニュージーランドは，温帯気候になっている。オーストラリアの内陸部には，乾燥(かんそう)帯気候が広がっている。

オセアニアの人口密度

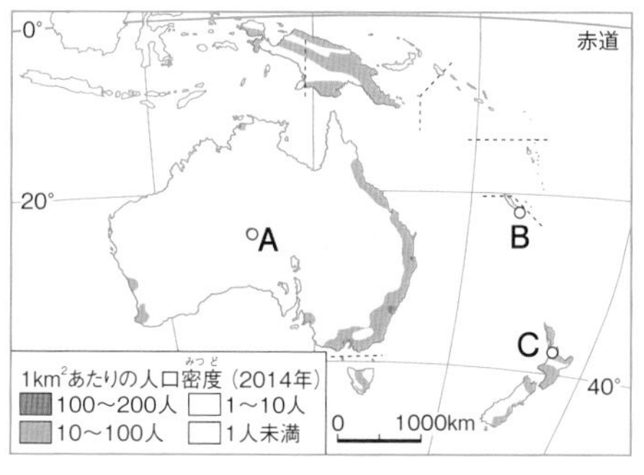

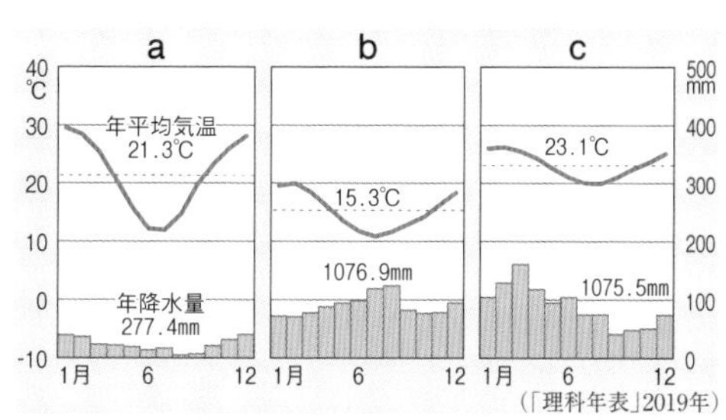

(1) A～Cの都市の雨温図を，a～cからそれぞれ選びなさい。

(2) オーストラリアの人口密度(みつど)が内陸部で低くなっている理由を，簡単に書きなさい。

(1)	A	B	C
(2)			

4 世界の州について，次の資料を見て，あとの問いに答えなさい。

6点×3（18点）

六つの州の面積・人口・GDP

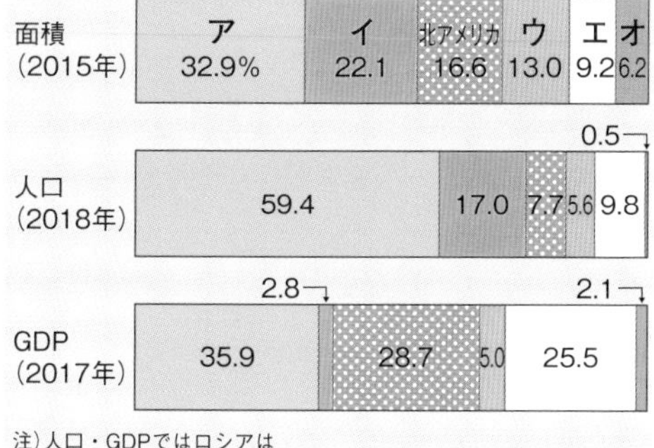

A　面積・人口・GDPのすべてにおいて，ほかの州よりも全体に占(し)める割合(わりあい)が小さい。アジア州と近く，近年，アジアからの観光客が増えている。

B　面積は，北アメリカ州と同じくらいである。面積に対して人口やGDPの割合は低くなっている。スペイン語やポルトガル語を公用語にする国が多い。

C　面積は全体の約30%を占めている。人口が10億人をこえる国が2つあり，この州の人口が全体に占める割合は，面積よりも高くなっている。

(1) A～Cの地域を示すデータを，グラフのア～オの中からそれぞれ選びなさい。

(1)	A	B	C

予習・復習　こつこつ　解答 p.15

確認のワーク ステージ1　第1章　地域調査の手法

教科書の要点　(　　)にあてはまる語句を答えよう。

1 身近な地域を見直そう，調査計画を立てよう　教 p.120～127

●身近な地域をながめる/特色をつかむ

◆(①　　　　)写真▶山や川などの自然環境，鉄道，道路，住宅，農地などの人々の生活のようすがわかる。

◆(②　　　　)▶**国土地理院**が作成した地図。地表の起伏，土地利用，行政区画などをあらわす。
都道府県界，市町村界など

■(③　　　　)▶北を上につくられる。

■(④　　　　)▶実際の距離を地形図上に縮小した割合。実際の距離×縮尺＝地形図上の長さ。
2万5千分の1，5万分の1など

■等高線▶海面からの高さが同じところを結んだ線。

・間隔が広いと傾斜がゆるやか，せまいと傾斜が急。

・(⑤　　　　)をつくると地形の起伏がわかる。

■地図記号▶道路，鉄道，施設，土地利用などをあらわす。

◆デジタル地図▶(⑥　　　　)で見られる。拡大・縮小や加工がしやすい，切れ目がない，検索できるなどの特色。
GIS（地理情報システム）という技術による

●調査テーマを決定する/調査計画を立てる

◆関連図をつくり，調査テーマを決定。統計資料や文献資料を使うなどの調査方法を明確にして調査計画を立てる。

2 調査を進めよう　教 p.128～133

●**野外観察**▶観察しながら文字や画像などで記録を残す。

●(⑦　　　　)**調査**▶地域の人や観光客などの話を聞く。

●**文献調査**▶**文献資料**やインターネットなどで情報入手。

●**統計調査**▶(⑧　　　　)資料を図書館や市町村などのホームページ，施設の訪問などで入手。

●**地図調査**▶地図の情報を比較。

●(⑨　　　　)▶自然災害の被害を想定した地図。
地震，津波，洪水，火山災害など，災害の種類に応じて作成されている

●**グラフの特色**

◆棒グラフ・折れ線グラフ▶数量を比べる。数量の変化を見る。

◆円グラフ・(⑩　　　　)▶割合を示す。割合を比べる。

3 調査結果をもとに考察してまとめ，発表しよう　教 p.134～137

●調査結果をもとに考察してまとめよう/発表しよう

◆調査結果のまとめ方▶レポートの作成，壁新聞の作成，プレゼンテーションソフトを使ったまとめなど。

↓地域の特色をつかむための視点

- 自然環境
- 人口や都市・村落
- 産業
- 交通・通信
- その他（歴史的背景，持続可能な社会づくりなど）

↓等高線の間隔と種類

等高線	2万5千分の1	5万分の1
計曲線	50mごと	100mごと
主曲線	10mごと	20mごと
補助曲線	5mごと，2.5mごと	10mごと
補助曲線	—	5mごと

↓2万5千分の1の地形図の主な地図記号

土地利用をあらわす記号			
田	畑	茶畑	果樹園
広葉樹林	針葉樹林	竹林	荒地
建物などの利用をあらわす記号			
市役所	町村役場	消防署	警察署
交番	小・中学校	高等学校	博物館
老人ホーム	神社	寺院	発電所・変電所

文章は，そのまま引きうつしてはいけないよ。

まるごと暗記　地図の縮尺　実際の距離×縮尺＝地形図上の長さ，地形図上の長さ÷縮尺＝実際の距離

教科書の資料　次の問いに答えよう。

(1)　右の図のA～Cにあてはまる方位を，それぞれ書きなさい。

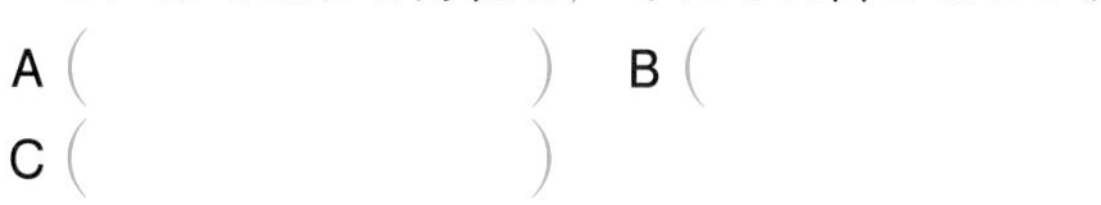

A（　　　　）　B（　　　　）

C（　　　　）

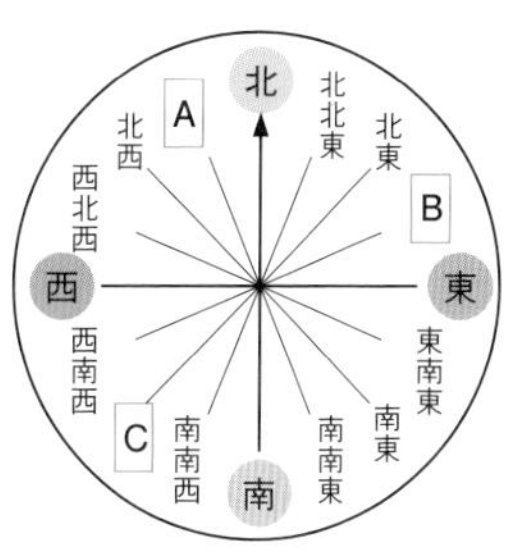

(2)　右のX～Zの地図記号を見て，次の問いに答えなさい。

①　X～Zがあらわしているものを，次からそれぞれ選びなさい。

X（　　　）　Y（　　　）　Z（　　　）

ア　博物館　　イ　畑　　ウ　田　　エ　警察署

②　X～Zのような地図記号を使うなどして，一定の約束に従って，地表のようすや行政区画を示した地図を何といいますか。（　　　　）

チェック 教科書一問一答　次の問いに答えよう。

/10問中

★は教科書の太字の語句

1 身近な地域を見直そう、調査計画を立てよう

①2万5千分の1や5万分の1の地形図を発行している機関はどこですか。　□①

②2万5千分の1の地形図上の長さが10㎝のとき，実際の距離は何kmになりますか。　□②

③海面からの高さが同じところを結んだ線を何といいますか。　□③★

④地図上で，道路や土地利用などをあらわすものを何といいますか。　□④★

⑤インターネット上で見ることができる，拡大や縮小がしやすく，加工しやすい地図を何といいますか。　□⑤

2 調査を進めよう

⑥市史や統計年鑑（ねんかん），市の広報誌（こうほうし）など，図書館や市役所などで入手できる資料を何といいますか。　□⑥

⑦統計データをまとめた資料を何といいますか。　□⑦

⑧防災や減災へのそなえに役立つ，災害が発生したときの被害を想定した地図を何といいますか。　□⑧★

⑨数量の変化を見るのに適している，データの量を棒の高さであらわすグラフは何ですか。　□⑨

⑩割合を示したり比べたりするのに適している，円を区切り，面積によって割合を示すグラフは何ですか。　□⑩

知識の泉　地域の家々や店の名前を記した住宅地図は，実際に人が野外調査をして確認をしています。野外調査をすることで，駐車場の入り口など細かなことがわかります。

こつこつ テスト直前 解答 p.15

定着のワーク ステージ2 第1章 地域調査の手法

1 地形図の特徴 次の地形図を見て，あとの問いに答えなさい。

地形図１

（５万分の１の地形図「京都東南部」2007年）

地形図２

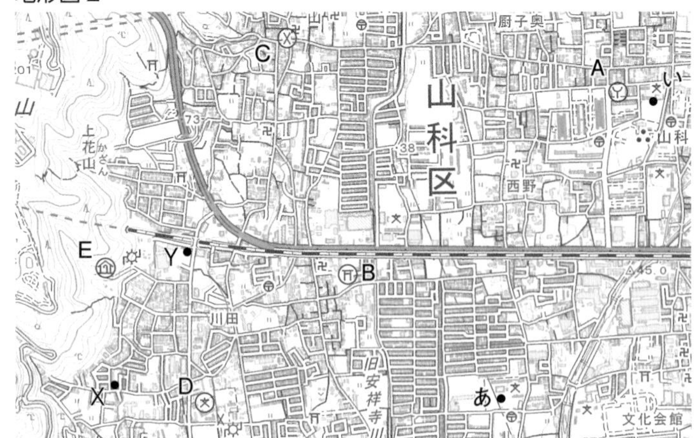

（2万5千分の1地形図「京都東南部」2016年）

地形図３

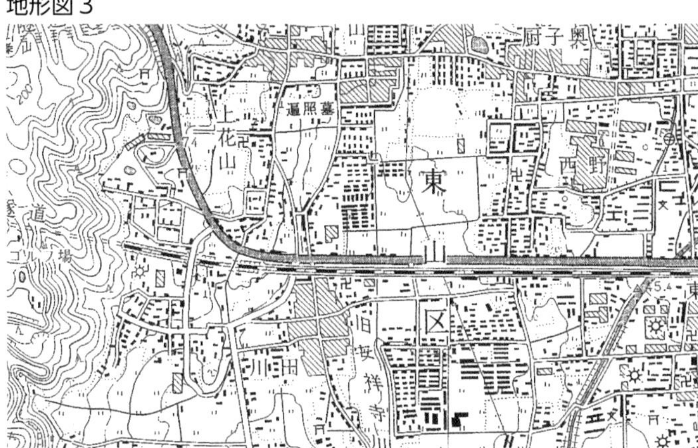

（２万５千分の１の地形図「京都東南部」1970年）

(1) 実際の距離(きょり)が10kmのとき，地形図上では何cmになりますか。①**地形図１**と②**地形図２**のそれぞれについて書きなさい。

①（　　　）
②（　　　）

(2) 地域(ちいき)のようすがくわしくわかる地形図は，**地形図１**と**地形図２**のどちらですか。

（　　　）

(3) Ｘから見ると，Ｙはどの方角にありますか。次から選びなさい。

（　　　）

ア 北北東　イ 東北東
ウ 南南西　エ 西南西

(4) **地形図２**中のＡ～Ｅの地図記号があらわしているものをそれぞれ書きなさい。

Ａ（　　　）Ｂ（　　　）Ｃ（　　　）
Ｄ（　　　）Ｅ（　　　）

(5) **地形図３**は，過去に発行された，**地形図２**と同じ地域の地形図です。土地利用の変化について，**地形図２**と**地形図３**から読み取れることを次から選びなさい。（　　　）

ア 田の面積は減っているが，まだ残っている。
イ 1970年から2016年のあいだに，鉄道の沿線に新しく高等学校ができた。
ウ 果樹の栽培(さいばい)が行われていた地域に，新しく工場ができた。
エ 高速道路のあと地が，鉄道の路線に変わった。

(2)地形図１と地形図２の地形図は，同じ範囲を示しています。

2 地形の起伏（きふく） 次の地形図を見て，あとの問いに答えなさい。

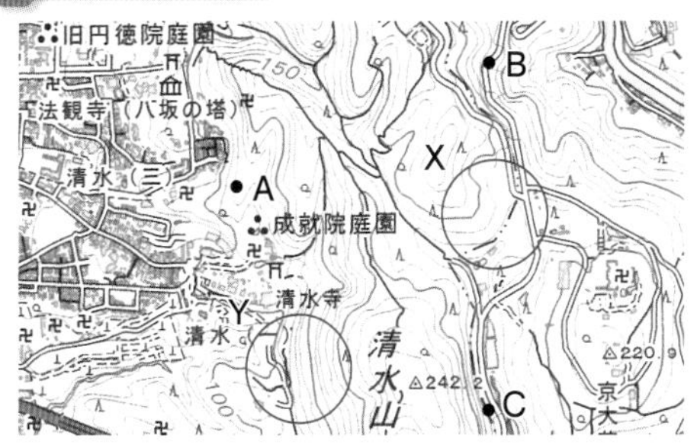

（2万5千分の1地形図「京都東南部」2016年）

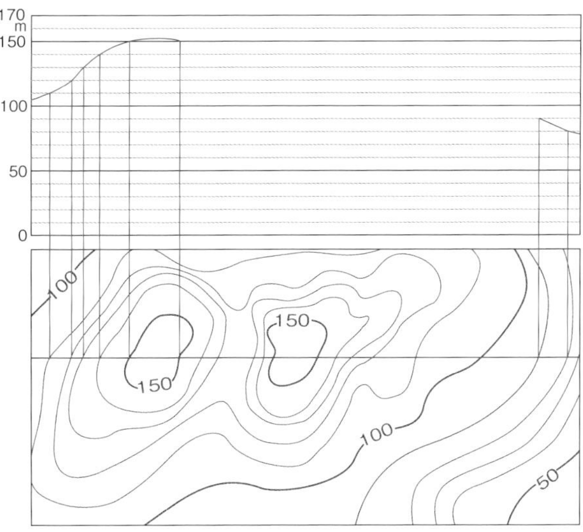

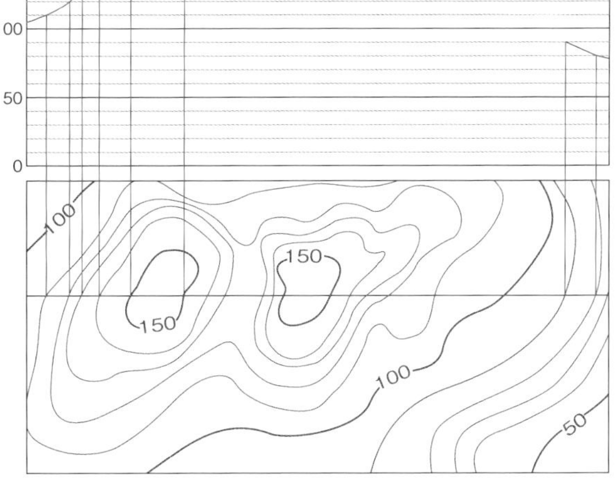

(1) 地形図中のAの地域の標高は何mですか。（　　　）

(2) Bの地点からCの地点までの長さは，3cmです。BからCのあいだの実際の距離を，単位をつけて書きなさい。（　　　）

(3) 次の文中の□にあてはまる語句を，それぞれ書きなさい。

①（　　　）②（　　　）③（　　　）

地形図上に引かれた[①]から，その場所の高低や地形のようすを知ることができる。[①]の間隔（かんかく）が広いXの地域は傾斜（けいしゃ）が[②]で，間隔がせまいYの地域は，傾斜が[③]である。

(4) 右上の図について，図中の例を参考にして，断面図を完成させなさい。

ヒントの森
(2)実際の距離×縮尺＝地形図上の長さになります。

3 地域調査の手法とまとめ方 次の問いに答えなさい。

(1) 地域調査の方法には，現地での観察や調査，資料での調査などがあります。次の調査内容に適した調査方法を，□からそれぞれ選びなさい。

① 水路の分布（　　　）
② 観光客数の変化（　　　）
③ 市の防災対策（たいさく）の歴史（　　　）

地形図　文献（ぶんけん）調査
統計調査　聞き取り調査

(2) 右の資料の人口増加率を示すには，どのようなグラフを使うとよいですか。次から選びなさい。（　　　）

ア 円グラフ　イ 折れ線グラフ　ウ 帯グラフ

年	伏見区の人口	10年間の人口増加率
1965	16万3157人	
1975	23万346人	41.2%
1985	27万4938人	19.4%
1995	28万5961人	4.0%
2005	28万5419人	−0.1%
2015	28万655人	−1.7%

（「国勢調査」2015年）

(3) 次の文中の□にあてはまる語句を，それぞれ書きなさい。

①（　　　）②（　　　）

過去の記録を調べる際，本などの文献資料にあたるだけでなく，[①]を活用することもできるが，情報が信頼できるものかどうか注意する必要がある。調べたことをまとめる際は，コピーアンド[②]はせず，引用部分以外は自分の言葉で書かなければならない。

ヒントの森
(3)②コピーした内容をはりつけることです。

予習・復習 こつこつ 解答 p.16

第2章 日本の地域的特色と地域区分①

教科書の要点 （　）にあてはまる語句を答えよう。

1 地形からみた日本の地域的特色と地域区分 教 p.140~141

●背骨のようにつらなる山地/山と川がつくる多様な地形

◆日本の山地▶（①　　　）に含まれ，けわしい山地が多い。国土の4分の3が山地。日本アルプスとよばれる3000m級の山々が中部地方にそびえる。
地震や火山活動が活発

◆日本の川▶短くて流れが急。

■（②　　　）▶川が山地から平野や盆地に流れ出るところに土砂がたまってつくられる。
ゆるやかな扇形の斜面になる

■三角州▶川が運んできた細かい土砂が河口部を埋め立ててつくられる。
デルタともよばれる

●変化に富む海岸

◆砂浜海岸▶砂におおわれた海岸。日本海沿岸に多い。鳥取砂丘などの（③　　　）がある。

◆（④　　　）▶岩場が海に面した海岸。

◆三陸海岸や志摩半島に（⑤　　　）海岸，南西諸島にさんご礁に囲まれた海岸。
山地が海に沈み，谷の部分に海水が入り込んでできる

●地形からみた日本の地域区分

◆（⑥　　　）▶日本アルプスの東側にのびる。
本州の中央部をほぼ南北に横切る大きなみぞ状の地形

◆中央構造線▶関東地方から九州地方にかけてのびる。
西日本を日本海側と太平洋側に分ける大きな断層

●日本を囲む海

◆海流▶南から（⑦　　　）の日本海流（黒潮）と対馬海流，北から寒流の千島海流（（⑧　　　））。

↓日本の主な山地・島

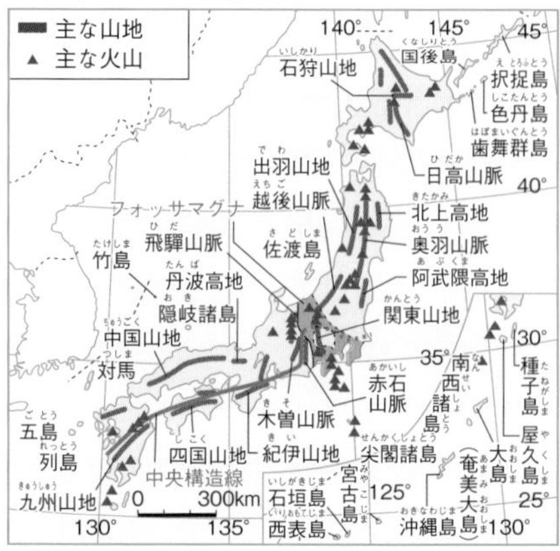

↓日本の主な平地・川

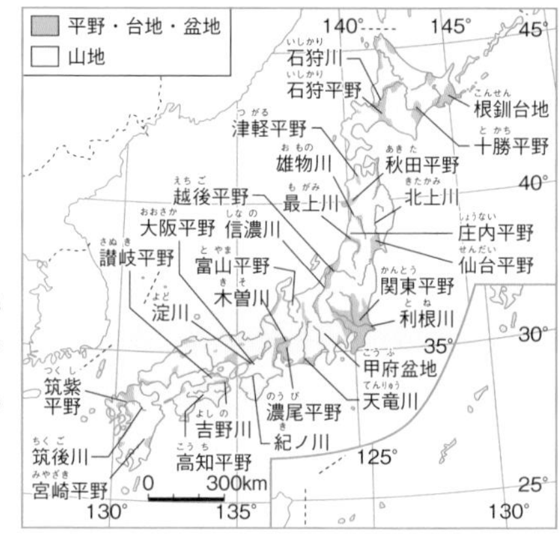

2 気候からみた日本の地域的特色と地域区分 教 p.142~143

日本列島のまわりには，浅く平らな大陸棚があるよ。

●四季の変化がはっきりした気候/降水量の多い気候，気候区分

◆大部分が温帯気候で，四季の変化がはっきりしている。

◆（⑨　　　）（モンスーン）がふき，夏は太平洋側に雨，冬は日本海側に雪を降らす。
季節によって風向きが変わる
太平洋側ではからっ風がふく

◆夏に梅雨，夏の終わりから秋にかけて台風。

◆日本の気候区分▶北海道の気候，日本海側の気候，内陸性の気候，瀬戸内の気候，太平洋側の気候，南西諸島の気候。

■北海道▶（⑩　　　）気候。

■南西諸島▶一部が熱帯気候。

↓夏と冬の季節風のちがい

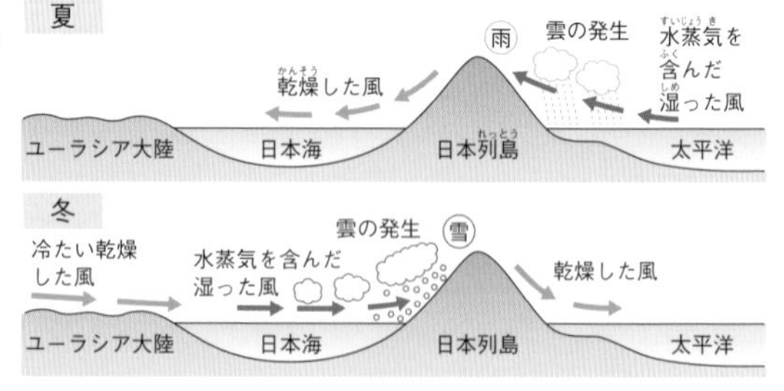

教科書の資料 次の問いに答えよう。

(1) Xにあてはまる語句を書きなさい。
(　　　　　)

(2) A～Cにあてはまる語句を，□からそれぞれ書きなさい。

A(　　　　　)
B(　　　　　)
C(　　　　　)

内陸性　瀬戸内
南西諸島

(3) 冷帯（亜寒帯）気候に含まれる地域を，地図中の①～⑥から選びなさい。
(　　　)

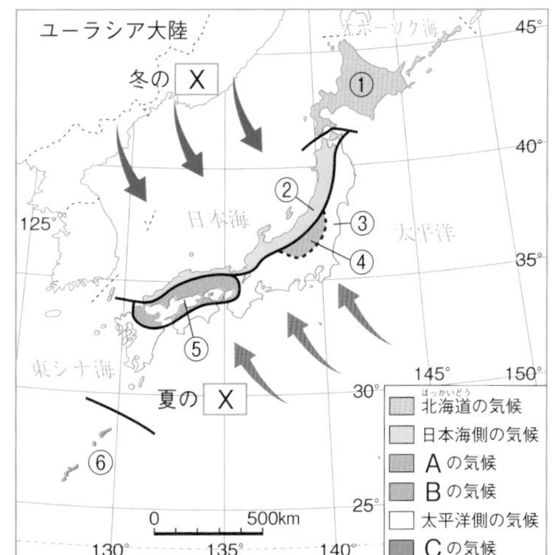

チェック 教科書一問一答 次の問いに答えよう。

/10問中

★は教科書の太字の語句

1 地形からみた日本の地域的特色と地域区分

①中部地方にそびえる，3000m級の山々を何といいますか。 ★①

②川が運んできた細かい土砂が河口部を埋め立ててつくる地形を何といいますか。 ★②

③日本海沿岸に多い，砂におおわれた海岸を何といいますか。 ★③

④関東地方から九州地方にかけてのび，西日本を日本海側と太平洋側に分ける大きな断層を何といいますか。 ★④

⑤九州地方の東側を流れている暖流の日本海流を，別のよび方で何といいますか。 ★⑤

⑥千島海流は，寒流と暖流のどちらですか。 ★⑥

2 気候からみた日本の地域的特色と地域区分

⑦日本の大部分が含まれる気候を何といいますか。 ★⑦

⑧夏の始まりに日本列島の上空で前線が停滞して起こる，雨が続く時期を何といいますか。 ★⑧

⑨太平洋上で低気圧が発達してでき，夏の終わりから秋にかけて日本に上陸するものは何ですか。 ★⑨

⑩南西諸島の一部が含まれる，1年をとおして気温が高い気候を何といいますか。 ★⑩

世界で一番高い山はエベレスト（8848m）で，富士山（3776m）の2倍以上，世界最長のナイル川（6695km）は日本最長の信濃川（367km）の18倍以上です。

予習・復習　こつこつ　解答 p.16

確認のワーク ステージ1　第2章　日本の地域的特色と地域区分②

教科書の要点　(　　)にあてはまる語句を答えよう。

1 地震・火山災害からみた日本の地域的特色と地域区分　教 p.144～145

●地震や津波による災害/火山の噴火による災害

◆地震や津波，火山による自然災害が多い。（環太平洋造山帯にあるため）

◆マグニチュードが大きい地震（地震の規模を示す）▶土砂くずれや(① 　　　　)による被害。（地盤が液体状になる現象）

◆震源が海底の地震▶(② 　　　　)が発生し内陸部まで浸水させることがある。

◆大地震▶1995年の阪神・淡路大震災，2011年の(③ 　　　　)で大きな被害。

◆(④ 　　　　)の噴火▶火山灰，溶岩，火山ガス，火砕流による被害。山くずれや土石流も起こる。

◆各地に(⑤ 　　　　)（岩盤に強い力が加わりずれ動いた場所）があり，沖合のプレートの境界で，大地震が発生。（日本海溝や南海トラフなど）

2 気象災害からみた日本の地域的特色と地域区分　教 p.146～147

●さまざまな気象災害/自然災害と人災

◆梅雨や台風による風水害▶(⑥ 　　　　)（川のはんらんによる），地すべり，がけくずれ，土石流など。台風は高潮や強風による災害をもたらすこともある。

◆(⑦ 　　　　)▶人間の活動によって被害が拡大した災害。森林の伐採や住宅地の開発，避難勧告が伝わらないことなどが被害を拡大。

◆地形や気候の特色により，西日本で少雨による水不足((⑧ 　　　　))，東北地方の太平洋側でやませ（北東からふく冷たい風）の影響による(⑨ 　　　　)，本州から北海道の日本海側で大雪による雪害などが起こる。

3 災害にそなえるために　教 p.148～149

●防災・減災へのくふう/どのように災害と向き合うか

◆防災と減災▶防災対策（堤防，ダム，防潮堤の整備など）のほか，減災への取り組みも必要。

◆災害へのそなえ▶ハザードマップを参考にした対策など。

◆自分や家族の命を守る(⑩ 　　　　)や，地域社会の一員として防災に役立つ共助，国や県，市町村などの公助とボランティアとの協力などで，災害に対策・対応する。

↓日本周辺の主な地震災害と火山

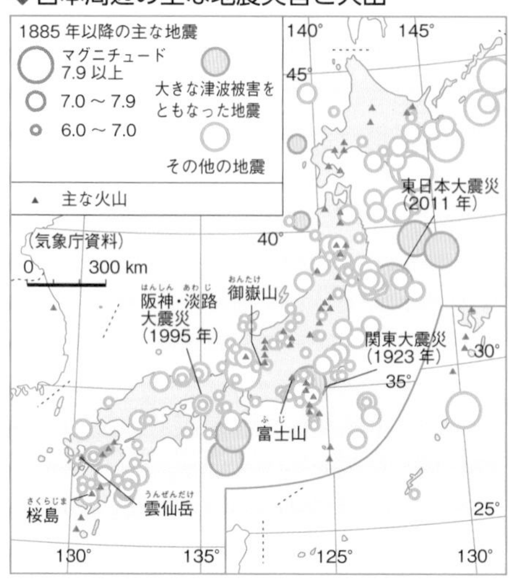

↓日本周辺のプレート

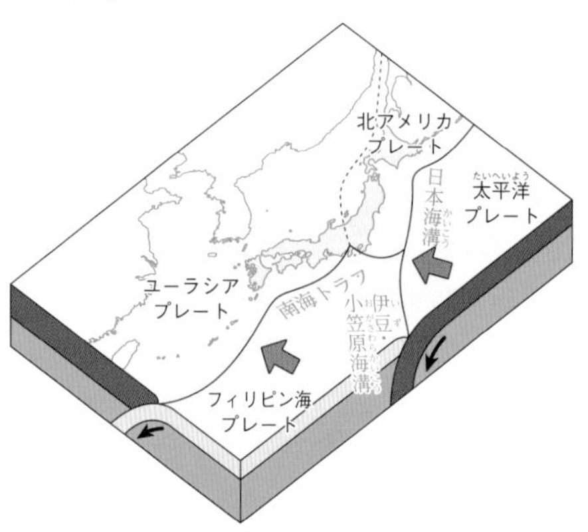

↓気象庁が発表する防災情報の例

●特別警報…数十年に一度の暴風や大雨など，警報をはるかにこえるような現象が予想され，重大な災害の危険性がいちじるしく高まっているときに発表される。

●警報…重大な災害が発生するおそれがあるときに発表される。

●注意報…災害が発生するおそれがあるときに発表される。

まるごと暗記　干害 少雨による水不足　冷害 気温が上がらず農産物が不作になる

教科書の資料　次の問いに答えよう。

(1) 右の地図中のA～Dの地域で発生しやすい自然災害を，あとのア～エからそれぞれ選びなさい。

A(　　　) B(　　　) C(　　　) D(　　　)

ア 火山の噴火により，大量の火山灰が降る。

イ 郊外から中心部に向けて気温が高くなるヒートアイランド現象(げんしょう)が起こる。

ウ 夏に吹くやませにより，農産物が不作になることがある。

エ 春から秋の雨が少なく，干害(かんがい)や水不足が発生することがある。

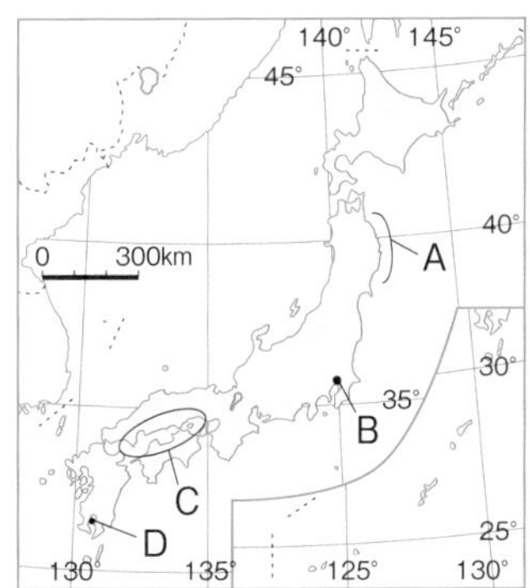

(2) 日本の周辺に複数あり，ずれ動いて地震や津波を発生させる，巨大な岩盤を何といいますか。(　　　　)

教科書 チェック 一問一答　次の問いに答えよう。

/10問中

★は教科書の太字の語句

1 地震・火山災害からみた日本の地域的特色と地域区分

①地震の規模を示す尺度をカタカナで何といいますか。　□★①

②1995年に兵庫県南部を中心に大きな被害を出した大震災を何といいますか。　□★②

③1990年に噴火し，火砕流により大きな被害を出した九州地方の火山を何といいますか。　□③

2 気象災害からみた日本の地域的特色と地域区分

④大雨や強風などの気象による自然災害を何といいますか。　□④

⑤台風が引き起こすことがある海面（潮位(ちょうい)）の上昇を何といいますか。　□★⑤

⑥東北地方で冷害(れいがい)が発生する原因となる，冷たい北東の風を何といいますか。　□★⑥

⑦本州から北海道の日本海側で，冬に大雪によって引き起こされる災害を何といいますか。　□★⑦

3 災害にそなえるために

⑧防災対策の限界をおぎなう，災害の被害をできるだけ少なくする取り組みを何といいますか。　□★⑧

⑨自然災害が予想される地域の被害の想定範囲(はんい)や避難(ひなん)所などをまとめた地図を何といいますか。　□★⑨

⑩国・県・市町村や消防・警察(けいさつ)・海上保安庁(ちょう)・自衛隊(じえいたい)などによる災害時の活動を，漢字２字で何といいますか。　□★⑩

火山島である西之島（東京都）では，噴火にともない島の南東500m付近に新しい島が出現しました。その後，新しい島と西之島は溶岩によってつながりました。

こつこつ テスト直前 解答 p.16

定着のワーク ステージ2

第2章 日本の地域的特色と地域区分①②

1 日本の地形 右の地図を見て，次の問いに答えなさい。

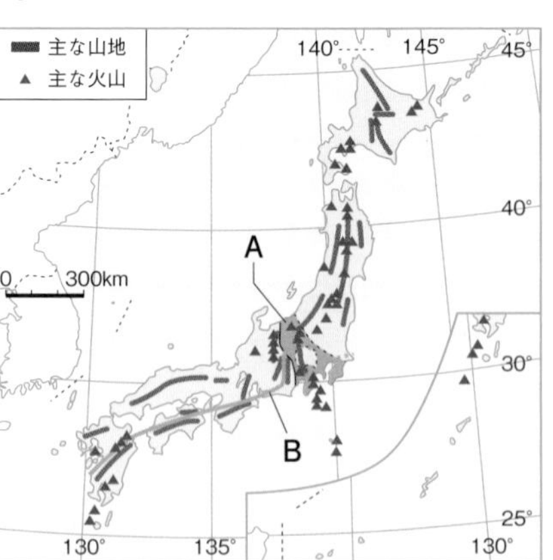

(1) A・Bにあてはまる地形をそれぞれ書きなさい。

A（　　　　） B（　　　　）

(2) 日本列島が含(ふく)まれている，地震や火山活動でけわしい山地がつくられている造山帯を何といいますか。

（　　　　）

(3) 平野や盆地(ぼんち)にみられる地形について，次の①・②にあてはまるものをそれぞれ書きなさい。

① 川が山地から平野や盆地に流れ出るところに土(ど)砂(しゃ)がたまってつくられる。（　　　　）

② 川が運んできた細かい土砂が河口部を埋(う)め立ててつくられる。（　　　　）

(4) 三陸(さんりく)海岸などに広がる，入り組んだ海岸線をもつ海岸を何といいますか。（　　　　）

ヒントの森
(3)①は扇形，②は三角形の地形です。

2 日本の気候 右の地図を見て，次の問いに答えなさい。

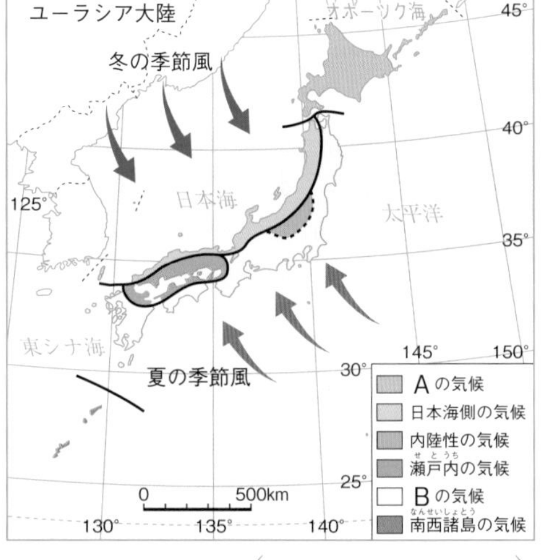

(1) 日本にふく季節風について，次の文中の□にあてはまる語句を▢から書きなさい。

①（　　　　）②（　　　　）

季節風は，夏は南から北にふき，①上の暖(あたた)かく湿(しめ)った空気を運ぶ。冬は北から南にふき，ユーラシア大陸から②をわたって冷たい空気を運び，②側に雪を降(ふ)らせる。

日本海　太平洋(たいへいよう)

(2) 次の①～③にあてはまる気象を，それぞれ書きなさい。

① 夏の始まりに前線が停滞(ていたい)し，雨が続く。（　　　　）

② 太平洋上の低気圧が発達し，強風と大雨をもたらす。（　　　　）

③ 冬に太平洋側にふく，冷たく乾燥(かんそう)した風。（　　　　）

(3) 地図中のA・Bの気候の特徴として，正しいものを次からそれぞれ選びなさい。

A（　　　） B（　　　）

ア 冬は乾燥した晴れの日が続くが，夏の降水量(こうすいりょう)が多い。

イ 冷帯(れいたい)（亜寒帯(あかんたい)）気候に含まれ，年間を通して比較的冷涼(ひかくてきれいりょう)である。

ヒントの森
(1)②ユーラシア大陸と日本のあいだにあります。

3 日本の地震・火山災害　右の地図を見て，次の問いに答えなさい。

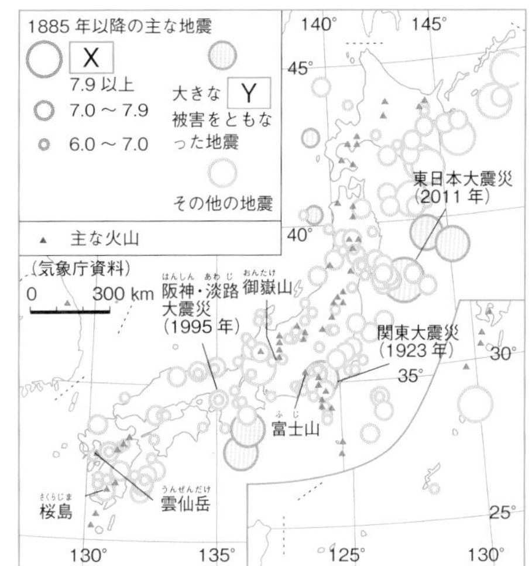

(1)　Xは，地震の規模を表す単位です。Xにあてはまる語句を書きなさい。（　　　　）

(2)　Yは，海底で大地震が発生して海底地形が変化したときに起こります。Yにあてはまる語句を書きなさい。（　　　　）

(3)　次の①・②にあてはまる地震災害を，地図中から書きなさい。

①　兵庫県南部を震源にして起こった内陸直下型の地震で，建物や高速道路を倒壊させるなどした。（　　　　）

②　プレート境界型の大地震で津波が発生し，沿岸部の浸水や原子力発電所の事故などを引き起こした。（　　　　）

(4)　次の①・②にあてはまる火山を，地図中から書きなさい。

①　ひんぱんに噴火をくり返し，鹿児島市に大量の火山灰を降らせている。（　　　　）

②　2014年に噴火した長野県の山で，登山客に被害をもたらした。（　　　　）

ヒントの森
(1)Mと書かれることがあります。
(3)①兵庫県南部の地名が入ります。

4 日本の気象災害　次の文を読んで，あとの問いに答えなさい。

日本では，風水害がひんぱんに発生する。梅雨や台風による大雨は，洪水や土石流などをもたらす。台風は潮位が上がる（ A ）をもたらすこともある。気象災害は，その地域の地形や気候が影響するため，気象によって起こる a 干害や b 冷害，c 雪害などの災害の発生には地域差がある。災害に備え，堤防やダムの整備などの d 防災対策が進められ，災害の被害を予測して地図にまとめた（ B ）もつくられている。

(1)　A・Bにあてはまる語句を書きなさい。
A（　　　　）　B（　　　　）

(2)　下線部a～cについて述べたものを，次からそれぞれ選びなさい。
a（　　）　b（　　）　c（　　）

ア　東北地方の太平洋側で起こる，気温が上がらず農産物が不作になる災害。

イ　西日本などで起こる，水不足による被害。

ウ　本州から北海道の日本海側で冬に発生する，大雪による災害。

(3)　下線部dについて，防災対策とともに取り組むことが必要とされる，被害をできるだけ小さくすることを何といいますか。
（　　　　）

ヒントの森
(1)B防災マップともいいます。
(3)災害による被害を「減らす」ことです。

こつこつ　テスト直前　解答 p.17

実力判定テスト ステージ3　総合問題編　第2章 日本の地域的特色と地域区分①②

30分　/100

1 右の地図を見て，次の問いに答えなさい。　(2)は完答，4点×13(52点)

(1) Aの山脈，Bの平野，Cの川の名前を，それぞれ書きなさい。

(2) 日本列島が環太平洋造山帯に含まれていることにより起こる災害を，次から2つ選びなさい。

ア 台風　イ 洪水　ウ 地震
エ 冷害　オ 火山の噴火

(3) 日本の川について，次の文中の□にあてはまる語句を，□からそれぞれ書きなさい。

日本の川は，アマゾン川のような ① 距離をゆるやかに流れる大きな川と異なり，② 距離を流れ，急流である。

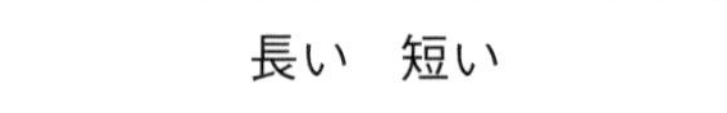
長い　短い

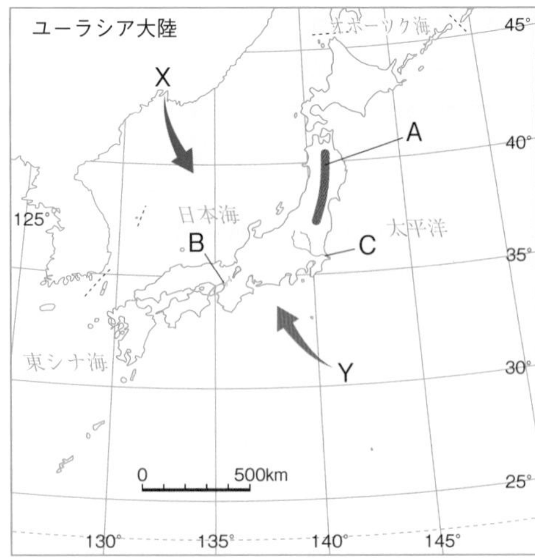

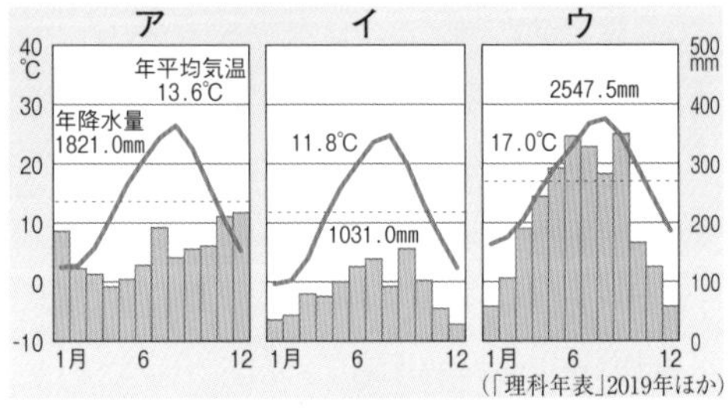

(「理科年表」2019年ほか)

(4) 日本の周辺にふく夏の季節風の向きを，地図中のX・Yから選びなさい。

記述 (5) 日本の気候が地域によって異なる理由に，季節風があります。そのほかの理由を，地形と緯度に着目して，簡単に書きなさい。

(6) 次の①～③の気候が広がっている都市の雨温図を，ア～ウからそれぞれ選びなさい。

① 冬と夏の温度差や昼と夜の温度差が大きく，降水量が比較的少ない。
② 季節風の影響で冬に雨や雪が降り，降水量が多くなる。
③ 夏の降水量が多く，冬は乾燥する。

(7) 右の写真の地形について，次の問いに答えなさい。

① この地形を何といいますか。

記述 ② この地形の特徴を，「土砂」という語句を使って，つくられる場所にふれながら，簡単に書きなさい。

(1)	A		B		C
(2)			(3) ①		②
(4)		(5)			
(6) ①		②	③		(7) ①
②					

目標

- □日本の地形と気候の特色をおさえる
- □日本の地震・火山災害の特色をおさえる
- □日本の気象災害をおさえる

自分の得点まで色をぬろう!

がんばろう! もう一歩 合格!

0 60 80 100点

2 右の地図を見て，次の問いに答えなさい。 4点×12(48点)

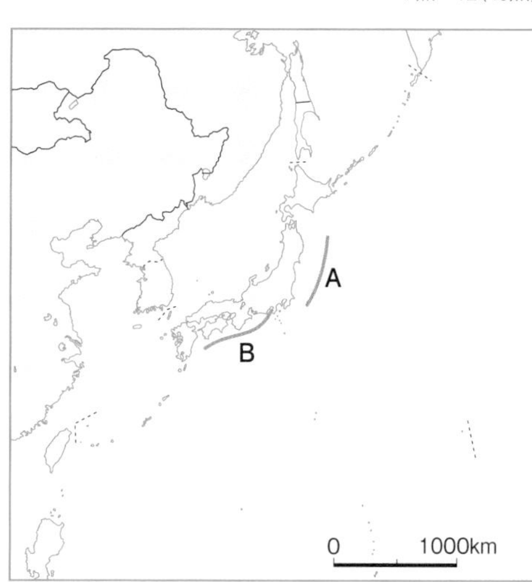

(1) A・Bの海溝の名前を，それぞれ書きなさい。

(2) 日本の各地にある，プレートの浅いところにある岩盤のずれを何といいますか。

記述 (3) 日本で津波の被害をともなった災害が多い理由を，「プレート」という語句を使って，簡単に書きなさい。

(4) 火山の噴火によって生じる，高温の火山ガスと火山灰などが高速で流れくだる現象を何といいますか。

(5) 火山災害が多い地域を，次から選びなさい。
ア 中部地方　イ 中国・四国地方
ウ 近畿地方

(6) 梅雨や台風が引き起こす災害にあてはまらないものを次から選びなさい。
ア 洪水　イ 雪害　ウ 土石流　エ 高潮

(7) 近年，都市部で起こっている気象現象について，正しいものを次から選びなさい。
ア 中心部から郊外に向かって気温が高くなるヒートアイランド現象が起こっている。
イ 都市やその周辺で，局地的な集中豪雨が増え，浸水被害などが問題になっている。
ウ 猛暑日や熱帯夜の増加により，干害が起こっている。

(8) 災害への対応について，①自助，②共助，③公助にあてはまるものを，次からそれぞれ選びなさい。
ア 国や県・市町村などが，避難所を開設する。
イ 地域の防災のための防災訓練に参加する。
ウ 自宅の家具がたおれないようにしたり，家族といざというときの連絡方法を相談したりする。

記述 (9) ハザードマップはどのような地図ですか。「被害」,「避難所」という語句を使って，簡単に書きなさい。

(1)	A	B	(2)		
(3)				(4)	
(5)	(6)	(7)	(8) ①	②	③
(9)					

予習・復習　こつこつ　解答 p.17

確認のワーク ステージ1　第2章　日本の地域的特色と地域区分③

教科書の要点　(　)にあてはまる語句を答えよう。

1 人口からみた日本の地域的特色と地域区分 教 p.152~153

●人口減少と少子高齢化

◆日本の人口▶(①　　　　)が高い。 人口を面積で割った値

■未婚率や結婚・出産年齢の上昇で**少子化**が進む。

■平均寿命が長く，高齢者の人口の割合が高い**高齢社会**。農村部や山間部で急激な(②　　　　)化が進む。

■世界のなかでも**少子高齢化**が進んでいる→労働力の不足や経済規模の縮小，社会の活力の低下が心配される。

●人口分布のかたよりと課題/人口からみた日本の地域区分

◆人口分布▶平野部で多く，農村部や山間部でまばら。

■東京・名古屋・京阪神の(③　　　　)や，札幌市，仙台市，広島市などの(④　　　　)に集中。→過密化が進む。

■農村部や山間部，離島で人口減少。→(⑤　　　　)化が進む。

2 資源・エネルギーからみた日本の地域的特色と地域区分 教 p.154~155

●鉱産資源を外国に依存する日本

◆(⑥　　　　)▶石油，石炭，鉄鉱石など，エネルギー源や工業原料として使われる鉱物。

◆石油や天然ガスを西アジアの国々などから，石炭や鉄鉱石をオーストラリアなどから輸入。

●資源を確保するために

◆(⑦　　　　)や太平洋の深海底で資源開発。 大陸をとりまく，ゆるやかな傾斜のある海底

◆リサイクルの取り組み▶(⑧　　　　)を不要になった製品から回収・再利用。 希少金属　リサイクル・リデュース（ごみの発生を減らす）・リユース（くり返し使う）を「3R」とよぶ

●環境問題への取り組み/資源・エネルギーからみた日本の地域区分

◆日本のエネルギー供給▶石油や石炭の割合が高い。石油や石炭を燃やすと(⑨　　　　)を排出。 地球温暖化の原因に

◆太陽光発電・風力発電・地熱発電など，環境にあたえる影響が少ない(⑩　　　　)の開発が進む。

◆発電所の分布▶中部地方などの内陸部に水力発電所，三大都市圏の沿岸部に火力発電所，大都市からはなれた沿岸部に原子力発電所や風力発電所が多い。

↓日本の人口

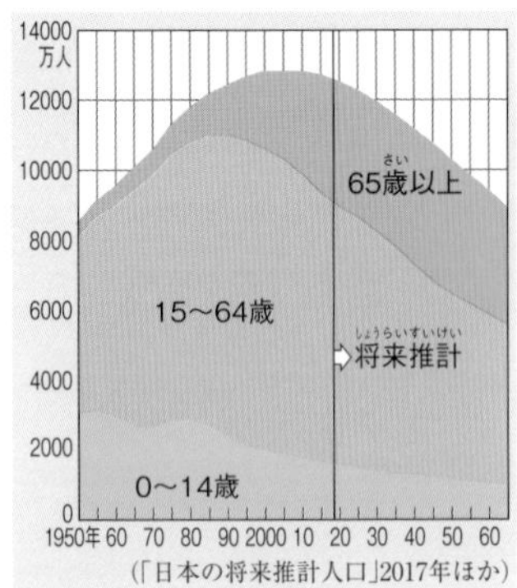

（「日本の将来推計人口」2017年ほか）

↓県別の人口増加率

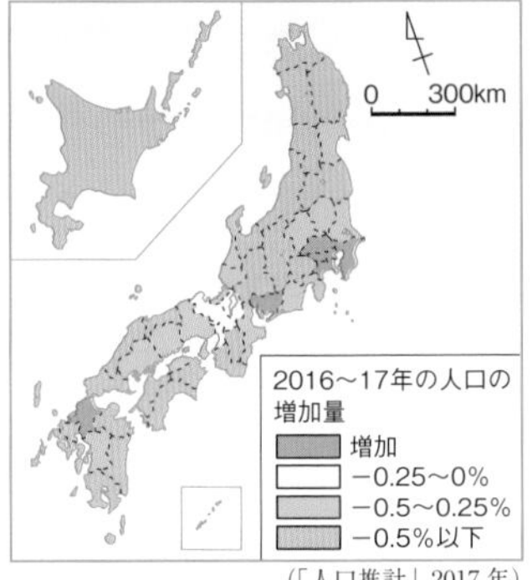

（「人口推計」2017年）

人口の増加率は東京が高く，東京への一極集中が進んでいるよ。

↓日本のエネルギー供給の割合

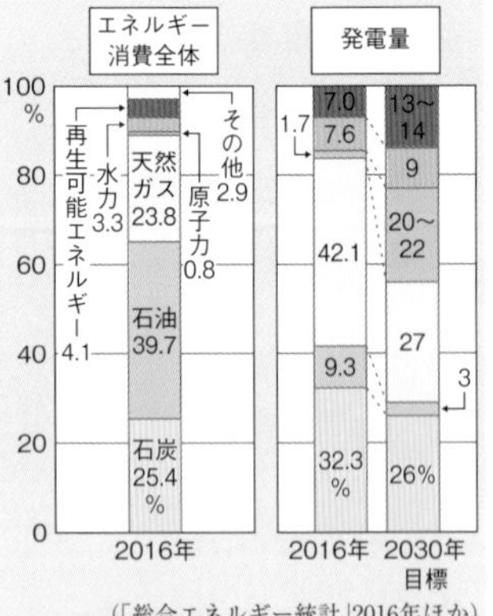

（「総合エネルギー統計」2016年ほか）

教科書の資料　次の問いに答えよう。

(1) 右の図のように，人口を男女別・年齢別に示したグラフを何といいますか。

(　　　　　　　)

ア　イ　ウ
歳
男性　女性
80 70 60 50 40 30 20 10 0
%9876543210123456789
（「人口統計資料集」2018年）

(2) ア・イのグラフの型を何といいますか。□からそれぞれ選びなさい。

ア(　　　　　　　)　イ(　　　　　　　)

つりがね型　　つぼ型　　富士山型

チェック 教科書一問一答　次の問いに答えよう。

/10問中

★は教科書の太字の語句

1 人口からみた日本の地域的特色と地域区分

①子どもの数や子どもの割合が減ることを何といいますか。　□★①＿＿＿＿

②①と高齢者割合の増加が進むことを合わせて何といいますか。　□★②＿＿＿＿

③三大都市圏とよばれるのは，名古屋，京阪神と，もう1つはどこですか。　□③＿＿＿＿

④③などで進んでいる，人口が増加して人口密度が高くなることを何といいますか。　□★④＿＿＿＿

⑤宮城県にある地方中枢都市はどこですか。　□⑤＿＿＿＿

⑥農村部や山間部，離島などで進んでいる，人口密度が低くなることを何といいますか。　□★⑥＿＿＿＿

2 資源・エネルギーからみた日本の地域的特色と地域区分

⑦不要になったものをごみにせず，資源として再利用することを何といいますか。　□★⑦＿＿＿＿

⑧石油や石炭などの燃料を燃やす発電方法を何といいますか。　□⑧＿＿＿＿

⑨石油や石炭を燃やすと発生する二酸化炭素が原因の1つとなる，地球規模の環境問題を何といいますか。　□⑨＿＿＿＿

⑩水力，太陽光，風力，地熱など，消費しても枯渇しないエネルギーを何といいますか。　□★⑩＿＿＿＿

日本で出生数が最も多かったのは，1949年の約270万人。1947～1949年には約800万人の子どもが生まれ，第一次ベビーブームとよばれました。

予習・復習　こつこつ　解答 p.18

確認のワーク ステージ1　第2章　日本の地域的特色と地域区分④

教科書の要点　(　　)にあてはまる語句を答えよう。

1 産業からみた日本の地域的特色と地域区分　教 p.156〜159

●**第1次産業**▶農業，林業，漁業（農林水産業）など。

◆農業▶(① 　　　　)が日本の農業の中心。

■野菜の栽培▶大都市圏の周辺で(② 　　　　)，西日本などの温暖な地域で(③ 　　　　)。

■畜産業▶北海道で酪農や畜産，九州南部で畜産。

◆日本の農業の特色▶小規模で生産費用が高い。外国産の安い農産物の輸入が増え，(④ 　　　　)は約4割に。

◆漁業▶水あげ量を減らす。養殖業や栽培漁業などに注力。

養殖業：魚介類や海藻を育ててとる
栽培漁業：ふ化させた稚魚や稚貝を放流し，成長したあとに漁獲

●**第2次産業**▶鉱業，工業，建設業など。

◆工業▶世界の中でも工業が盛ん。**京浜**，**中京**，**阪神工業地帯**などがつらなる地域を(⑤ 　　　　)とよぶ。

■臨海部▶重化学工業が盛ん。海上輸送を利用。

重化学工業：鉄鋼業，化学工業など

■内陸部▶機械工業が盛ん。**先端技術**（ハイテク）や**情報通信技術**（ICT）を利用。(⑥ 　　　　)沿いに工場を建設。

◆外国への工場移転で「(⑦ 　　　　)」。

外国：生産費用の安いアジアなど
⑦：国内の工業がおとろえる

●**第3次産業**▶商業・サービス業など。

◆商業の中心▶商店街から，コンビニエンスストアや郊外のショッピングセンターに。インターネットショッピングが広がる。

◆情報化の進行により(⑧ 　　　　)，少子高齢化により医療・福祉業が成長。

⑧：マスメディアやICT関連の産業など

↓産業の分類

●第1次産業
人間が自然環境を利用して行う産業。農林水産業（農業・林業・漁業）など。
●第2次産業
さまざまな資源を使って工業原料や製品をつくる産業。鉱業・工業・建設業など。
●第3次産業
製品の流通やサービスに関わる産業。商業・サービス業など。

↓日本の主な工業地域

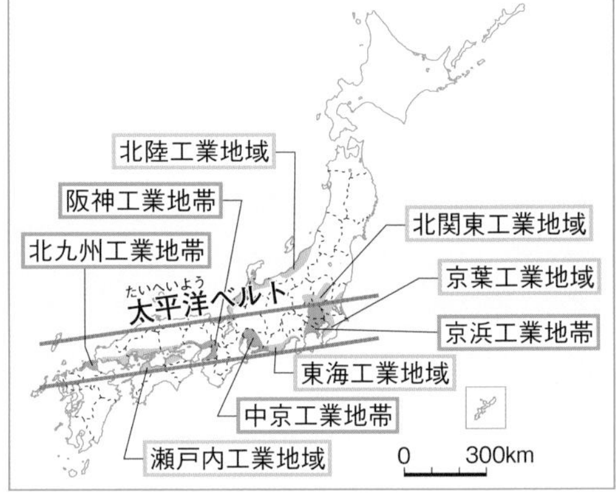

2 交通・通信からみた日本の地域的特色と地域区分　教 p.160〜161

●**交通網と通信網の変化**

◆物資の輸送▶大量の貨物をコンテナ船やタンカーで一度に運ぶ(⑨ 　　　　)**輸送**や，軽くて高価なものを航空機で運ぶ(⑩ 　　　　)**輸送**で輸出入。

◆国内の交通網▶人の移動に自動車，鉄道，航空機。物資の輸送に海上輸送や陸上輸送。

◆通信網の発達▶情報通信技術（ICT）の進歩により情報社会をむかえる。

情報通信技術：携帯電話，コンピューター，インターネットなど
情報社会：SNSや医師の遠隔診断など，生活が便利に

↓日本の輸出・輸入

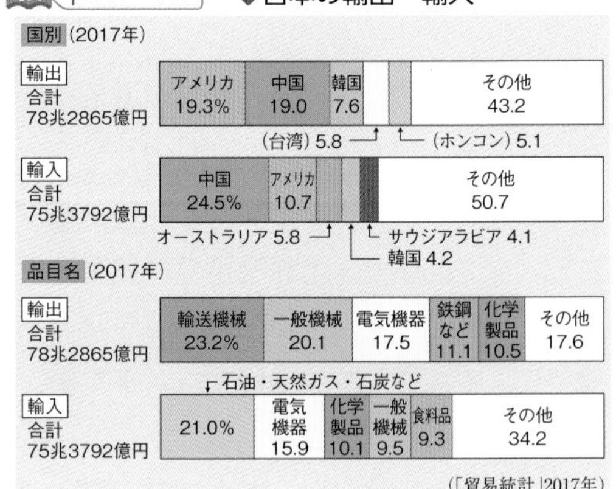

教科書の資料　次の問いに答えよう。

(1) 右のグラフは，日本の工業地帯の工業製品出荷額を示しています。A・Bにあてはまる工業地帯を，次からそれぞれ選びなさい。

A（　　　）
B（　　　）

ア　北九州工業地帯　　イ　京浜工業地帯
ウ　中京工業地帯　　エ　阪神工業地帯

0　10　20　30　40　50　60
A　機械　化学　金属
B
C
D
その他
繊維
食料品
(2016年)

（「工業統計調査」2017年ほか）

(2) 機械工業の製品としてあてはまらないものを，次から選びなさい。（　　　）

ア　電気機械　　イ　自動車　　ウ　電子部品　　エ　鉄鋼

(3) 産業を３つに分類したとき，工業は第何次産業になりますか。（　　　　）

チェック　教科書一問一答　次の問いに答えよう。

/10問中

★は教科書の太字の語句

1 産業からみた日本の地域的特色と地域区分

①北海道で盛んな，乳牛を飼育し，牛乳やチーズ，バターなどを生産・販売する農業を何といいますか。　□★①＿＿＿＿

②九州南部で盛んな，肉牛や豚，にわとりなどを飼育し肉などを生産する産業を何といいますか。　□★②＿＿＿＿

③海・湖・人工の池などで魚介類や海藻を出荷できる大きさまで育ててとる漁業を何といいますか。　□★③＿＿＿＿

④人工的にふ化させた稚魚や稚貝を育てて海や川に放流し，成長したあとに漁獲する漁業を何といいますか。　□★④＿＿＿＿

⑤鉱業や建設業など，さまざまな資源を使って工業原料や製品をつくる産業を何といいますか。　□⑤＿＿＿＿

⑥愛知県や三重県に広がる工業地帯を何といいますか。　□⑥＿＿＿＿

⑦商業や医療・福祉業，宿泊・飲食業などの産業を何といいますか。　□⑦＿＿＿＿

⑧かつて日本の商業の中心であった，多くの商店が集まった場所を何といいますか。　□⑧＿＿＿＿

2

⑨軽くて高価なものを運ぶのに適しているのは，コンテナ船と航空機のどちらですか。　□⑨＿＿＿＿

⑩コンピューターやインターネットなどによる情報の生産・伝達を中心に発展する社会を何といいますか。　□★⑩＿＿＿＿

漁業は排他的経済水域のほか，石油価格の高騰にも影響を受けやすくなっています。2013年には，燃料価格の高騰で，イカ釣り漁船の一斉休業が行われました。

こつこつ テスト直前 解答 p.18

定着のワーク ステージ2 第2章 日本の地域的特色と地域区分③④

1 日本の人口 右の資料を見て，次の問いに答えなさい。

(1) 右の資料は，日本の人口ピラミッドです。次の①～③にあたるものをそれぞれ選びなさい。

① 1930年（　　　）

② 2015年（　　　）

③ 2065年（推計）（　　　）

ア　イ　ウ

歳　男性　女性

0 10 20 30 40 50 60 70 80

%9876543210123456789%

(2) 日本で進んでいる，生まれる子どもの数の減少と高齢者の人口の割合の増加を，合わせて何といいますか。（　　　）

(3) 人口が集中している，東京・名古屋・京阪神の３つの地域を合わせて何といいますか。（　　　）

(4) 札幌市，仙台市，福岡市など，国の出先機関や大企業の支社などが集中し，その地方の政治・経済・文化などの中心地となっている都市を何といいますか。（　　　）

ヒントの森
(1)①このころは，出生率・死亡率が高くなっていました。

2 日本の資源・エネルギー 次の文を読んで，あとの問いに答えなさい。

日本は，a 鉱産資源の埋蔵量が少なく，ほとんどを輸入にたよっている。近年，資源の確保のために，大陸棚での資源の開発や，b 不要な製品から資源を回収して再利用する取り組みが行われている。また，（ X ）の開発も進められている。

(1) 下線部aについて，右の地図中のA～Cの鉱産資源を，［　］からそれぞれ書きなさい。

A（　　　）

B（　　　）

C（　　　）

石油　石炭
鉄鉱石

世界の主な鉱産資源の分布と日本の主な鉱産資源の輸入先

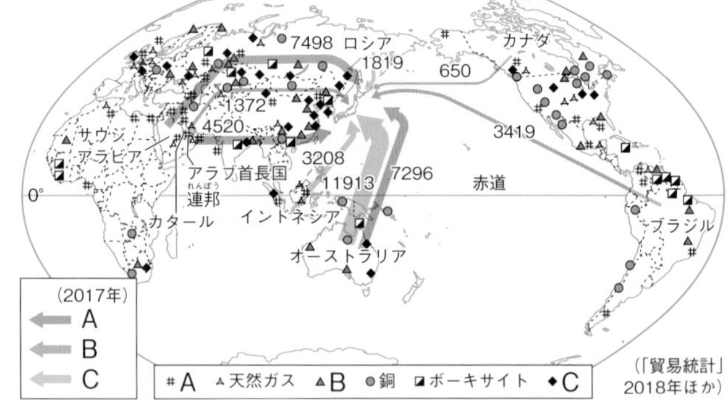

（「貿易統計」2018年ほか）

(2) 下線部bを何といいますか。（　　　）

(3) 文中のXにあてはまる，自然環境にあたえる影響が少ないエネルギーを何といいますか。（　　　）

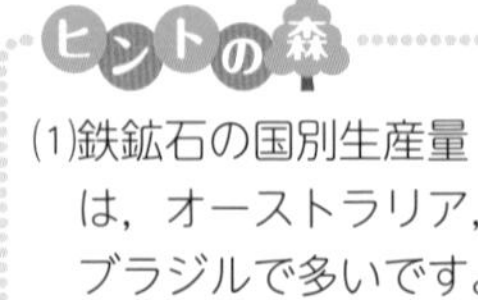
ヒントの森
(1)鉄鉱石の国別生産量は，オーストラリア，ブラジルで多いです。

3 日本の産業　次の問いに答えなさい。

(1) 第１次産業について，次の①～③にあてはまるものをそれぞれ書きなさい。

① 野菜などを都市部などの大消費地向けに生産する農業。
（　　　　）

② ①のうち，都市の近郊で行われる農業。
（　　　　）

③ 稚魚などを放流し，育ってから漁獲する漁業。
（　　　　）

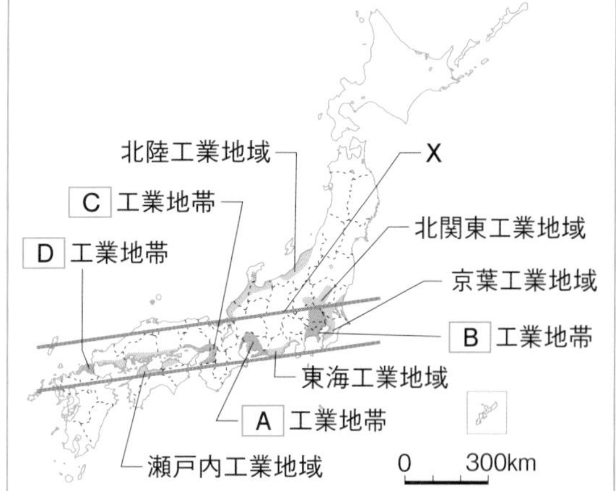

(2) 右の地図のA～Dにあてはまる語句を，それぞれ書きなさい。

A（　　　　）　B（　　　　）　C（　　　　）
D（　　　　）

(3) 地図中のXは，何とよばれていますか。
（　　　　）

(4) 商業や情報通信業が含まれる産業を何といいますか。
（　　　　）

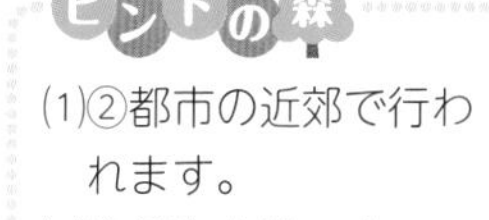

(1)②都市の近郊で行われます。
(4)第○次産業です。

4 日本の交通・通信　次の文を読んで，あとの問いに答えなさい。

交通網の発達により，国境をこえた人や物資の移動は変化してきた。大量の貨物をコンテナ船などで運ぶ（ A ）輸送や，軽くて高価なものを運ぶ（ B ）輸送で，製品や資源の輸出・輸入が行われている。

(1) A・Bにあてはまる語句を書きなさい。

A（　　　　）　B（　　　　）

(2) 下線部について，右のグラフ中のXにあてはまる国を書きなさい。
（　　　　）

(3) 新幹線，高速道路，空港などの交通網が整備された地域の特徴として，あやまっているものを次から選びなさい。
（　　　　）

ア　公共交通機関が廃止され，不便になっている。

イ　工場や物流倉庫が集まっている。

ウ　地域間の移動にかかる時間が大幅に短縮されている。

(4) 現代の世界がむかえている，情報の生産・伝達を中心に発展する社会を何といいますか。
（　　　　）

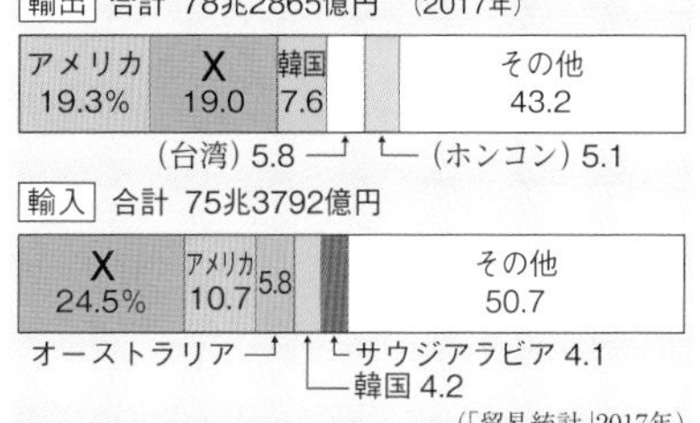

(1)日本と外国との物資の輸送には，船か航空機が使われます。

第3編 第2章

こつこつ　テスト直前　解答 p.19

総合問題編

第2章　日本の地域的特色と地域区分③④

/100

1 日本の人口について，次の文を読んで，あとの問いに答えなさい。　4点×7（28点）

日本では，生まれる子どもの数が少なくなる（ A ）化と，高齢化が進んでいる。
人口の分布には，地域によってちがいがある。日本の a 三大都市圏や地方中枢都市には人口が集中し，（ B ）化が進んでいる。一方，b 農村部や山間部，離島などでは，（ C ）化が進んでいる。また，c 高齢化の進み方も，地域により異なる。

(1)　A～Cにあてはまる語句を，それぞれ書きなさい。

(2)　下線部 a に含まれない都市を，次から選びなさい。

ア　東京23区　　イ　名古屋市　　ウ　大阪市　　エ　広島市

(3)　下線部 b の地域の課題として，あてはまるものを次から選びなさい。

ア　土地の価格が高くなり，通勤時間が長くなる。

イ　道路が混雑して不便になる。

ウ　鉄道やバスが廃止されたり減便されたりする。

(4)　下線部 c について，右の地図を見て，次の問いに答えなさい。

①　高齢化率が高い県を，次から選びなさい。

ア　福岡県　　イ　山形県　　ウ　岐阜県

②　①で高齢化がいちじるしい理由を，簡単に書きなさい。

県別の高齢者の割合

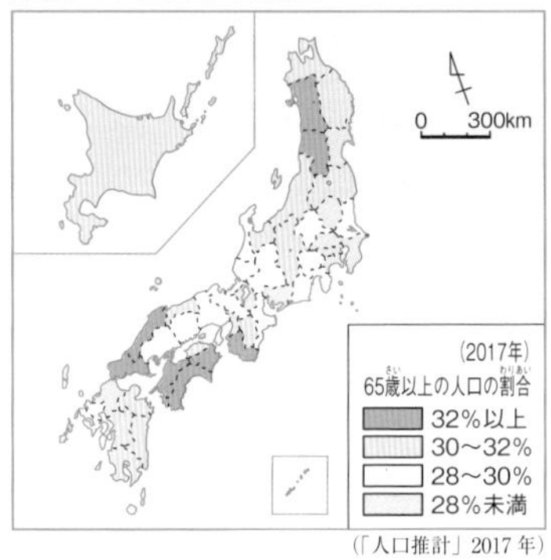

（「人口推計」2017年）

(1)	A	B	C	(2)		(3)	
(4)	①	②					

2 日本の資源について，右のグラフを見て，次の問いに答えなさい。　4点×4（16点）

(1)　A・Bにあてはまるエネルギーを書きなさい。

(2)　日本が石油の輸入量の多くをたよっている地域を，次から選びなさい。

ア　オセアニア　　イ　南アメリカ

ウ　西アジア　　エ　東南アジア

記述

(3)　再生可能エネルギーは，どのようなエネルギーですか。簡単に書きなさい。

日本のエネルギー供給の割合

発電量	A	石油	天然ガス	B	水力	再生可能エネルギー
2016年	32.3%	9.3	42.1	1.7	7.6	7.0
2030年目標	26%	3	27	20～22	9	13～14

（「総合エネルギー統計」2016年ほか）

(1)	A	B	(2)	
(3)				

目標
- □日本の人口構成と人口分布をおさえる
- □日本の資源・エネルギーの確保をおさえる
- □日本の産業の特徴と交通の変化をおさえる

自分の得点まで色をぬろう!
かんばろう! / もう一歩 / 合格!
0 60 80 100点

3 日本の産業について，右のグラフを見て，次の問いに答えなさい。 4点×7（28点）

(1) 日本の食料自給率について，グラフ中のA～Cにあてはまる農産物を，次からそれぞれ選びなさい。

ア 野菜　　イ 小麦　　ウ 米

日本の食料自給率

120 % / 100 / 80 / 60 / 40 / 20 / 0
1960年 65 70 75 80 85 90 95 2000 05 10 16
A　B　C　牛肉　果実　食料自給率　大豆
※食料自給率はカロリー，それ以外は重量から自給率を計算
（「食料需給表」2017年）

(2) 日本の農業の特徴について，「規模」と「生産費用」という語句を使って，簡単に書きなさい。

(3) 次の①・②にあてはまる工業地帯を，ア～エから選びなさい。

① ア～エのなかで最も工業製品出荷額が多い。

② ア～エのなかで最も工業製品出荷額が少ない。

ア 京浜工業地帯　　イ 中京工業地帯　　ウ 阪神工業地帯　　エ 北九州工業地帯

(4) 第1次産業や，第3次産業のなかの観光業が重要な産業になっている地域を，次から選びなさい。

ア 関東　　イ 東海　　ウ 瀬戸内　　エ 九州南部・沖縄

(1)	A	B	C	(2)	
(3)	①	②	(4)		

4 日本の交通網について，右のグラフを見て，次の問いに答えなさい。 4点×7（28点）

(1) 日本の輸出・輸入について，グラフ1中のA～Cにあてはまるものを，次からそれぞれ選びなさい。

ア 化学製品

イ 電気機器

ウ 石油・天然ガス・石炭など

グラフ1　日本の輸出・輸入（品目）

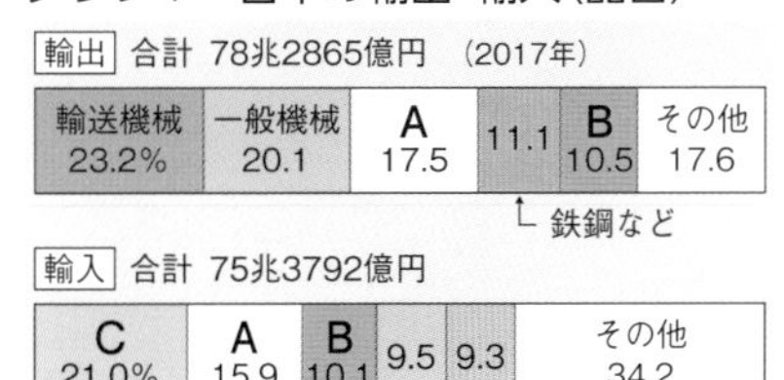

（「貿易統計」2017年）

グラフ2　日本国内の人の移動，物資の輸送の内わけ

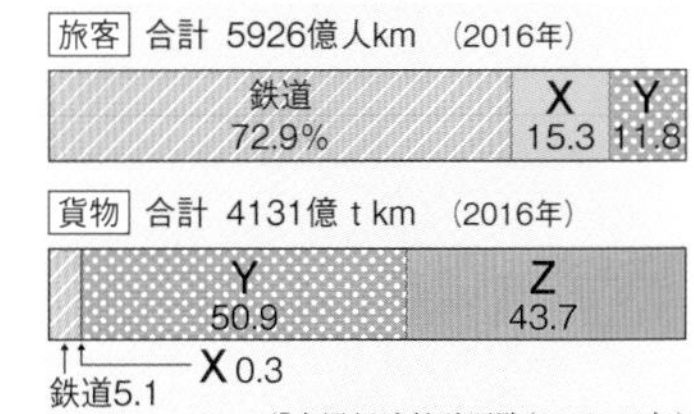

（「交通経済統計要覧」2015，16年）

(2) グラフ2中のX～Zにあてはまるものを，次からそれぞれ選びなさい。

ア 自動車　　イ 航空機　　ウ 船

記述 (3) 工場や物流倉庫は，どのような場所にできる傾向が強いですか。「整備」という語句を使って，簡単に書きなさい。

(1)	A	B	C	(2)	X	Y	Z
(3)							

こつこつ　解答 p.19

資料活用・思考力問題編

第2章　日本の地域的特色と地域区分

30分　/100

1 日本の人口について，右の資料を見て，次の問いに答えなさい。　8点×3（24点）

⑴　日本の山地の特徴について，次の文中の□にあてはまる方位を書きなさい。

山地は，東日本では［①］方向にのび，西日本では［②］方向にのびている。

資料1　日本の主な山地・島

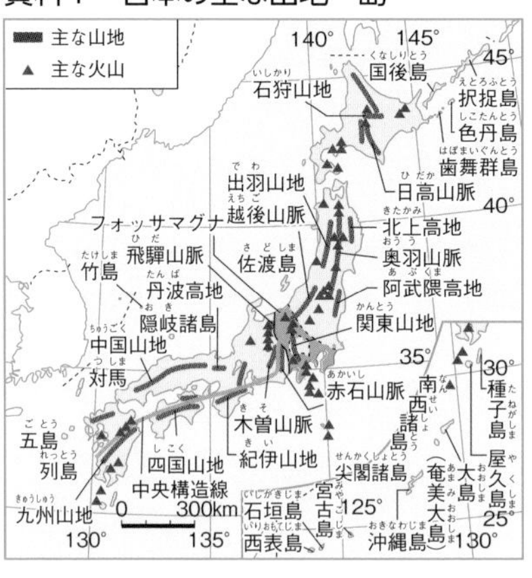

資料2　県別の高齢者の割合

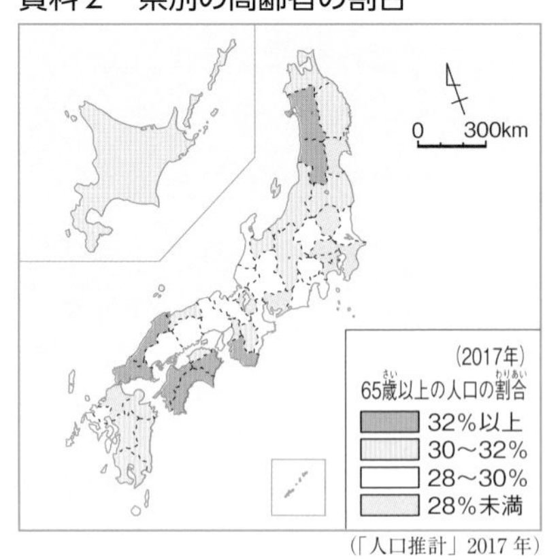

（「人口推計」2017年）

⑵　**資料2**で高齢者の割合が高くなっている県の地形には，どのような特徴がありますか。**資料1**から読み取れることを，簡単に書きなさい。

⑴	①	②	
⑵			

2 日本のエネルギーについて，次の資料を見て，あとの問いに答えなさい。　6点×4（24点）

- （　A　）発電所：人口の多い地域の沿岸部に多い。
- （　B　）発電所：中部地方などの内陸部に多い。

⑴　A・Bにあてはまる語句を，地図中からそれぞれ書きなさい。

⑵　東北電力の営業地域に含まれる中部地方の県を書きなさい。

⑶　原子力発電所は，どのような場所にありますか。「大都市」という語句を使って簡単に書きなさい。

主な発電所の分布と主な電力会社の営業地域

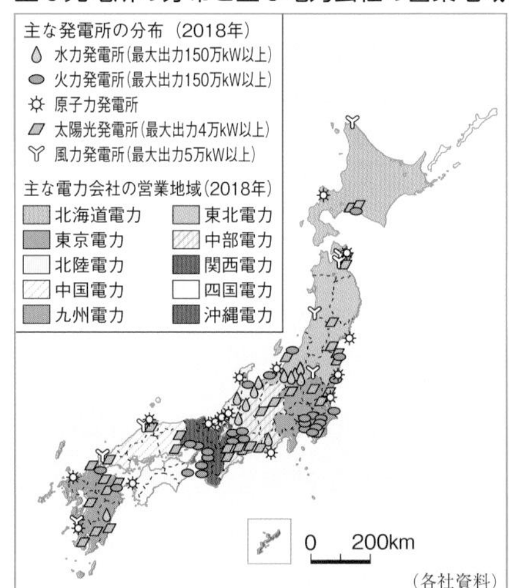

（各社資料）

⑴	A	B	⑵	
⑶				

地図上に高齢化率や特産品があらわされた資料を見るときは，その場所の自然環境と関連づけて考えよう。

自分の得点まで色をぬろう!

かんばろう! もう一歩 合格!

0 60 80 100点

3 日本の農業について，右の資料を見て，次の問いに答えなさい。 7点×4（28点）

(1) 次の①・②にあてはまる都道府県を書きなさい。

① 農業生産額が5000億円以上で，米や小麦の栽培，酪農などが盛ん。

② 農業生産額が3000～5000億円で，東京都に隣接し，大都市圏の消費者向けの野菜の栽培が盛ん。

資料1 日本の県別農業生産額

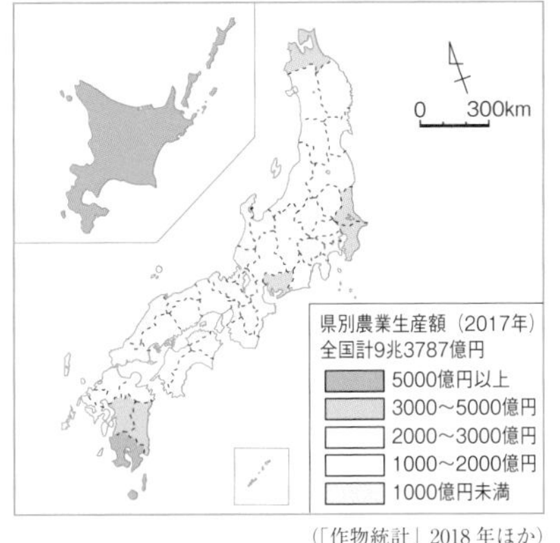

（「作物統計」2018年ほか）

資料2 日本の気候区分

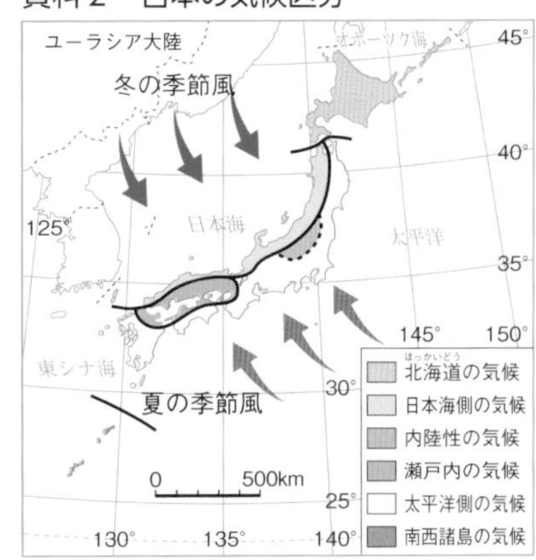

(2) みかんの生産は，静岡県・和歌山県・愛媛県・熊本県・長崎県で盛んです。これらのうちの多くの県が共通して含まれる気候の特徴を，**資料2**を参考にして簡単に書きなさい。

(3) 貿易の自由化により，日本の食料自給率は低下しました。外国産の安い農産物が増えたのはなぜですか。日本の農業の規模と生産費用に着目し，簡単に書きなさい。

(1)	①	②	(2)	
(3)				

4 日本の工業について，右の写真を見て，次の問いに答えなさい。 8点×3（24点）

(1) 右のAとBは，日本の工業地域の写真です。A・Bの工業地域でさかんな工業を，次からそれぞれ選びなさい。

ア 小型・軽量の部品を組み立てる機械工業

イ 外国から輸入した原材料を使用する重化学工業

A

B

(2) Aの工業地域では，原材料の輸入や製品の輸送に海上輸送が行われています。航空輸送に対し，海上輸送で運ぶ物資にはどのような特徴がありますか。簡単に書きなさい。

(1)	A	B	
(2)			

予習・復習　こつこつ　解答 p.20

確認のワーク ステージ1 第3章　日本の諸地域 1　九州地方①

教科書の要点　(　　)にあてはまる語句を答えよう。

1 九州地方の自然環境と人々のかかわり　教 p.166~167

●地形と人口分布/気候

◆九州地方▶九州と南西諸島の島々。**離島**も多い。

◆**火山**▶世界最大級の(①　　　　)をもつ阿蘇山や桜島，霧島山，雲仙岳など。

◆九州中部に九州山地，北部に筑紫平野や福岡平野。筑後川が流れ込む有明海に日本最大の干潟。

◆南西諸島▶屋久島や西表島などの山がちな島と喜界島などの平らで低い島。低い島の多くは(②　　　　)礁でできた島。

◆人口▶(③　　　　)都市である福岡市に人口・産業が集中。離島や九州山地では過疎化が進む。

◆気候▶暖流の(④　　　　)(**黒潮**)と**対馬海流**の影響で温暖。南西諸島は1年を通じて気温が高い，亜熱帯性の気候で，さんご礁やマングローブ，固有の動植物がみられる。屋久島は(⑤　　　　)に登録。

↓九州地方の地形

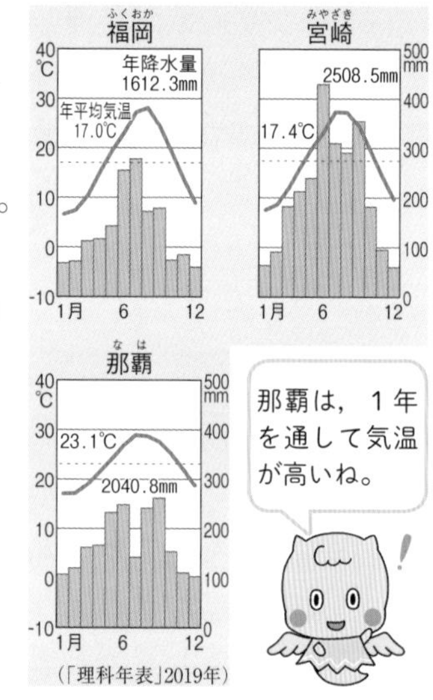

那覇は，1年を通して気温が高いね。

2 自然環境に影響を受ける人々の生活　教 p.168~169

●火山と人々の生活

◆火山活動▶噴火や降灰による災害。

■**桜島**▶噴火により(⑥　　　　)が降る。

■(⑦　　　　)▶火山の噴出物がつみ重なってできる。九州南部に広がる。水を通しやすく侵食されやすい。

●火山活動を自然のめぐみとして生かす

◆(⑧　　　　)▶地下のマグマが地下水を温める。別府温泉や嬉野温泉などは日本有数の温泉観光地。

◆**阿蘇山**▶カルデラの美しい景観が観光資源。

◆(⑨　　　　)▶温泉水や地熱を利用。大分県に日本最大規模の八丁原発電所がある。

●気候と人々の生活

◆降水量が多い気候▶洪水や土砂くずれなどの災害が発生。

■地下に雨水をためる施設を建設。

■台風の風水害にそなえ，石垣や防風林などのくふう。

◆日照時間が長い気候▶(⑩　　　　)が盛ん。（南西諸島，九州南部）

↓別府温泉

火山活動でできた阿蘇山のカルデラでは，放牧が行われていて，観光資源にもなっているよ。

まるごと暗記　カルデラ 火山の噴火でできたくぼ地　シラス台地 鹿児島県などに分布する，火山の噴出物でできた台地

教科書の資料　次の問いに答えよう。

(1)　a～cの火山を何といいますか。［　］からそれぞれ書きなさい。

a（　　　）　b（　　　）
c（　　　）

桜島　阿蘇山　雲仙岳

(2)　九州地方南部に広がるAの台地を何といいますか。
（　　　）

(3)　Bは，火山活動によるエネルギーです。Bにあてはまる語句を書きなさい。（　　　）

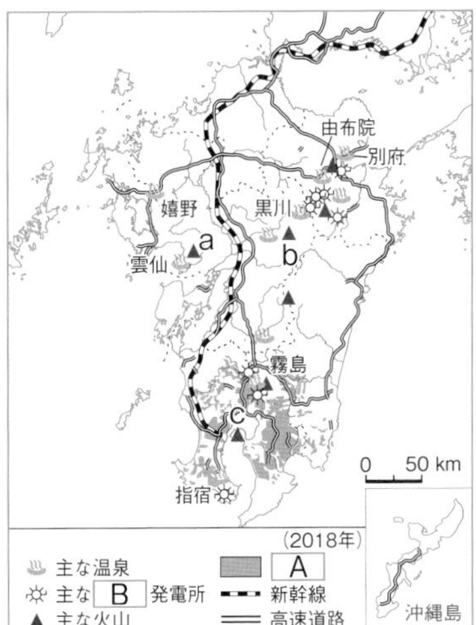

チェック 教科書一問一答　次の問いに答えよう。

/10問中

★は教科書の太字の語句

1 九州地方の自然環境と人々のかかわり

①九州本土の南から南西方向に連なる，大隅諸島や沖縄島などの島々を何といいますか。　★①

②熊本県にある，世界最大級のカルデラをもつ山を何といいますか。　②

③九州中部に広がるけわしい山地を何といいますか。　③

④九州地方の東側を流れている暖流の日本海流の別名を何といいますか。　④

⑤九州地方にある地方中枢都市はどこですか。　⑤

⑥鹿児島県にある，1993年に世界自然遺産に登録された島を何といいますか。　⑥

2 自然環境に影響を受ける人々の生活

⑦鹿児島県中部にあり，現在も火山活動による降灰をもたらしている火山でできた島を何といいますか。　⑦

⑧大分県の別府などで観光資源となっている，マグマによって地下水が温められてできるものは何ですか。　⑧

⑨福岡市などで水源になっている，九州北部を流れ有明海に注ぐ川を何といいますか。　⑨

⑩沖縄の伝統的な住居にある防風林や住居を囲む石垣は，何にそなえてつくられたものですか。　⑩

知識の泉　屋久島は，1993年に国内で初めてユネスコの世界遺産に登録された場所の一つです。白神山地，法隆寺地域の仏教建造物，姫路城も同時期に世界遺産に登録されました。

予習・復習 こつこつ 解答 p.20

第3章 日本の諸地域
1 九州地方②

教科書の要点 （ ）にあてはまる語句を答えよう。

1 自然環境の特色を生かした農林水産業 教 p.170～171

●**九州北部**▶平野が広がり，稲作が盛ん。

◆筑紫平野は九州地方を代表する米の生産地。水田の裏作に小麦や大麦などを栽培する（① ）も盛ん。

◆ビニールハウスを使用し，いちごやトマトを栽培。

●**九州南部**▶畜産業，園芸農業が盛ん。

◆九州南部▶肉牛，豚，にわとりなどの**畜産業**が盛ん。

◆宮崎平野▶野菜の（② ）。ビニールハウスを使用し，きゅうりやピーマンの（③ ）。

野菜などを都市部の消費地向けに生産

農産物の出荷時期を早める栽培方法

◆シラス台地▶やせた土地でも育つさつまいもの栽培。戦後，かんがい施設の整備で野菜や茶の栽培。

かごしま茶

●**過疎化の影響と農業**

◆大分県の「一村一品運動」▶特産品が生まれ，**地域ブランド**に。

地域の自然環境を生かした特産品をつくる運動

◆高千穂郷・椎葉山地域▶自然環境を生かした農法を活用。

2 自然環境を生かした南西諸島の観光業 教 p.172～173

●**自然環境を生かした観光業**

◆南西諸島▶温暖な気候やさんご礁などを生かした**観光業**。

●**沖縄の歴史と独自の文化，環境保全と観光の両立をめざして**

◆沖縄▶首里城跡など，江戸時代以前の（④ ）時代の史跡，伝統工芸品や沖縄料理などが観光資源。

世界文化遺産

◆観光開発と環境保全▶外国人観光客が増加する一方，（⑤ ）施設などの開発がさんご礁に悪影響。

◆（⑥ ）▶**環境保全**を意識した観光をめざす。（⑦ ）に登録された漫湖で取り組み。

湿地と動植物を保全する

3 工業の変化と自然環境の保全 教 p.174～175

●**北九州工業地帯の発展と公害**

◆（⑧ ）▶日本で最初に近代的な工業が発展。八幡製鉄所を中心に発展し，（⑨ ）が盛んに。

鉄鋼の生産

◆公害の発生▶大気汚染，水質汚濁が深刻→環境改善に成功。

水俣病など

●**変わる九州地方の工業**▶ＩＣ（集積回路）工場や自動車工場が進出→現在は機械工業が盛ん。

●**北九州市**▶（⑩ ）な社会の実現のため，「世界の環境首都」をめざし取り組みを進める。エコタウン事業など。

↓いちごの県別生産量

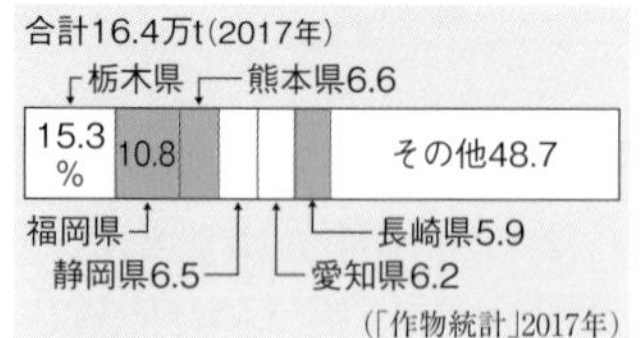

↓肉牛・豚・にわとりの県別飼育数

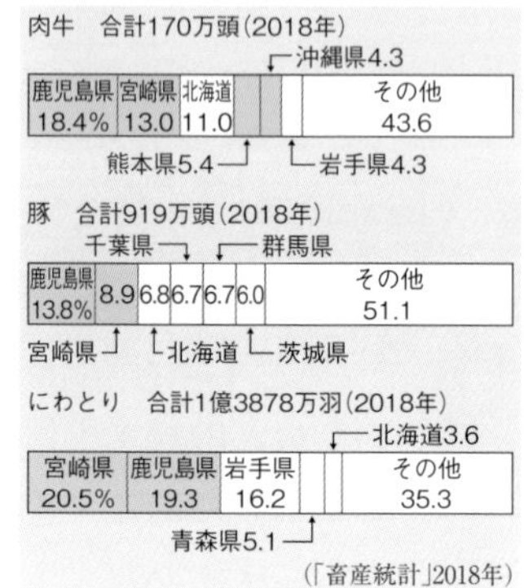

↓沖縄県の土地利用

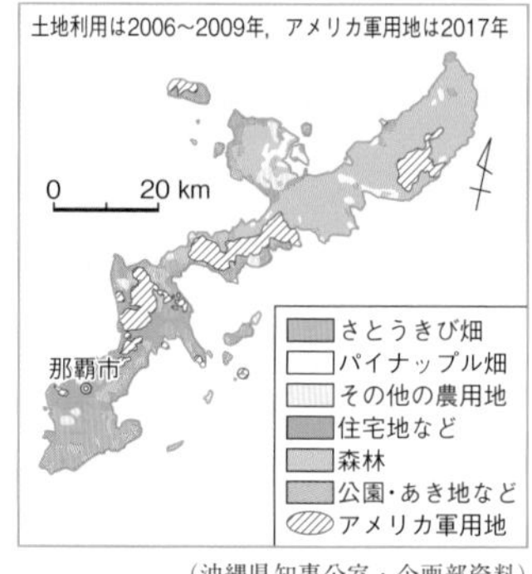

(沖縄県知事公室・企画部資料)

↓北九州工業地帯の工業製品出荷額の内わけ

1960年 合計6388億円

機械	食料品	金属	化学	繊維	その他
8.5%	13.1	42.7	15.1	1.8	18.8

2016年 合計9兆2503億円

機械	食料品	金属	化学	繊維	その他
46.6%	17.1	16.0	5.6	0.5	14.2

(「工業統計調査」2017年ほか)

教科書の資料　次の問いに答えよう。

(1) 北九州市を中心に発展してきた工業地帯を何といいますか。

（　　　　　　　）

(2) 「もやい直し」を合い言葉にごみの分別収集などを進め，現在は環境モデル都市となっている都市を，地図中から書きなさい。（　　　　　　　）

(3) ＳＤＧｓ未来都市などが取り組んでいる，環境の保全に配慮しながら現在の世代の発展をめざす社会を何といいますか。

（　　　　　　　）

↓九州地方で先進的な取り組みを進めている地域

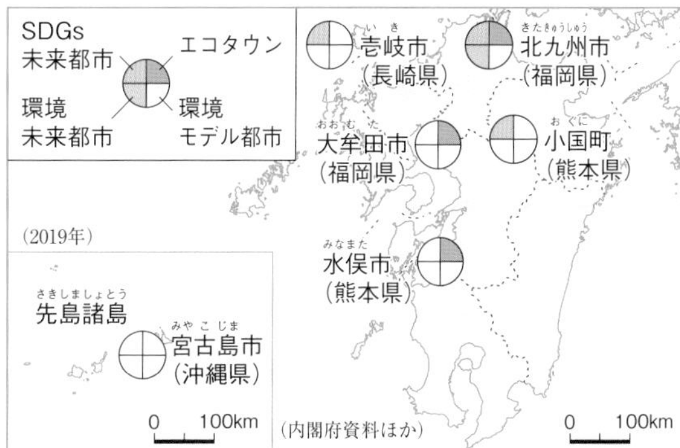

チェック 教科書一問一答　次の問いに答えよう。

/10問中

★は教科書の太字の語句

1 自然環境の特色を生かした農林水産業

①稲作が盛んな，九州地方北部にあり有明海に面している平野を何といいますか。　①＿＿＿＿

②九州南部の鹿児島県や宮崎県で盛んな，肉牛や豚，にわとりなどを飼育する産業を何といいますか。　②＿＿＿＿

③水が得にくく稲作に向かないシラス台地で栽培されてきたいもは何ですか。　③＿＿＿＿

2 自然環境を生かした南西諸島の観光業

④温暖な気候やさんご礁，琉球王国の史跡などを観光資源としている県はどこですか。　④＿＿＿＿

⑤日本に軍用地があり，そのうちの約７割を④においている国はどこですか。　⑤＿＿＿＿

⑥地域の自然環境を体験しながら学び，環境保全にも関心や責任をもつ観光のことを何といいますか。　★⑥＿＿＿＿

3 工業の変化と自然環境の保全

⑦筑豊炭田の石炭と中国の鉄鉱石を使って鉄鋼を生産し，北九州工業地帯の発展を支えた製鉄所はどこですか。　⑦＿＿＿＿

⑧産業活動や人間の生活によって生活環境が悪化し，健康被害が発生したりすることを何といいますか。　★⑧＿＿＿＿

⑨水俣湾に流出した工場の排水が原因で起こった，四大公害の１つを何といいますか。　⑨＿＿＿＿

⑩環境未来都市やＳＤＧｓ未来都市に選ばれ，エコタウン事業を進めている都市はどこですか。　⑩＿＿＿＿

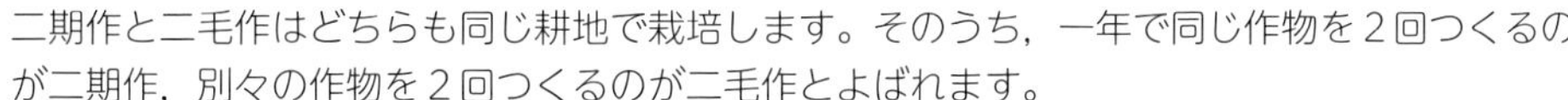
二期作と二毛作はどちらも同じ耕地で栽培します。そのうち，一年で同じ作物を２回つくるのが二期作，別々の作物を２回つくるのが二毛作とよばれます。

予習・復習 こつこつ 解答 p.21

確認のワーク ステージ1

第3章 日本の諸地域
2 中国・四国地方

教科書の要点 （　）にあてはまる語句を答えよう。

1 中国・四国地方の自然環境と人々のかかわり 教 p.180～181

● **三つの地域/地形・気候と人口分布**

◆（①　　　　）をはさんで中国山地（なだらか）と四国山地（けわしい）がつらなる。

◆（②　　　　）▶リアス海岸や砂浜海岸（鳥取砂丘）。季節風の影響で冬の降水量が多い。

◆**瀬戸内**▶山地が季節風をさえぎるため，降水量が少なく，温暖。人口や産業が集中。

◆**南四国**▶暖流の日本海流（黒潮）により１年じゅう温暖。

↓中国・四国地方の地形

2 人口分布のかたよりと人々の生活 教 p.182～183

● **人口が集中する瀬戸内/過疎化の進む地域の現状**

◆過密地域▶広島市と岡山市は（③　　　　）。

■広島市（平和記念都市となる）▶地方中枢都市でこの地方の政治・経済の中心地。

◆（④　　　　）工業地域▶臨海部で重化学工業。

■（⑤　　　　）コンビナート（倉敷市，周南市，岩国市），鉄鋼業（倉敷市，福山市），造船業（今治市），自動車工業（広島市），製紙業（四国中央市）など。

◆過疎地域▶山間部や島々で（⑥　　　　）化の進行。（人口減少しんこく）

■（⑦　　　　）化や産業の衰退（都市部への人口流出による），廃村の増加が深刻。

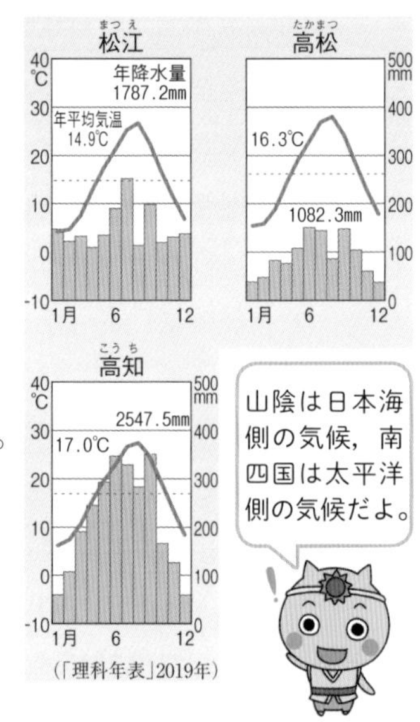

（「理科年表」2019年）

3 都市部や農村部を結ぶ交通網 教 p.184～185

● **交通網の整備と地域の変化/交通網の整備による光と影**

◆山陽新幹線や中国自動車道，山陽自動車道の整備。

◆（⑧　　　　）（三つのルート）▶本州と四国地方間に高速道路（瀬戸大橋には鉄道も通る）。

◆交通網の整備による人口の流出や地元の商業の衰退が課題。

4 地域に根ざした農業と作り手の人々 教 p.186～187

● **自然環境を生かした農業/地域活性化/輸送手段の変化**

◆農業▶瀬戸内…みかん（愛媛県），もも（岡山県くだもの）など果物の栽培。南四国…ピーマン，なすなどの（⑨　　　　）栽培（ビニールハウスで収穫を早める）や園芸農業。山陰…なし，砂浜海岸でらっきょう，すいかなど。

◆農産物を生かした地域活性化▶６次産業化（生産者が加工や販売にも取り組む）や地域ブランドづくりが，（⑩　　　　）・むらおこしに。

5 豊かな魅力を生かした地域活性化 教 p.188～189

● **地域活性化**▶農村の魅力を生かし，グリーンツーリズムやエコツーリズム。都市部からUターン（出身地やその付近にもどる）やIターン（大都市圏以外の地域に移住）の増加。

↓みかん・ピーマン・なすの県別生産量

みかん　合計74.1万t(2017年)

和歌山県	愛媛県	熊本県	静岡県	長崎県	その他
19.5%	16.2	11.6	11.0	7.1	34.6

ピーマン　合計14.7万t(2017年)

茨城県	宮崎県	高知県	鹿児島県	岩手県	その他
24.1%	18.8	9.5	8.6	4.9	34.1

なす　合計30.8万t(2017年)

高知県	熊本県	群馬	福岡県	茨城県	その他
13.5%	10.2	8.0	6.9	5.8	55.6

（「作物統計」2017年）

教科書の資料　次の問いに答えよう。

(1)　Aは，政令によって指定された，県に準じた行政を行うことができる市の人口ピラミッドです。Aのような都市を何といいますか。
(　　　　　　　　)

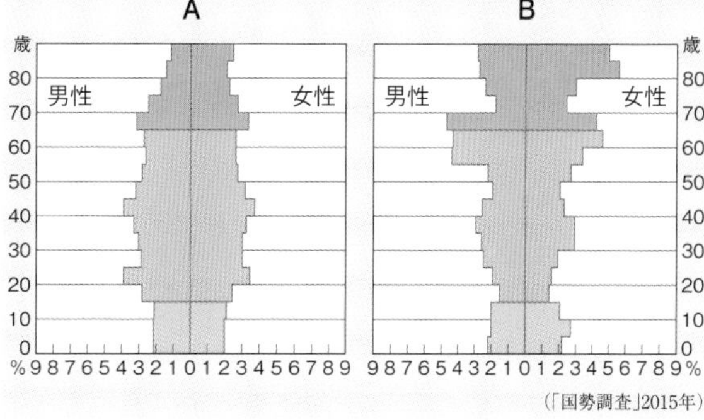

(「国勢調査」2015年)

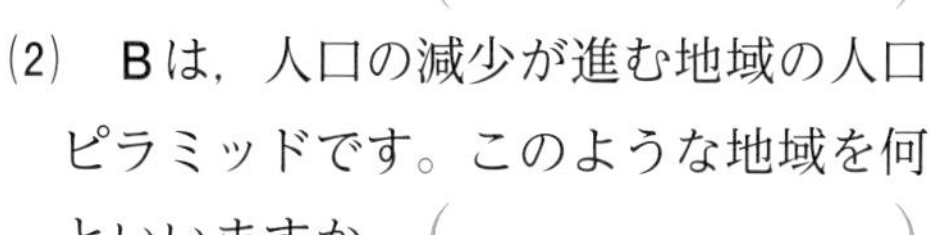

(2)　Bは，人口の減少が進む地域の人口ピラミッドです。このような地域を何といいますか。(　　　　　　　　)

(3)　(2)の地域がかかえる問題にあてはまるものを，次から選びなさい。(　　　)

ア　人口流入が加速している。　　イ　高齢(こうれい)化が進んでいる。

ウ　商店が増加している。　　エ　廃村が減少している。

チェック 教科書一問一答　次の問いに答えよう。

/10問中

★は教科書の太字の語句

1 中国・四国地方の自然環境と人々のかかわり

①山陰が面する日本海を流れる，暖流の海流を何といいますか。　□①

②年間を通じて降水量が少ない瀬戸内などで起こる，水不足が原因で農作物がかれる災害を何といいますか。　□②

2 人口分布のかたよりと人々の生活

③中国・四国地方の政令指定都市は，広島市と，もう一つはどこですか。　□③

④広島市など，その地方の政治・経済・文化の中心地となっている都市を何といいますか。　□★④

⑤過疎地域で進む，子どもの割合(わりあい)が減少し，高齢者の割合が増加することを何といいますか。　□★⑤

3

⑥本州と四国地方のあいだに建設された3つのルートをまとめて何といいますか。　□★⑥

4 地域に根ざした農業と作り手の人々

⑦生産者が加工や販売(はんばい)も手がける取り組みを何といいますか。　□⑦

⑧たいの養殖が盛んな県はどこですか。　□⑧

5 豊かな魅力を生かした地域活性化

⑨地域の自然環境を体験しながら学び，環境保全にも関心や責任をもつ観光を何といいますか。　□★⑨

⑩大都市圏(けん)以外の出身者が，大都市圏に移住したあと出身地にもどることを何といいますか。　□★⑩

瀬戸内海は，古くから水上交通の要所であったことから，瀬戸内海沿岸では造船業が発達しました。愛媛県今治市には，大きな造船所があります。

こつこつ テスト直前 解答 p.21

定着のワーク ステージ2 第3章 日本の諸地域 1 九州地方 ／ 2 中国・四国地方

1 九州地方の自然環境 次の問いに答えなさい。

よく出る (1) Aの山地，Bの海，Cの平野を何といいますか。

A（　　　　）B（　　　　）

C（　　　　）

(2) 地図中のD・Eの海流を何といいますか。それぞれ書きなさい。

D（　　　　）E（　　　　）

(3) 九州地方の火山について，次の①～③にあてはまるものを，地図中のa～cからそれぞれ選びなさい。

① 霧島山（　　）　② 桜島（　　）

③ 雲仙岳（　　）

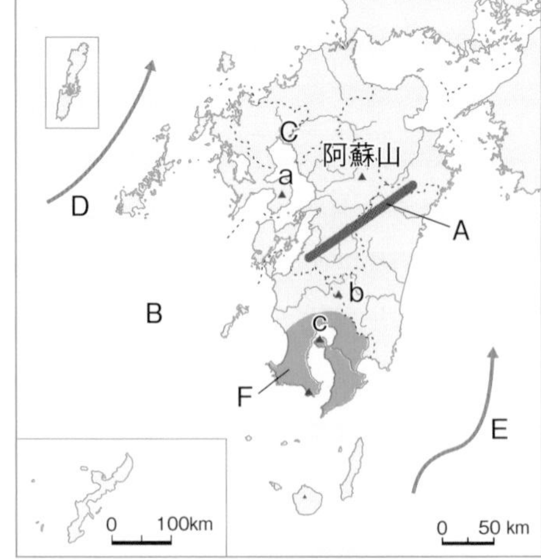

(4) 地図中の阿蘇山に形成されている，火山の噴火で落ちこんでできた巨大なくぼ地を何といいますか。

（　　　　）

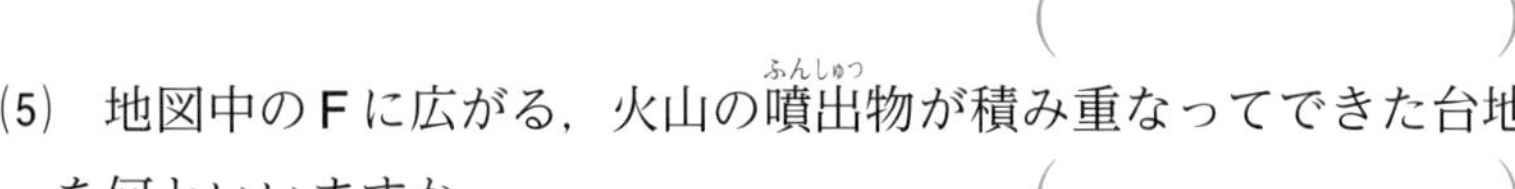

(5) 地図中のFに広がる，火山の噴出物が積み重なってできた台地を何といいますか。（　　　　）

ヒントの森

(3)①は宮崎県と鹿児島県の境に，②は鹿児島県に，③は長崎県にあります。

2 九州地方の人口や産業，環境保全 次の問いに答えなさい。

(1) 地図中のAは，九州の地方中枢都市です。この都市を何といいますか。（　　　　）

(2) 地図中のB・Cの平野で盛んな農業を，次からそれぞれ選びなさい。　B（　　）　C（　　）

ア　きゅうりなど，野菜の促成栽培

イ　米と小麦の二毛作

(3) 地図中のDは，日本で最初に近代的な工業が発展した工業地帯です。この工業地帯を何といいますか。

（　　　　）

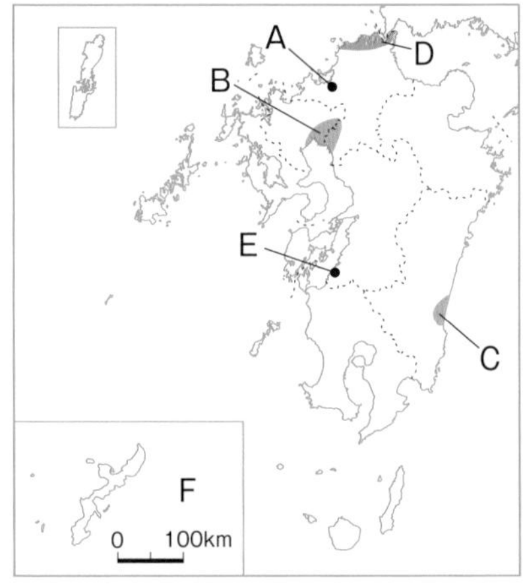

(4) 地図中のEの都市で発生した，四大公害の一つを何といいますか。（　　　　）

よく出る (5) 地図中のFの県は，江戸時代以前は何という国でしたか。

（　　　　）

(6) 現在，Fの県にはある国の軍用地がおかれています。その国の国名を書きなさい。（　　　　）

(3)Dの工業地帯は，北九州市を中心に広がっています。

3 中国・四国地方の自然環境　次の問いに答えなさい。

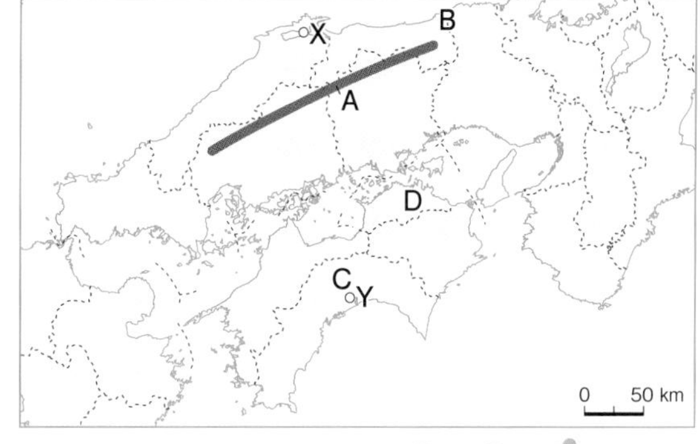

(1)　Aの山地，Bの砂丘（さきゅう），Cの平野の名前をそれぞれ書きなさい。

A（　　　　）
B（　　　　）
C（　　　　）

よく出る (2)　地図中のX・Yの雨温図を，ア・イからそれぞれ選びなさい。

X（　　　）　Y（　　　）

(3)　地図中のDの平野で多くみられるため池はどのような自然災害に備えたものですか。□から選びなさい。

（　　　　）

津波（つなみ）　洪水（こうずい）　干害（かんがい）　高潮（たかしお）

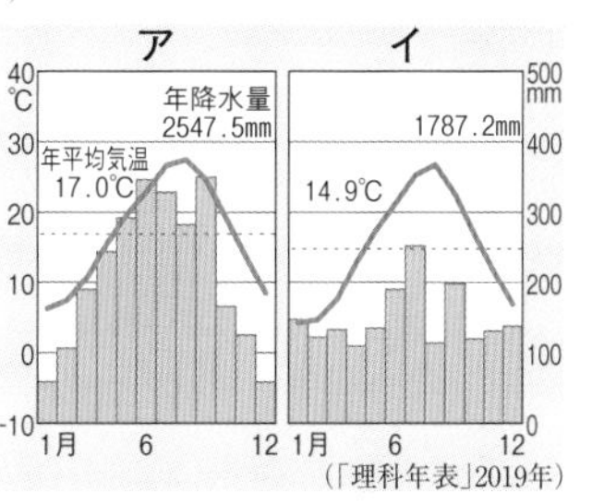

ヒントの森
(2)冬の降水量が多いのは，冬に雪が多い日本海側の気候です。
(3)山地が季節風をさえぎるため，降水量が少なくなります。

4 中国四国地方の人口や産業，交通網（もう）　次の問いに答えなさい。

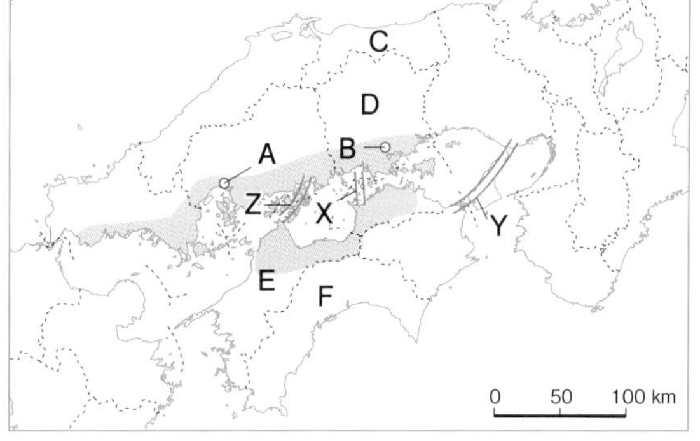

(1)　地図中のA・Bは，中国・四国地方の二つの政令指定都市（せいれいしていとし）です。それぞれの都市名を書きなさい。

A（　　　　）
B（　　　　）

(2)　地図中の□に広がっている工業地域を何といいますか。

（　　　　）

(3)　(2)に人口が集中する一方，山間部や離島などで進んでいる人口減少を何といいますか。

（　　　　）

(4)　本州四国連絡橋のX～Zのルートを何といいますか。次からそれぞれ選びなさい。

X（　　　）　Y（　　　）　Z（　　　）

ア　尾道—今治ルート　　イ　児島—坂出ルート　　ウ　神戸—鳴門ルート

(5)　地図中のC～Fの県で生産が盛んな農産物を，□からそれぞれ選びなさい。

C（　　　　）　D（　　　　）　E（　　　　）
F（　　　　）

なし　みかん　もも　ピーマン

(6)　(3)が進む地域で取り組まれている，地域の自然環境を体験しながら学び，環境保全にも関心や責任をもつ観光を何といいますか。

（　　　　）

ヒントの森
(2)この工業地域は，瀬戸内海の沿岸の臨海部に広がっています。

こつこつ テスト直前 解答 p.22

実力判定テスト ステージ3
総合問題編
第3章 日本の諸地域
1 九州地方 ／ 2 中国・四国地方
30分 /100

1 次の資料を見て，あとの問いに答えなさい。 6点×6（36点）

グラフ1 いちごの県別生産量

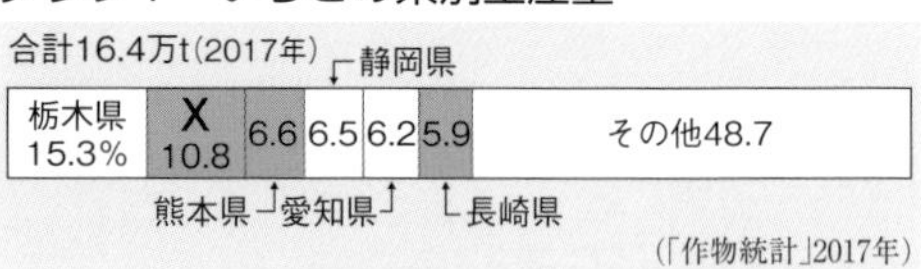

（「作物統計」2017年）

グラフ2 大阪の市場での四国地方の農産物・水産物のシェア

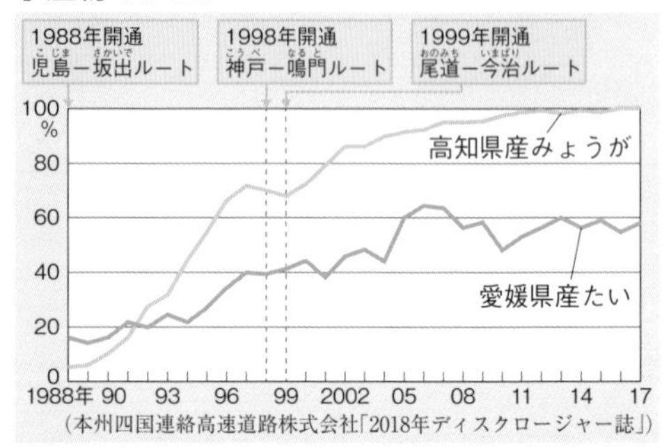

（本州四国連絡高速道路株式会社「2018年ディスクロージャー誌」）

(1) 次の①～③にあてはまる地域を，地図中のア～ウからそれぞれ選びなさい。

① 稲作地帯で二毛作も盛んである。

② ももやぶどうなど，果物の栽培が盛んである。

③ 肉牛や豚，にわとりなどの畜産業が盛んである。

(2) **グラフ1**について，**X**にあてはまる県を地図中の**あ～う**から選び，県名を書きなさい。

(3) **グラフ2**について，大阪の市場における四国地方の農産物・水産物のシェアが拡大している理由を，簡単に書きなさい。

(1)	①	②	③	(2)	記号	県名
(3)						

2 右の地図を見て，次の問いに答えなさい。 6点×3（18点）

(1) 沖縄県にある世界文化遺産を，次から選びなさい。

ア 厳島神社　イ 屋久島　ウ 首里城

(2) 地図中の▇▇では，騒音などの問題が起きています。▇▇は何に利用されていますか。次から選びなさい。

ア アメリカ軍用地　イ 水田

ウ 果樹園　エ 住宅地

(3) 沖縄県で観光が主要な産業になっている理由を，沖縄県の文化に着目し，簡単に書きなさい。

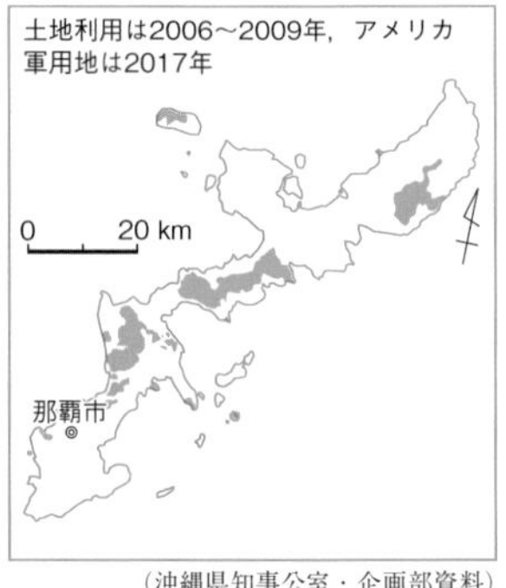

（沖縄県知事公室・企画部資料）

(1)		(2)		(3)	

目標
- □それぞれの地域の産業をおさえる
- □それぞれの地域の工業の変化をおさえる
- □交通網の変化をおさえる

自分の得点まで色をぬろう!
がんばろう! / もう一歩 / 合格!
0 60 80 100点

3 次の文を読んで，あとの問い に答えなさい。

(6)10点，他６点×６(46点)

九州地方の工業は，明治時代につくられた官営（　A　）を中心に発展した。工業が発展する一方，a 公害が発生したが，現在は環境保全のための取り組みを進めている。

b 中国・四国地方では重化学工業が盛んである。石油化学（　B　）では，関連する工場がパイプラインで結ばれ，効率よく生産している。また，c 本州四国連絡橋の開通で，自動車や鉄道による移動が可能になり，d 地域の経済に大きな影響をあたえている。

(1)　A・Bにあてはまる語句を書きなさい。

(2)　下線部aについて，水俣病が発生した場所を，右の地図中のア～ウから選びなさい。

(3)　下線部bについて，中国・四国地方にある，太平洋ベルト上の工業地域を何といいますか。

(4)　下線部cのうち，鉄道が走っているルートはどこですか。右下の地図中のX～Zから選びなさい。

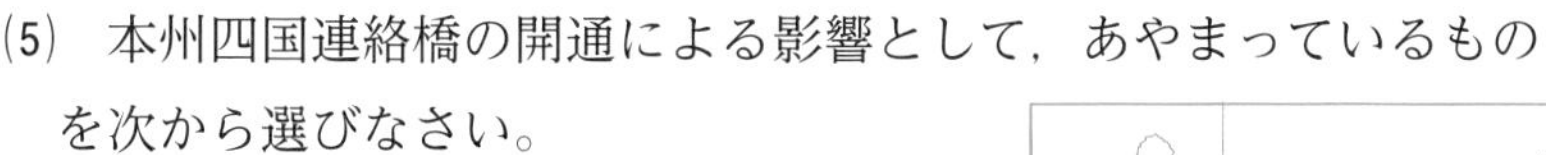

(5)　本州四国連絡橋の開通による影響として，あやまっているものを次から選びなさい。

ア　本州からの買い物客が増え，四国地方の経済がうるおった。

イ　四国から本州への農産物の出荷量が増えた。

ウ　フェリーの廃止を受け，交通が不便になった地域もある。

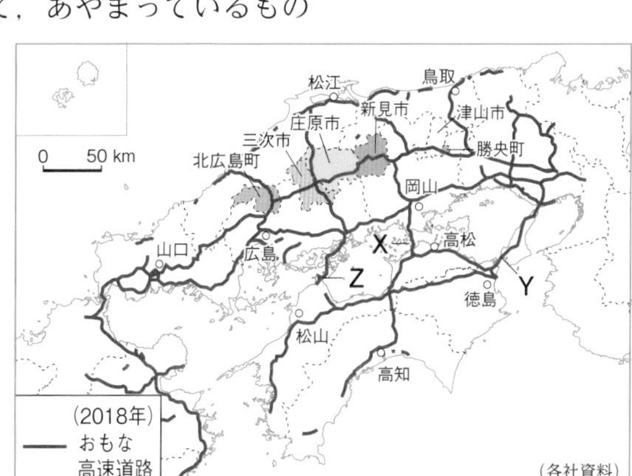

(6)　右のグラフは中国地方の市町村の工業製品の出荷額の推移を示しています。出荷量が増加傾向にあるのはなぜですか。交通網に着目し，簡単に書きなさい。

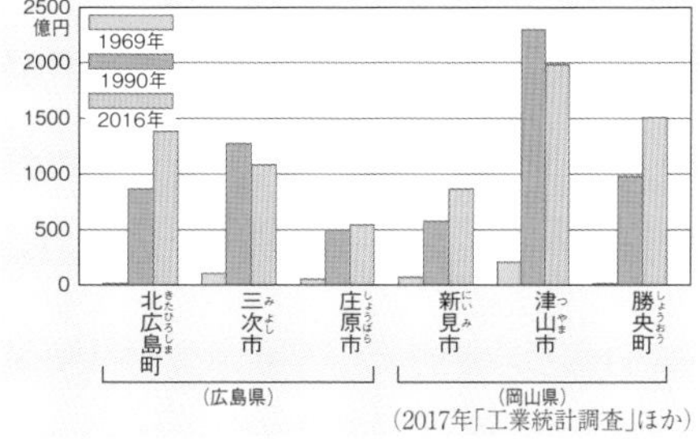

(1)	A	B	(2)		(3)	
(4)		(5)		(6)		

予習・復習　こつこつ　解答 p.23

確認のワーク ステージ1　第3章 日本の諸地域　3 近畿地方①

教科書の要点　(　　)にあてはまる語句を答えよう。

1 近畿地方の自然環境と人々のかかわり　教 p.194~195

●地形

◆中部▶大阪平野。大阪湾にそそぐ淀川の上流に日本最大の湖の(①　　　　)がある近江盆地，京都盆地，奈良盆地。瀬戸内海に淡路島，沿岸に播磨平野。伊勢湾の沿岸に伊勢平野。
湿地を守るラムサール条約に登録

◆北部・南部▶北部に丹波高地などのなだらかな山地。南部の(②　　　　)にけわしい紀伊山地。若狭湾・熊野灘沿岸に(③　　　　)海岸。
北に中央構造線がのびている

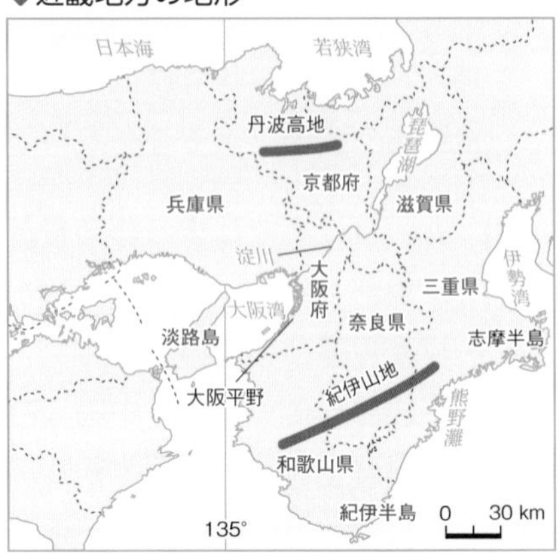
↓近畿地方の地形

●気候

◆中部▶降水量が少なく，内陸部では夏の暑さと冬の冷えこみがきびしい。

◆北部▶(④　　　　)の影響で冬に雨や雪が多い。

◆南部▶温暖で降水量が多い。季節風や台風の影響を受ける。
特に梅雨から秋にかけて降水量が多い

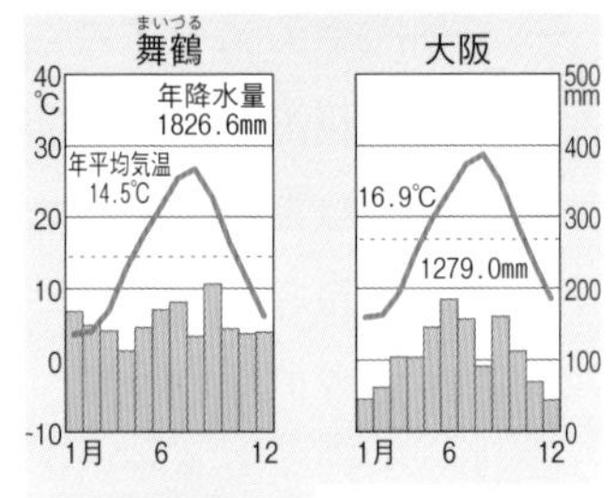

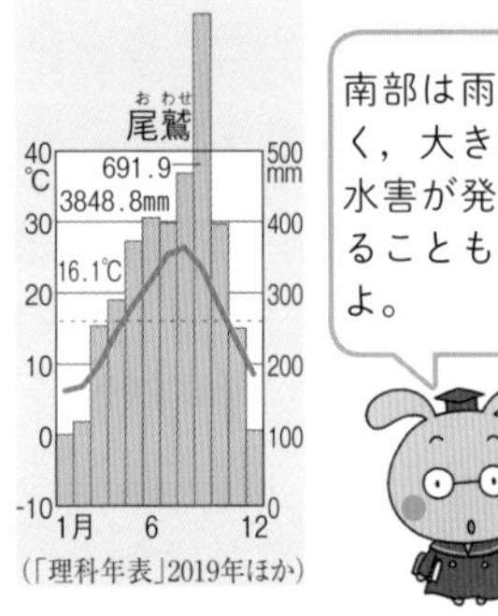

(「理科年表」2019年ほか)

南部は雨が多く，大きな風水害が発生することもあるよ。

●自然環境と人々の生活

◆中部▶古くから都市がつくられ，日本の政治・経済の中心地として発展。(⑤　　　　)大都市圏が広がる。
大阪市・京都市・神戸市が中心都市

◆北部・南部▶農業や林業，漁業など。紀伊山地では果物の栽培や林業が盛ん。

2 現在にいきづく歴史的都市の特色　教 p.196~197

●豊かな歴史に支えられた近畿地方

◆古くから日本の中心地として発展。(⑥　　　　)京や平安京など，「都」がおかれる。
奈良県　京都府

◆貴重な文化財が集中。古くから続く寺院や神社が多く，一部は世界(⑦　　　　)に登録。

●千年の歴史をもつ京都/歴史のふるさと・奈良

◆京都▶(⑧　　　　)京から発展。まっすぐな道路や道路の名前は条坊制という都市計画のなごり。
三条通，四条通など

■文化▶茶道や華道，日本料理(和食)など伝統文化が守られる。和食はユネスコ(⑨　　　　)。

■農業▶近郊農業が盛ん。京野菜や宇治茶の栽培。
京の伝統野菜

◆(⑩　　　　)▶平城京の時代から続く寺院や神社がある。都が京都に移ったあとも南都とよばれ発展。

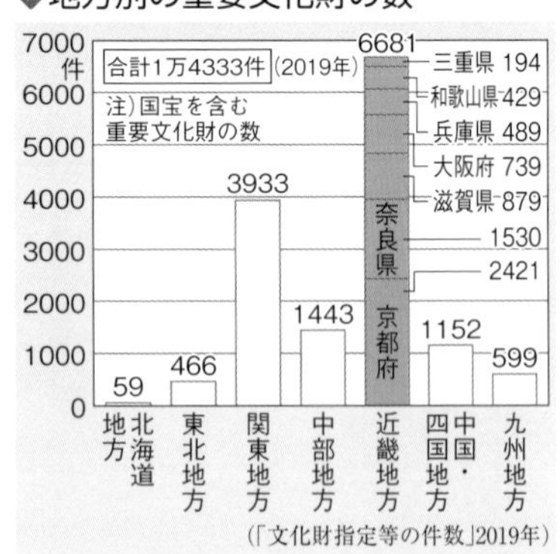
↓地方別の重要文化財の数

(「文化財指定等の件数」2019年)

まるごと暗記　京阪神大都市圏　日本で２番目に人口が集中。郊外に衛星都市（ベッドタウン）やニュータウン

教科書の資料　次の問いに答えよう。

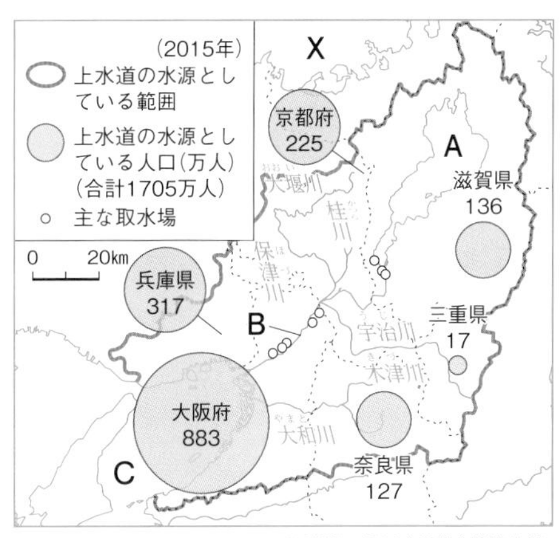

（琵琶湖・淀川水質保全機構資料）

(1)　図中のAの湖，Bの川，Cの湾の名前を書きなさい。

A（　　　　　　　）
B（　　　　　　　）
C（　　　　　　　）

(2)　Aの湖は，湿地とそこに生息する動植物を守り，湿地の適切な利用を進めるための条約に登録されています。この条約を何といいますか。（　　　　　　　）

(3)　Xの湾の沿岸に広がっている，山地が海に沈んで谷の部分に海水が入りこんでできた海岸を何といいますか。（　　　　　　　）

チェック 教科書一問一答　次の問いに答えよう。

/10問中

★は教科書の太字の語句

1 近畿地方の自然環境と人々のかかわり

①大阪府の大部分と兵庫県の南東部に広がる平野を何といいますか。　□①＿＿＿＿

②三重県と愛知県の沿岸に広がっている湾を何といいますか。　□②＿＿＿＿

③近畿地方の南部に広がるけわしい山地を何といいますか。　□③＿＿＿＿

④③の北にある巨大な断層を何といいますか。　□④＿＿＿＿

⑤沿岸にリアス海岸が広がる近畿地方の北部にある湾を何といいますか。　□⑤＿＿＿＿

2 現在にいきづく歴史的都市の特色

⑥その都市計画が現在の京都の街なみに残っている，かつて京都におかれた都を何といいますか。　□⑥＿＿＿＿

⑦華道や茶道など，長い歴史のなかではぐくまれてきた文化を何といいますか。　□★⑦＿＿＿＿

⑧ユネスコ無形文化遺産に登録されている，日本の伝統的な食文化を何といいますか。　□⑧＿＿＿＿

⑨京都で盛んな，都市の近郊で行われる農業を何といいますか。　□★⑨＿＿＿＿

⑩京都で守り伝えられてきた伝統野菜を何といいますか。　□⑩＿＿＿＿

知識の泉　近畿地方では，私鉄（民間の鉄道会社）によるまちづくりが進められ，都心部に百貨店，郊外には住宅地や遊園地，野球場などがつくられました。甲子園も私鉄により開発されました。

予習・復習　こつこつ　解答 p.23

確認のワーク　ステージ1

第3章　日本の諸地域
3　近畿地方②

（　　）にあてはまる語句を答えよう。

1 港町から世界へ　教 p.198～199

↓ポートアイランドと六甲アイランド

●日本の窓口としての大阪湾/水の都・大阪の発展

◆大阪とその周辺▶かつては（①　　　　）とよばれ，港として栄える。江戸時代に日本の商業の中心となり，「（②　　　　）」とよばれる。明治時代以降は商業・工業都市として発展。

◆現在の大阪市▶経済の面で日本で２番目の大都市。東京への一極集中で地位の低下。都心部を（③　　　　）し，オフィスビルや商業施設を建設。湾岸部の（④　　　　）にテーマパークを建設。

大阪市と神戸市は，どちらも大阪湾に面していて，沿岸部には埋立地がつくられているよ。

●世界への窓口となった神戸

◆神戸市▶江戸時代の末に国際貿易港として開港。明治時代以降，貿易都市として成長。ヨーロッパ風の住宅や中華街。但馬牛の飼育が盛んに。

◆土地の不足で丘陵部にニュータウンを建設し，土砂で埋立地をつくる。（ポートアイランドや六甲アイランドなど）

◆1995年の（⑤　　　　）で被害を受ける。

↓阪神工業地帯の業種別工業製品出荷額

合計 30兆9250億円（2016年）	機械	金属	化学	食料品	繊維	その他
	36.4%	19.9	17.4	11.7	1.4	13.2

（「工業統計調査」2017年）

2 伝統を生かした産業と世界進出　教 p.200～201

●阪神工業地帯/世界をめざす企業と伝統産業，林業

◆（⑥　　　　）▶明治時代以降，軽工業や（⑦　　　　）が盛んに。現在は先端技術（ハイテク）産業が中心。工業の再生をめざす。（液晶パネル，太陽電池など）

◆中小企業▶技術力やアイディアを生かし製品開発。（医療産業の発展などに取り組む）

◆（⑧　　　　）産業▶伝統的工芸品に新しい技術やデザインを取り入れる。（京都の西陣織，清水焼，奈良の奈良筆，赤膚焼）（ゆるまないねじなど）

◆林業▶紀伊山地で盛ん。高い品質の木材を生産。（奈良県の吉野地方や三重県の尾鷲）

↓神戸医療産業都市への進出企業・団体数と雇用者数

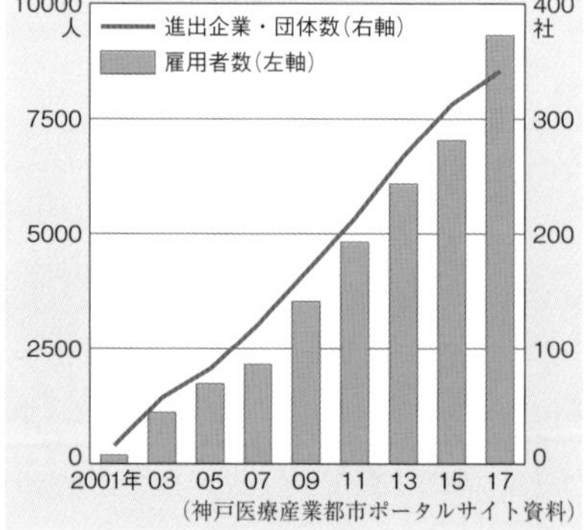

（神戸医療産業都市ポータルサイト資料）

3 歴史を生かした観光業の推進　教 p.202～203

●世界中から来る観光客/歴史的な街なみの保存

◆全国各地や世界中から多くの（⑨　　　　）客がおとずれる。外国人観光客誘致の取り組みを行う。（「ひょうごゴールデンルート」など）

◆歴史的な街なみの保存▶京都や奈良で，外観は変えずに内装をくふうする取り組み。京都市で，建物の高さやデザインなどを規制しながら発展に配慮する（⑩　　　　）政策。

奈良市の「ならまち」地区では，町家の修理費の一部を市が補助する制度があるよ。

伝統的工芸品 京都の西陣織，奈良の奈良筆など　景観政策 規制によって歴史的な街なみの景観を守る

教科書の資料　次の問いに答えよう。

(1) 次の文にあてはまる都道府県を，右のグラフ中から書きなさい。

① 百舌鳥・古市古墳群がある。（　　　　）

② 歴史的な街なみが保存されている「ならまち」地区がある。（　　　　）

③ 平安時代に都がおかれ，貴重な文化財が多い。（　　　　）

(2) グラフ中のXの県には，姫路城や神戸市のヨーロッパ風の住宅，中華街などの観光資源があります。Xの県の名前を書きなさい。（　　　　）

↓近畿地方のうち4県をおとずれる外国人観光客数

（日本政府観光局資料ほか）

チェック 教科書一問一答　次の問いに答えよう。

/10問中

★は教科書の太字の語句

1 港町から世界へ

①近畿地方にある，経済の面で日本で二番目の大都市はどこですか。　①＿＿＿＿

②①で進んでいる，大規模なオフィスビルの開発などの都市の活性化をはかる取り組みのことを何といいますか。　★②＿＿＿＿

③貿易都市として発展し，ポートアイランドや六甲アイランドなどがある都市はどこですか。　③＿＿＿＿

④ポートアイランドや六甲アイランドなど，土砂をつみ上げて人工的に作った陸地を何といいますか。　④＿＿＿＿

2 伝統を生かした産業と世界進出

⑤大阪やその周辺に広がる工業地帯を何といいますか。　★⑤＿＿＿＿

⑥⑤で明治時代以降盛んになった，食料品や繊維など軽い製品を作る工業を何といいますか。　★⑥＿＿＿＿

⑦⑤で盛んな，先端技術を使って液晶パネルや太陽電池などをつくる産業を何といいますか。　⑦＿＿＿＿

⑧京都の西陣織や奈良の奈良筆など，古くからつくられている製品を何といいますか。　★⑧＿＿＿＿

⑨吉野地方や尾鷲などで盛んな，杉・ひのきなどの木材を生産する産業を何といいますか。　⑨＿＿＿＿

3

⑩歴史的な街なみを保存するため，京都市で行われている政策を何といいますか。　⑩＿＿＿＿

知識の泉　「紀伊山地の霊場と参詣道」は，世界文化遺産に登録されています。道の世界遺産は，ほかにはフランス・スペインにある「サンティアゴ・デ・コンポステーラ巡礼路」しかありません。

こつこつ　テスト直前　解答 p.23

定着のワーク ステージ2　第3章 日本の諸地域　3 近畿地方

1 近畿地方の自然環境　右の地図を見て，次の問いに答えなさい。

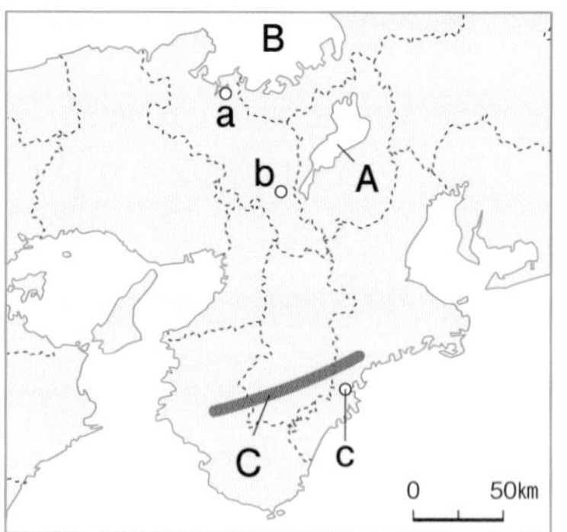

(1) Aの湖，Bの湾，Cの山地の名前をそれぞれ書きなさい。

A（　　　　　）　B（　　　　　）

C（　　　　　）

(2) Bや熊野灘の沿岸にみられる，複雑に入り組んだ海岸線をもつ海岸を何といいますか。（　　　　　）

(3) 次の①～③の気候が広がる地域を，地図中のa～cからそれぞれ選びなさい。

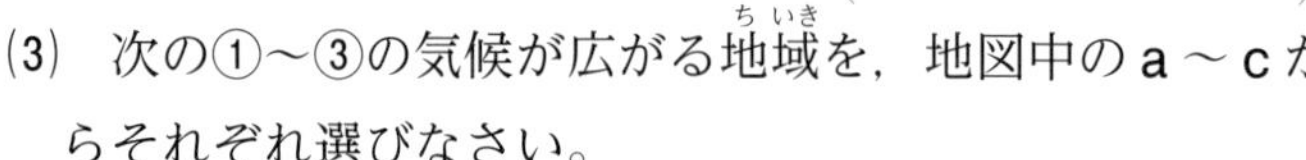

① 夏の暑さと冬の寒さがきびしく，降水量は少ない。（　　）

② 夏の季節風や台風の影響で，降水量が多い。（　　）

③ 冬に雨や雪が降る日が多い。（　　）

(4) 京都市，大阪市，神戸市を中心都市として広がる，日本で2番目に人口が集中する都市圏を何といいますか。（　　　　　）

(3)夏の季節風は南東，冬の季節風は北西から吹きます。

2 近畿地方の歴史的都市の特色　次の文を読んで，あとの問いに答えなさい。

近畿地方には，古くから a 都が置かれていたため，長い歴史をもつ都市がある。貴重な b 文化財が集まっており，法隆寺など，古くから続く寺院や神社などが（ A ）に登録されている。また，茶道や華道，日本料理（和食），和菓子など文化が守り伝えられてきており，和食はユネスコ（ B ）に登録されている。

(1) 文中のA・Bにあてはまる語句を書きなさい。

A（　　　　　）　B（　　　　　）

(2) 下線部aについて，次の①・②にあてはまるものをそれぞれ書きなさい。

① 奈良時代の日本の都。（　　　　　）

② 碁盤の目のような道路など，都市計画のなごりを京都に残す平安時代からの都。（　　　　　）

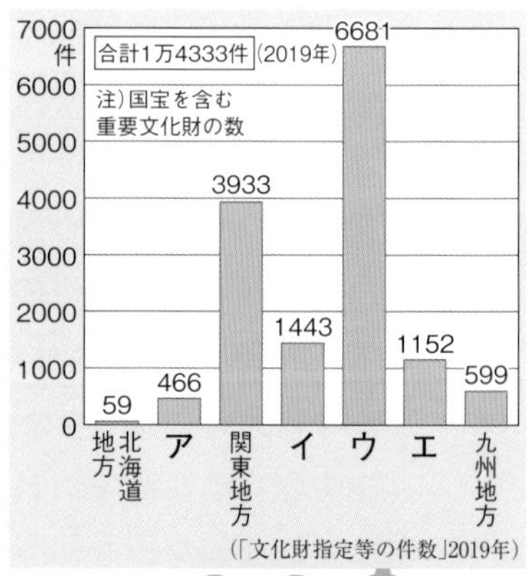

（「文化財指定等の件数」2019年）

(3) 下線部bについて，右のグラフは，地方別の重要文化財の数を示しています。近畿地方にあてはまるものをア～エから選びなさい。（　　）

(4) 京都の周辺でつくられ，守り伝えられてきた野菜を何といいますか。（　　　　　）

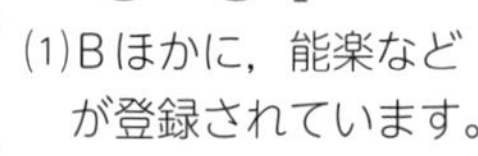

(1)Bほかに，能楽などが登録されています。

3 近畿地方の都市・港　右の地図を見て，次の問いに答えなさい。

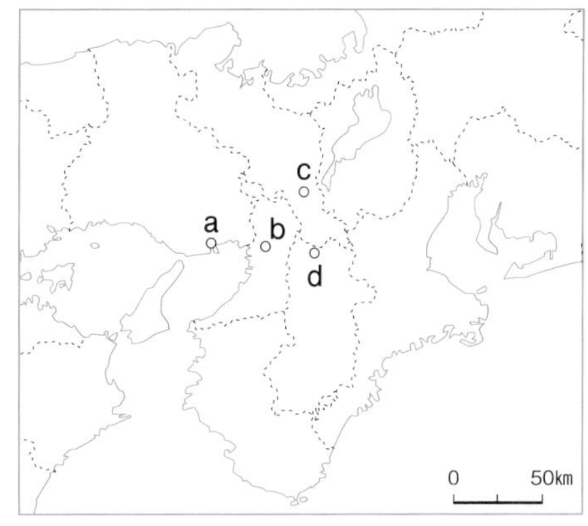

(1) 次の①・②にあてはまる都市を，右の地図中のa～dからそれぞれ選びなさい。

① 江戸時代に「天下の台所」とよばれた商業都市。（　　）

② 江戸時代の末から国際貿易をになった貿易都市で，ヨーロッパ風の住宅(じゅうたく)が集まっているところや中華街(ちゅうかがい)がある。（　　）

(2) 次の文中の□にあてはまる語句を，□からそれぞれ書きなさい。

①（　　　　）②（　　　　）

神戸市は，都市が発展(はってん)するにつれて土地が不足するようになり，丘陵地(きゅうりょう)に①を建設し，出た土砂を使ってポートアイランドや六甲(ろっこう)アイランドなどの②を拡大した。

ニュータウン　埋立地(うめたてち)

(1)①②どちらの都市も，大阪湾の沿岸部にあります。
(2)①大阪の千里丘陵にもあります。

4 近畿地方の産業・観光　次の文を読んで，あとの問いに答えなさい。

大阪やその周辺では，明治時代以降(めいじ・いこう)，軽工業や重化学工業が盛んになり，（ A ）工業地帯が発展した。現在は，アジアの工業との競争が課題となり，研究施設(しせつ)の誘致(ゆうち)などでa工業の再生を進めている。また，（ B ）産業では，b伝統的工芸品に新しい技術やデザインを取り入れるなど現代に合った製品が生み出されている。

(1) A・Bにあてはまる語句を書きなさい。

A（　　　　）B（　　　　）

(2) 下線部aについて，あやまっているものを次から選びなさい。（　　）

ア ポートアイランドにスーパーコンピューターの研究施設を誘致している。

イ 大阪府北部の彩都(さいと)で医療(いりょう)産業を発展させている。

ウ ひょうごゴールデンルートをつくり，魅力(みりょく)を発信している。

(3) 下線部bについて，①京都，②奈良で生まれたものを次からそれぞれ2つ選びなさい。

①（　　）（　　）②（　　）（　　）

ア 赤膚焼(あかはだやき)　イ 清水焼(きよみず)　ウ 西陣織(にしじんおり)　エ 奈良筆

(4) 次の文中の□にあてはまる語句を書きなさい。

①（　　　　）②（　　　　）

近畿地方は，貴重な文化財が多く，多様な都市があることから，①業が盛んである。京都や奈良では，寺院や神社，伝統的な住宅である②からなる歴史的な街なみの保存(ほぞん)と観光客の受け入れの両立のための対策(たいさく)が行われている。

(2)外国人観光客誘致のために行われている取り組みです。

第3編 第3章

予習・復習　こつこつ　解答 p.24

確認のワーク ステージ1　第3章 日本の諸地域　4 中部地方①

教科書の要点　(　　)にあてはまる語句を答えよう。

1 中部地方の自然環境と人々のかかわり　教 p.208~209

●**中部地方**▶**東海**，**中央高地**，**北陸**の３つの地域。

◆地形▶日本アルプスとよばれる**飛驒山脈**，**木曽山脈**，(①　　　　)。**富士山**，浅間山，御嶽山などの火山。山地が東海と北陸をへだてる。

■(②　　　　)▶平地が少ない。けわしい山地のあいだに甲府盆地や松本盆地。木曽川などが東海に，**信濃川**や神通川などが北陸に流れる。「日本の屋根」

■東海▶**濃尾平野**が(③　　　　)・長良川・揖斐川の流れでつくられる。

■北陸▶(④　　　　)平野，**富山平野**。信濃川下流域　神通川下流域

◆人口▶東海や北陸の沿岸部に集中。(⑤　　　　)は日本で３番目に人口が集中する**名古屋大都市圏**の中心都市。政令指定都市の名古屋市，浜松市，静岡市

◆気候と生活

■東海▶(⑥　　　　)の影響で，１年を通じて温暖。野菜や花，みかんを栽培。梅雨から夏の降水量が多い。暖流

■中央高地▶内陸部にあり標高が高いため，夏は涼しく冬は寒さがきびしい。１年を通じて降水量が少ない。高原は涼しく，観光地や避暑地としてにぎわう。

■北陸▶冬の(⑦　　　　)の影響で雪が降る豪雪地帯。雪どけ水を生活用水や農業用水，水力発電の水源に。雪害が発生することがある

↓中部地方の地形

上越　年降水量 2755.3mm　年平均気温 13.6℃
軽井沢　1241.7mm　8.2℃
静岡　2324.9mm　16.5℃
(「理科年表」2019年ほか)

内陸部にある軽井沢は，他の地域より気温が低いね。

2 日本を支える工業の中心地，東海　教 p.210~211

●**自動車工業の盛んな東海/工業の発展/課題**

◆**中京工業地帯**▶愛知県から三重県北部に広がる。

■(⑧　　　　)工業を中心とする輸送機械を生産。関連工場が集まり雇用をもたらす。組み立て工場，鉄鋼やガラス製造の工場など

■臨海部で鉄鋼業，化学工業などの重化学工業。

■そのほか，石油化学コンビナート，窯業など。四日市市　瀬戸市，常滑市，多治見市

◆(⑨　　　　)▶静岡県に広がる。輸送機械・楽器の生産，製紙業など。浜松市　富士市

◆(⑩　　　　)への出荷や輸送に便利。名古屋港や中部国際空港からの輸出も便利。

◆自動車の国内での販売台数の減少。技術開発を進める。

↓中京工業地帯の工業製品出荷額

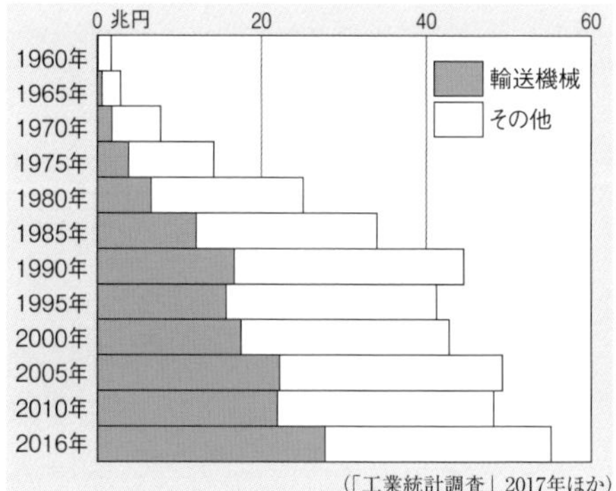

(「工業統計調査」2017年ほか)

日本アルプス 飛驒山脈，木曽山脈，赤石山脈　　中央高地 日本の屋根

教科書の資料　次の問いに答えよう。

(1)　地図中のA・Bにあてはまる語句を書きなさい。

A（　　　　　　）
B（　　　　　　）

(2)　愛知県から三重県北部に広がる工業地帯を何といいますか。

（　　　　　　）

(3)　静岡県に広がる工業地域を何といいますか。

（　　　　　　）

↓東海とその周辺の工業

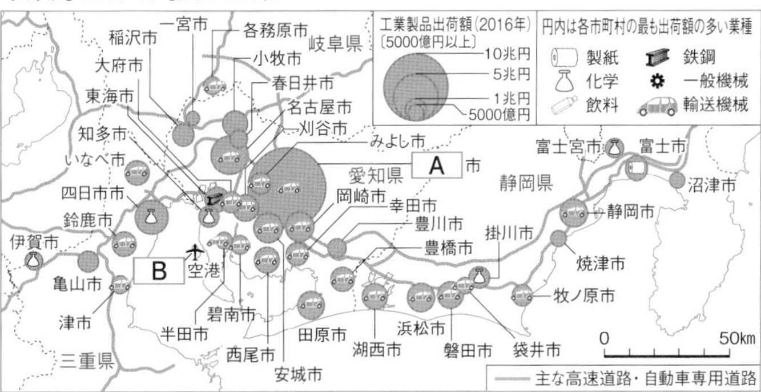

（「工業統計調査」2017年）

教科書一問一答　次の問いに答えよう。

/10問中

★は教科書の太字の語句

1　中部地方の自然環境と人々のかかわり

①中部地方を3つの地域に区分したとき，北陸と東海のあいだにある地域を何といいますか。　□①＿＿＿＿

②飛驒山脈，木曽山脈，赤石山脈をまとめて何といいますか。　□★②＿＿＿＿

③中央高地から越後(えちご)平野に流れている川を何といいますか。　□③＿＿＿＿

④東海にある，木曽川・長良川・揖斐川によってつくられた平野を何といいますか。　□★④＿＿＿＿

⑤名古屋市を中心とする，三大都市圏の1つを何といいますか。　□★⑤＿＿＿＿

⑥北陸で行われている，雪どけ水をつかった発電を何といいますか。　□⑥＿＿＿＿

2　日本を支える工業の中心地、東海

⑦豊田(とよた)市で盛んな工業は何ですか。　□★⑦＿＿＿＿

⑧浜松市とその周辺で，自動車や二輪車などの輸送機械とともに生産が盛んなものは何ですか。　□⑧＿＿＿＿

⑨富士市で盛んな産業は何ですか。　□⑨＿＿＿＿

⑩中京工業地帯から工業製品や部品を船で輸出するときに利用されている港はどこですか。　□⑩＿＿＿＿

「日本アルプス」というよび方は，19世紀に日本を訪れたイギリス人が命名し，同じくイギリス人のウェストンが用いて広まりました。上高地にはウェストンのレリーフがあります。

予習・復習　こつこつ　解答 p.24

確認のワーク ステージ1

第3章　日本の諸地域
4　中部地方②

教科書の要点　(　　)にあてはまる語句を答えよう。

1 交通網の整備による中央高地の産業の変化　教 p.212~213

●**中央高地の農業**

◆(①　　　　　　)野菜▶冷涼な気候を生かし，レタス，キャベツ，はくさいなどを栽培。品薄になる夏に生産・出荷。

◆果物▶水はけのよい**扇状地**がある長野盆地でりんご，甲府盆地でぶどう・ももの栽培。

●**工業の変化**▶戦後，**精密機械工業**が発達。松本盆地や伊那盆地の高速道路沿いに電子部品や自動車部品の工場が進出。

●**リゾート地**▶山岳地域の地形や気候を生かす。

◆**観光業**▶避暑地の高原，スキー場，温泉，(②　　　　　　)農園など。三大都市圏からの近さ，交通網の整備で発展。

2 自然環境からみた北陸の農業や工業　教 p.214~215

●**北陸の米づくり**

◆(③　　　　　　)▶北陸で盛ん。コシヒカリは**銘柄米**。（稲の栽培）（新潟県産）

■冬の農業が難しいため，**水田単作**の農業が中心。（積雪期間が長い）

■農業用水や農地の整備，土壌改良で品質のよい米作り。

●**伝統産業・地場産業**▶農家の副業や藩の特産品から発展。（冬のあいだに生産）

◆(④　　　　　　)▶金属・化学などの工業が発展。富山県のアルミニウム加工などで地場産業の技術を活用。

●**電力の供給**▶黒部ダムで(⑤　　　　　　)**発電**。新潟県や福井県の(⑥　　　　　　)湾の沿岸部に**原子力発電所**。

3 消費地と結びつく農業・漁業の戦略　教 p.216~217

●**静岡県の茶の生産/温暖な気候と交通網を生かした園芸農業**

◆(⑦　　　　　　)の栽培▶牧ノ原や磐田原の台地で盛ん。（静岡県）日当たりと水はけのよさを生かす。防霜ファンを利用。（霜が茶葉につかない）

◆(⑧　　　　　　)農業▶温暖な気候と輸送の便のよさを生かし，愛知県東部から静岡県の台地や半島部で行われる。渥美半島でキャベツ，メロン，菊の栽培が盛ん。

■菊の**抑制栽培**▶人工的に明かりを当て成長を遅らせる。（電照菊）

■かんがいのため(⑨　　　　　　)をつくり農業発展。

●**焼津港の漁業と消費地との結びつき**

◆(⑩　　　　　　)▶遠洋漁業の代表的な漁港。漁港の近くに魚市場，冷凍倉庫，水産加工工場などが集まる。（まぐろ漁船やかつお漁船の基地に）

↓レタス・ぶどうの県別生産量

レタス　合計58.3万t（2017年）

長野県	茨城県	群馬県	長崎県	兵庫県	静岡県	その他
37.9%	15.0	8.4	5.4	4.5	3.4	25.4

ぶどう　合計17.6万t（2017年）

山梨県	長野県	山形県	岡山県	福岡県	北海道	その他
24.5%	14.7	9.5	9.5	4.7	3.7	33.4

（「作物統計」2017年）

↓部門別の農業生産額

全国　合計9兆3787億円（2017年）

米	畜産	野菜	果物	その他
18.6%	35.4	26.1	9.0	10.9

北陸　合計4171億円（2017年）

米	畜産	野菜	果物	その他
58.9%	18.0	14.4	3.5	5.2

（「生産農業所得統計」2017年）

↓茶・キャベツ・菊の県別生産量

茶　合計8.2万t（2017年）

静岡県	鹿児島県	三重県	宮崎県	京都府	その他
37.6%	32.4	7.5	4.6	3.9	14.0

キャベツ　合計143万t（2017年）

群馬県	愛知県	千葉県	茨城県	神奈川県	長野県	その他
18.3%	17.2	7.8	7.8	5.4	5.0	38.5

菊　合計15億本（2017年）

愛知県	沖縄県	福岡県	鹿児島県	長崎県	その他
30.9%	18.9	6.4	6.1	4.1	33.6

（「作物統計」2017年）

水田単作 北陸地方では稲作だけを行う農業が中心　抑制栽培 電照菊など，成長を遅らせる栽培方法

教科書の資料　次の問いに答えよう。

(1) 右のグラフ中のAにあてはまる県を書きなさい。（　　　　）

(2) 高原の冷涼な気候を生かして栽培されるレタスやキャベツ，はくさいなどの野菜を何といいますか。（　　　　）

(3) 次の文中の□にあてはまる語句を，□から選びなさい。

①（　　　　）

②（　　　　）

↓東京中央卸売市場でのレタスの県別入荷量

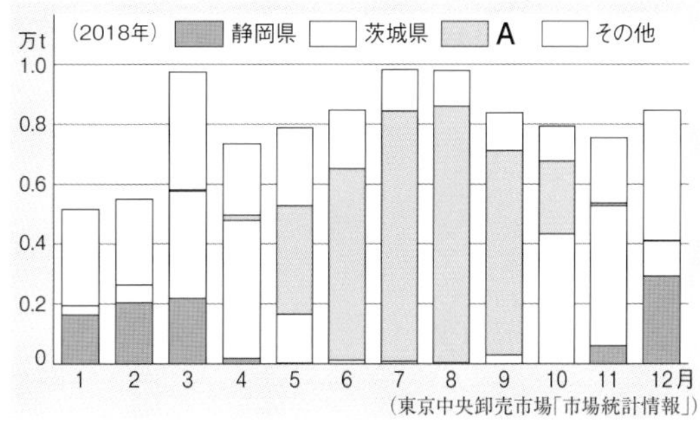

(東京中央卸売市場「市場統計情報」)

①では，温暖な地域で栽培される野菜が品薄になる②に野菜を生産し，大都市圏へ新鮮な状態で出荷している。

東海　中央高地　北陸　夏　冬

チェック 教科書一問一答　次の問いに答えよう。

/10問中

★は教科書の太字の語句

1 交通網の整備による中央高地の産業の変化

①長野盆地や甲府盆地の周辺に広がっている，水はけがよく果樹の栽培に適した地形を何といいますか。　★①

②中央高地で発達した，時計やカメラなどを製造する工業を何といいますか。　②

③別荘地として発展し，関東地方からの移住者も増加している長野県の町はどこですか。　③

2 自然環境からみた北陸の農業や工業

④北陸の農業の中心になっている，同じ農地で稲作だけを行うことを何といいますか。　★④

⑤新潟のコシヒカリなど，品質が高く，名前の知られた米を何といいますか。　★⑤

⑥福井県の鯖江（さばえ）の眼鏡枠（わく）づくりなど，地域の伝統や技術を背景に発展し，特産品を生産する産業を何といいますか。　★⑥

⑦新潟県や福井県の若狭（わかさ）湾沿岸に多くある発電所は何ですか。　⑦

3 消費地と結びつく農業・漁業の戦略

⑧愛知県の東部から静岡県で行われている，野菜や花などを大消費地向けにつくる農業を何といいますか。　★⑧

⑨菊に明かりを当てるなど，生産者の都合に合わせて出荷するため成長を遅らせる栽培方法を何といいますか。　★⑨

⑩水不足でなやむ地域などで，農産物の栽培のために人工的に水をあたえることを何といいますか。　★⑩

静岡県の茶の栽培は，江戸幕府の将軍・徳川慶喜のもと，家来たちが勝海舟のアドバイスによって開拓に着手したことがきっかけで始まりました。

こつこつ　テスト直前　解答 p.24

定着のワーク ステージ2

第3章　日本の諸地域
4　中部地方

1 中部地方の自然環境　右の地図を見て，次の問いに答えなさい。

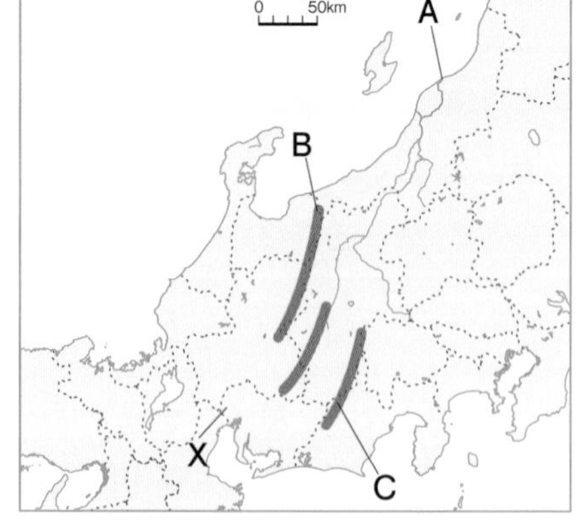

(1)　Aの川，B・Cの山脈の名前をそれぞれ書きなさい。

A（　　　　　　）　B（　　　　　　）

C（　　　　　　）

(2)　地図中のXについて，次の問いに答えなさい。

①　Xの平野名を書きなさい。（　　　　　　）

②　この平野に広がっている，日本で３番目に大きい都市圏を何といいますか。（　　　　　　）

(3)　次の①～③の地域に含まれる県を，ア～ウからそれぞれ選びなさい。

①　１年を通じて温暖な気候で，みかんや野菜，花の栽培が盛ん。（　　）

②　内陸部にあり，標高が高いため，夏は涼しく，冬は寒さがきびしい。（　　）

③　冬は季節風の影響で大量の雪が降り，雪害が発生することがある。（　　）

ア　富山県　　イ　静岡県　　ウ　長野県

ヒントの森

(1)BとCの山脈のあいだに木曽山脈があります。

2 東海の工業　右の地図を見て，次の問いに答えなさい。

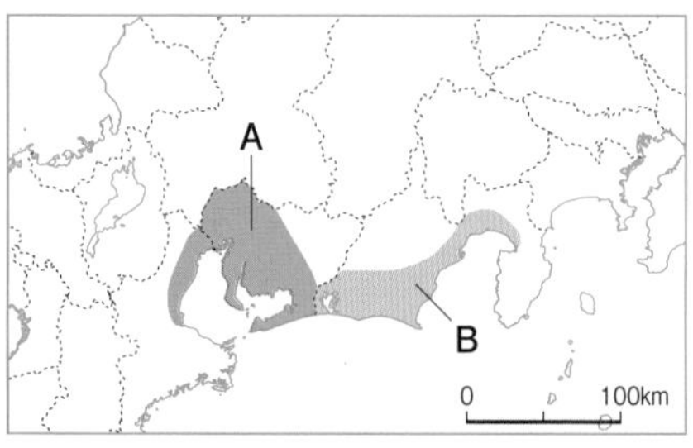

(1)　Aの工業地帯，Bの工業地域をそれぞれ何といいますか。

A（　　　　　　）

B（　　　　　　）

(2)　右のグラフを見て，次の問いに答えなさい。

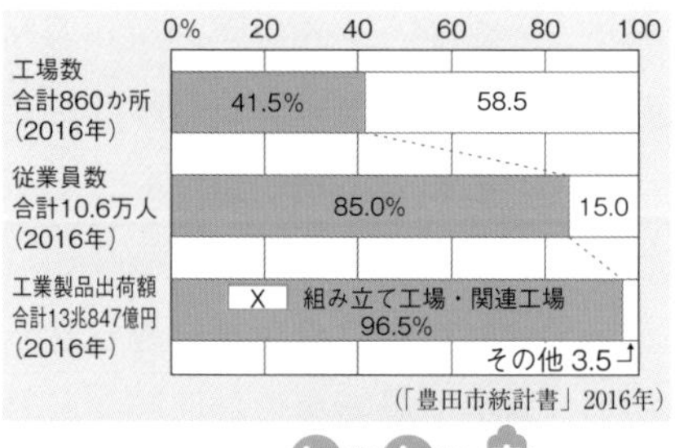

(「豊田市統計書」2016年)

①　グラフ中のXにあてはまる製品は何ですか。（　　　　　　）

②　①を国内や外国に輸送するときに使われている主な港はどこですか。（　　　　　　）

(3)　次の①～③の地域で盛んな産業を，あとからそれぞれ選びなさい。

①　四日市市（　　）

②　瀬戸市（　　）

③　浜松市（　　）

ア　自動車・二輪車・楽器の生産

イ　窯業　　ウ　重化学工業

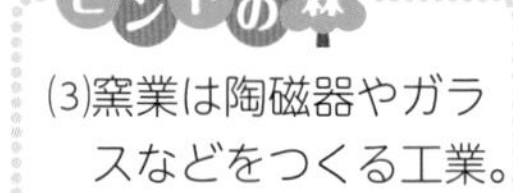

ヒントの森

(3)窯業は陶磁器やガラスなどをつくる工業。

3 中央高地の産業　次の文を読んで，次の問いに答えなさい。

中央高地では，a高原野菜の栽培のほか，長野盆地のりんごや（　A　）盆地のぶどうなどの果樹の栽培が盛んである。（　B　）盆地や伊那盆地には，高速道路沿いに電子部品などの工場が進出している。地形や気候を生かしたb観光業も盛んである。

(1)　A・Bにあてはまる語句を，［　］から書きなさい。

松本　　甲府

A（　　　　　）　B（　　　　　）

(2)　下線部aについて，右のグラフ中のXにあてはまる県を，次から選びなさい。（　　　）

ア　長野県　　イ　山梨県　　ウ　岐阜県

レタス　合計58.3万t　(2017年)

X 37.9%	茨城県 15.0	群馬県 8.4	長崎県 5.4	兵庫県 4.5	静岡県 3.4	その他 25.4

（「作物統計」2017年）

(3)　下線部bについて，次の①・②にあてはまる地域を，あとからそれぞれ選びなさい。

①　別荘地として発展し，近年は関東地方からの移住者が増えている。（　　　）

②　美しい風景と涼しい気候を求めて観光客が訪れる。環境保全のため，自動車の乗り入れを規制している。（　　　）

ア　上高地　　イ　軽井沢

4 北陸の農業・工業　次の文を読んで，次の問いに答えなさい。

北陸は，稲作だけを行う（　A　）の農業が盛んである。沿岸部には，金属・化学などの工業が盛んな（　B　）地域が広がっており，富山県のアルミニウム加工などで，伝統産業や地場産業の技術が生かされている。

(1)　A・Bにあてはまる語句を書きなさい。

A（　　　　　）　B（　　　　　）

(2)　北陸で下線部が盛んな理由として，正しいものを次から選びなさい。（　　　）

ア　大消費地である三大都市圏が近くにあるため。

イ　冬の積雪期間が長いため。

ウ　年間を通じて温暖であるため。

ヒントの森
(2)豊富な雪どけ水がお米をおいしくします。

5 東海の農業・漁業　右のグラフを見て，次の問いに答えなさい。

(1)　A・Bにあてはまる県を［　］から選びなさい。

A（　　　　　）

B（　　　　　）

静岡県　　愛知県

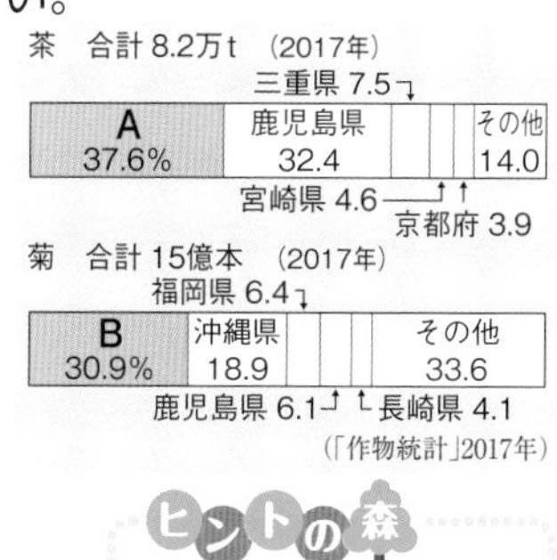

(2)　渥美半島で盛んな，菊に明かりを当てて成長を遅らせる栽培方法を何といいますか。（　　　　　）

(3)　東海にある，まぐろ漁船やかつお漁船の基地になっている遠洋漁業の代表的な漁港を何といいますか。

（　　　　　）

ヒントの森
(2)電照で開花を抑制。

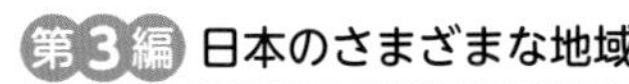

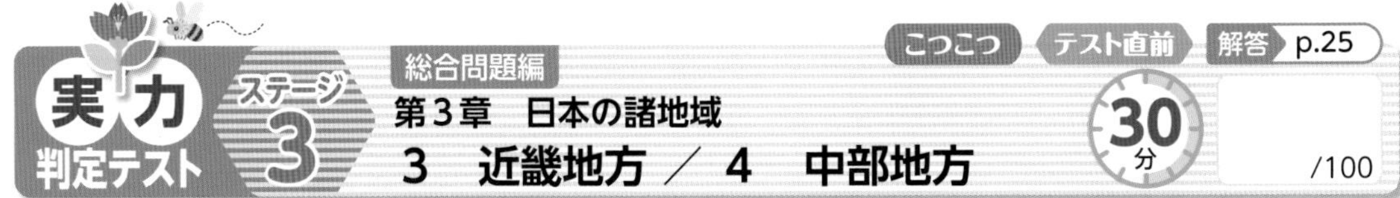

1 近畿・中部地方の自然環境について，次の問いに答えなさい。 4点×10(40点)

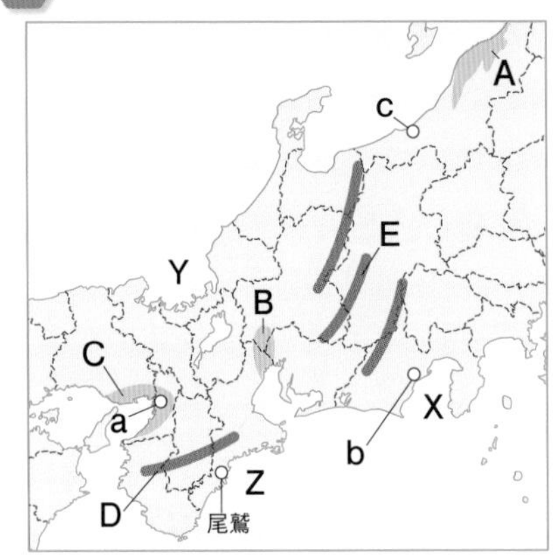

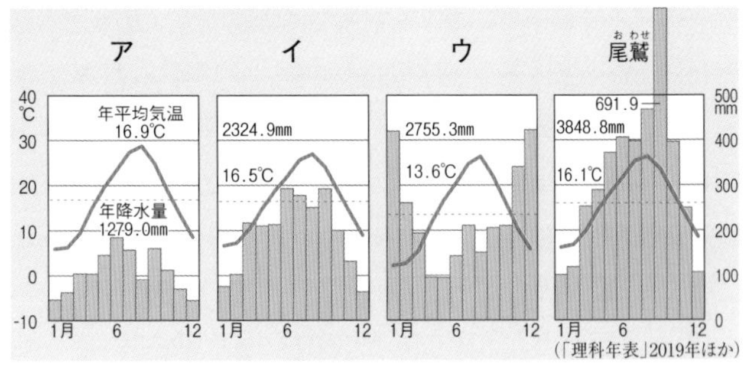

(1) A～Cの平野と，Dの山地，Eの山脈の名前をそれぞれ書きなさい。

(2) リアス海岸がみられ，沿岸部(えんがん)に原子力発電所がある場所を，X～Zから選びなさい。

(3) 地図中のa～cの都市の雨温図を，ア～ウからそれぞれ選びなさい。

記述 (4) 尾鷲(おわせ)の降水量(こうすいりょう)が多い理由を，簡単に書きなさい。

(1)	A	B	C	D
E	(2)	(3) a	b	c
(4)				

2 近畿・中部地方の観光について，次の問いに答えなさい。 3点×4(12点)

(1) 近畿(きんき)地方の重要文化財の数は，全国の重要文化財の約何パーセントを占(し)めていますか。小数点以下を四捨五入して整数で書きなさい。

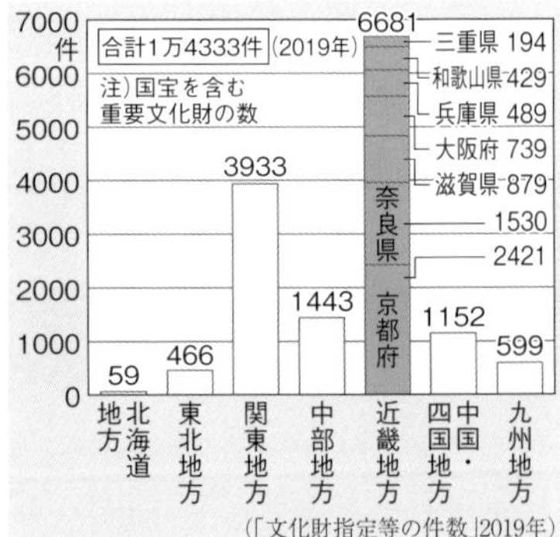

記述 (2) 「ならまち」地区では，町家の修理費の一部を市が補(ほ)助(じょ)する制度があります。この制度がつくられた理由を，「観光」という語句を使って簡単に書きなさい。

(3) 次の文中の□にあてはまる語句を書きなさい。

> 中央高地は，①が高く，夏は涼(すず)しく冬は寒さがきびしい気候を生かし，避暑地(ひしょち)やスキー場などが観光資源(しげん)になっている。三大②から比較的近く，交通が便利なこともあり，観光業が発展(はってん)している。

(1)		(2)	
(3) ①		②	

目標
- □各地域の地形と気候の特色をおさえる
- □各地域の観光をおさえる
- □各地域の産業をおさえる

自分の得点まで色をぬろう!
がんばろう! もう一歩 合格!
0 60 80 100点

3 近畿・中部地方の産業について，次の問いに答えなさい。

4点×12(48点)

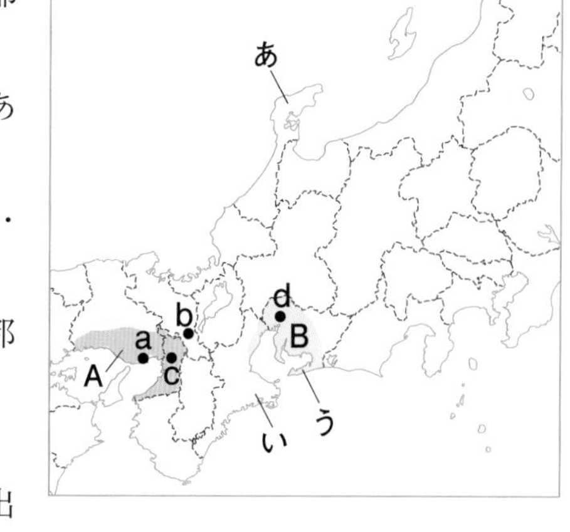

(1) a～dは，大都市圏の中心都市です。a～dの都市名を，それぞれ書きなさい。

(2) ①京阪神大都市圏，②名古屋大都市圏の説明にあてはまるものを，次からそれぞれ選びなさい。

ア かつて日本の都（首都）がおかれ，日本の政治・経済の中心地として発展していた。

イ 三大都市圏の中央に位置しており，どちらの都市圏にも人の移動や物資の輸送がしやすい。

ウ 日本で最も人口が集中している。

(3) 地図中のA・Bの工業地帯について，工業製品出荷額が多い方を記号で書きなさい。

(4) Bの工業地帯について，次の問いに答えなさい。

① 豊田市を中心に，特に生産が盛んな製品を書きなさい。

記述 ② ①を効率よく生産することができる理由を，「組み立て工場」「関連工場」の語句を使って，簡単に書きなさい。

(5) 右のグラフのA～Dの農産物の組み合わせとして正しいものを次から選びなさい。

ア A―レタス，B―ぶどう，C―茶，D―キャベツ

イ A―茶，B―ぶどう，C―レタス，D―キャベツ

ウ A―ぶどう，B―茶，C―レタス，D―キャベツ

エ A―キャベツ，B―ぶどう，C―茶，D―レタス

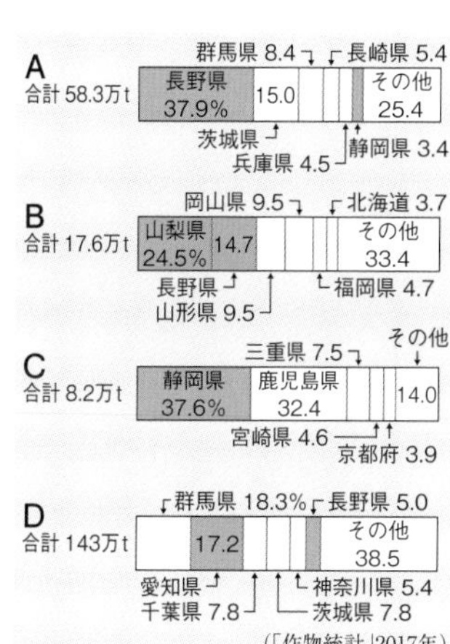

（「作物統計」2017年）

(6) 菊の抑制栽培が行われている地域を，地図中のあ～うから選びなさい。

(7) 北陸で鯖江の眼鏡枠づくりなどの伝統産業や地場産業が盛んな理由を，簡単に書きなさい。

(1)	a	b	c	d
(2)	①	②	(3)	(4) ①
②				(5)
(6)		(7)		

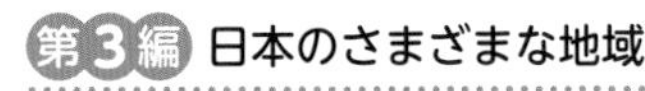

資料活用・思考力問題編

こつこつ 解答 p.26

30分　/100

第3章　日本の諸地域①

1 九州地方について，右の資料を見て，次の問いに答えなさい。　7点×4（28点）

(1) 次の文を読んで，地図中のA～Cにあてはまるものを，あとからそれぞれ選びなさい。

> 九州地方では，地方中枢(ちゅうすう)都市である福岡(ふくおか)市に人口や産業が集中している。筑紫(つくし)平野では，稲作と小麦の二毛作が行われている。また，シラス台地では，水が少なくやせた土地でも育つさつまいも，かんがい設備を利用した野菜や茶の栽培(さいばい)が行われている。

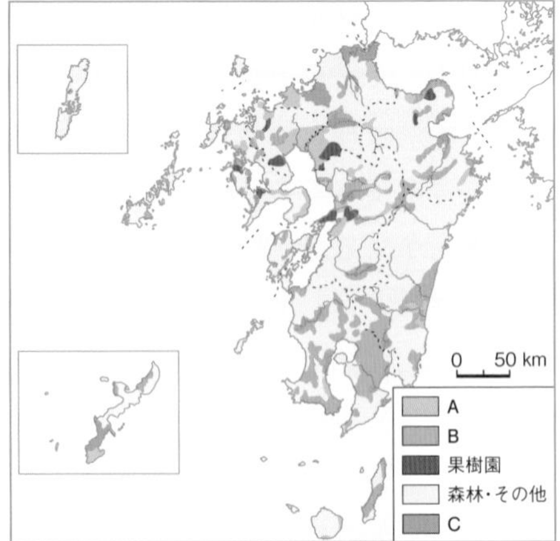

ア　市街地　　イ　田　　ウ　畑

(2) 九州地方では，火山によるめぐみが生活や産業に生かされています。右の写真では火山によるめぐみをどのように生かしていますか。簡単に書きなさい。

(1)	A	B	C	
(2)				

2 中国・四国地方について，右の資料を見て，次の問いに答えなさい。　6点×3（18点）

(1) **資料1**のA・Bにあてはまる移動手段を次から選びなさい。

ア　フェリー・旅客船

イ　高速バス

(2) 1969年から1989年のあいだに所要時間が減少した理由について，**資料2**からわかることを書きなさい。

資料1

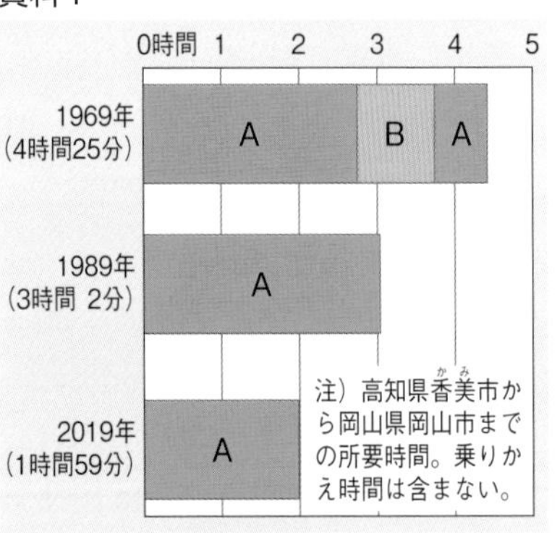

資料2

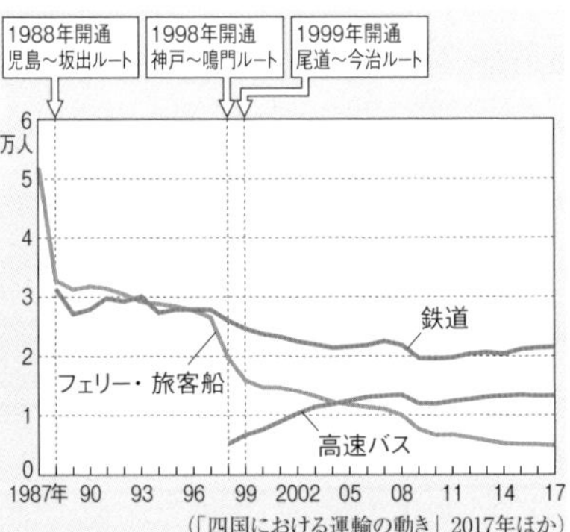

（「四国における運輸の動き」2017年ほか）

(1)	A	B	
(2)			

推移を示すグラフや表は，大きく数値が変化している箇所に着目し，変化の要因を考えよう。

自分の得点まで色をぬろう!
がんばろう! もう一歩 合格!
0 60 80 100点

3 近畿地方について，次の資料を見て，あとの問いに答えなさい。

6点×5（30点）

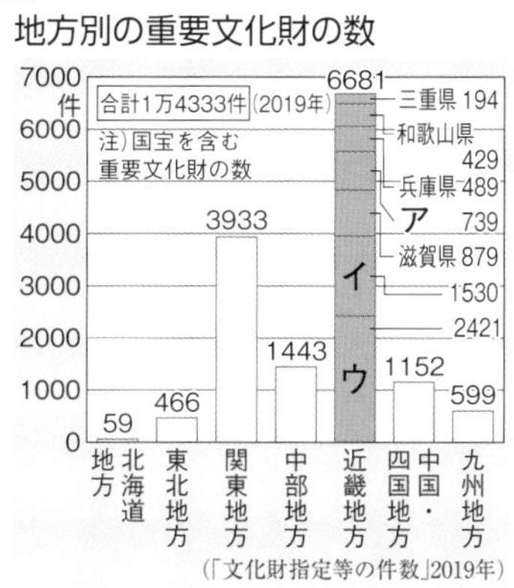

A

B

(1) グラフ中のア～ウの都道府県名を，次の文を参考にして書きなさい。

ア 商業・工業都市として発展し，現在は経済で２番目の都市がある。
イ 東大寺や興福寺がある。ウに対し南都とよばれる。
ウ 条坊制という都市計画のなごりをとどめた整然とした街なみが広がっている。

(2) A・Bは，同じ場所を別の年に撮影した写真です。AからBへの街なみの変化について，次の文中の□にあてはまる言葉をそれぞれ書きなさい。

□①□ため，Aの時代にはあった□②□された。

(1)	ア	イ	ウ
(2)	①	②	

4 中部地方について，右の資料を見て，次の問いに答えなさい。

6点×4（24点）

(1) 右の図中のA～Cにあてはまる語句を書きなさい。

(2) 東北地方や中国・四国地方の工場に比べ，東海地方の工場にはどのような利点がありますか。交通の面から，Xにあてはまる内容を簡単に書きなさい。

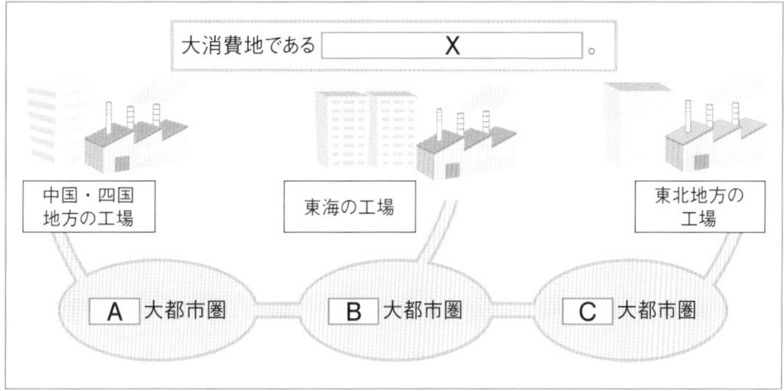

(1)	A	B	C
(2)			

予習・復習　こつこつ　解答 p.27

ステージ1

第3章　日本の諸地域
5　関東地方①

教科書の要点　(　　)にあてはまる語句を答えよう。

1 関東地方の自然環境と人々のかかわり　教 p.222~223

●低地と台地からなる関東平野

◆地形▶日本最大の関東平野。西側に関東山地，北側に越後山脈。山地から利根川や荒川が流れる。

■関東平野▶海沿いの地域は土砂（川が運ぶ）が堆積してつくられた低地。内陸部は（①　　　　）がつもってできた赤土（関東ローム）におおわれた台地。

◆土地利用▶水が得やすい低地に水田，水が得にくい台地に畑。都市化が進む南部に市街地や工業用地。（②　　　　）沿岸は，埋立地の人工海岸。

◆人口▶（③　　　　）が広がり，人口が集中。

■東京23区を中心に，政令指定都市のさいたま市（埼玉県），千葉市（千葉県），横浜市，川崎市，相模原市（神奈川県）や郊外の衛星都市がつらなる。日本の（④　　　　）・東京があり，「首都圏」ともよばれる。

◆気候▶大部分が（⑤　　　　）側の気候。

■冬に乾燥した北西からの季節風（（⑥　　　　））がふき，晴れの日が続く。夏は湿度が高く，むし暑い。

■局地的な（⑦　　　　）（ゲリラ豪雨）が発生。

■東京・横浜などの都市部でヒートアイランド現象（都市の中心部の気温が郊外より高くなる）が発生。

↓関東地方の地形

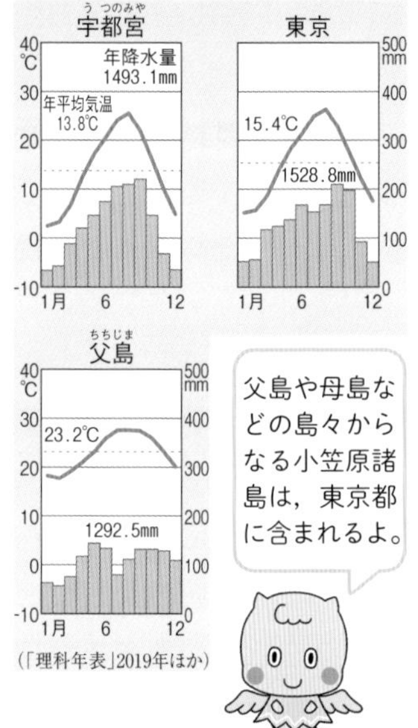

（「理科年表」2019年ほか）

2 世界都市，東京と日本や世界の結びつき　教 p.224~225

●日本の首都・東京

◆政治の中枢▶国会議事堂，政府機関などが集中。

◆（⑧　　　　）の中心▶大企業の本社などが集中。

◆文化の拠点▶学術施設（大学や研究所など）や美術館などが多い。

◆東京大都市圏への（⑨　　　　）が進む。（人口や企業の本社が集まる）

●世界都市・東京▶ニューヨーク，ロンドン，シャンハイなどとならぶ世界の経済活動の中心地で，世界有数の国際都市。

●日本や世界との交通・通信の結びつき

◆情報通信業（放送局，新聞社，インターネット関連企業など）の発達▶東京に集中し，情報を受信・発信。（⑩　　　　）社会のなか，世界に影響をあたえる。（食文化，ファッション，芸術などの都市文化を発信し，注目される）

↓東京の地位

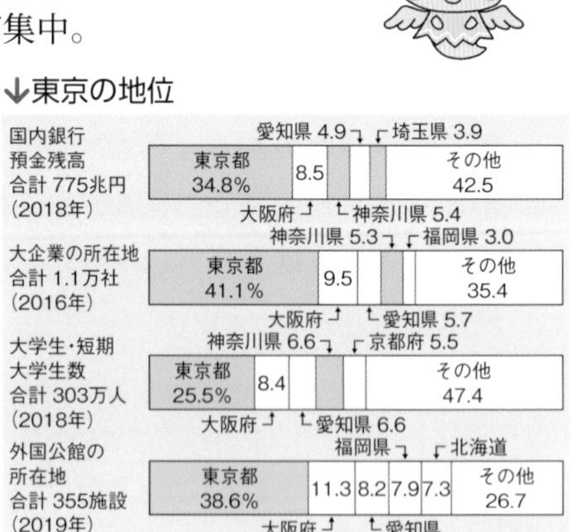

（「都道府県別預金・現金・貸出金」2018年ほか）

まるごと暗記　関東平野 日本最大の平野　関東ローム 関東平野をおおう，火山灰がつもってできた赤土

教科書の資料　次の問いに答えよう。

(1) 右のグラフは，関東地方と関東地方以外の人口の増減を示しています。A・Bにあてはまるものを，次からそれぞれ選びなさい。

A（　　　）　B（　　　）

ア　関東地方　　イ　関東地方以外

(2) 東京23区を中心に広がる都市圏を何といいますか。

（　　　）

(3) 東京で起こっている，人口や企業の本社などが集中して他地域との格差が広がっている状況を何といいますか。（　　　）

関東地方と関東地方以外の人口の変化

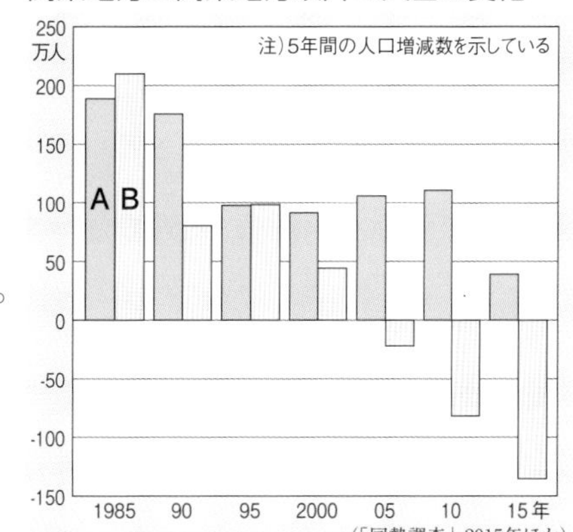

（「国勢調査」2015年ほか）

チェック 教科書一問一答　次の問いに答えよう。

/10問中

★は教科書の太字の語句

1 関東地方の自然環境と人々のかかわり

①関東地方に広がる，日本最大の平野を何といいますか。　□★①

②①を流れる，日本で最も流域面積の広い川を何といいますか。　□②

③①の内陸部の台地をおおう赤土を何といいますか。　□★③

④さいたま市，千葉市，横浜市など，人口50万人以上で県に準じた行政ができる都市を何といいますか。　□★④

⑤東京大都市圏は，日本の首都である東京があることから，別のよび方で何といいますか。　□⑤

⑥関東地方でしばしば発生する集中豪雨は何とよばれていますか。　□⑥

⑦東京や横浜で発生している，都市の中心部の気温が局地的に周辺より上昇する現象を何といいますか。　□★⑦

2 世界都市，東京と日本や世界の結びつき

⑧東京にある，日本の航空路線（国内線）の中心の空港を何といいますか。　□⑧

⑨東京に集中している，放送局，新聞社，インターネット関連企業などの業種を何といいますか。　□★⑨

⑩東京大都市圏で生み出され，世界に発信されている，食文化，ファッション，芸術などの文化を何といいますか。　□★⑩

知識の泉　東京都がある千代田区には，国会議事堂や政府機関，最高裁判所など，国の機関が集まる「霞が関」やオフィス街があります。東京都の都庁は，新宿区にあります。

予習・復習 こつこつ 解答 p.27

確認のワーク ステージ1

第3章 日本の諸地域
5 関東地方②

教科書の要点 （　）にあてはまる語句を答えよう。

1 東京大都市圏の人々の結びつき 教 p.226~227

●東京の都心と副都心/郊外の住宅地/過密化の解消

◆東京大都市圏▶日本の人口の約3割が集中。

■都心▶東京駅周辺のオフィス街，商業地区が広がる地域。

・都心の西側の新宿，渋谷，池袋の**ターミナル駅**周辺に，都心の機能を補う（①　　　　　）がある。

・都心から（②　　　　　）に鉄道や高速道路がのび，郊外から都心部に通勤・通学。人口は夜より昼が多い。

◆郊外▶（③　　　　　）の成長。ニュータウンの建設。
（ベッドタウンともよばれる）

◆（④　　　　　）化による問題▶通勤・通学のラッシュ時に混雑。（⑤　　　　　）が高い。
（土地の値段）

◆都市機能の分散▶都心や周辺の再開発，郊外への大学・研究機関の移転，周辺都市でのオフィス街の整備などが進む。
（筑波研究学園都市など）
（横浜市（みなとみらい21），千葉市（幕張新都心），さいたま市（さいたま新都心）など）

2 大都市圏を支える工業・農業と物資の移動 教 p.228~229

●臨海部と内陸部の工業地域

◆関東地方の工業▶大消費地や大企業の本社・研究所と近く，（⑥　　　　　）空港・東京港・横浜港などの貿易港があるため盛んに。
（千葉県成田市）

◆（⑦　　　　　）地帯・京葉工業地域▶鉄鋼，金属，化学などの重化学工業が盛ん。臨海部の**埋立地**に工場が集まる。工場のあと地が商業施設や（⑧　　　　　）センターに再開発される。

◆北関東工業地域▶組み立て工場などが移転。県や市町村が（⑨　　　　　）を高速道路のインターチェンジ周辺につくり工場を誘致してさらに発展。

●大消費地を支える関東地方の農業

◆新鮮な農産物を都市に供給する近郊農業が盛ん。現在ははくさい（茨城県），だいこん（千葉県）の生産，乳牛（栃木県）や豚（千葉県）の飼育が多い。

3 都市問題の解決に向けて 教 p.230~231

●強まる一極集中で高まるリスク/防災を考えた都市の再開発

◆（⑩　　　　　）などの地震が発生するおそれ。

◆防災対策▶市街地の再開発，新しい道路の整備，堤防の強化（荒川にスーパー堤防），地下調整池（雨水を一時的に貯め，浸水を防ぐ）の建設など。

↓東京23区への通勤・通学者数

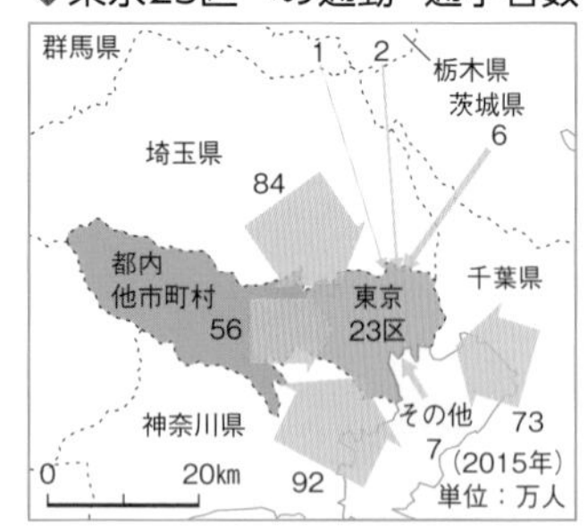

（「国勢調査」2015年）

↓三大都市圏の人口の比率

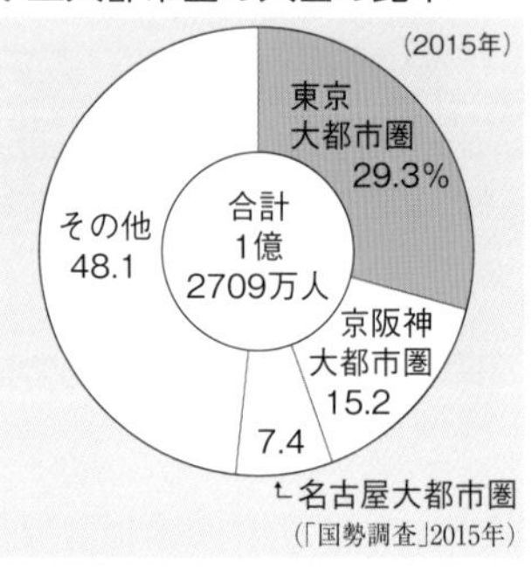

（「国勢調査」2015年）

↓輸出入額の多い貿易港

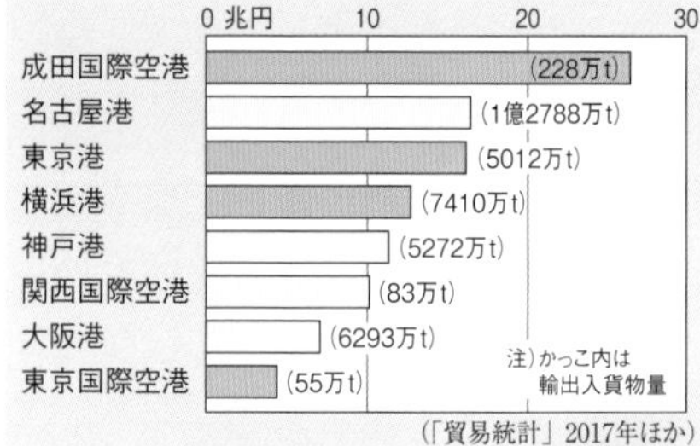

（「貿易統計」2017年ほか）

標高が高い群馬県の嬬恋村では，キャベツの生産が盛んだよ。

↓ねぎ・ほうれんそうの県別生産量

ねぎ 合計46万t （2017年）
千葉県 13.1%，埼玉県 12.6，茨城県 11.2，群馬県 4.4，北海道 5.0，その他 53.7

ほうれんそう 合計23万t （2017年）
千葉県 14.6%，埼玉県 10.4，群馬県 8.2，宮崎県 5.9，茨城県 7.7，その他 53.2

（「作物統計」2017年）

衛星都市 都市圏内にあり，住宅地などの機能を分担　郊外 都市の周辺部に広がる

教科書の資料 次の問いに答えよう。

(1) 右のグラフ中のA～Cにあてはまる都市を□から書きなさい。

A（　　　　）
B（　　　　）
C（　　　　）

東京23区
横浜市
大阪市

主な都市の昼間の人口と夜間の人口のちがい

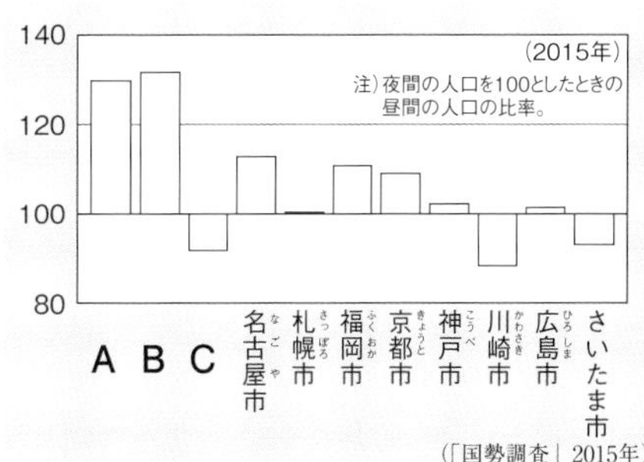

(2) 都心の西側にある新宿，渋谷，池袋のターミナル駅周辺は，都心の機能を補っていることから何とよばれますか。（　　　　）

(3) 都市の周辺部にあり，住宅地が広がっている地域を何といいますか。

（　　　　）

チェック 教科書一問一答 次の問いに答えよう。

/10問中

★は教科書の太字の語句

1 東京大都市圏の人々の結びつき

①東京駅周辺の，オフィス街や商業地区が広がっている地域を何といいますか。 □★①

②東京23区全体の昼間人口と夜間人口はどちらの方が多いですか。 □②

③老朽化した住宅密集地域など，都市機能が低下している地区を計画的に作り直すことを何といいますか。 □★③

2 大都市圏を支える工業・農業と物資の移動

④東京都から神奈川県の東京湾沿岸にかけて広がる工業地帯を何といいますか。 □★④

⑤東京都から千葉県の湾岸部にかけて広がる工業地域を何といいますか。 □★⑤

⑥京浜工業地帯や京葉工業地域で盛んな，鉄鋼，金属，化学などの工業をまとめて何といいますか。 □⑥

⑦関東地方の内陸部に広がる工業地域を何といいますか。 □★⑦

⑧関東地方で古くから盛んな，大消費地に近いことを生かして野菜や花を栽培する農業を何といいますか。 □⑧

3 都市問題の解決に向けて

⑨東京大都市圏で発生するおそれのある大地震を何といいますか。 □★⑨

⑩荒川周辺に洪水などの災害防止のために建設された川の増水に強い堤防を何といいますか。 □⑩

東京都に都市機能が集中すると，過密化や地域間の不均衡が起こります。そのため，都市機能の分散の試みが進められ，さいたま新都心などがつくられました。

こつこつ　テスト直前　解答 p.27

定着のワーク ステージ2

第3章　日本の諸地域
5　関東地方

1 関東地方の自然環境　右の地図を見て，次の問いに答えなさい。

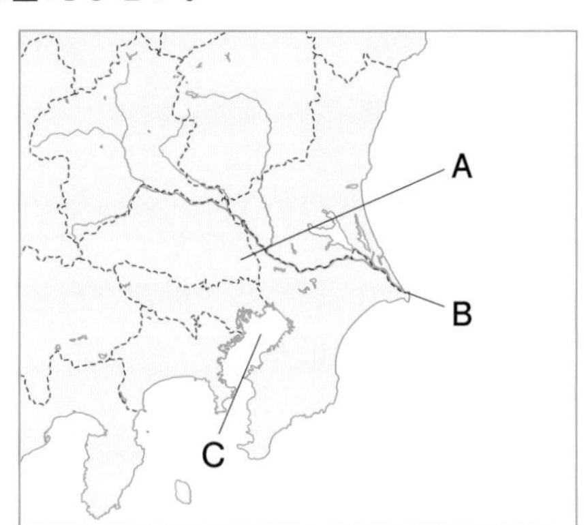

(1)　Aの平野，Bの川，Cの湾(わん)の名前をそれぞれ書きなさい。

A(　　　)　B(　　　)
C(　　　)

(2)　Aの平野について，次の文中の□にあてはまる語句をそれぞれ書きなさい。

①(　　　)　②(　　　)

この平野は，浅間山(あさまやま)や富士山(ふじさん)から出た ① が風下につもってできた， ② とよばれる赤土におおわれている。

(3)　関東(かんとう)地方で冬にふく，北西の風を何といいますか。

(　　　)

2 東京大都市圏　右の資料を見て，次の問いに答えなさい。

資料1　東京の地位

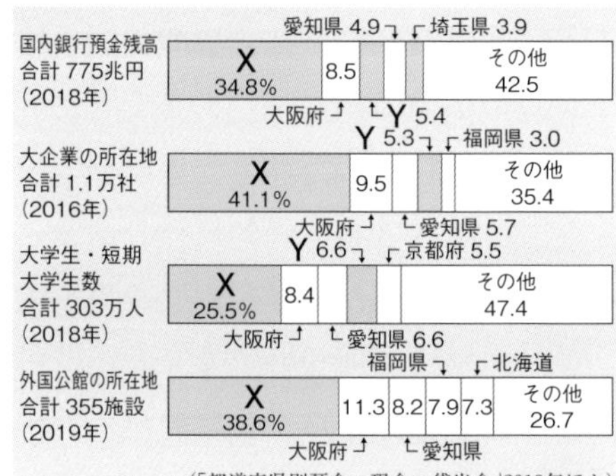

(「都道府県別預金・現金・貸出金」2018年ほか)

(1)　資料1中のX・Yにあてはまる都道府県名をそれぞれ書きなさい。

X(　　　)
Y(　　　)

(2)　東京23区を中心に広がっている，日本で最も人口が集中している都市圏(けん)を何といいますか。

(　　　)

(3)　次の文中の□にあてはまる語句をそれぞれ書きなさい。

①(　　　)　②(　　　)

東京駅周辺には，オフィス街や商業地区が広がり， ① が形成されている。 ① の西側にある新宿(しんじゅく)，渋谷(しぶや)，池袋(いけぶくろ)などは， ① の機能を補(おぎな)う地域(ちいき)になっており， ② とよばれている。

資料2　東京23区への通勤・通学者数

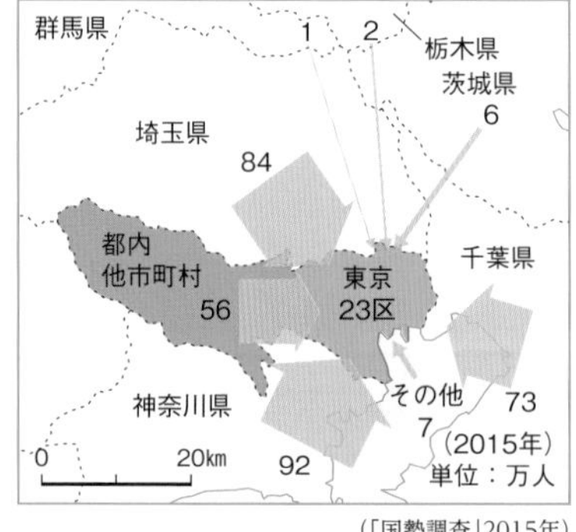

(「国勢調査」2015年)

(4)　資料2について，次の問いに答えなさい。

①　東京23区の周辺部にあり，住宅地などが広がっている地域を何といいますか。(　　　)

②　東京23区の人口が多くなっている時間帯を，次から選びなさい。(　　　)

ア　昼間　　イ　夜間

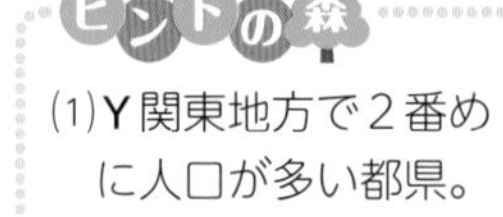

3 関東地方の工業・農業　右の地図を見て，次の問いに答えなさい。

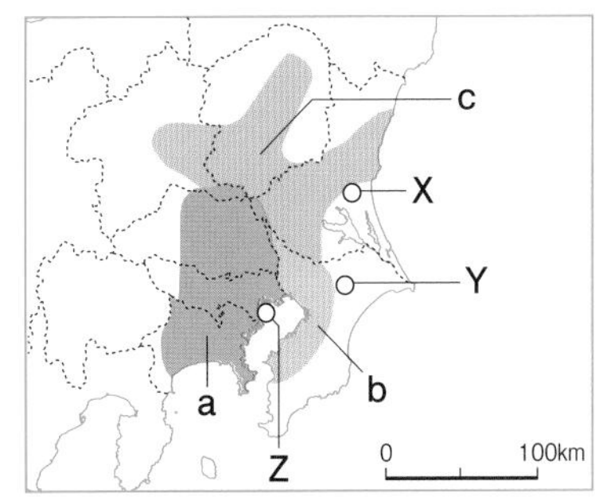

(1)　右の地図中のaの工業地帯，b・cの工業地域をそれぞれ何といいますか。

a（　　　　　　）　b（　　　　　　）
c（　　　　　　）

(2)　関東地方の工業について，次の文中の□にあてはまる語句を，⬚からそれぞれ書きなさい。

①（　　　　　　）　②（　　　　　　）

地図中のa・bでは，原材料の輸入や製品の出荷に便利な立地を生かし，鉄鋼（てっこう），金属，化学などの ① が盛（さか）んである。高速道路が整備されたことで ② に工業団地がつくられるようになり，地図中のcでも工業が発展（はってん）した。

重化学工業
軽工業
内陸部　臨海部（りんかい）

(3)　資料1について，次の問いに答えなさい。

①　Aの貿易港の場所を，地図中のX～Zから選びなさい。（　　　）

②　グラフ中のBは，地図中のaの工業地帯が利用している港です。Bの港を何といいますか。

（　　　　　　）

資料1　輸出入額の多い貿易港

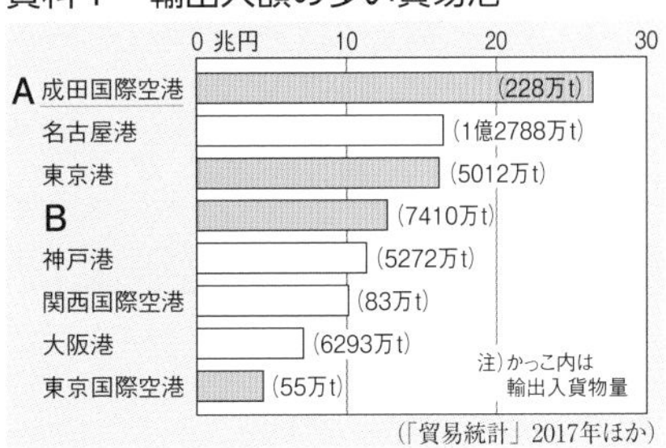

（「貿易統計」2017年ほか）

(4)　資料2について，次の問いに答えなさい。

①　だいこんやねぎ，ほうれんそうの栽培（さいばい）や豚の飼育，温暖な気候を生かした花の栽培などが盛んな都道府県を，グラフ中から書きなさい。

（　　　　　　）

②　新鮮な農産物を都市に住んでいる人々に供給（きょうきゅう）するために都市の近くで行う農業を何といいますか。

（　　　　　　）

資料2　農業生産額の多い県

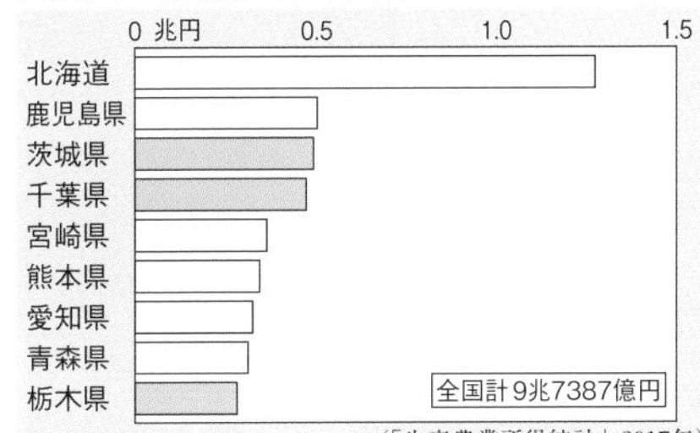

（「生産農業所得統計」2017年）

(5)　標高が高く，キャベツの栽培が盛んな嬬恋村（つまごい）がある都道府県はどこですか。（　　　　　　）

(3)a千葉県にあります。

4 関東地方の都市問題　次の文を読んで，あとの問いに答えなさい。

東京大都市圏では，（　　）地震の発生のおそれがある。また，低地の河口部の洪水や高潮（たかしお），集中豪雨（ごうう）による浸水などの災害も発生しやすい。災害に強い市街地をつくる取り組みや，道路，堤防（ていぼう），地下調整池の整備などが進められている。

(1)　（　　）にあてはまる語句を書きなさい。

（　　　　　　）

ヒントの森
(1)首都圏に大きな被害が発生します。

(2)　下線部のように，建物が密集（みっしゅう）した地域などを計画的に作り直すことを何といいますか。（　　　　　　）

第3編
第3章

予習・復習 こつこつ 解答 p.28

確認のワーク ステージ1

第3章 日本の諸地域

6 東北地方①

教科書の要点

(　)にあてはまる語句を答えよう。

1 東北地方の自然環境と人々のかかわり 教 p.236~237

● 地形/気候/地形や気候を生かした生活

◆山地▶中央部に**奥羽山脈**。日本海側に出羽山地，白神山地(世界自然遺産に登録)。太平洋側に北上高地，阿武隈高地。岩木山や岩手山などの火山が点在。十和田湖や田沢湖は，(①　　　)に水がたまってできた湖。

◆平地▶秋田平野，庄内平野，仙台平野。山地のあいだに盆地が広がり，人口は平野と盆地に集中。

◆海▶太平洋側の(②　　　)は岬と湾が入り組んだリアス海岸。太平洋沖の日本海溝付近を震源とする(③　　　)(2011年に発生)で被害を受ける。

◆気候▶南北に約600kmの距離があり，気温差が大きい。

■日本海側▶冬の(④　　　)の影響で積雪が多い。

■太平洋側▶冬の積雪は少なく，晴れの日が多い。6～8月にやませ(冷たく湿った風)がふくことがあり，冷夏になることがある。

◆漁業▶三陸海岸沖の(⑤　　　)(黒潮)と**千島海流**(親潮)がぶつかる**潮目**は豊かな漁場。八戸，気仙沼，石巻，塩竈などの漁港でいか，さんま，かつお，まぐろなどの水あげ量が多い。リアス海岸の湾内では，わかめやかきなどの**養殖**が盛ん。

↓東北地方の地形

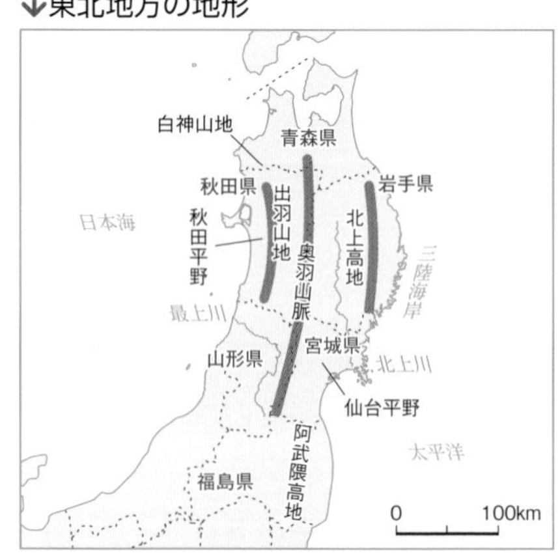

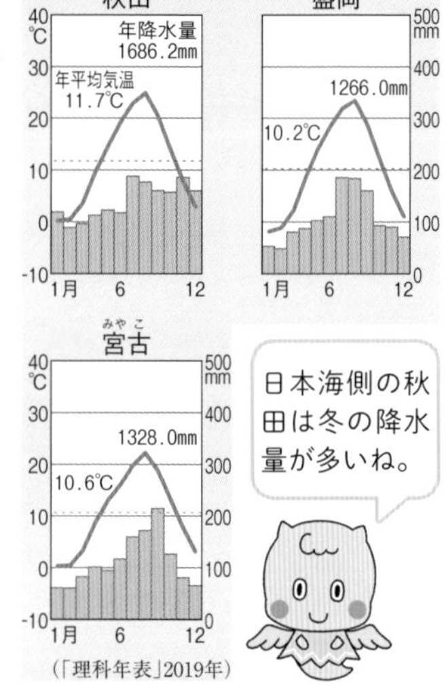

(「理科年表」2019年)

2 農業をとりまく環境の変化と農家の対応 教 p.238~239

● 東北地方の農業

◆日本の穀倉地帯▶全国の(⑥　　　)の約3割を生産。秋田平野，庄内平野，仙台平野に広大な水田が広がる。

◆冷夏による(⑦　　　)(米の収穫量が落ちこむ)の被害をおさえるため，稲作のくふうをし，新しい品種の開発などを進める。

◆果物▶(⑧　　　)(青森県)平野や北上盆地でりんご，山形盆地でさくらんぼ・洋なし，福島盆地でももなどを栽培。

● 減反政策と農産物輸入の増加/新たな農業をめざす取り組み

◆米の(⑨　　　)▶米の生産量を調整する政策。大豆やそばなどの農産物への転作が進む。2018年に廃止。

◆新たな農業▶安価な輸入農産物に対抗し，質の高い農産物の生産を進める。「(⑩　　　)産業」化(あおもりカシス，東根さくらんぼなど)や，**グリーンツーリズム**の提供の取り組みが進む。

↓米・りんごの県別生産量

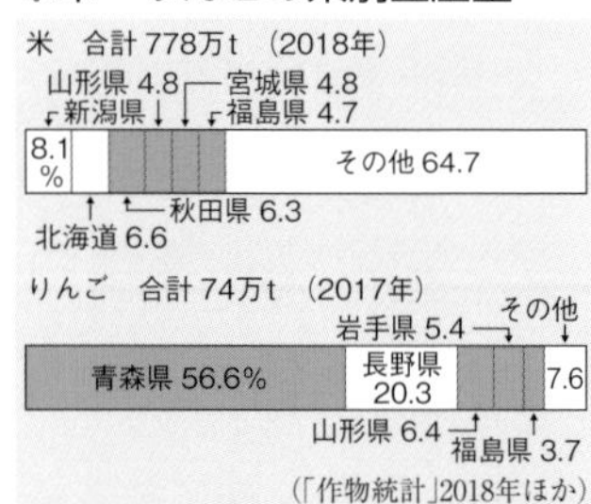

(「作物統計」2018年ほか)

まるごと暗記　やませ 東北地方の太平洋側でふく冷たく湿った風。低温と霧が日照不足をもたらす　冷害 やませで冷夏になると起こる

教科書の資料　次の問いに答えよう。

東北地方で生産される米の銘柄

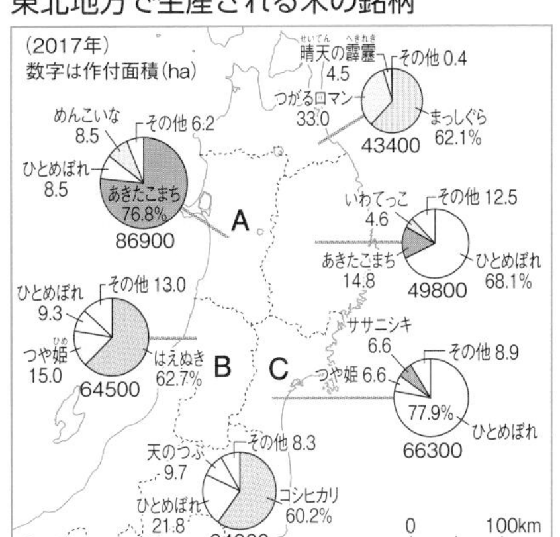

(1)　右の地図中のA～Cの県に広がる米作りが盛んな平野の名前をそれぞれ書きなさい。

A（　　　　　　）
B（　　　　　　）
C（　　　　　　）

(2)　東北地方で米の不作をまねくことがある気象災害を何といいますか。（　　　　　　）

(3)　米が余ることで米の価格が下がるのを防ぐため，米の生産量を調整する政策を何といいますか。

（　　　　　　）

チェック 教科書一問一答　次の問いに答えよう。

/10問中

★は教科書の太字の語句

1 東北地方の自然環境と人々のかかわり

①東北地方の中央部につらなる山脈を何といいますか。　□①

②青森県と秋田県の境に位置する，世界自然遺産に登録されている山地を何といいますか。　□②

③奥羽山脈の東側に位置し，三陸海岸に面している高地を何といいますか。　□③

④岩手県の三陸海岸にみられる，出入りの複雑な海岸を何といいますか。　□④★

⑤東北地方の太平洋沖にのびる海溝を何といいますか。　□⑤★

⑥6～8月頃に東北地方の太平洋側にふくことがあり，冷夏の原因となる冷たく湿った風を何といいますか。　□⑥★

⑦世界有数の漁場である三陸海岸の沖合にできる，千島海流と日本海流のぶつかる場所を何といいますか。　□⑦★

⑧リアス海岸の湾内で盛んな，わかめなどを生産する漁業は何ですか。　□⑧

2 環境の変化と農家の対応

⑨東北地方のように，米などの穀物を大量に生産している地域を何といいますか。　□⑨★

⑩地域活性化を目的として，農作業体験や農家宿泊などで農業の魅力を伝える試みを何といいますか。　□⑩

知識の泉　地理的表示（GI）保護制度は地域の特色ある農産物を保護する制度で，東北地方で活用が広がっています。GIマークは，GI保護制度に認定された農産物に貼ることができます。

予習・復習　こつこつ　解答 p.28

確認のワーク ステージ1　第3章 日本の諸地域　6 東北地方②

教科書の要点　(　　)にあてはまる語句を答えよう。

1 伝統文化の維持と革新　教 p.240～241

● 祭りや年中行事/伝統文化の維持と観光化/伝統産業

◆ 伝統文化 ▶ (①　　　　) のナマハゲ，青森県のねぶた（ねぷた）など，(②　　　　) や年中行事が受けつがれる。

◆ 伝統文化の維持と観光化

■ 東北地方の夏祭り ▶ (③　　　　) 客が複数の祭りを見られるよう，開催日をずらす。

■ 平泉町の寺院や庭園が (④　　　　) に登録。秋保の田植踊，新庄まつりの山車行事，男鹿のナマハゲなどが (⑤　　　　) に登録。
（平安時代の繁栄を示す／岩手県）

■ 黒石市や下郷町の大内宿の伝統的な街なみは重要伝統的建造物群保存地区に選定。
（青森県／福島県）

■ 観光の発展がまちおこし・むらおこしの要素に。

◆ 伝統的工芸品 ▶ 森林資源や鉱産資源を利用。大館曲げわっぱ，樺細工，雄勝硯，南部鉄器など。

2 東日本大震災にともなう社会の変化　教 p.242～243

● 震災がもたらした人口の変化/農業・漁業/工業

◆ 人口の変化

■ 被災地 ▶ (⑥　　　　) 大震災の被災地から避難・移住する人が多く，急激な人口減少。

■ 仙台市 ▶ 東北地方の (⑦　　　　)。震災後の人口の流入などで人口の増加が続く。
（内陸部や仙台市，他県など／宮城県）

◆ 農業・漁業 ▶ 津波の被害や (⑧　　　　) の事故による風評被害で，農産物や水産物の販売が減少→ (⑨　　　　) 量の検査などの取り組み→輸出増。
（放射性物質の影響）

◆ 工業 ▶ 工業団地がつくられ，工場が進出。東日本大震災で被災後，全国各地で工場の災害対策が進む。
（高速道路や新幹線の開通による）

3 震災からの復興と災害に強い地域づくり　教 p.244～245

● 震災を伝承していく取り組み/災害に強い地域づくり

◆ 災害の伝承 ▶ 石碑の設置や「震災遺構」の保存など。
（津波の到達地点など災害の記憶を残す／震災でこわれた建物）

◆ 災害に強い地域づくり ▶ 復興をめざし，低地のかさ上げや (⑩　　　　) 堤の設置などが進められる。

↓東北地方の主な夏祭りの日程

↓被災した主な市町の人口の変化

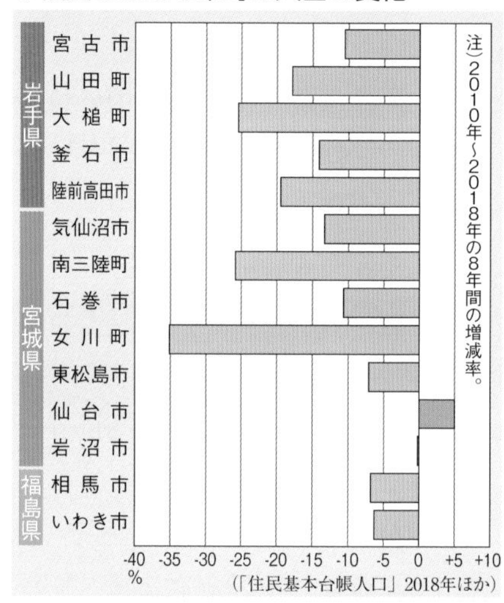

↓被災した3県の水産物の水あげ量

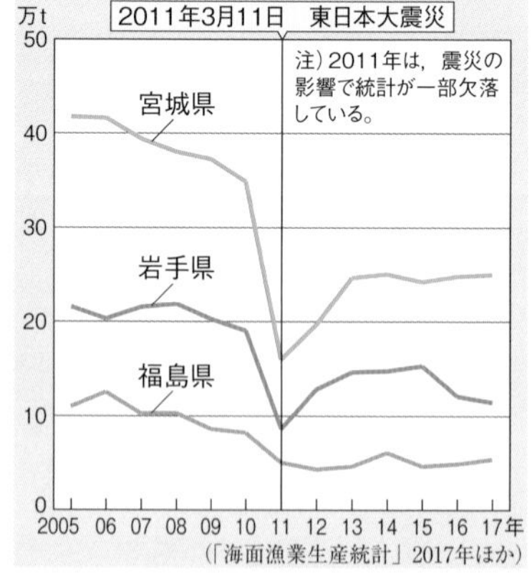

まるごと暗記 仙台市「杜の都」とよばれる，宮城県の県庁所在地で，東北地方の地方中枢都市

教科書の資料 次の問いに答えよう。

(1) 右の地図中のA～Cにあてはまる伝統的工芸品を，□からそれぞれ書きなさい。

A（　　　　　）　B（　　　　　）
C（　　　　　）

津軽塗（つがるぬり）　会津塗（あいづぬり）
大館曲げわっぱ（おおだて）

(2) 次の①・②の祭りが行われている県をそれぞれ書きなさい。

① 弘前（ひろさき）ねぷたまつり（　　　　　）
② 仙台七夕まつり（　　　　　）

東北地方の主な伝統的工芸品

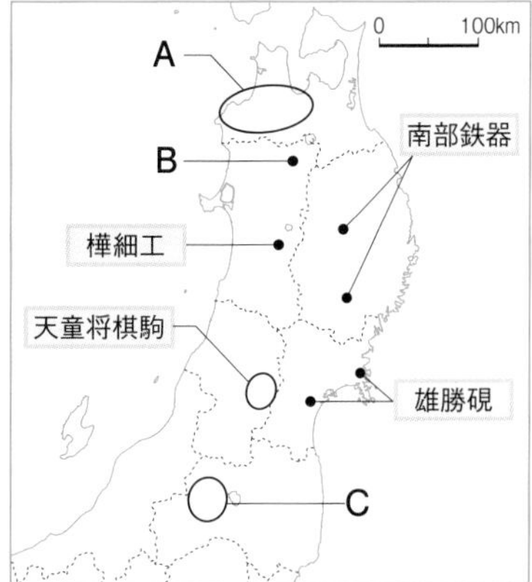

チェック 教科書一問一答 次の問いに答えよう。

/10問中

★は教科書の太字の語句

1 伝統文化の維持と革新

①長い年月にわたり受けつがれてきた，毎年特定の時期に行われる行事を何といいますか。　□★①

②世界文化遺産に登録されている，平安時代の繁栄を示す寺院や庭園があるのは岩手県のどこですか。　□②

③秋田県の男鹿半島で行われている，正月をむかえるための行事を何といいますか。　□③

④③や秋保の田植踊，新庄まつりの山車行事などは，ユネスコにより何に選ばれましたか。　□★④

⑤東北地方の樺細工や雄勝硯など，各地域で伝統的な技術や技法で作られるものを何といいますか。　□★⑤

⑥森林や砂鉄などの資源を利用して発展した，岩手県の⑤は何ですか。　□⑥

2 東日本大震災にともなう社会の変化

⑦「杜の都」とよばれる，東北地方の地方中枢都市はどこですか。　□⑦

⑧原子力発電所の事故のあとに福島の農業や漁業が受けた，風評による経済的な被害を何といいますか。　□⑧

⑨東北地方に高速道路や新幹線が開通してつくられた，工業用地として整備された場所を何といいますか。　□★⑨

3

⑩震災の記録を残すために保存される，震災の被害を受けた建物を何といいますか。　□⑩

秋田竿燈まつりは，江戸時代中期が起源とされる伝統ある祭りです。竿燈には４つのサイズがあり，最も大きいものは，高さ12m，重さ50kg，提灯の数は46個にもなります。

予習・復習 こつこつ 解答 p.29

確認のワーク ステージ1

第3章 日本の諸地域
7 北海道地方

教科書の要点 （　）にあてはまる語句を答えよう。

1 北海道地方の自然環境と人々のかかわり 教 p.250~251

●北の大地の姿/冬の気候/夏の気候

◆地形▶駒ケ岳，有珠山など多く の火山。洞爺湖などは（①　　　　）に水がたまってできた湖。
火山の噴火でできた巨大なくぼ地

■知床半島▶（②　　　　）に登録。

◆気候▶（③　　　　）気候に含まれる。

■濃霧▶東部の太平洋側で夏に発生。
冷やされた南東の季節風による

2 寒冷な気候に対応した人々の生活 教 p.252~253

●アイヌの人々と開拓▶北海道は江戸時代まで蝦夷地とよばれ，アイヌ民族が生活。明治時代，開拓使がおかれ，（④　　　　）などの開拓者が移住する。
役所
兵士と農家の役割をかねる

●北海道の冬の生活▶住宅や道路のくふうなどで雪にそなえる。
玄関や窓を二重にするなど　ロードヒーティングなど

●札幌市▶開拓の中心地として発展。市街地は計画的につくられる。（⑤　　　　）都市である札幌市へ一極集中が進む。

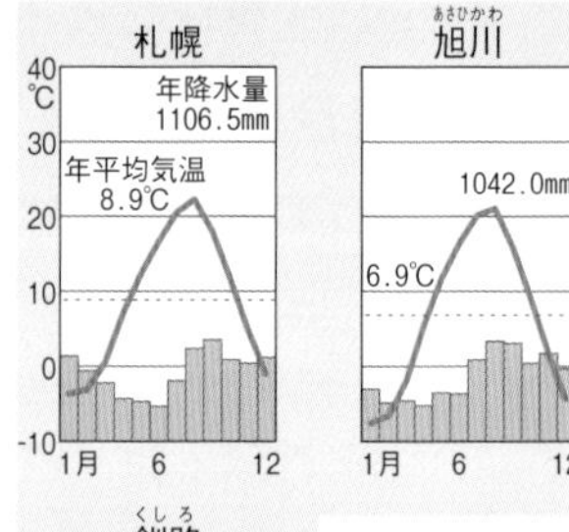

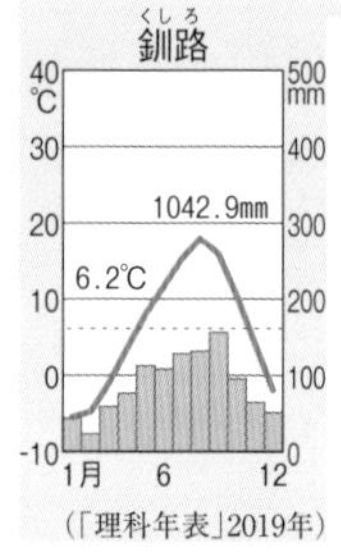

（「理科年表」2019年）

3 きびしい自然環境を克服した農業 教 p.254~255

●稲作・畑作▶石狩平野は土壌改良と稲の品種改良で全国有数の米の産地に。十勝平野は畑作地域で，輪作が行われる。
農産物を年ごとに交代で作る

●（⑥　　　　）▶根釧台地や十勝平野で盛ん。
牧草などの飼料を育て乳牛を飼育

●食の安全への対応▶きびしい品質管理で「食の安全」に配慮した農産物を作り，輸入農産物に対抗。

4 自然環境を生かした観光と世界との結びつき 教 p.256~257

●冬の寒さを生かした観光▶寒さを生かしたさっぽろ雪まつりや，船上から流氷を観察する観光が人気。羊蹄山やトマムのスキー場は，冬の（⑦　　　　）地。外国人観光客も多い。

●観光による地域活性化▶十勝平野・富良野盆地の畑作地域，根釧台地の酪農地域で（⑧　　　　）が盛ん。近代化遺産や歴史的な観光資源をめぐる観光ツアーも行われる。
地域の農業や自然環境などを楽しむ観光　閉山になった炭鉱など　函館市や小樽市の街なみなど

●課題▶観光地への交通手段の充実が課題。
北海道新幹線の延伸が進む

5 自然環境との共生をはかるために 教 p.258~259

●とる漁業から育てる漁業へ▶水あげ量は全国第1位。1970年代以降，北洋漁業から養殖業や（⑨　　　　）へ転換。
ロシアやアメリカの沿岸で漁業　さけ・ますを人工的にふ化させ放流

●環境保全と観光▶知床半島や釧路湿原で自然環境を体験しながら学ぶ（⑩　　　　）が盛ん。

↓県別の水あげ量

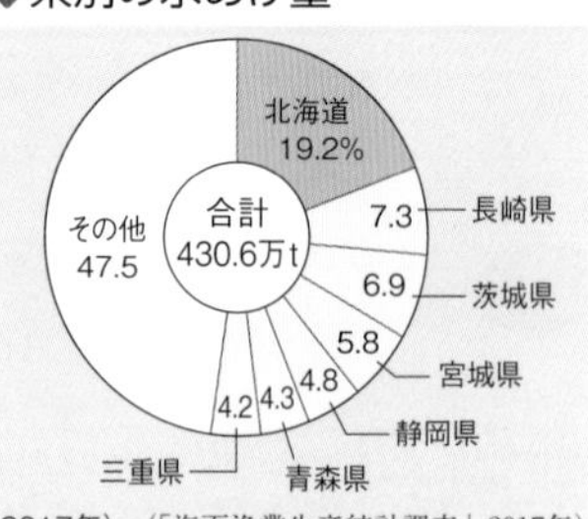

（2017年）（「海面漁業生産統計調査」2017年）

教科書の資料　次の問いに答えよう。

(1) 右のグラフは，主な農産物の県別生産量割合を示したグラフです。グラフのA～Cにあてはまる農産物を，それぞれ選びなさい。

A（　　　）　B（　　　）　C（　　　）

ア　じゃがいも　　イ　小麦
ウ　たまねぎ　　エ　米

(2) 北海道では乳牛を飼育し，牛乳やチーズやバターをつくる農業が盛んです。この農業を何といいますか。（　　　）

(3) 十勝平野で生産が盛んな，砂糖の原料となる農産物を何といいますか。（　　　）

（「作物統計」2018年ほか）

チェック 教科書一問一答　次の問いに答えよう。

/10問中

★は教科書の太字の語句

1 北海道地方の自然環境

①世界自然遺産に登録されている，オホーツク海に面する半島を何といいますか。　□①

②夏に太平洋側の釧路市などで千島海流（寒流）によって空気が冷やされることで発生しやすいものは何ですか。　□★②

2

③江戸時代以前から蝦夷地（現在の北海道）で生活していた，独自の言語や文化をもつ民族を何といいますか。　□★③

3 きびしい自然環境を克服した農業

④泥炭地を土壌改良し，「ゆめぴりか」などの銘柄米を生産している北海道西部の平野はどこですか。　□④

⑤北海道で行われている，何種類もの農産物を年ごとに交代で作る栽培方法を何といいますか。　□★⑤

⑥日本最大の畑作地域で，酪農も盛んな北海道東部の平野はどこですか。　□⑥

4 自然環境を生かした観光と世界との結びつき

⑦オホーツク海沿岸に1月から2月にかけて接近し，それを観察する観光が人気なものは何ですか。　□★⑦

⑧農家など，その地域に住む人々との交流も楽しむ観光を何といいますか。　□★⑧

⑨閉山になった炭鉱など，日本の近代化を支えた文化遺産のことを何といいますか。　□★⑨

5

⑩ほたて貝や，かき，こんぶなどの魚介類・水産物を人工的に育て，出荷する方式の漁業を何といいますか。　□⑩

知床半島では，世界自然遺産に登録される前から，自然環境を守るために有志がお金を出して土地を買い取る「ナショナルトラスト」運動が行われてきました。

こつこつ　テスト直前　解答 p.29

定着のワーク ステージ2　第3章　日本の諸地域
6　東北地方 ／ 7　北海道地方

1 東北地方の自然環境・農業・伝統文化　右の地図を見て，次の問いに答えなさい。

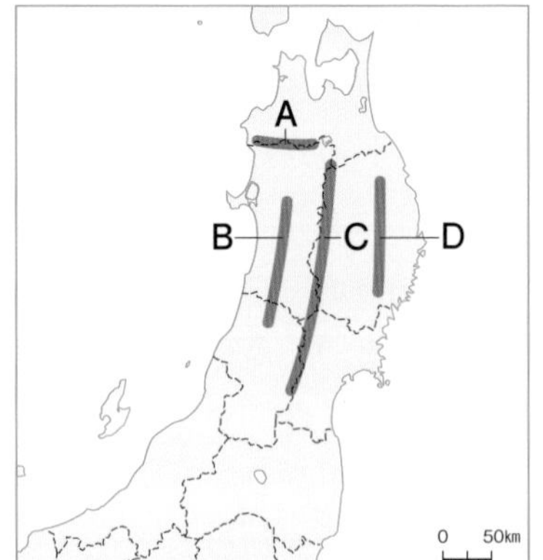

(1)　A・Bの山地，Cの山脈，Dの高地の名前をそれぞれ書きなさい。

A（　　　　　）　B（　　　　　）
C（　　　　　）　D（　　　　　）

(2)　東北地方の気候について，次の文中の□にあてはまる語句をそれぞれ書きなさい。

①（　　　　　）　②（　　　　　）

東北地方の冬は，①側で多くの雪が降る一方，②側では晴れの日が多くなる。

(3)　東北地方の太平洋側で6～8月ごろにふく，冷夏をもたらすことのある自然現象を書きなさい。（　　　　　）

(4)　東北地方で米から大豆やそばなどへの転作が進む原因となった，米の生産量を調整する政策を書きなさい。（　　　　　）

(5)　次の県で行われている夏祭りを，次からそれぞれ選びなさい。

①　青森県（　　）　②　秋田県（　　）

ア　花笠まつり　イ　竿燈まつり　ウ　ねぶた祭

ヒントの森
(4)土地の面積の単位を意味する「反」という語句が入ります。

2 東北地方の震災と復興　右の地図を見て，次の問いに答えなさい。

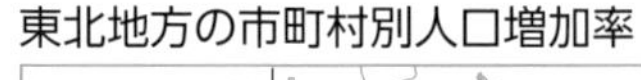
東北地方の市町村別人口増加率

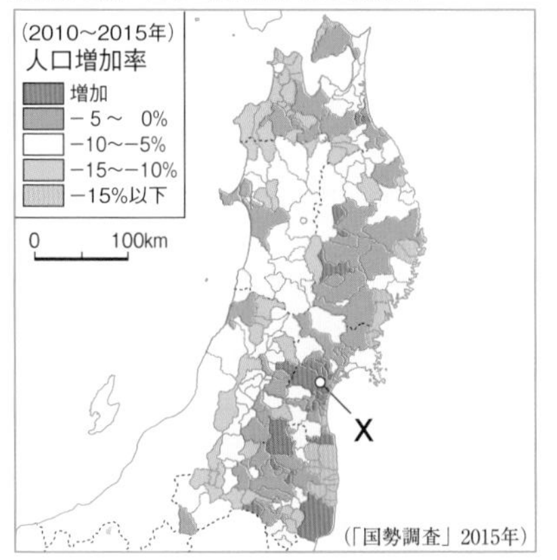

（「国勢調査」2015年）

(1)　東北地方の地方中枢都市であるXやその周辺では，人口の増加が続いています。Xの都市名を書きなさい。（　　　　　）

(2)　近年の東北地方の人口移動に影響をおよぼしている，2011年に起こった震災を何といいますか。（　　　　　）

(3)　次の文中の□にあてはまる語句を，あとから選びなさい。①（　　）②（　　）

東北地方では，津波や原子力発電所の事故に見舞われた被災地から，多くの人が仙台市や①，他県に移り住んだ。そのため，②の人口減少がはげしい。

ア　沿岸部　イ　内陸部　ウ　山間部

(4)　震災を後世の人々に伝承するために保存されている，震災でこわれた建物を何といいますか。（　　　　　）

ヒントの森
(1)夏に七夕まつりが行われる，宮城県の県庁所在地です。

3 北海道地方の自然環境・生活　右の地図を見て，次の問いに答えなさい。

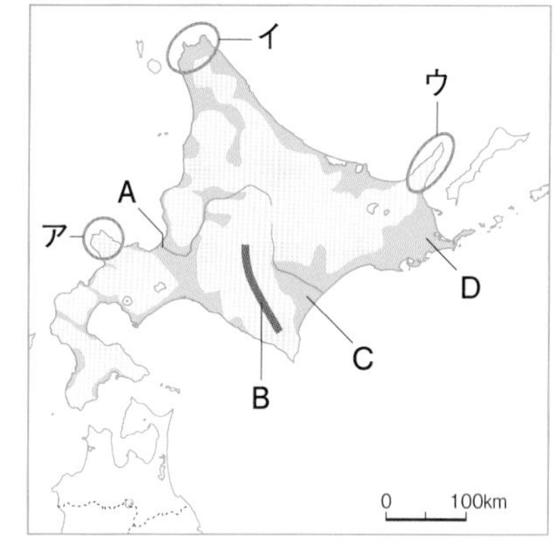

(1) Aの川，Bの山脈，Cの平野，Dの台地の名前を書きなさい。

A（　　　　　）　B（　　　　　）
C（　　　　　）　D（　　　　　）

(2) 世界自然遺産に登録されている①半島の場所をア～ウから選び，②その半島の名前を書きなさい。

①（　　　）　②（　　　　　）

(3) 北海道東部の太平洋側で，寒流の千島海流の上で冷やされた南東の季節風がふくことで発生することがあるものを，次から選びなさい。（　　　）

ア　濃霧　　イ　やませ　　ウ　からっ風

(4) 寒冷で雪の多い北海道で行われている生活のくふうについて，あてはまるものを次からすべて選びなさい。（　　　　　）

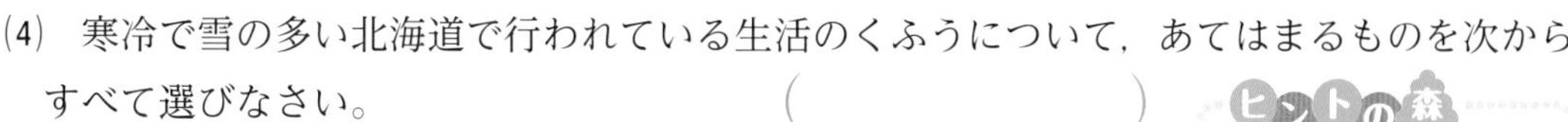

ア　玄関を二重にする。　　イ　信号機を縦にする。

ウ　家の周りを石垣で囲み，屋根を低くする。

エ　ロードヒーティングを設置する。

ヒントの森
(4)沖縄県でみられる住宅のくふうがまじっています。

4 北海道地方の産業　右の地図を見て，次の問いに答えなさい。

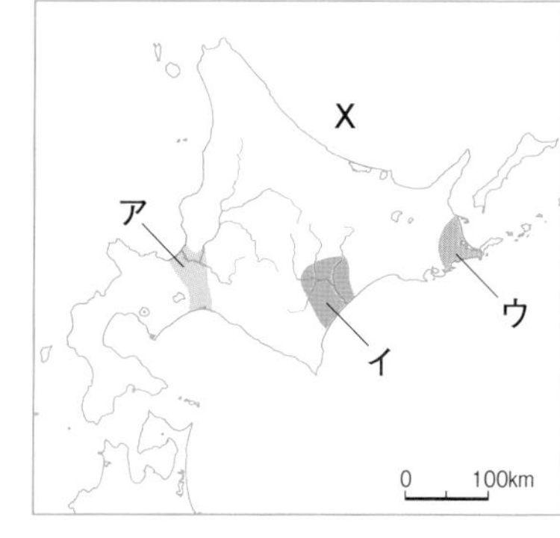

(1) 次の①・②の農業が盛んな地域を，地図中のア～ウからそれぞれ選びなさい。

①　稲作（　　　）　②　畑作（　　　）

(2) 収穫量の減少を防ぐため，北海道の畑作地域では，多くの農家が何種類もの農産物を年ごとに交代でつくっています。この栽培方法を何といいますか。

（　　　　　　）

(3) 右のグラフは，ある農産物の県別生産量を示しています。この農産物を，次から選びなさい。（　　　）

ア　いちご　　イ　小麦　　ウ　米

合計77万t（2018年）

北海道	福岡県	佐賀県	愛知県	群馬県	その他
61.7%	7.1	4.7	3.0	3.0	20.5

（「作物統計」2018年ほか）

(4) 冬にオホーツク海から地図中のXの地域に押しよせ，観光資源になっているものは何ですか。

（　　　　　　）

(5) 広大な農村風景を生かし，北海道の畑作地域や酪農地域で盛んな観光を何といいますか。

（　　　　　　）

(6) 閉山になった炭鉱やにしん漁の番屋など，日本の近代化を支えた文化遺産を何といいますか。（　　　　　）

(7) 北海道で行われている，さけやますを人工的にふ化させ放流する漁業を何といいますか。（　　　　　）

ヒントの森
(3)米の生産量は，新潟県や秋田県でも多くなっています。

こつこつ　テスト直前　解答 p.30

実力判定テスト ステージ3

総合問題編

第3章　日本の諸地域
5　関東地方 ／ 6　東北地方 ／ 7　北海道地方

30分　　/100

1 関東地方について，右の地図を見て，次の問いに答えなさい。　5点×10(50点)

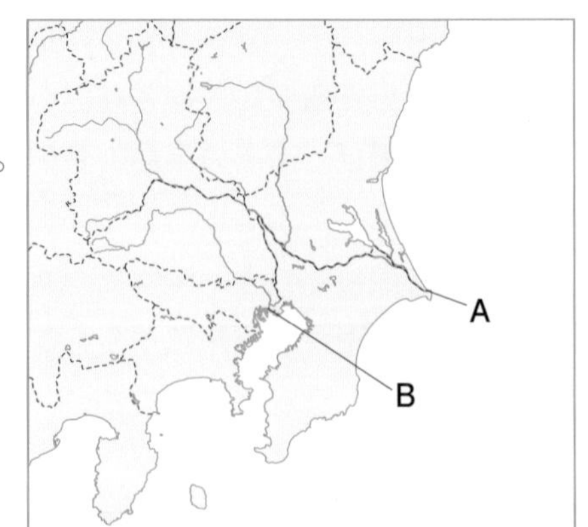

(1)　日本で最も流域面積が広い川を，地図中のA・Bから選びなさい。

(2)　次の①～③にあてはまる都道府県名を書きなさい。
①　相模原市など，3つの政令指定都市がある。
②　成田国際空港や幕張新都心がある。
③　キャベツなど，高原野菜の生産が盛んである。

記述 (3)　茨城県や千葉県，栃木県などの農業生産額が多いのはなぜですか。簡単に書きなさい。

(4)　関東地方にある工業地帯・工業地域について，次の①・②にあてはまるものを書きなさい。
①　東京湾の臨海部の埋立地に工場が集まり，重化学工業が盛んな工業地帯。
②　高速道路のインターチェンジ付近に工場ができ発展した，内陸部にある工業地域。

資料1

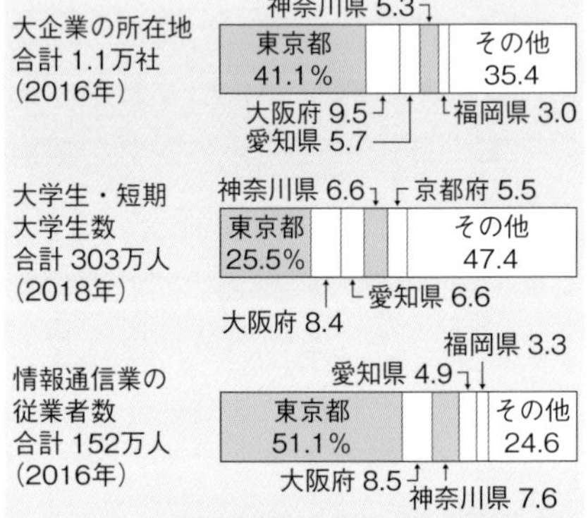

(「都道府県別預金・現金・貸出金」2018年ほか)

(5)　資料1から読み取れることとして，正しいものを次から選びなさい。
ア　大企業の所在地の6割以上が3つの大都市圏にある。
イ　東京都の大学生・短期大学生数は，約25万人である。
ウ　情報通信業の従業者数の約5割が東京大都市圏に集中している。

(6)　東京で進んでいる，人口・産業・政治などが集中している状態を何といいますか。

資料2

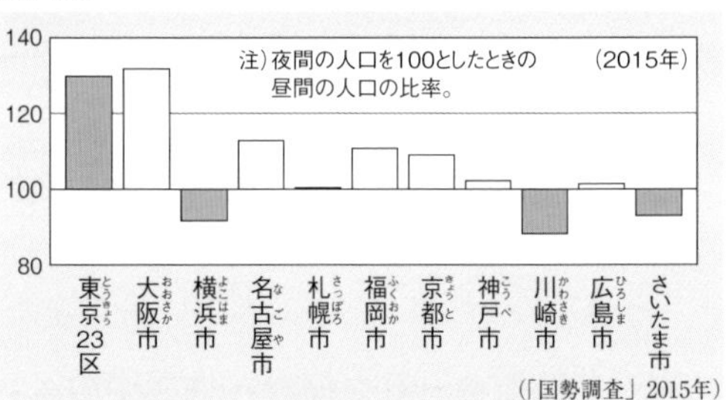

(「国勢調査」2015年)

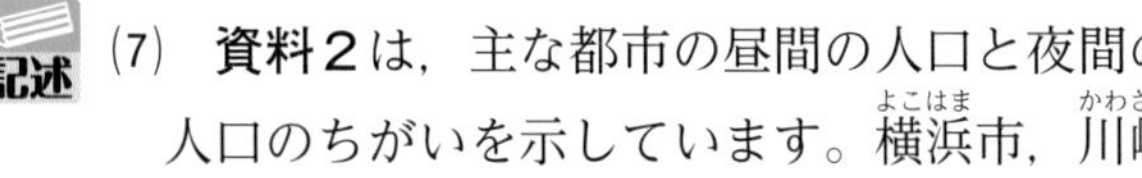

記述 (7)　資料2は，主な都市の昼間の人口と夜間の人口のちがいを示しています。横浜市，川崎市，さいたま市の昼間の人口が夜間の人口より少ない理由を，簡単に書きなさい。

(1)		(2)	①	②	③
(3)					
(4)	①	②		(5)	
(6)		(7)			

- □東京大都市圏の特徴をおさえる
- □東北地方の自然と伝統，産業をおさえる
- □北海道地方の農業をおさえる

自分の得点まで色をぬろう!

がんばろう!　もう一歩　合格!

0　60　80　100点

2 東北地方について，右の地図を見て，次の問いに答えなさい。

(2)は完答，５点×５(25点)

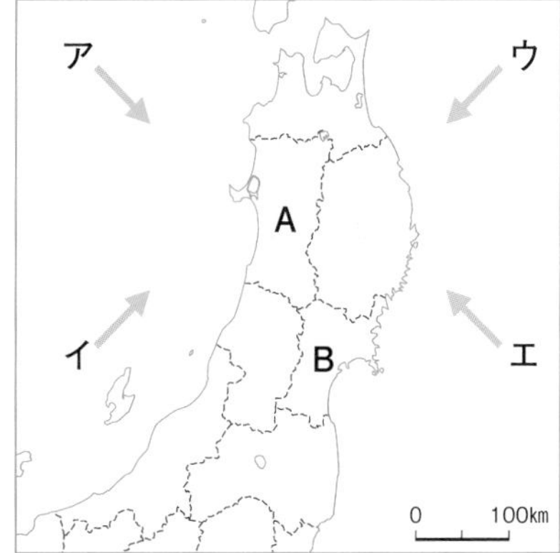

(1)　地図中のA・Bの県の伝統的な祭りと伝統的工芸品の組み合わせを，次から選びなさい。

ア　花笠まつり，天童将棋駒

イ　竿燈まつり，大館曲げわっぱ

ウ　ねぶた祭，津軽塗

エ　七夕まつり，雄勝硯

(2)　東北地方で夏にふく，冷たく湿った風の名前を書きなさい。また，その風を示す矢印を地図中のア～エから選びなさい。

(3)　三陸海岸沿岸のリアス海岸で盛んな漁業を，次から選びなさい。

ア　北洋漁業　　イ　養殖業　　ウ　遠洋漁業

記述 (4)　三陸海岸の沖合が世界有数の漁場になっているのはなぜですか。簡単に書きなさい。

(1)	A	B	(2)	風	矢印	(3)	
(4)							

3 北海道地方について，次の文を読んで，あとの問いに答えなさい。

５点×５(25点)

北海道では，a 石狩平野で土壌改良や品種改良などが進み，米が生産されている。b 十勝平野は，日本最大の畑作地域で，この平野の耕地面積は，日本全体の５％を占めており，農家１戸あたりの平均耕地面積は，日本全体の約20倍，北海道全体の２倍ある。十勝平野や c 根釧台地では，酪農が盛んで，牛乳やバターやチーズが生産されている。

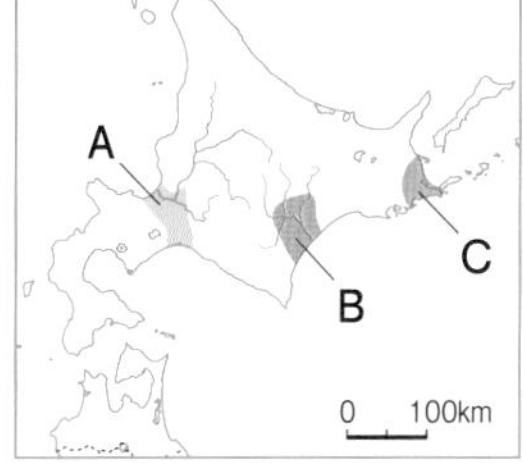

(1)　下線部a～cの平野・台地の場所を，右の地図のA～Cからそれぞれ選びなさい。

(2)　十勝平野で輪作が行われている理由として正しいものを次から選びなさい。

ア　農産物を安定して大量に生産するため。

イ　農産物が品薄になる時期に生産・出荷するため。

ウ　大都市に新鮮な状態で出荷するため。

記述 (3)　北海道の農業の特徴を，「規模」という語句を使って簡単に書きなさい。

(1)	a	b	c	(2)	
(3)					

第3編 第3章

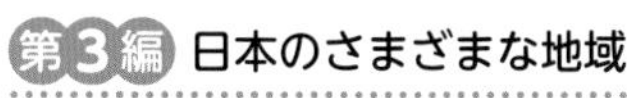

資料活用・思考力問題編

こつこつ 解答 p.31

第3章　日本の諸地域②

30分　/100

1 関東地方について，右の資料を見て，次の問いに答えなさい。　7点×4（28点）

(1) 東京23区，横浜市，川崎市，さいたま市の中から，昼間人口の多い都市を選び，その理由を書きなさい。

(2) 東京大都市圏にある，横浜市，川崎市，さいたま市以外の２つの政令指定都市を，地図中から書きなさい。

(3) 人口が集中している地域の特徴について，**資料２**からわかることを簡単に書きなさい。

資料１　主な都市の昼間と夜間の人口

注）夜間の人口を100としたときの昼間の人口の比率。（2015年）

140 / 120 / 100 / 80

東京23区　大阪市　横浜市　名古屋市　札幌市　福岡市　京都市　神戸市　川崎市　広島市　さいたま市

（「国勢調査」2015年）

資料２　関東地方の人口密度

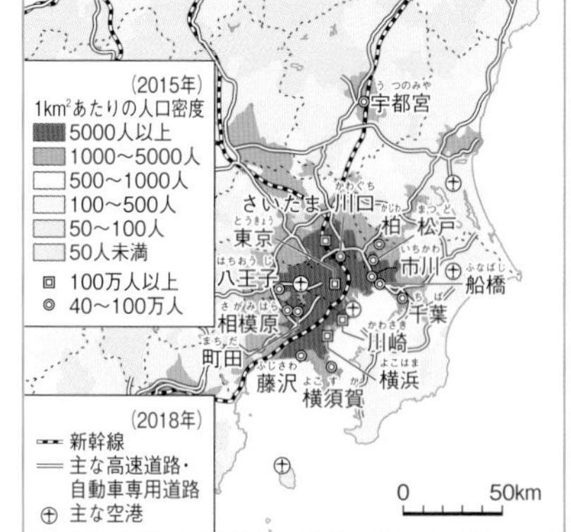

	都市	理由
(1)		
(2)		
(3)		

2 東北地方について，右の資料を見て，次の問いに答えなさい。　7点×3（21点）

(1) **資料１**は，日本の米の生産量・消費量・在庫量を示しています。生産量にあたるものを，**資料１**中から選びなさい。

(2) 東北地方で最も多く生産されている米の銘柄を書きなさい。

(3) 東北地方では，どのような銘柄米の栽培が拡大していますか。**資料２**中の**X**がもたらすことがある災害にふれ，簡単に書きなさい。

資料１

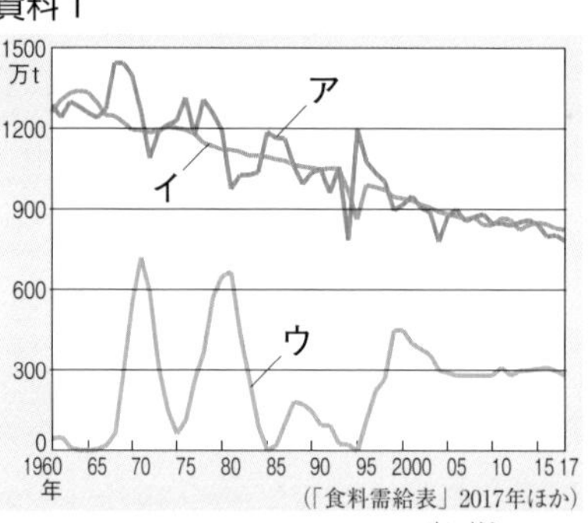

（「食料需給表」2017年ほか）

資料２　東北地方で生産される米の銘柄

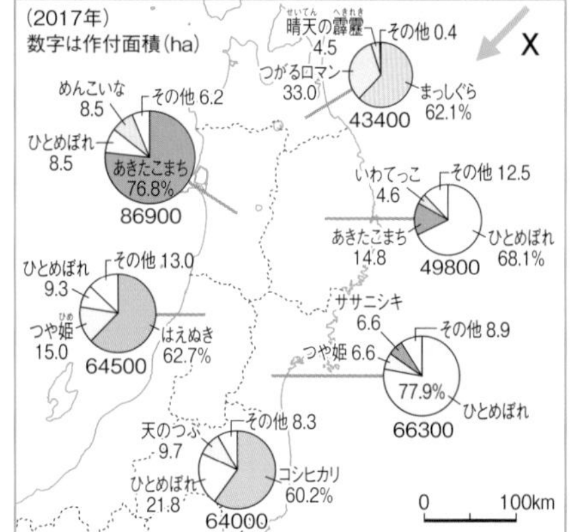

(1)		(2)		
(3)				

土地利用は，その土地の地形や気候，交通網，人口などとの関連で考えよう。

自分の得点まで色をぬろう!

がんばろう!　もう一歩　合格!

0　60　80　100点

3 北海道地方について，右の資料を見て，次の問いに答えなさい。 6点×5（30点）

(1) 次の文を読んで，地図中のA・Bにあてはまるものを，あとからそれぞれ選びなさい。

北海道では，地方中枢都市である札幌市に人口が集中している。冷涼な気候により稲作には適さない地域であるが，土壌改良や品種改良により，石狩平野で米が生産されるようになり，全国有数の生産地となった。十勝平野では畑作が盛んで，小麦やてんさいなどの大規模な農業が行われている。

ア 田　イ 畑

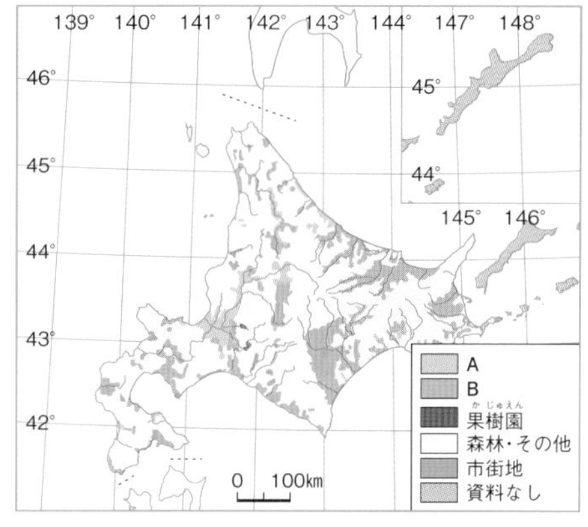

(2) 北海道の太平洋側の気候について，次の文中の□にあてはまる語句を書きなさい。

太平洋側は，積雪が少ない。寒流の ① 海流の上で冷やされた季節風がふくため，② が発生することがある。

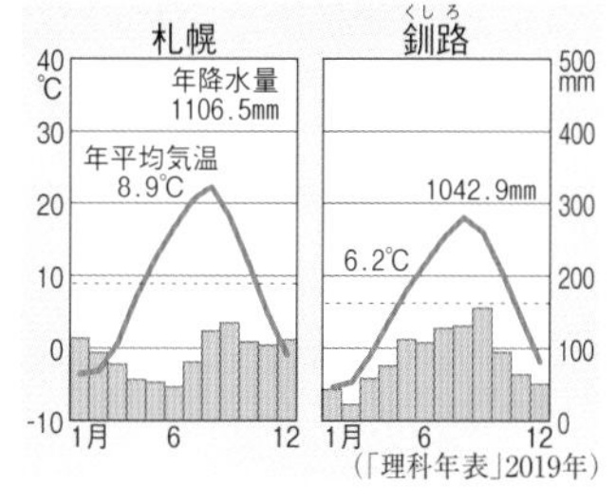

（「理科年表」2019年）

(3) 北海道の日本海側の気候の特色を，右の雨温図から読み取れる降水量に着目して簡単に書きなさい。

(1)	A	B	(2)	①	②	
(3)						

4 日本の7つの地方について，次の資料を見て，あとの問いに答えなさい。 7点×3（21点）

面積 計37万7974km²（2017年）

ア	イ	ウ	エ	オ	カ	キ
21.0%	17.9	17.9	13.6	11.9	8.9	8.7

人口 計1億2671万人（2017年）

ア	イ	ウ	エ	オ	カ	キ
4.2	7.0	16.9	8.8	11.3	17.7	34.1

県内総生産 計546兆5505億円（2015年）

ア	イ	ウ	エ	オ	カ	キ
3.5	6.2	17.8	8.1	9.0	16.7	38.7

（「人口推計」2017年ほか）

A　6つの県があり，面積は全体の約18%を占める。大きな河川の下流にある平野で米の生産が盛んで，全国の米の生産の約3割を占める。

B　面積は全体の約9%であるが，政治・経済・文化の中心になっている大都市圏が広がるため，人口は最も多く，県内総生産も最も大きい。

C　日本で最も面積の広い都道府県があり，面積は全体の約2割を占めている。第1次産業や自然環境を生かした観光業が盛んである。

(1) A～Cの地域を示すデータを，グラフ中のア～キからそれぞれ選びなさい。

(1)	A	B	C

予習・復習 こつこつ 解答 p.32

確認のワーク ステージ1 第4章 地域のあり方

教科書の要点 （ ）にあてはまる語句を答えよう。

1 地域の課題と特色をつかもう 教 p.264~265

●地域(ちいき)の課題をつかむ，地域の特色をつかむ

◆調査テーマ・調査する地域の決定

■日本全体の課題との共通点や異(こと)なる点に着目し，地域の課題を考える。

2 地域の課題の要因を考察しよう 教 p.266~269

●課題の要因を考察する

◆課題に対する取り組みの調査

■課題に対する取り組みや（① ）のできごとから，課題の重要度がわかる。 かつて起こった災害など

■課題と関連の深い視点(してん)以外にも注目し，総合的に（② ）する。災害・防災の場合，自然環境(かんきょう)だけでなく人口，産業，交通，歴史などにも注目する。 よく考え調べる

■（③ ）では，文献資料や（④ ）からはわからない話を聞くことができる。 ③直接話を聞く調査方法 ④統計データをまとめた資料

◆課題を多面的にとらえて考察する

■立場のちがいによる課題のとらえ方のちがいに注意する。

■ほかの地域と（⑤ ）と，共通点や異なる点が明らかになる。課題解決のヒントになることもある。 つき合わせて調べる

3 課題の解決に向けて構想しよう 教 p.270~271

●解決に向けて構想する

◆よりよいまちづくりプランを考える

■コンセプトをはっきり示し，タイトルをつける，1枚(まい)の紙にまとめる，（⑥ ）ソフトを使うなど，わかりやすいプラン（提案）になるようにくふうする。 スライドショーで情報を表示できる

4 まちづくり会議を開こう 教 p.272~273

●まちづくり会議

◆会議を開くにあたって

■障がい者，地域に住む人，子育て中の人，（⑦ ）や観光客など，さまざまな立場から検討(けんとう)する。 65歳以上の人々

■話し合いの結果をもとに「まちづくりプラン」を（⑧ ）する。 よりよいものに改める

↓課題の追究を始める前に

●追究する課題を決定する。
重要視されている課題だけではなく，これまでの地域の変容や，今後の地域の将来像について考えたときに重要だと思われる課題に注目する。

●課題を追究する地域を決定する。
課題によっては身近な地域ではなく追究しやすい他の地域を選ぶ。

似た課題をもつ地域もインターネットで調査するといいね。

↓対立したときに合意を形成する方法

●ＡＢの２つの提案が対立したときの解決方法
① ＡＢのどちらかを選択(せんたく)。
② Ａを６割(わり)，Ｂを４割のように，２つの案を取り入れて調整する。
③ Ａの次にＢを行う，Ｂの次にＡを行うというふうに，２つの案に順番をつける。
④ ＡでもＢでもない，新しいＣ案を考える。

↓構想した結果の発信方法

●プレゼンテーションソフトを使ってまとめ，文化祭などで発表する。
●地図，写真，グラフなどを入れてまとめ，学校のホームページで公開。
●まちづくり・地域づくりのコンテストなどに応募(おうぼ)する。
●ビデオレターに編集して，地域の人々に配布する。

こつこつ　テスト直前　解答 p.32

第4章　地域のあり方

1 課題の要因の考察　右の資料を見て，次の問いに答えなさい。

⑴　**資料1**は，京都(きょうと)市の自然と防災を調べる班がまとめたまちづくりプランです。この資料の特色についてあやまっているものを次から選びなさい。（　　）

ア　京都を訪れる観光客のための災害対策が盛りこまれている。

イ　それぞれの立場の人に必要な支援を整理して提案している。

ウ　地形，気候といった自然環境の面に焦点をしぼり，京都の災害の特色を考察している。

⑵　**資料2**は，ある班がまとめたまちづくりプランです。空欄に入れる資料として適切なものを，次から選びなさい。（　　）

ア　日本の人口ピラミッド

イ　京都市の人口の推移

ウ　日本の高齢(こうれい)化率の推移

エ　京都市の土地利用図

⑶　各班が提案したまちづくりプランを検討し，あるプランにまとめようとしたとき，A・Bの提案が生まれ，対立しました。解決方法を示した次の文中の（　）にあてはまるものを，あとからそれぞれ選びなさい。

a（　　）　b（　　）　c（　　）

資料1　自然と防災班のまちづくりプラン

防災に関する意識度チェック

やっていますか？1人1人ができること
- □ 家族での話し合い
- □ 防災グッズの用意
- □ ハザードマップの確認
- □ 避難ルートや避難所の確認
- □ 災害時帰宅支援マップの確認

私たちの提案　●京都市　▲日本全体

▲学校・企業で災害時の徒歩での帰宅方法を考える勉強会を開催しよう。

●有名な観光地のホームページにそこが観光客の緊急避難広場であることを多言語で示そう。

▲駅・インターチェンジなどで，ほかの地域からの避難者への対応を手伝おう。

資料2　人口と街なみ班のまちづくりプラン

人口と街なみ班

◆若い人に人々に魅力のある町をつくろう！
- ●京都市の人口…1986 年の148 万人が最高で，将来は少しずつ減っていきます。
- ●京都市の人口の特色
  - ・高齢化率は全国平均よりやや高い。
  - ・大学生は約 15 万人。（人口の 10％以上）

資　料

プラン

卒業後も京都に残ってもらうために，就職先を紹介する！残った人には家賃補助をだす！

① A・Bのどちらかを（ a ）する。

② Aを6割(わり)，Bを4割のように，2つの案を取り入れて（ b ）する。

③ Aの次にBを行う，Bの次にAを行うというふうに，2つの案に（ c ）をつける。

④ AでもBでもない，新しいC案を考える。

ア　選択(せんたく)　　イ　順番　　ウ　調整

⑴社会的な面にも着目し提案されています。

第3編 第4章

プラスワーク　世界の国々と国旗

次の国旗と国名と，首都の名前をそれぞれ書きましょう。

①国名（　　　　）
首都名（　　　　）

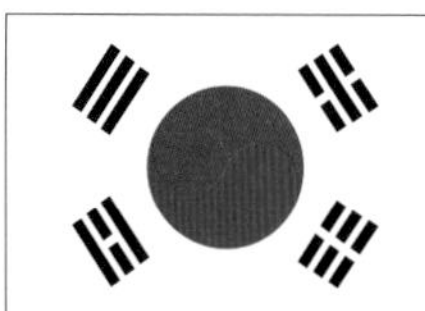

②国名（　　　　）
首都名（　　　　）

③国名（　　　　）
首都名（　　　　）

④国名（　　　　）
首都名（　　　　）

⑤国名（　　　　）
首都名（　　　　）

⑥国名（　　　　）
首都名（　　　　）

⑦国名（　　　　）
首都名（　　　　）

⑧国名（　　　　）
首都名（　　　　）

⑨国名（　　　　）
首都名（　　　　）

⑩国名（　　　　）
首都名（　　　　）

⑪国名（　　　　）
首都名（　　　　）

⑫国名（　　　　）
首都名（　　　　）

⑬国名（　　　　）
首都名（　　　　）

⑭国名（　　　　）
首都名（　　　　）

⑮国名（　　　　）
首都名（　　　　）

⑯国名（　　　　）
首都名（　　　　）

⑰国名（　　　　）
首都名（　　　　）

⑱国名（　　　　）
首都名（　　　　）

⑲国名（　　　　）
首都名（　　　　）

⑳国名（　　　　）
首都名（　　　　）

解答：①国名 日本／首都名 東京　②大韓民国／ソウル　③朝鮮民主主義人民共和国／ピョンヤン　④中華人民共和国／ペキン　⑤モンゴル／ウランバートル　⑥インド／デリー　⑦フィリピン／マニラ　⑧タイ／バンコク　⑨ロシア連邦／モスクワ　⑩イタリア／ローマ　⑪スイス／ベルン　⑫ドイツ／ベルリン　⑬フランス／パリ　⑭イギリス／ロンドン　⑮カナダ／オタワ　⑯アメリカ合衆国／ワシントン D.C.　⑰ブラジル／ブラジリア　⑱アルゼンチン／ブエノスアイレス　⑲オーストラリア／キャンベラ　⑳南アフリカ共和国／プレトリア

定期テスト対策

得点アップ！予想問題

1
この「**予想問題**」で
実力を確かめよう！

2
「**解答と解説**」で
答え合わせをしよう！

3
わからなかった問題は
戻って復習しよう！

この本での
学習ページ

スキマ時間でポイントを確認！
別冊「**スピードチェック**」も使おう

●予想問題の構成

回数	教科書ページ	教科書の内容	この本での学習ページ
第1回	2～11	第1編　1　世界の地域構成	2～7
第2回	12～21	第1編　2　日本の地域構成	8～13
第3回	24～41	第2編第1章　世界各地の人々の生活と環境	18～25
第4回	46～55	第2編第2章　世界の諸地域　1　アジア州	30～35
第5回	60～80	第2編第2章　世界の諸地域　2　ヨーロッパ州／3　アフリカ州	38～45
第6回	84～93	第2編第2章　世界の諸地域　4　北アメリカ州	50～55
第7回	98～116	第2編第2章　世界の諸地域　5　南アメリカ州／6　オセアニア州	58～63
第8回	120～135	第3編第1章　地域調査の手法	68～71
第9回	140～161	第3編第2章　日本の地域的特色と地域区分	72～85
第10回	166～189	第3編第3章　日本の諸地域　1　九州地方／2　中国・四国地方	90～97
第11回	194～203	第3編第3章　日本の諸地域　3　近畿地方	100～105
第12回	208～217	第3編第3章　日本の諸地域　4　中部地方	106～111
第13回	222～231	第3編第3章　日本の諸地域　5　関東地方	116～121
第14回	236～259	第3編第3章　日本の諸地域　6　東北地方／7　北海道地方	122～139
第15回	2～259	地理の総合問題	—

解答 p.33

第1回 予想問題

第1編　1　世界の地域構成

15分　/100

1 右の地図を見て，次の問いに答えなさい。

(4)完答，(5)は10点，その他７点×６(52点)

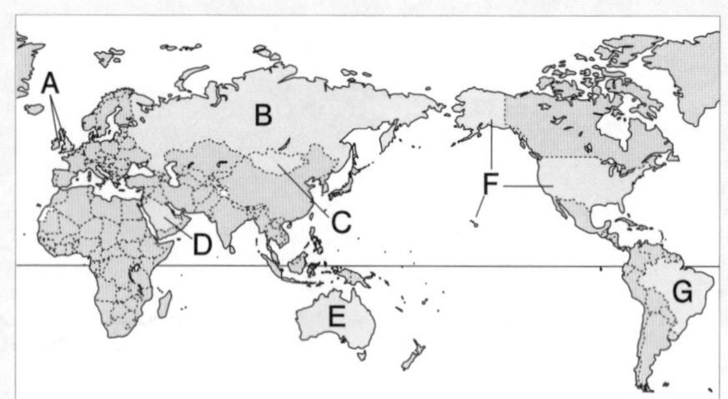

(1) 地図にえがかれていない大陸を書きなさい。

(2) 次の①・②にあてはまる州をそれぞれ書きなさい。

① A～Gのどの国も属していない州。

② Bの国の，東側の地域(ちいき)が属する州。

(3) アジアを６つの地域に分けたとき，日本はどの地域に含(ふく)まれますか。

(4) 地図中のA～Gから，①内陸国，②島国をそれぞれ選び，その国名を書きなさい。

(5) Eの国が属する州には，右の国旗の図柄(ずがら)を国旗に取り入れている国が多く見られます。その理由を，簡単に書きなさい。

(1)		(2) ①		②		(3)	
(4) ① 記号		国名		② 記号		国名	
(5)							

2 右の地図を見て，次の問いに答えなさい。

(4)完答，８点×６(48点)

(1) 本初子午線(ほんしょしごせん)を**地図１**中のア～エから選びなさい。

(2) 赤道を**地図２**中のア～エから選びなさい。

(3) 次の①・②にあてはまる都市を，**地図１**中から書きなさい。

① 南緯(なんい)と東経を用いて位置をあらわせる都市。

② 東京から最も遠くにある都市。

地図１

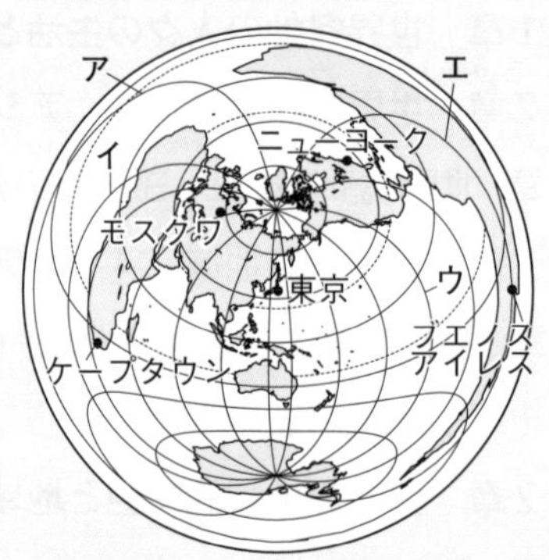

地図２

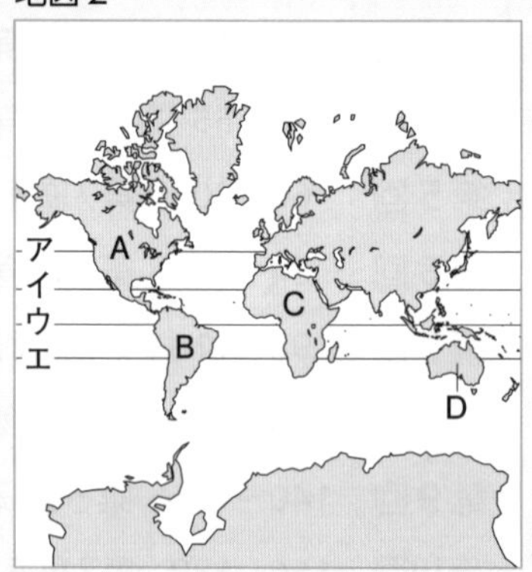

(4) 東京を出発してまっすぐ南に進み，地球を１周して戻ってくるとき，通過しない大陸を２つ書きなさい。また，その大陸を，**地図２**中のA～Dからそれぞれ選びなさい。

(1)		(2)		(3) ①		②	
(4) 大陸		記号		大陸		記号	

第2回 予想問題

第1編 2 日本の地域構成

解答 p.33

/100

1 右の地図を見て，次の問いに答えなさい。 10点×5(50点)

(1) 日本の位置について，次の①～③にあてはまる国をあとから選びなさい。

① 日本とほぼ同じ緯度にある国

② 日本とほぼ同じ経度にある国

③ 太平洋をはさんで日本の対岸にある国

ア 中国　　**イ** インドネシア

ウ ブラジル　　**エ** チリ

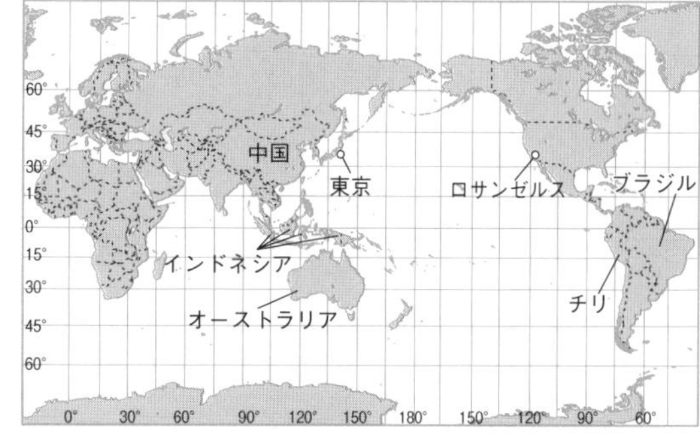

(2) オーストラリアから見ると，日本はどのような位置にあるといえますか。海洋の名前と方角にふれて簡単に書きなさい。

(3) 東京を２月１日午前10時に出発した飛行機が，約10時間で西経120度を標準時子午線とするロサンゼルスに到着しました。このときの現地の日付と時間を書きなさい。

(1)	①	②	③	
(2)			(3)	

2 右の地図を見て，次の問いに答えなさい。 (1)完答，10点×5(50点)

(1) Ａの地域の名前と，この地域を不法に占拠している国を地図中から書きなさい。

(2) 地図中の排他的経済水域についての説明にあてはまるものを，次から選びなさい。

ア 沿岸国の許可がないと船の航行ができない。

イ どの国も自由に水産資源を利用できる。

ウ 沿岸国が水産資源や鉱産資源を開発できる。

エ 沿岸国が外国の船や飛行機の侵入を取りしまる。

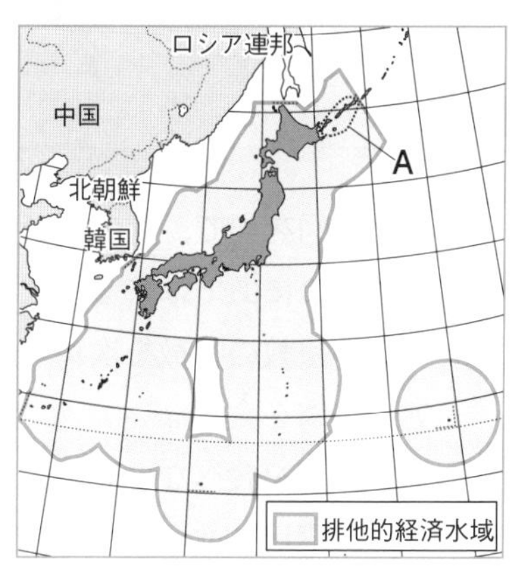

(3) 日本が領土の面積と比較して広い排他的経済水域をもつ理由を，簡単に書きなさい。

(4) 日本を７つの地方に区分したとき，山梨県が含まれる地方を書きなさい。

(5) 近畿地方に，府県名と県庁所在地名が異なる府県はいくつありますか。

(1)	地域	国	(2)		
(3)					
(4)		(5)			

第3回 予想問題

第2編第1章

世界各地の人々の生活と環境

1 右の地図を見て，次の問いに答えなさい。

(3)10点，その他8点×5(50点)

(1) 次の①～③の地域が含まれる気候を，地図中のA～Cから選びなさい。

① 遊牧民が家畜を飼い，ゲルとよばれる住居で生活している。

② 1年の多くが雪と氷におおわれており，かつてイヌイットがアザラシやカリブーの狩りをして生活していた。

③ プランテーションでゴムやアブラヤシが栽培されている。午後にスコールが降る。

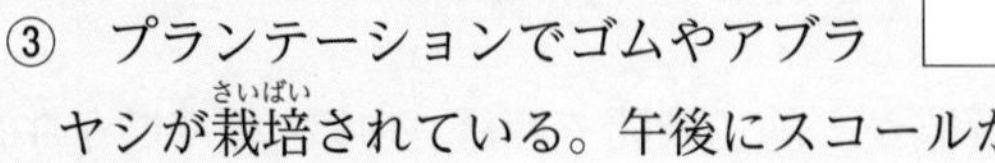

(「ディルケ世界地図帳」2018年)

A　B　C

(2) 地中海性気候に含まれるローマの気候の特徴にあてはまるものを，次から2つ選びなさい。

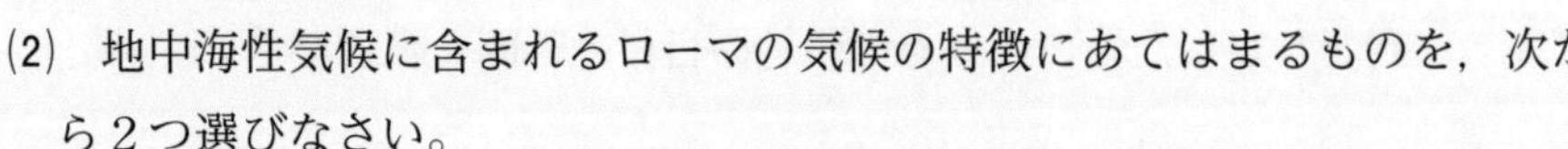

ア 梅雨がある。　イ 夏の日照時間が長い。

ウ 冬に雨が多い。　エ 夏と冬の気温差が大きい。

(3) 右の雨温図は，地図中のaの都市のものです。aの都市の気候の特徴を，同じ緯度の地域との気候のちがいに着目して，簡単に書きなさい。

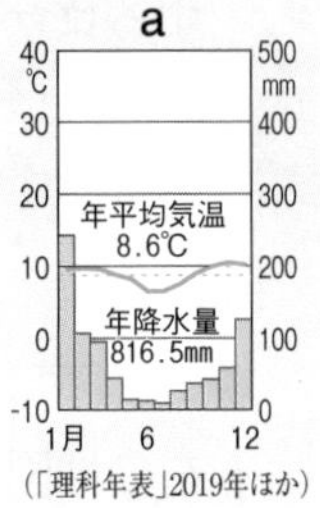

(「理科年表」2019年ほか)

(1) ①	②	③	
(2)		(3)	

2 右の地図を見て，次の問いに答えなさい。

(3)10点，その他8点×5(50点)

(1) A～Cにあてはまる宗教を書きなさい。

(2) Bの宗教の特徴を次から選びなさい。

ア 牛肉を食べない。

イ 豚肉を食べない。

ウ 日曜日に教会に行く。

(3) Dの宗教の特徴について，地図からわかることを簡単に書きなさい。

(4) 役所などで公式に用いられている言語を何といいますか。

世界の宗教の分布

(「ディルケ世界地図帳」2018年)

(1) A	B	C	(2)
(3)			(4)

解答 p.33

第4回 予想問題

第2編第2章 世界の諸地域

1 アジア州

15分 /100

1 東アジアについて，次の問いに答えなさい。 8点×5（40点）

(1) 中国は，さまざまな工業製品がつくられていることから，何とよばれていますか。

(2) 中国の沿岸部につくられている，外国企業をよい条件で受け入れている地区を何といいますか。

(3) 中国の内陸部や農村部から沿岸部への出かせぎや移住が多い理由について，右の図からわかることを簡単に書きなさい。

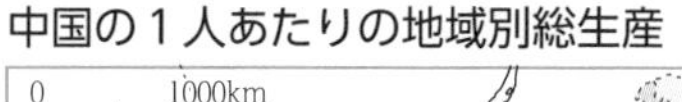

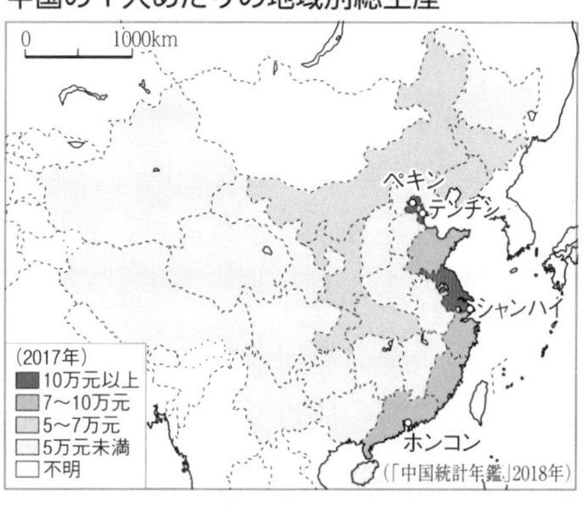

(4) 韓国では，先端技術（ハイテク）産業が発展しています。この産業で生産される工業製品を，次から2つ選びなさい。

ア 自動車　イ 半導体　ウ 航空機　エ 薄型テレビ

2 東南アジア，南アジア，西アジアについて，次の問いに答えなさい。 10点×6（60点）

(1) 東南アジアで行われている，米を年に2回収穫する稲作を何といいますか。

(2) 東南アジアの国々が結成し，現在東南アジアのほとんどの国が加盟している国際組織を何といいますか。

(3) インド南部のベンガルールで，近年盛んになっている産業は何ですか。

(4) インドの経済の発展にともなって，都市部で発生している問題にあてはまらないものを，次から選びなさい。

ア スラム化　イ 少子高齢化

ウ 大気汚染などの環境問題

(5) 右のグラフは，西アジアのペルシア湾沿岸で多く産出される資源の国別生産量と埋蔵量を示しています。この資源は何ですか。

(6) (5)の資源を生産している国の多くが加盟している組織を何といいますか。

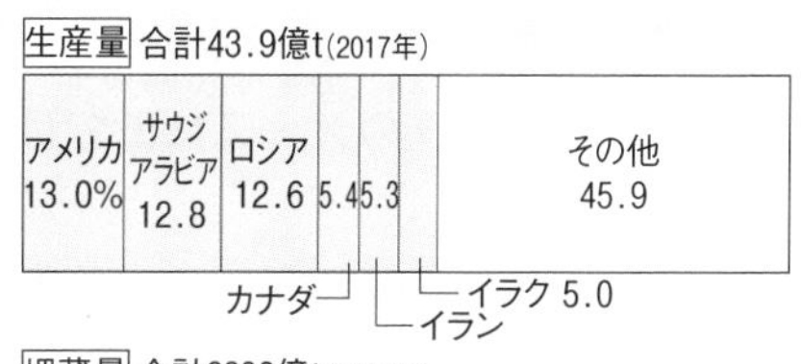

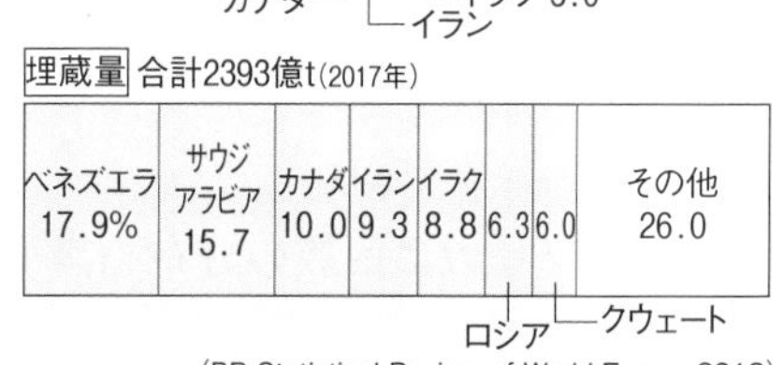

(BP Statistical Review of World Energy 2018)

(1)		(2)		(3)	
(4)		(5)		(6)	

第5回 予想問題

第2編第2章 世界の諸地域

2 ヨーロッパ州／3 アフリカ州

1 ヨーロッパについて，次の問いに答えなさい。

10点×6（60点）

EU加盟国の拡大

(2020年)
1967年加盟国 / 1973年加盟国 / 1981年加盟国 / 1986年加盟国（EC）
1995年加盟国 / 2004年加盟国 / 2007年加盟国 / 2013年加盟国

(1) 右の地図を見て，次の問いに答えなさい。

① 1995年までにＥＵに加盟(かめい)している国が多いのは，西ヨーロッパと東ヨーロッパのどちらですか。

② 2020年にＥＵを離脱(りだつ)した国を書きなさい。

(2) 西ヨーロッパから東ヨーロッパへ工場を移転する動きがある理由を，「賃金(ちんぎん)」という語句を使って簡単に書きなさい。

(3) Ｘの海の周辺で行われている農業にあてはまるものを次から選びなさい。

ア 豚や牛などの家畜(かちく)の飼育

イ 米の栽培(さいばい)　　ウ オリーブ，ぶどうや小麦の栽培

(4) ＥＵの国々が技術協力を行い，分業して生産している工業製品を次から選びなさい。

ア 船　　イ 航空機　　ウ 自動車　　エ 半導体

(5) ヨーロッパで行われている再生可能エネルギーの利用や都市での路面電車の利用，リサイクルなどの取り組みは，どのような社会をめざすためのものですか。

(1)	①	②	
(2)			
(3)	(4)	(5)	

2 アフリカについて，次の問いに答えなさい。

8点×5（40点）

(1) 右のグラフのＸ～Ｚにあてはまる輸出品を次からそれぞれ選びなさい。

ア 石油　　イ ダイヤモンド　　ウ 茶

(2) グラフのボツワナやナイジェリアのような経済(けいざい)の状態を何といいますか。

(3) アフリカに民族の分布を無視した国境線が多い理由を，簡単に書きなさい。

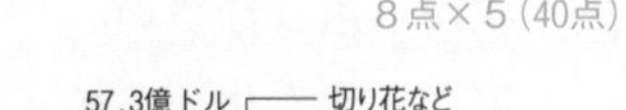
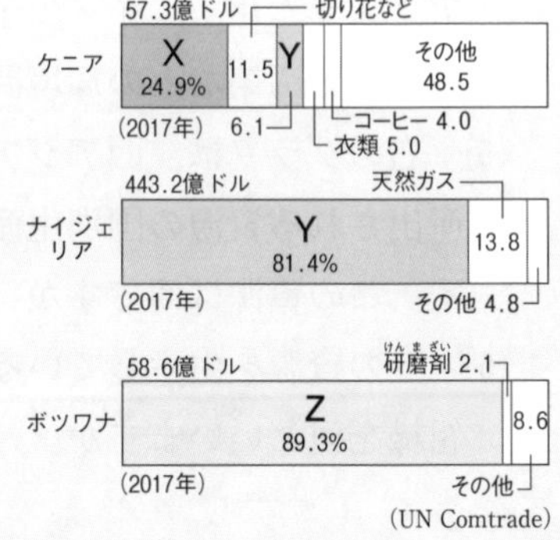

(1)	X	Y	Z	(2)	
(3)					

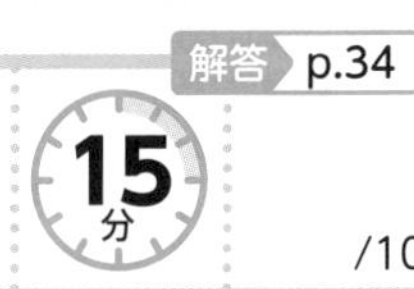

第6回 予想問題

第２編第２章　世界の諸地域

4　北アメリカ州

1　右の地図を見て，次の問いに答えなさい。

(6)10点，その他７点×６（52点）

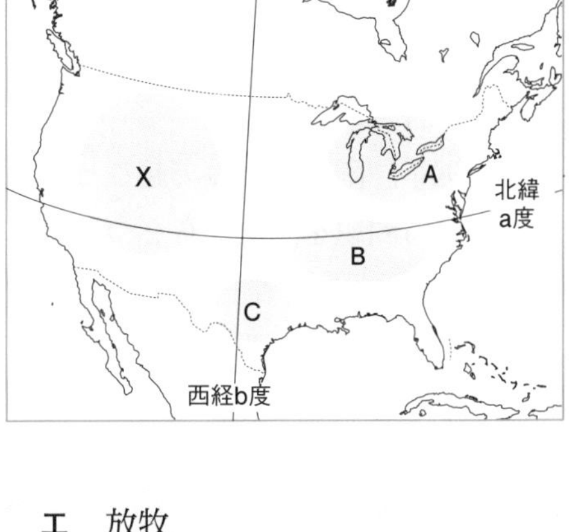

(1)　a・bにあてはまる数字をそれぞれ次から書きなさい。

〔　20　　40　　100　　120　〕

(2)　A～Cのうち，ヒスパニックの人々が占める割合が最も高い地域を選びなさい。

(3)　ヒスパニックやアジア系の移民が住むアメリカのように，複数の民族から構成されている国家を何といいますか。

(4)　Xの地域で盛んな農業を次から選びなさい。

ア　綿花の栽培　　イ　酪農　　ウ　小麦の栽培　　エ　放牧

(5)　(4)のように，その地域の環境に適した農産物を生産することを何といいますか。

(6)　アメリカで行われている「企業的農業」について，労働力に着目して簡単に書きなさい。

(1)	a	b	(2)		(3)		(4)	
(5)		(6)						

2　右の地図を見て，次の問いに答えなさい。

8点×6（48点）

（「グーズ世界地図帳」2017年ほか）

五大湖
A
北緯37度
自動車
航空機
鉄鋼
製薬
ハイテク産業
鉄鉱石
0　500km

(1)　鉄鋼業の中心地として発展したAの都市名を，次から選びなさい。

ア　デトロイト　　　　イ　ピッツバーグ

ウ　ワシントンD.C.　　エ　ニューヨーク

(2)　地図中の北緯37度以南にある，工業が盛んな地域を何といいますか。

(3)　(2)の地域で盛んな工業を次から２つ選びなさい。

ア　鉄鋼業　　　　イ　自動車工業

ウ　ＩＣＴ産業　　エ　航空宇宙産業

(4)　サンフランシスコの南にある，世界のハイテク産業の中心となっている地域を何といいますか。

(5)　アメリカに多くある，技術開発などで世界をリードし，世界的な規模で事業を展開する企業を何といいますか。

(1)		(2)		(3)		
(4)		(5)				

解答 p.34

第7回 予想問題

第2編第2章 世界の諸地域

5 南アメリカ州 ／6 オセアニア州

/100

1 南アメリカについて，次の問いに答えなさい。

(4)9点，その他7点×5 (44点)

(1) 地図中のXの山脈を何といいますか。

(2) 右の雨温図は，どの都市のものですか。地図中からそれぞれ書きなさい。

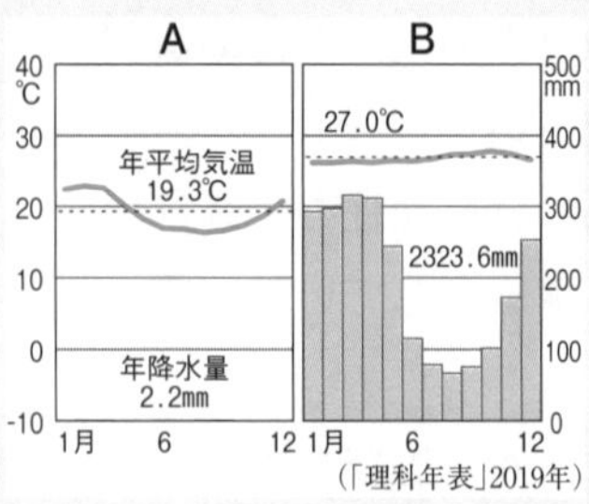

(「理科年表」2019年)

(3) 近年，南アメリカで起こっている問題を，次から２つ選びなさい。

ア 生活環境(かんきょう)の悪いスラムが形成されている。

イ 都市の人口が減少している。

ウ モノカルチャー経済(けいざい)の国が増え，経済が不安定になっている。

エ 農地や鉱山開発により，熱帯雨林や草原が減少している。

(4) 南アメリカでスペイン語やポルトガル語が広く話されている理由を，簡単に書きなさい。

(1)		(2)	A	B	(3)		
(4)							

2 オセアニアについて，次の問いに答えなさい。

7点×8 (56点)

(1) 右のグラフのA～Cにあてはまる国をそれぞれ書きなさい。

(2) 次の文のa・bにあてはまる語句を書きなさい。

オーストラリアは鉱産資源(しげん)が豊富で，北西部で(a)，東部で石炭，北部・西部でボーキサイトが採掘(さいくつ)されている。鉱産資源は，(b)で採掘されている。

オーストラリアの貿易相手国

1965年 合計 63億ドル

A	B	日本	西ドイツ	ニュージーランド	その他
22.1%	17.3	12.9	4.4	3.8	39.5

2017年 合計 4403億ドル

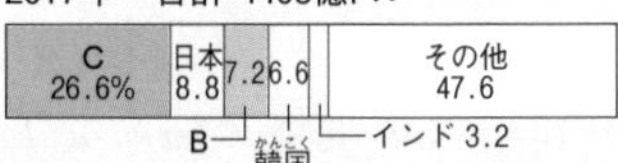

注）輸出入の合計額

(UN Comtrade)

(3) オーストラリアで1970年代に廃止(はいし)されるまで行われていた，移民を制限する政策を何といいますか。

(4) オセアニアの民族について，①オーストラリアの先住民と②ニュージーランドの先住民を，次からそれぞれ選びなさい。

ア マオリ　イ イヌイット　ウ ヒスパニック　エ アボリジニ

(1)	A	B	C	(2)	a
(2)	b	(3)		(4)	①	②	

第8回 予想問題

第3編第1章 地域調査の手法

解答 p.34

15分 /100

1 右の地形図を見て，次の問いに答えなさい。 8点×9（72点）

(1) 地形図を発行している機関はどこですか。

(2) 次の①・②にあてはまる地形図の縮尺を，あとから選びなさい。

① 主曲線が10mごとに引かれた地形図

② 主曲線が20mごとに引かれた地形図

ア 5万分の1

イ 2万5千分の1

(3) 桃山駅から見た伏見桃山城の方向を，八方位で書きなさい。

(4) 桃山駅の周辺に見られるものを，次から2つ選びなさい。

ア 老人ホーム イ 田

ウ 小・中学校 エ 発電所

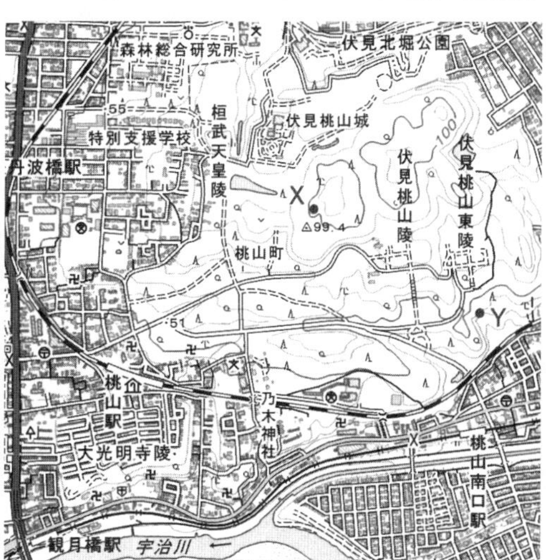

（2万5千分の1の地形図「京都東南部」2016年）

(5) 右の地形図上の長さが約4cmのとき，実際の距離（きょり）は約何kmですか。

(6) 地形の起伏について，次の問いに答えなさい。

① 地形図上のX・Yのうち，標高（ひょうこう）が高いのはどちらですか。

② ①で標高が高いと判断できる理由を，簡単に書きなさい。

(1)		(2) ①	②	(3)	
(4)			(5)	(6) ①	
(6) ②					

2 地域調査について，次の問いに答えなさい。 7点×4（28点）

(1) 自然災害が発生したときに，どこでどのような被害になるかを想定した地図を何といいますか。

(2) 地域のことを調べるときに役立つ，市史や統計年鑑，市の広報誌などの資料を何といいますか。

(3) グラフについて，次の①・②をあらわすのに適したものを，あとから選びなさい。

① 数量の変化を見る。 ② 割合を示す。

ア 円グラフ イ 折れ線グラフ

(1)		(2)		(3) ①	②

解答 p.35

第9回 予想問題 第3編第2章 日本の地域的特色と地域区分

15分

/100

1 右の地図を見て，次の問いに答えなさい。

(5)10点，その他7点×6（52点）

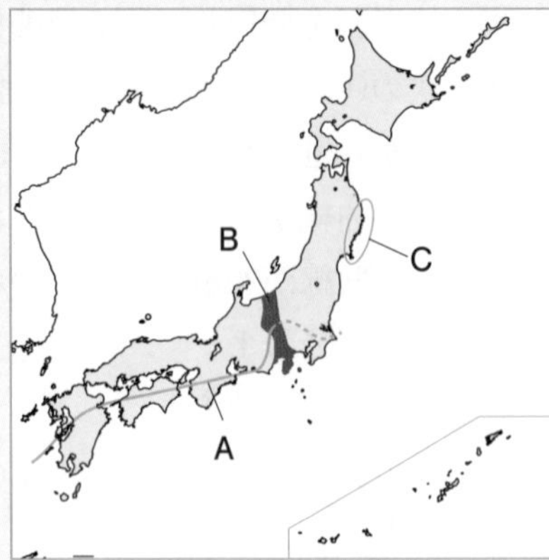

(1) 日本列島が含まれている造山帯を何といいますか。

(2) 日本が(1)にあることで起こる自然災害を，次から2つ選びなさい。

ア 台風 イ 干害 ウ 地震 エ 津波

(3) 川が山地から平地へでたところに土砂がつもってできる地形を何といいますか。

(4) 地図中のA・Bの地形を何といいますか。

(5) Cの海岸の特徴を，簡単に書きなさい。

(1)		(2)			(3)		(4)	A
(4)	B	(5)						

2 次の問いに答えなさい。

(1)完答，6点×8（48点）

(1) 右の人口ピラミッドを，年代の古い順に書きなさい。

(2) 三大都市圏に人口が集中する一方，農村部や山間部，離島などで起こっている人口減少のことを何といいますか。

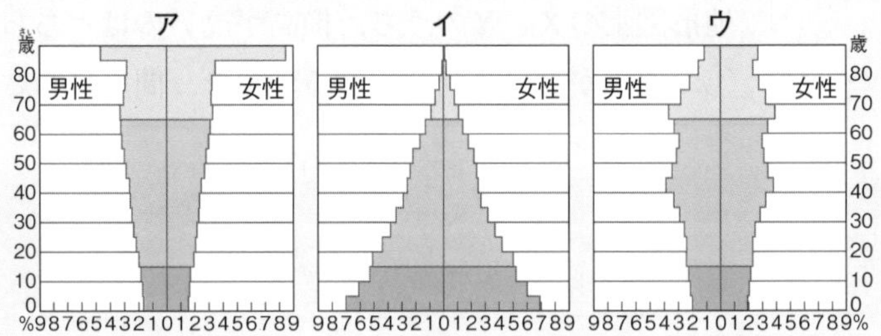

(3) 関東地方から九州地方の沿岸に連なる工業が盛んな地域を何といいますか。

(4) 東京都，北海道，沖縄県で就業者数の割合が高い，第三次産業に分類される業種を，次から2つ選びなさい。

ア 金融業（きんゆう） イ 農業 ウ 製造業 エ 観光業

(5) 日本国内での①長距離の移動，②貨物の輸送で主に使われる交通手段を，それぞれ選びなさい。

ア 鉄道 イ 新幹線 ウ 航空機 エ 自動車

(6) 石油，石炭や鉄鉱石など，エネルギー源や工業製品の原料となる鉱物を何といいますか。

(1)	→ →		(2)			(3)	
(4)			(5)	①	②	(6)	

第10回 予想問題

第3編第3章 日本の諸地域

1 九州地方／2 中国・四国地方

/100

1 九州地方について，次の問いに答えなさい。 8点×9（72点）

(1) 阿蘇山を地図中のア～ウから選びなさい。

(2) 火山が多いことから九州地方で行われている発電方法を書きなさい。

(3) 九州南部に広がっている，火山の噴出物がつみ重なってできた台地を何といいますか。

(4) 地図中のX～Zの地域で盛(さか)んな農業を，次からそれぞれ選びなさい。

ア 畑作と畜産(ちくさん)　イ 野菜の促成栽培(そくせいさいばい)

ウ 稲作(いなさく)と小麦の二毛作

(5) 次の文にあてはまる都市を，それぞれ選びなさい。

① 四大公害の一つが発生したが，現在は環境モデル都市となっている。

② 鉄鋼業が発展する一方で公害が発生したが，環境(かんきょう)の改善により環境未来都市やSDGs未来都市に選ばれた。

ア 福岡市(ふくおか)　イ 北九州市(きたきゅうしゅう)　ウ 水俣市(みなまた)　エ 長崎市(ながさき)

(6) (5)の都市は，どのような社会を実現しようと努めていますか。

(1)		(2)		(3)		(4) X	Y	Z
(5) ①		②		(6)				

2 中国・四国地方について，次の問いに答えなさい。 7点×4（28点）

(1) 右の雨温図は，地図中のどの都市のものですか。

(2) Aにため池が多い理由を，簡単に書きなさい。

(3) 地図中のX～Zのルートを合わせて何といいますか。

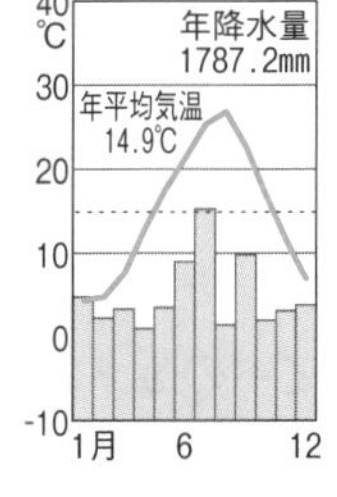

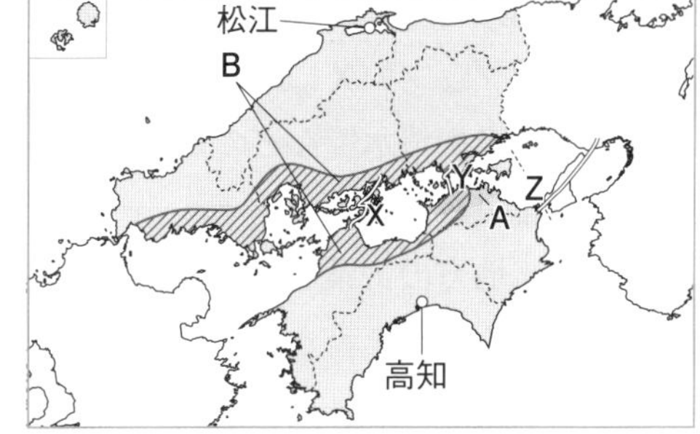

(4) Bの工業地域にあてはまるものを，次から選びなさい。

ア 軽工業が盛んである。　イ 内陸部の組み立て工場が発展している。

ウ 石油コンビナートがあり，関連工場がパイプラインで結ばれている。

(1)		(2)	
(3)		(4)	

解答 p.35

第11回 予想問題

第3編第3章 日本の諸地域

3 近畿地方

1 右の地図を見て，次の問いに答えなさい。

8点×9（72点）

(1) Aの湖とBの山地の名前をそれぞれ書きなさい。

(2) Bで盛(さか)んな産業を，次から選びなさい。

ア 軽工業　イ 林業　ウ 重化学工業

(3) 近畿地方の南部で，特に梅雨から秋にかけて降水量が多くなる理由を，簡単に書きなさい。

(4) Cで見られる海岸を何といいますか。

(5) 地図中のa～cの都市を中心に形成されている大都市圏(けん)を，何といいますか。

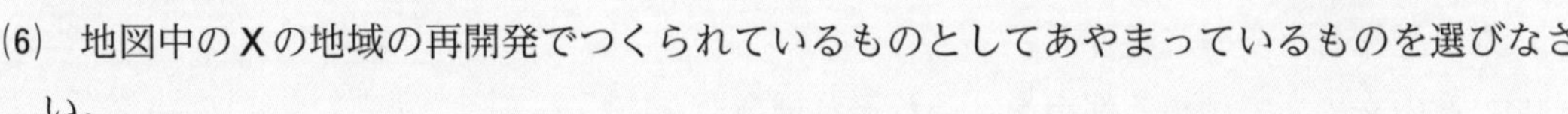

(6) 地図中のXの地域の再開発でつくられているものとしてあやまっているものを選びなさい。

ア 製鉄所　イ オフィスビル　ウ テーマパーク　エ 高層マンション

(7) 次の①・②にあてはまる都市を，地図中のa～cからそれぞれ選びなさい。

① 丘陵(きゅうりょう)地をけずり，そこから出た土砂で埋立地をつくった。

② 街なみを保存するため，建物のデザインなどを規制する景観政策を進めている。

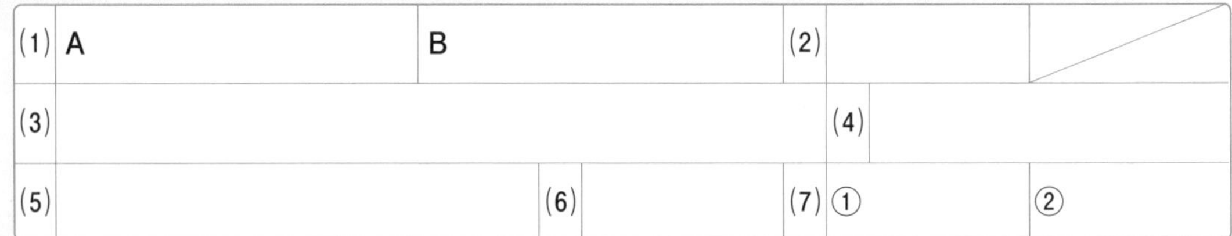

(1)	A	B	(2)	
(3)			(4)	
(5)		(6)	(7)	① ②

2 近畿地方の産業について，次の問いに答えなさい。

7点×4（28点）

(1) 右のグラフのXにあてはまる都道府県名を書きなさい。

(2) 西陣織や清水焼などの伝統的工芸品が生まれた都道府県名を書きなさい。

(3) 近畿地方の工業地域について，次の文中のa・bにあてはまる語句を書きなさい。

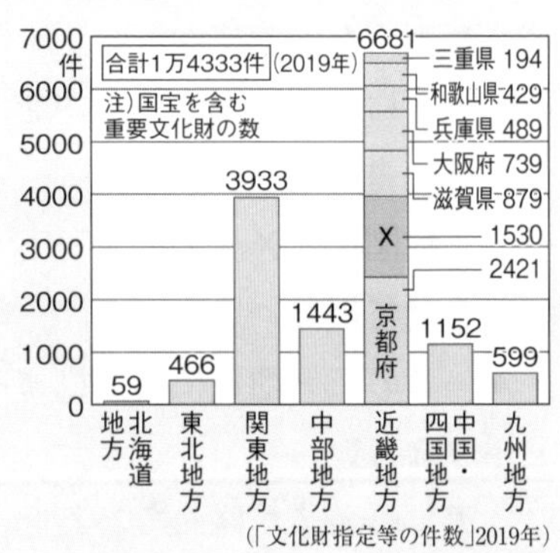

（「文化財指定等の件数」2019年）

大阪湾の沿岸にある（ a ）地帯では，先端技術（ハイテク）産業がさかんであるが，アジアの国々との競争が課題となっている。大阪府の彩都で（ b ）産業を発展させるなど，工業の再生を進めている。

(1)		(2)		(3)	a	b

解答 p.35

第3編第3章 日本の諸地域

4 中部地方

15分 /100

1 右の地図を見て，次の問いに答えなさい。

8点×8（64点）

(1) 中部地方には，県名と県庁所在地名の異なる県がいくつありますか。

(2) 中部地方を3つの地域に分けたとき，地図中のXの地域を何といいますか。

(3) 地図中のYの地域が含まれる気候の特徴を簡単に書きなさい。

(4) 日本アルプスのうち，最も北西に位置する山脈名を書きなさい。

(5) 次の①～④の農業が行われている地域を，地図中のA～Dからそれぞれ選びなさい。

① 茶の栽培　　② 園芸農業

③ 水田単作の農業　　④ 高原野菜の栽培

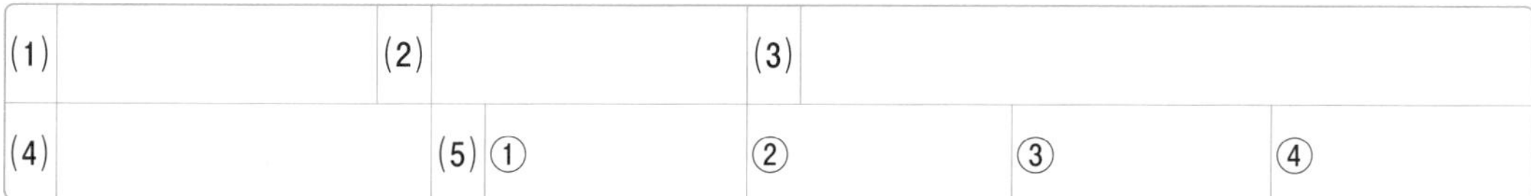

(1)		(2)		(3)	
(4)		(5) ①	②	③	④

2 中部地方について，次の問いに答えなさい。

(3)完答，9点×4（36点）

(1) ①中京工業地帯，②東海工業地域で生産されている製品の組み合わせを，次から選びなさい。

ア ①－楽器 ②－せんい　　イ ①－石油化学 ②－航空機

ウ ①－パルプ ②－鉄鋼　　エ ①－自動車 ②－オートバイ

(2) 北陸の産業について述べた文としてあやまっているものを次から選びなさい。

ア 冬のあいだの農家の副業として，伝統産業が発展した。

イ 輪島塗は，石川県輪島市の伝統産業である。

ウ 林業が発達し，磨き丸太が生産されている。

(3) 長野県の諏訪湖周辺の工業について，次のア・イを，発達した順に並べなさい。

ア 精密機械の工場　　イ 電子部品の工場

(4) 中央高地で観光業が発展した理由を，「三大都市圏」という語句を使って簡単に書きなさい。

(1)		(2)		(3)	→
(4)					

第13回 予想問題　解答 p.36

第3編第3章　日本の諸地域

5　関東地方

15分　/100

1　右の地図を見て，次の問いに答えなさい。　(8)10点，その他6点×10(70点)

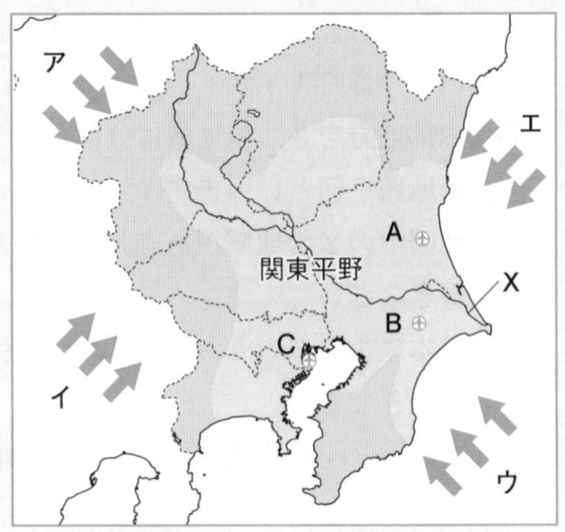

(1)　Xの河川の名前を書きなさい。

(2)　(1)沿いの低地に多く見られるものを，次から選びなさい。

〔　畑　　水田　〕

(3)　関東ロームは，何がつもってできましたか。

(4)　からっ風について，次の問いに答えなさい。

①　からっ風を示す矢印を，地図中のア～エから選びなさい。

②　からっ風の影響を受ける地域の，夏・冬の気候の特色を，次からそれぞれ選びなさい。

ア　乾燥する　　イ　雷雨が発生しやすい　　ウ　降雪が多い

(5)　東京で起こっている，人口や産業，政治などの機能が集中している状態を何といいますか。

(6)　東京に集中している，①政治の中枢機能，②情報通信業に含まれるものを，次からそれぞれ選びなさい。

ア　中央省庁　　イ　大学　　ウ　証券取引所　　エ　新聞社

(7)　成田国際空港の位置を，地図中のA～Cから1つ選びなさい。

(8)　都心で昼間人口が夜間人口よりも多くなる理由を，簡単に書きなさい。

(1)		(2)		(3)		(4) ①	
(4) ② 夏	冬	(5)		(6) ①		②	
(7)		(8)					

2　右の地図を見て，次の問いに答えなさい。　(2)9点，その他7点×3(30点)

(1)　次の①～③にあてはまる関東地方の都県を，A～Dからそれぞれ選びなさい。

①　近郊農業が盛んで，野菜や生花を出荷。成田国際空港がある。

②　山間部では，高原野菜を栽培。

③　東京湾の臨海部に，工業地帯を形成。みなとみらい21が整備されている。

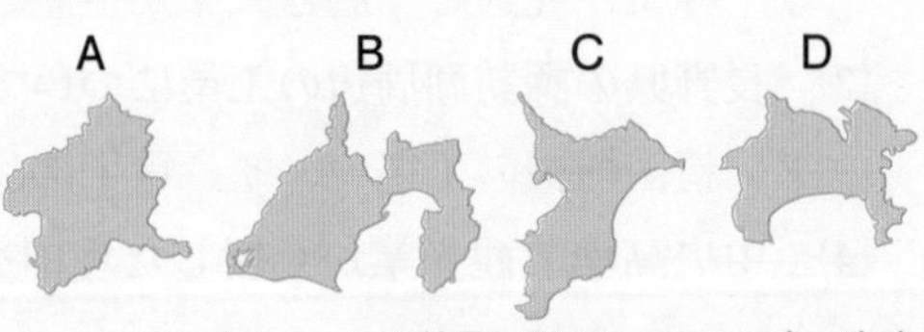

※縮尺は同じではない。島は省略

(2)　内陸部にある北関東工業地域が発展した理由を，簡単に書きなさい。

(1) ①	②	③	
(2)			

解答 p.36

第14回 予想問題

第3編第3章　日本の諸地域

6　東北地方／7　北海道地方

15分　/100

1 東北地方について，次の問いに答えなさい。

(5)10点，その他７点×８ (66点)

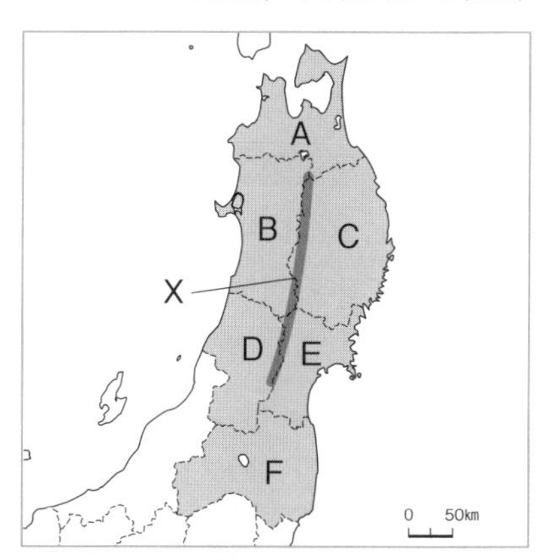

(1)　Xの山脈の名前を書きなさい。

(2)　冷夏の原因となる風を何といいますか。

(3)　次の①～③の祭りが行われる県を，地図中のA～Fからそれぞれ選びなさい。

①　七夕まつり　　②　竿燈まつり

③　ねぶた祭

(4)　伝統的工芸品と生産されている県の位置の組み合わせとして，正しいものを次から選びなさい。

ア　南部鉄器―D　　イ　津軽塗―B

ウ　会津塗―F　　エ　天童将棋駒―C

(5)　三陸海岸の沖合が豊かな漁場となっている理由を，簡単に書きなさい。

(6)　高速道路のインターチェンジ付近に見られる，工場が集まった地区を何といいますか。

(7)　2011年３月11日に発生した地震による災害を，何といいますか。

(1)		(2)		(3) ①	②	③
(4)		(5)				
(6)		(7)				

2 北海道地方について，次の問いに答えなさい。

(4)10点，その他６点×４ (34点)

(1)　濃霧の原因となる，地図中のXの海流名を，漢字４字で書きなさい。

(2)　道路の温度を上げることで道路の凍結を防ぐ設備を何といいますか。

(3)　次の①・②にあてはまる地域を，地図中のA～Dからそれぞれ選びなさい。

①　畑作や酪農が盛んである。

②　土壌改良や品種改良により，全国有数の米の生産地となった。

(4)　エコツーリズムは，どのような観光ですか。簡単に書きなさい。

(1)		(2)		(3) ①	②
(4)					

解答 p.36

第15回 予想問題 地理の総合問題

15分 /100

1 右の地図を見て，次の問いに答えなさい。

(2)完答，(4)は8点，その他6点×7（50点）

(1) 実際の面積が最も大きい大陸を，地図中のA～Fから選びなさい。

(2) 右の雨温図はどの都市のものですか。①都市名を地図中から選び，②その都市が含まれている気候を書きなさい。

年平均気温 27.3℃
年降水量 2672.3mm
（「理科年表」2019年ほか）

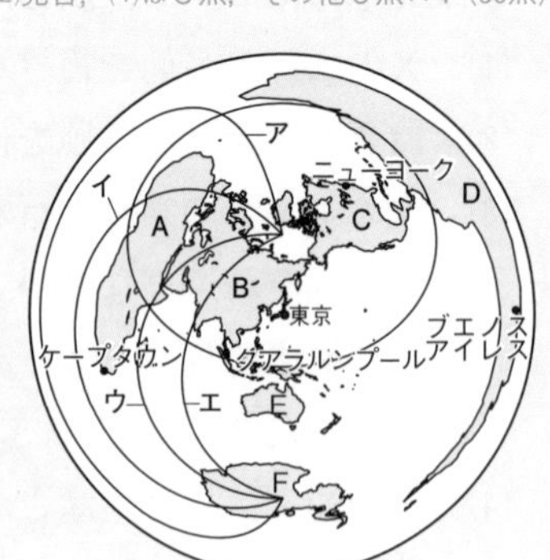

(3) 地図中の都市のうち，日本との時差が最も大きい都市を選びなさい。

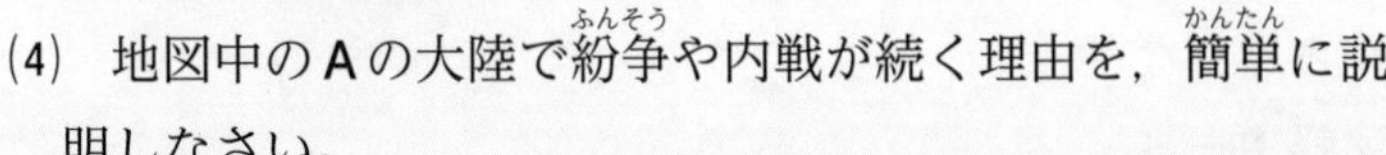

(4) 地図中のAの大陸で紛争（ふんそう）や内戦が続く理由を，簡単（かんたん）に説明しなさい。

(5) 地図中のCの大陸にある，世界で２番目に面積が広い国を書きなさい。

(6) 地図中のDの大陸で，広く信仰（しんこう）されている宗教は何ですか。

(7) 地図中のEの大陸東部で採掘（さいくつ）される鉱産資源は，何ですか。

(8) 日本と同じ島国を，次から選びなさい。

〔 モンゴル　スイス　ニュージーランド　インド 〕

(1)		(2)	①	②	(3)	
(4)						
(5)		(6)		(7)		(8)

2 右の地図を見て，次の問いに答えなさい。

(5)は8点，その他6点×7（50点）

(1) 桜島や霧島山など，火山が多く分布している地方をA～Gから選びなさい。

(2) 三大都市圏（けん）が位置する地方を，A～Gから３つ選びなさい。

(3) 太平洋ベルトに属する工業地域がない地方を，地図中のA～Gから２つ選びなさい。

(4) Fの地方の３つの地域のうち，水不足による干害が多い地域を書きなさい。

(5) 日本の南端（なんたん）にある沖ノ鳥島（おきのとりしま）で護岸工事が行われた理由を，簡単に書きなさい。

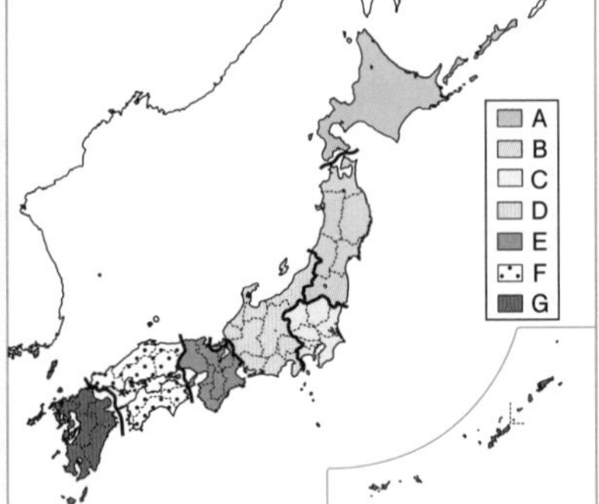

(1)		(2)				(3)			(4)	
(5)										

教科書ワーク 社会 特別ふろく

無料アプリ

どこでもワーク

こちらにアクセスして，ご利用ください。
https://portal.bunri.jp/app.html

重要事項を
３択問題で確認！

Back 社会地理 1年
1．世界の国々（順番に）
2問目/18問中
Q2. 次の国はどこ？
ふせん
中華人民共和国
モンゴル
カザフスタン

ポイント
解説つき

Back 社会地理 1年
1．世界の国々（順番に）
2問目/18問中
A2.
• 東アジアの国
• 首都はウランバートル
• 内陸国で遊牧が盛ん
ふせん　次の問題
× 中華人民共和国
○ モンゴル
× カザフスタン

地図は大きく
確認できる

間違えた問題だけを何度も確認できる！

無料ダウンロード

ホームページテスト

無料でダウンロードできます。
表紙カバーに掲載のアクセスコードを入力してご利用ください。
https://www.bunri.co.jp/infosrv/top.html

同じ紙面に解答があって，
採点しやすい！

テスト対策や
復習に使おう！

問題▶

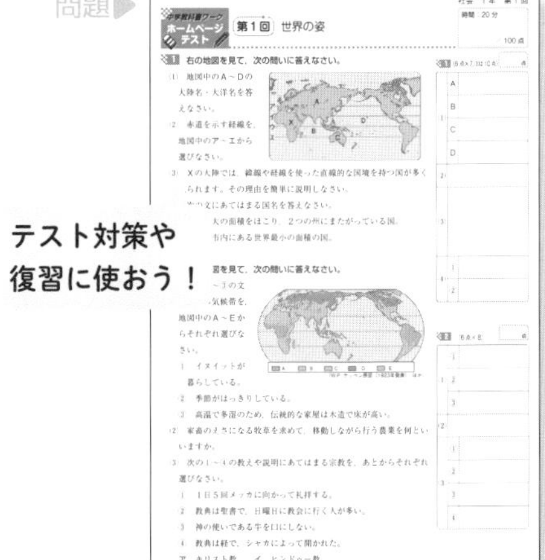

社会 1年 第1回
時間 20分
100点
中学教科書ワーク ホームページテスト
第1回 世界の姿

1 右の地図を見て，次の問いに答えなさい。
(1) 地図中のA～Dの大陸名・大洋名を答えなさい。
(2) 赤道を示す経線を，地図中のア～エから選びなさい。
(3) Xの大陸では，緯線や経線を使った直線的な国境を持つ国が多く見られます。その理由を簡単に説明しなさい。
(4) 次の文にあてはまる国名を答えなさい。
①世界最大の面積をほこり，２つの州にまたがっている国。
②ローマ市内にある世界最小の面積の国。

2 右の地図を見て，次の問いに答えなさい。

▼解答

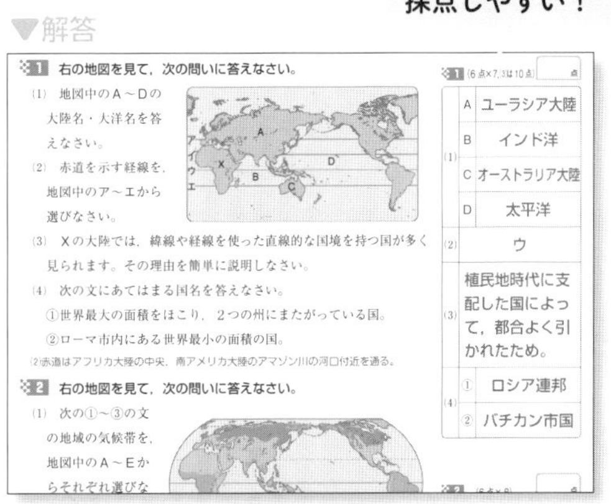

1 右の地図を見て，次の問いに答えなさい。
(1) 地図中のA～Dの大陸名・大洋名を答えなさい。
(2) 赤道を示す経線を，地図中のア～エから選びなさい。
(3) Xの大陸では，緯線や経線を使った直線的な国境を持つ国が多く見られます。その理由を簡単に説明しなさい。
(4) 次の文にあてはまる国名を答えなさい。
①世界最大の面積をほこり，２つの州にまたがっている国。
②ローマ市内にある世界最小の面積の国。
(2)赤道はアフリカ大陸の中央，南アメリカ大陸のアマゾン川の河口付近を通る。

2 右の地図を見て，次の問いに答えなさい。
(1) 次の①～③の文の地域の気候帯を，地図中のA～Eからそれぞれ選びな

(1)	A	ユーラシア大陸
	B	インド洋
	C	オーストラリア大陸
	D	太平洋
(2)		ウ
(3)		植民地時代に支配した国によって，都合よく引かれたため。
(4)	①	ロシア連邦
	②	バチカン市国

注意 ●サービスやアプリの利用は無料ですが，別途各通信会社からの通信料がかかります。
●アプリの利用には iPhone の方は Apple ID，Android の方は Google アカウントが必要です。対応 OS や対応機種については，各ストアでご確認ください。
●お客様のネット環境および携帯端末により，ご利用いただけない場合，当社は責任を負いかねます。ご理解，ご了承いただきますよう，お願いいたします。

中学教科書ワーク

解答と解説

日本文教版

社会地理

この「解答と解説」は，取りはずして使えます。

第1編 世界と日本の地域構成

p.2〜3 ステージ1

●教科書の要点

①南極　②太平洋
③ヨーロッパ　④アフリカ
⑤島国〔海洋国〕　⑥内陸国
⑦70　⑧ロシア
⑨人口密度　⑩国旗

●教科書の資料

(1)A 中国
B インド
C アメリカ
D インドネシア
(2)ア ロシア　イ カナダ
ウ アメリカ　エ 中国
オ ブラジル

●教科書チェック☆一問一答

①インド洋　②ユーラシア大陸
③オーストラリア大陸
④南アジア　⑤島国〔海洋国〕
⑥内陸国　⑦バチカン市国
⑧人口密度　⑨日章旗〔日の丸〕
⑩エジプト

p.4〜5 ステージ1

●教科書の要点

①緯度　②赤道
③90　④経度
⑤本初子午線　⑥180
⑦地球儀　⑧世界地図
⑨メルカトル　⑩モルワイデ

●教科書の資料

(1)①B　②C　③A
(2)A
(3)緯度　北緯36度
経度　東経140度

●教科書チェック☆一問一答

①緯線　②経線
③90度　④南半球
⑤イギリス　⑥東半球
⑦180度　⑧地球儀
⑨図法　⑩正距方位図法

ミス注意!

★経線と緯線…取りちがいに注意しよう。

経線	緯線
北極と南極を結ぶ縦の線。	赤道に平行にひかれた横の線。

★経度0度と緯度0度…取りちがいに注意しよう。

経度0度	緯度0度
本初子午線のこと。	赤道のこと。

p.6〜7 ステージ2

❶ (1)ウ
(2)オーストラリア
(3)記号　b　海洋名　太平洋
(4)ウ
(5)ウ

❷ (1)①記号　A　国名　ロシア
②記号　C　国名　中国
③記号　B　国名　インド
(2)X 島国〔海洋国〕
Y 内陸国
(3)人口密度

なぞろう重要語句

人口密度（じんこうみつど）　国旗（こっき）　緯度（いど）　経度（けいど）　地球儀（ちきゅうぎ）

❸ (1)①緯　②赤道
③経　④グリニッジ
(2)本初子午線
(3)経度

❹ (1)地球儀
(2)①Aア　Bウ　Cイ
②Aメルカトル図法
Bモルワイデ図法
C正距方位図法
(3)南東

解説

❶ (1)アの世界で最も広い大陸は，ユーラシア大陸である。イの世界の州は，六つが正しい。
(2)Cのオーストラリア大陸には，オーストラリアしかない。
(4)アジア州は，東アジア，東南アジア，南アジア，西アジア，中央アジア，シベリアに分けることができる。アのカザフスタンは中央アジア，イのインドは南アジア，エの韓国は東アジアにある。

❷ (1)②中国は，人口の多さも面積の広さもともに世界の上位５か国に入る。

❸ (1)南北をあらわすのが緯線，東西をあらわすのが経線である。
(2)経線のことを子午線ともいい，すべての子午線の基準となる０度の経線を本初子午線という。

❹ (2)①ＡＢモルワイデ図法は面積を正しくあらわすが，メルカトル図法では０度の緯線から離れるほど形がゆがむ。

p.8~9 ステージ1

●教科書の要点

①北緯　②東経
③島国　④ユーラシア
⑤太平　⑥標準時
⑦135　⑧15
⑨日付変更線　⑩180

●教科書の資料

(1)①遅らせる
②進める
(2)１時間

●教科書チェック☆一問一答

①北半球　②東半球
③東　④極東
⑤中国　⑥オーストラリア大陸
⑦時差　⑧標準時子午線
⑨明石市　⑩東経135度

p.10~11 ステージ1

●教科書の要点

①領域　②排他的経済水域
③国境　④ロシア
⑤竹島　⑥中国
⑦都道府県　⑧県境
⑨県庁所在地　⑩７地方区分

●教科書の資料

(1)Aロシア
B日本
(2)イ

●教科書チェック☆一問一答

①領空　②南鳥島
③与那国島　④沖ノ鳥島
⑤北方領土　⑥択捉島
⑦竹島　⑧沖縄県
⑨北海道地方　⑩中部地方

ミス注意！

★領海と排他的経済水域…取りちがいに注意しよう。

領海	排他的経済水域
海岸線から12海里の範囲。主権のおよぶ領域の一部。	海岸線から200海里の範囲で，**領海を除く**部分。水産資源や鉱産資源を自国だけで利用できる。

p.12~13 ステージ2

❶ (1)イ
(2)日付変更線
(3)東経135度
(4)C
(5)①24
②1

なぞろう重要語句

本初子午線（ほんしょしごせん）　標準時（ひょうじゅんじ）　排他的経済水域（はいたてきけいざいすいいき）

❷ (1)aロシア　b北朝鮮
c韓国　d中国
(2)A与那国島　B沖ノ鳥島
C南鳥島　D択捉島
(3)①排他的経済水域
②資源

❸ (1)①北方領土　②ビザなし交流
(2)①島　竹島　都道府県　島根県
②d

❹ (1)A東北地方　B近畿地方
C中国・四国地方
(2)a ①宮城県　②仙台市
b ①栃木県　②宇都宮市
c ①山梨県　②甲府市
d ①愛媛県　②松山市
(3)イ
(4)イ

解説

❶ (4)標準時子午線が日付変更線の西側に近いほど，時刻は早くなる。

❷ (3)①200海里は約370kmである。日本は離島が多いため，世界のなかでも排他的経済水域が広い国で，その面積は国土面積の約10倍になる。

❸ (1)①北方領土は，第二次世界大戦後にソ連に占拠され，ソ連の解体後は，ロシアに占拠されている。②北方領土の元島民の日本人と，現在北方領土に住んでいるロシア人が，ビザなしで相互訪問するなど，交流を深めている。
(2)②竹島は，韓国に不法に占拠されており，韓国が施設を建設したり，警備隊員を常駐させたりしている。

❹ (2)a～dは，いずれも県庁所在地が県名と異なる名前になっている。ほかに，北海道・岩手県・茨城県・群馬県・埼玉県・神奈川県・石川県・愛知県・三重県・滋賀県・兵庫県・島根県・香川県・沖縄県も同様である。
(3)イ三重県は近畿地方にある。
(4)イ北陸は中部地方にある地域で，日本海に面した新潟県・富山県・石川県・福井県が含まれる。

p.14～15　ステージ3　総合

❶ (1)Aアフリカ大陸
Bオーストラリア大陸
Cインド洋　D太平洋
(2)①e　②i　③f
(3)①赤道　②エ
(4)

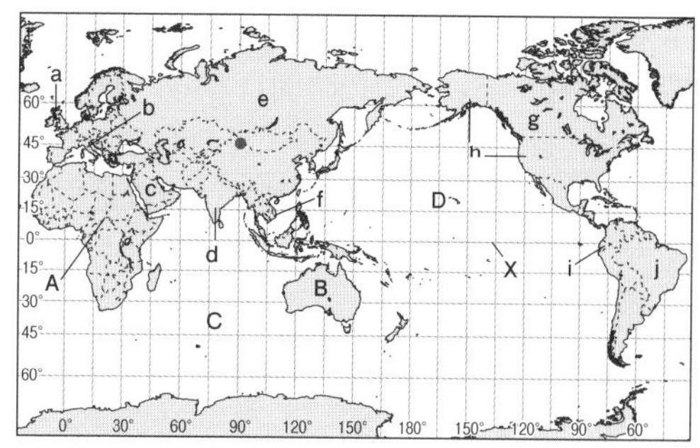

❷ (1)正距方位図法
(2)①南西　②北東
(3)ブエノスアイレス
(4)ユーラシア大陸

❸ (1)7時間
(2)記号　A　国名　イタリア
(3)午後6時

❹ (1)県　A　都市　札幌（市）
県　D　都市　神戸（市）
県　F　都市　那覇（市）
(2)中国・四国地方
(3)

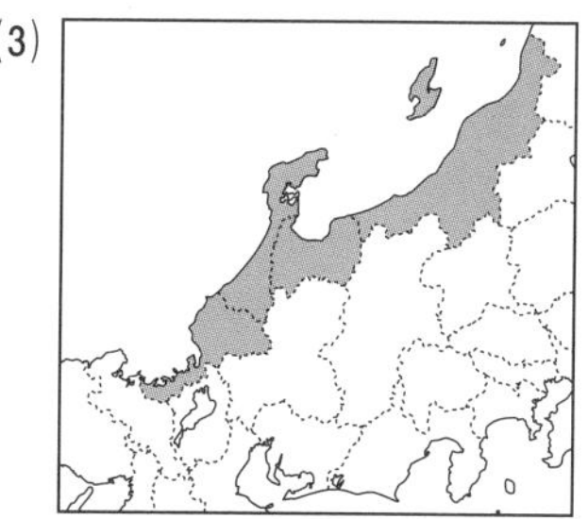

解説

❶ (2)①はロシア，②はエクアドル，③はベトナムである。

❷ (3)中心から外側にいくほど，東京から距離があることになる。
(4)東京から真東に進むと，南アメリカ大陸→アフリカ大陸→ユーラシア大陸の順に通過する。

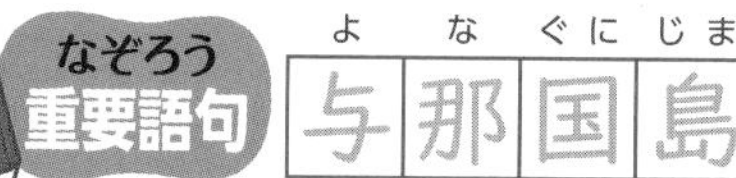

与那国島（よなぐにじま）　沖ノ鳥島（おきのとりしま）　南鳥島（みなみとりしま）　択捉島（えとろふとう）

3 (1)(2)会話文から，日本が午後10時のとき，ニコラさんが住む都市は同じ日の午後３時であり，時差は７時間と推測できる。経度15度の差で１時間の時差が生じるので，15×７＝105で，ふたつの都市には105度の経度差がある。日本と105度の経度差があるのは**A**のイタリアである。

(3)西経45度のリオデジャネイロと東経135度の日本では，45＋135＝180で180度の経度差がある。時差は180÷15＝12で12時間になる。日付変更線の西側に近い日本のほうが，時刻が進んでいる。

4 (2)九州地方，中国・四国地方，近畿地方，中部地方，関東地方，東北地方，北海道地方に分けられる。

(3)中部地方は，北陸・中央高地・東海の３つの地域に分けられる。

p.16～17 ステージ3 資・思

1 (1)**オーストラリア**　(2)**イ**

(3)例**かつてイギリス領で，今もイギリス連邦の一国だから。**

2 (1)

A　90°　B　80°　C　70°　D　60°　E
50°
40°
①
②
③
カナダ
オタワ
ニューヨーク
ワシントンD.C.
アメリカ
0　500km

(2)**ニューヨーク**

(3)**緯度　北緯41度**
経度　西経74度

3 (1)**ホノルル　西経150度**
シドニー　東経150度

(2)**ホノルル　4月30日午前11時**
シドニー　5月1日午前7時

(3)例**日本の標準時子午線よりも，シドニーは日付変更線の西側に近く，ホノルルは日付変更線の東側にあるから。**

4 (1)**A**　(2)**韓国・ロシア**

(3)**約12倍**

(4)例**島国で，周囲を海に囲まれているため。**

解説

1 (2)**ア**はニュージーランドの国旗，**ウ**はアメリカの国旗である。ニュージーランド，フィジー，ツバルなどもイギリスの国旗を国旗に取り入れている。

(3)オーストラリアはイギリス連邦の一員である。イギリス連邦は，イギリスと，かつてイギリスが植民地としていた国々からなり，オーストラリアのほかに，カナダやニュージーランド，インドなどの国々が含まれる。

2 (1)シカゴは，Bの列と②の行が交わる区画の南にある。

3 (2)およそ15度で１時間の時差があるため，ホノルルの時刻は日本より19時間遅れており，シドニーの時刻は日本より１時間進んでいる。

(3)日付変更線より西側の国は東側の国より日付が１日進んでいる。

4 (3)排他的経済水域と領海の面積を，領土の面積で割って求める。

(4)日本もニュージーランドも島国（海洋国）であり，国境が海に引かれているので，領海と排他的経済水域が広い。

ポイント

■重要事項をおさえる。

三大洋▶太平洋，大西洋，インド洋。六大陸▶ユーラシア大陸，アフリカ大陸，北アメリカ大陸，オーストラリア大陸，南極大陸。

■主な世界の国をおさえる。

国の種類▶島国（海洋国），内陸国。人口の多い国▶中国，インド。面積の大きい国▶ロシア，カナダ。

■時差のしくみをおさえる。

標準時子午線▶日本は東経135度。時差▶標準時子午線の経度差15度につき１時間。日付変更線▶東から西にまたぐと１日進む。

せんかくしょとう　尖閣諸島　きんき　近畿　ほくりく　北陸　さんいん　山陰　せとうち　瀬戸内

第2編 世界のさまざまな地域

第1章 世界各地の人々の生活と環境

p.18〜19 ステージ1

●教科書の要点

①乾燥帯　②温帯
③地中海性　④寒帯
⑤氷雪　⑥高山
⑦スコール　⑧高床
⑨植民地　⑩プランテーション

●教科書の資料

(1)熱帯気候
(2)ウ

●教科書チェック☆一問一答

①米　②内陸性の気候
③雨温図　④サバナ気候
⑤ステップ気候　⑥冷帯〔亜寒帯〕気候
⑦ツンドラ気候　⑧高山気候
⑨熱帯雨林　⑩プランテーション

p.20〜21 ステージ1

●教科書の要点

①乾燥帯　②家畜
③遊牧民　④鉱産資源
⑤温帯　⑥小麦
⑦アグリツーリズム
⑧冷帯〔亜寒帯〕
⑨イヌイット　⑩カリブー

●教科書の資料

(1)A寒帯気候
B温帯気候
C乾燥帯気候
(2)C

●教科書チェック☆一問一答

①乾燥帯気候　②遊牧
③ゲル　④鉱産資源
⑤地中海　⑥ぶどう
⑦スローフード運動　⑧ツンドラ気候
⑨イヌイット　⑩スノーモービル

p.22〜23 ステージ1

●教科書の要点

①アンデス　②高山
③リャマ　④公用語
⑤多言語　⑥方言
⑦三大宗教　⑧仏教
⑨キリスト教　⑩イスラム教

●教科書の資料

(1)Aアンデス
Bチチカカ
Cリャマ
(2)①高山　②低

●教科書チェック☆一問一答

①アルパカ　②じゃがいも
③中国語　④方言
⑤フランス語　⑥母語
⑦仏教　⑧キリスト教
⑨豚肉　⑩ヒンドゥー教

p.24〜25 ステージ2

1 (1)Aウ　Bア
Cエ　Dイ
(2)C
(3)①温帯　②地中海性
③寒帯　④針葉樹林
⑤冷帯
(4)①マレーシア
②モンゴル
③イタリア
④カナダ

2 (1)①英語　②スペイン語
③アラビア語
④中国語
⑤ヒンディー語
(2)①公用語　②多言語

3 (1)①宗教　仏教　記号　C
②宗教　イスラム教　記号　B
③宗教　キリスト教　記号　A
(2)ヒンドゥー教
(3)ガンジス川

なぞろう 重要語句

かんそうたい 乾燥帯　れいたい 冷帯　あかんたい 亜寒帯　ゆうぼく 遊牧

解説

❶ (1)(2)Aは夏に乾燥し，冬に雨がふる温帯の中の地中海性気候。温帯には，地中海性気候のほか，1年を通して降水量が多く，夏と冬の気温差が大きい温暖湿潤気候と，年間の降水量の差が少なく，冬と夏の気温差も少ない西岸海洋性気候がある。日本は，温暖湿潤気候に含まれる。Bは降水量が少ない乾燥帯の気候。そのなかで，やや降水量が多いステップ気候。Cは1年じゅう降水量が多い熱帯雨林気候。Dは気温が低く，短い夏があるツンドラ気候。

❷ (2)ほとんどの国で複数の言語が話されており，インドでは800種類以上の言語が話されている。公の機関で使う言語は公用語として，各国で定められている。

❸ (1)宗教のうち，信仰する人の割合が最も高いのはキリスト教，2番目がイスラム教である。

(2)ヒンドゥー教は，人口の多いインドで広く信仰されているため，全体に占める割合が高くなっている。

p.26〜27 ステージ3 総合

❶ (1)① (ア→) オ (→) エ (→) ウ (→) イ

②例夏に乾燥し，冬の降水量が多い。

(2)①乾燥帯気候

②ゲル

(3)①スコール

②オラン・アスリ　ア・エ・カ（順不同）

イヌイット　イ・ウ・オ（順不同）

❷ (1)Aアルパカ

Bじゃがいも

(2)①標高　②緯度

(3)例この地域は気温が低く，農産物が育ちにくいため。

❸ (1)Aキリスト教　Bイスラム教

C仏教　Dヒンドゥー教

(2)エ

(3)エ

(4)例カナダはイギリスとフランスの植民地だったから。

解説

❶ (1)②東京は，温帯のなかの温暖湿潤気候であり，イタリアのローマは，温帯のなかの地中海性気候に含まれる。

(2)②モンゴルでは，家畜を連れて季節ごとに移動する遊牧の生活に合わせ，移動に便利な折りたたみの住居（ゲル）が利用されている。

❸ (2)エの毎週日曜日に協会で祈りをささげるのはキリスト教の教えである。

(3)Xはサウジアラビアである。サウジアラビアではイスラム教が広く信仰され，アラビア語が話されている。

(4)Yはカナダである。フランス語は主に東部で話されている。

p.28〜29 ステージ3 資・思

❶ (1)Aウ　Bイ　Cア

(2)例東京の降水量は夏に多く，冬に少ないが，ローマの降水量は冬に多く，夏は乾燥する。

❷ (1)Aア　Bイ　Cウ

(2)例太陽光パネルやアンテナなどをテントに設置するようになった。

❸ (1)Aウ　Bイ

(2)例この地域は乾燥しており農業に適さないため，家畜の乳や肉，毛皮などを利用して生活しているから。

(3)例標高4000m以下の地域では，じゃがいもの栽培，さらに標高が低く温暖な低地では，とうもろこしが栽培されている。

❹ (1)Xキリスト教　Y仏教

(2)例イスラム教がおこったアラビア半島のある西アジアや，中央アジア，北アフリカで信仰されている。

解説

❶ (1)Aは熱帯気候に含まれるクアラルンプール，Bは乾燥帯気候に含まれるウランバートル，Cは寒帯気候に含まれるバローの雨温図。

❷ (2)CとDの写真の遊牧民の住居を比べると，太陽光パネル，アンテナなどが使われるようになっていることが読み取れる。

家畜（かちく）　公用語（こうようご）　多言語国家（たげんごこっか）　母語（ぼご）

❸ (1)アのカリブー，エのアザラシは，イヌイットの生活と関連が深い。

ポイント

■**重要事項をおさえる。**

世界の気候区分▶熱帯気候，乾燥帯気候，温帯気候，冷帯（亜寒帯）気候，寒帯気候，高山気候。

三大宗教▶仏教，キリスト教，イスラム教。

第2章 世界の諸地域

p.30〜31 ステージ1

●**教科書の要点**

①ヒマラヤ　②季節風
③先進国　④仏教
⑤稲作　⑥畑作
⑦先端技術　⑧経済特区
⑨世界の工場　⑩国内総生産

●**教科書の資料**

(1)経済特区
(2)①沿岸部　②内陸部
(3)漢民族

●**教科書チェック☆一問一答**

①ユーラシア大陸　②ヒマラヤ山脈
③モンスーン　④雨季
⑤乾季　⑥ハイテク
⑦世界の工場　⑧国内総生産〔ＧＤＰ〕
⑨都市問題　⑩華人

p.32〜33 ステージ1

●**教科書の要点**

①プランテーション　②工業
③東南アジア諸国連合　④ヒンドゥー
⑤かんがい　⑥情報通信技術
⑦スラム　⑧石油輸出国機構
⑨イスラム　⑩難民

●**教科書の資料**

(1)サウジアラビア
(2)西アジア　(3)ドバイ

●**教科書チェック☆一問一答**

①二期作　②棚田
③アブラヤシ
④東南アジア諸国連合〔ＡＳＥＡＮ〕
⑤ベンガルール　⑥カースト制度
⑦ペルシア湾　⑧ＯＰＥＣ
⑨レアメタル　⑩難民

p.34〜35 ステージ2

❶ (1)Ａヒマラヤ山脈
Ｂインドシナ半島
Ｃ黄河
Ｄガンジス川
(2)①夏　②乾燥帯

❷ (1)①中国　②経済特区
③韓国
(2)①大気汚染　②都市
(3)ウ

❸ (1)Ａ二期作　Ｂ天然ゴム
(2)イ・ウ
(3)エ

❹ (1)①ヒンドゥー　②牛
③イスラム
(2)情報通信技術（ICT）産業
(3)①石油
②石油輸出国機構〔OPEC〕

解説

❶ (1)Ｃの黄河は華北を蛇行して流れ，長江は華中を流れる。Ｄのガンジス川はインドの北東部を流れる川。インドの西のパキスタンを流れるのはインダス川である。

(2)インドシナ半島や南アジアでは夏に海から陸に季節風がふいて雨季となり，冬には逆に陸から海に乾いた季節風がふくことで乾季となる。

❸ (1)Ａ稲作は，降水量があり，温暖な地域で行われる。東南アジアで行われている二期作は，高温で降水量の多い気候を生かした栽培方法。

(3)タイやマレーシアでは，工業団地への外国企業の受け入れなどにより，工業化が進んでいる。中国から東南アジアに工場を移転する動きもある。

なぞろう重要語句

季節風（きせつふう）　乾季（かんき）　経済特区（けいざいとっく）　華人（かじん）

❹ (2)インドはイギリスの植民地だったため英語が普及しており，アメリカなどのＩＣＴ関連の企業の進出も進んだ。

p.36~37 ステージ3 総合

❶ (1)X長江　Yインダス川
(2)あサウジアラビア
いイラン
うインドネシア
(3)0度
(4)イ
(5)イ

❷ (1)先端技術〔ハイテク〕産業
(2)世界の工場
(3)例沿岸部では1人あたりの地域別総生産が多いが，内陸部では低くなっている。

❸ (1)①プランテーション
②天然ゴム
(2)東南アジア諸国連合〔ASEAN〕
(3)イ

❹ (1)エ
(2)例英語が普及しており，高度な教育を受けた人も多いから。
(3)約4割
(4)難民

解説

❶ (4)aは東京，bはバンコク，cはリヤド。
(5)**ア**のシベリアは人口密度が低い。**ウ**のインドでは現在ヒンドゥー教が広く信仰されている。**エ**のアジアの人口は世界の約6割を占めている。

❷ (3)沿岸部と内陸部で経済格差が生じている。

❸ (1)①東南アジアのプランテーションでは天然ゴム，コーヒー，アブラヤシなどが生産され，現在でも重要な輸出品となっている。
(3)**ア**は鉱産資源の割合のほうが高かったのであやまり。**ウ**のインドネシアの輸出品は，1980年には鉱産資源の割合が高かったが，現在はその割合が減っている。パーム油は植物性の油である。

❹ (1)バングラデシュやパキスタンでは，衣類などの繊維製品の生産が盛んである。

ポイント

■重要事項をおさえる。

アジアの自然▶ヒマラヤ山脈，チベット高原，黄河，長江，インダス川。季節風（モンスーン），雨季，乾季。アジアの文化▶仏教，イスラム教，ヒンドゥー教。

■アジアの国々の経済発展をおさえる。

中国▶工業が発展し「世界の工場」。韓国▶先端技術（ハイテク）産業。東南アジア▶気候を生かした二期作。プランテーションでの天然ゴムなどの栽培。工業団地の開発。東南アジア諸国連合（ＡＳＥＡＮ）の協力。インド▶情報通信技術（ＩＣＴ）産業がベンガルールに集中。西アジア▶石油を輸出。石油輸出国機構（ＯＰＥＣ）が影響力。中央アジア▶石油，天然ガス，石炭，レアメタルなどの鉱産資源の開発。

p.38~39 ステージ1

●教科書の要点

①アルプス　②フィヨルド
③西岸海洋性気候　④北大西洋
⑤酪農　⑥ラテン
⑦カトリック　⑧ヨーロッパ連合
⑨ユーロ　⑩パスポート

●教科書の資料

(1)Aカトリック
Bプロテスタント
C正教会
(2)イスラム教

●教科書チェック☆一問一答

①ライン川
②スカンディナビア半島
③北海　④偏西風
⑤冷帯(亜寒帯)気候
⑥地中海性気候
⑦イースター　⑧ＥＵ
⑨ロシア　⑩スラブ系

にきさく　二期作
とうなん　しょこくれんごう　東南アジア諸国連合
へんせいふう　偏西風

p.40～41 ステージ1

●教科書の要点

①混合農業　②地中海式農業
③食料自給率　④東ヨーロッパ
⑤持続可能　⑥パイプライン
⑦再生可能エネルギー
⑧温室効果ガス
⑨多文化社会　⑩移民

●教科書の資料

(1)ぶどう・オレンジ・オリーブ
(2)地中海式農業
(3)小麦・じゃがいも

●教科書チェック☆一問一答

①混合農業　②ぶどう
③ＬＲＴ　④持続可能な社会
⑤リサイクル　⑥再生可能エネルギー
⑦地球温暖化　⑧酸性雨
⑨難民　⑩スイス

p.42～43 ステージ1

●教科書の要点

①サハラ砂漠　②焼畑農業
③牧畜　④奴隷
⑤公用語　⑥プランテーション
⑦レアメタル　⑧モノカルチャー
⑨フェアトレード
⑩アフリカ連合

●教科書の資料

(1)A茶
B石油
Cダイヤモンド
D銅
(2)モノカルチャー経済

●教科書チェック☆一問一答

①ナイル川　②熱帯雨林気候
③焼畑農業　④植民地
⑤国境（線）　⑥イスラム教
⑦カカオ　⑧レアメタル〔希少金属〕
⑨ＡＵ　⑩非政府組織〔ＮＧＯ〕

p.44～45 ステージ2

❶ (1)Xアルプス山脈　Yライン川
(2)北大西洋海流
(3)Aウ　Bア　Cイ
(4)①ラテン　②カトリック

❷ (1)地中海式農業
(2)①小麦　②家畜　③混合農業
(3)ＥＵ

❸ (1)Xサハラ砂漠　Yナイル川
Zギニア湾
(2)熱帯雨林気候
(3)B
(4)①ヨーロッパ　②奴隷　③植民地

❹ (1)A紛争
B国境
Cアフリカ連合〔ＡＵ〕
(2)Xイ
Yウ
(3)モノカルチャー経済
(4)フェアトレード

解説

❶ (1)Yのライン川の水運は，ヨーロッパの交通では重要な役割をはたしている。
(3)Aのストックホルムは冷帯（亜寒帯）気候，Bのパリは西岸海洋性気候，Cのバルセロナは地中海性気候である。
(4)ゲルマン系はプロテスタント，ラテン系はカトリック，スラブ系は正教会の人々が比較的多い。

❷ (1)地中海式農業では，夏の乾燥に強いぶどう，オリーブ，オレンジ類を栽培し，冬の降水を利用して小麦をつくる。
(2)混合農業では，小麦などの穀物を栽培し，それを家畜の飼料にもする。

❸ (1)Xのサハラ砂漠は世界最大の砂漠。Yのナイル川は世界最長の河川である。
(2)(3)Zのギニア湾沿岸は，赤道に近い。

❹ (1)Bヨーロッパの国々は，アフリカの民族の分布を無視して経度・緯度に沿った直線的な境界線を引いた。独立後も国境線はそのまま残り，紛争など民族問題の大きな原因となった。

酪農（らくのう）　混合農業（こんごうのうぎょう）　移民（いみん）　酸性雨（さんせいう）

(2)Xはコートジボワール，Yはコンゴ民主共和国である。

(4)フェアトレードは，カカオやコーヒーなどの農産物の買い取り価格を保障する動きから始まり，児童労働を禁止するなどの労働環境の改善，農薬の不使用による環境の保全など，その取り組みが広がっている。

p.46~47 ステージ3 総合

❶ (1)フィヨルド
(2)ドナウ川
(3)①西岸海洋性
②偏西風
(4)ア
(5)①あ（→）い（→）う
②記号　b
国名　イギリス
(6)ア・エ

❷ (1)原子力（発電）
(2)例周辺の国々への電力の輸出が多い。
(3)水力・太陽光・風力・地熱・潮力・バイオマス（の中から2つ）
(4)持続可能な社会

❸ (1)Aイ　Bア　Cウ
(2)①サハラ　②植民地
(3)ウ
(4)例特定の農産物や鉱産資源の輸出にたよるため，収入が安定しない。

解説

❶ (2)ドナウ川は，ルーマニアやハンガリー，オーストリアなどを流れる。

(4)緯度は，ローマがおよそ北緯41．5度，札幌市がおよそ北緯43度。

(5)②イギリスは2020年1月にEUから正式に離脱した。

(6)イ共通通貨をユーロという。スウェーデンなど，導入していない国もある。ウのスイスはＥＵに加盟したことがない。ＥＵの本部はベルギーのブリュッセルにある。

❸ (1)Aのカイロは乾燥帯気候，Bのロメは熱帯気候，Cのプレトリアは温帯気候に含まれる。

(3)アの天然ゴムのプランテーションでの栽培は東南アジアで盛ん。イのＯＰＥＣは，西アジアの産油国を中心に結成された。

p.48~49 ステージ3 資・思

❶ (1)賃金が低い
(2)例人口が多い中国で，経済発展で生活が豊かになった人が増えたから。
(3)タイ

❷ (1)b（→）a（→）c（→）d
(2)例東ヨーロッパにある，ＥＵへの加盟時期が遅い国々が多い。

❸ (1)①記号　c　国名　コートジボワール
②記号　d　国名　南アフリカ共和国
(2)例民族の分布を無視した境界線を引き，民族問題などの原因になった。

❹ (1)Aウ　Bア　Cイ
(2)例ＥＵ加盟国間では，国境を物資が通過する制限が少ないこと。

解説

❷ (2)東ヨーロッパの国々はかつてソ連との結びつきが強かったが，1991年のソ連崩壊後は，順次ＥＵに加盟している。

❸ (1)①コートジボワールはカカオの生産量が世界第1位である。②南アフリカ共和国のほか，エチオピア，リベリアも植民地支配を受けなかった。

❹ (2)各国で得意な部品を分担してつくり，それを組み立てて生産している。

ポイント

■重要事項をおさえる。
ヨーロッパの自然▶アルプス山脈，フィヨルド，北大西洋海流，偏西風。アフリカの自然▶ナイル川，サハラ砂漠。

■地域統合・国際協力をおさえる。
ヨーロッパ▶ヨーロッパ連合（ＥＵ），ユーロの導入，農業など共通政策。アフリカ▶アフリカ連合（ＡＵ）。

なぞろう重要語句　焼畑農業（やきはたのうぎょう）　牧畜（ぼくちく）　奴隷（どれい）　植民地（しょくみんち）

p.50〜51 ステージ1

●教科書の要点

①ハリケーン　②先住民
③移民　④奴隷
⑤ヒスパニック　⑥かんがい
⑦企業的農業　⑧適地適作
⑨穀物メジャー　⑩多国籍企業

●教科書の資料

(1)ヒスパニック
(2)イ
(3)多民族国家

●教科書チェック☆一問一答

①グリーンランド
②ロッキー山脈
③ミシシッピ川　④ハリケーン
⑤先住民　⑥スペイン語
⑦適地適作　⑧世界の食料庫
⑨穀物メジャー
⑩バイオテクノロジー

p.52〜53 ステージ1

●教科書の要点

①情報通信技術　②先端技術
③サンベルト　④シリコンバレー
⑤英　⑥自動車社会
⑦大量生産　⑧シェールオイル
⑨持続可能な　⑩再生可能エネルギー

●教科書の資料

(1)ア
(2)先端技術〔ハイテク〕産業
(3)シリコンバレー

●教科書チェック☆一問一答

①鉄鋼業　②自動車工業
③ＩＣＴ　④五大湖
⑤サンベルト　⑥ジャズ
⑦ファーストフード
⑧インターネット
⑨大量生産
⑩シェールガス

p.54〜55 ステージ2

❶ (1)Ａカナダ　Ｂアメリカ
Ｃメキシコ
(2)ａロッキー山脈
ｂアパラチア山脈
ｃミシシッピ川
(3)①冷帯（亜寒帯）　②温帯
③乾燥帯　④熱帯

❷ (1)①Ａ　②Ｂ　③Ｃ
(2)ヨーロッパ
(3)先住民
(4)多民族国家

❸ (1)①Ｃ　②Ｄ　③Ａ　④Ｂ
(2)①適地適作
②企業的農業
③世界の食料庫
④バイオテクノロジー

❹ (1)鉄鋼業
(2)サンベルト
(3)シリコンバレー
(4)①インターネット
②ＳＮＳ〔ソーシャルネットワーキングサービス〕

解説

❶ (3)北アメリカ州の気候は北緯40度で南北に，西経100度で東西に分けられる。メキシコなどの中央アメリカやカリブ海の島々では熱帯気候がみられる。

❷ (1)アメリカは多民族国家であり，近年はアジア系やヒスパニックが増えている。アジア系は大都市のある西海岸や東海岸，ヒスパニックは西海岸からメキシコ国境に近い南西部に多い。

❸ (2)アメリカの農業は気候や各地域の特徴に合わせた「適地適作」である。そして，大型機械を用い，少人数で効率よく生産する企業的農業が行われている。また，バイオテクノロジー（生命工学）の研究が進んでおり，品種改良などに取り組んでいる。

❹ (2)温暖で，日照時間が長いことから「サンベルト」とよばれている。

なぞろう重要語句

きぎょうてきのうぎょう　企業的農業
てきちてきさく　適地適作
たこくせききぎょう　多国籍企業

(3)シリコンは半導体に欠かせない原料であり，この地域に半導体企業が集中したことから「シリコンバレー」とよばれるようになった。

(4)①インターネットは，もともとアメリカで研究目的で開発された。②ＳＮＳのほかに，コンピューターや携帯電話の基本ソフトウェア，インターネットショッピングのシステムなどの技術・サービスも，アメリカのＩＣＴ関連の多国籍企業により開発された。

p.56～57 ステージ3 総合

1 (1)A ミシシッピ川　B メキシコ湾
C カリブ海
(2)ウ
(3)aウ　bイ　cア
(4)北緯(ほくい)40度　あ
西経100度　え
(5)エ
(6)ウ
(7)例ヨーロッパ系(けい)，アフリカ系，アジア系，先住民，ヒスパニックなど，多様な民族からなるから。

2 (1)ア
(2)①b　②a　③c
(3)例世界的な規模(きぼ)で事業を展開する企業。
(4)①ウ　②イ
(5)ウ
(6)例小麦，とうもろこし，大豆などを大量に生産し，世界各地に輸出しているから。

解説

1 (2)ロッキー山脈のふもとからグレートプレーンズ→プレーリー→中央平原の順である。
(3)aのワシントンD.C.は温帯気候，bのハバナは熱帯気候，cのアンカレジは冷帯（亜寒帯）気候に含まれる。
(5)温暖な南部では綿花の栽培が行われている。綿花の栽培は，かつてはアフリカ系の奴隷を労働力としていた。
(6)ウは中国のことである。アはメキシコ，イはアメリカとカナダのことである。

2 (2)①原料の鉄鉱石や石炭の産地が近くにあり，五大湖の水運を利用できるピッツバーグは，19世紀後半から鉄鋼業の中心であった。②五大湖周辺で盛んであった鉄鋼業は，20世紀にはいると自動車工業へと進展し，中心地のひとつがデトロイトであった。
(4)とうもろこし・大豆は，五大湖周辺からやや南の地域で盛んに栽培され，アメリカから世界各地へ輸出されている。
(5)ウの焼畑農業は，アフリカの熱帯気候の地域などで行われている。

ポイント

■重要事項をおさえる。

北アメリカの自然▶ロッキー山脈，アパラチア山脈，ミシシッピ川，ハリケーン。

■北アメリカの産業をおさえる。

農業▶適地適作，企業的農業，穀物メジャー，「世界の食料庫」。工業▶情報通信技術（ＩＣＴ），先端技術（ハイテク）産業の発展。サンベルトが工業の中心。シリコンバレーにＩＣＴ関連の企業の集積。

p.58～59 ステージ1

●**教科書の要点**

①アンデス山脈(さんみゃく)　②アマゾン川(がわ)
③パンパ　④熱帯雨林(ねったいうりん)
⑤先住民(せんじゅうみん)　⑥奴隷(どれい)
⑦メスチソ　⑧プランテーション
⑨環境保全(かんきょうほぜん)　⑩バイオ燃料(ねんりょう)

●**教科書の資料**

(1)スペイン語
(2)①植民地
②アルゼンチン

●**教科書チェック☆一問一答**

①アンデス山脈　②アマゾン川
③熱帯雨林　④パンパ
⑤メスチソ　⑥日系人
⑦スラム　⑧地球温暖化(ちきゅうおんだんか)
⑨持続可能(じぞくかのう)な開発(かいはつ)　⑩バイオ燃料

熱帯雨林(ねったいうりん)　地球温暖化(ちきゅうおんだんか)　持続可能な開発(じぞくかのうなかいはつ)

p.60～61 ステージ1

●**教科書の要点**

①火山島　②さんご
③アボリジニ　④マオリ
⑤露天掘り　⑥多民族
⑦植民地　⑧白豪主義
⑨多文化　⑩地球温暖化

●**教科書の資料**

(1)ヨーロッパ
(2)アジア
(3)多民族国家

●**教科書チェック☆一問一答**

①オーストラリア大陸
②火山島
③アボリジニ　④マオリ
⑤キリスト教　⑥露天掘り
⑦イギリス　⑧白豪主義
⑨多文化社会　⑩地球温暖化

p.62～63 ステージ2

1 (1)Aアンデス山脈　Bアマゾン川
(2)0度
(3)①ブラジル
②熱帯雨林
(4)①アルゼンチン
②パンパ
(5)Aイ　Bエ

2 (1)Aヨーロッパ　Bアフリカ
C日系人　Dスペイン
(2)持続可能な開発
(3)バイオ燃料

3 (1)Aミクロネシア
Bメラネシア
Cポリネシア
(2)イ
(3)ア

4 (1)A日本　B中国　Cアジア
(2)アジア系
(3)多文化社会
(4)地球温暖化

解説

1 (2)赤道は，南アメリカ大陸のエクアドル，コロンビア，ブラジルを通っている。
(5)ブラジルはコーヒーの世界の生産量の約30％をしめ，鉄鉱石では約20％を生産している。なお鉄鉱石の生産量第１位はオーストラリアで世界の約40％をしめている。

2 (1)アフリカ系の人々が奴隷として連れてこられた。また，ほとんどがスペインやポルトガルの植民地であったため，スペイン語やポルトガル語を公用語にしている。
(3)バイオ燃料を使うと，酸性雨の原因となる酸性の化合物の排出量をおさえることができる。

3 (1)オセアニアの太平洋上の島々は，ミクロネシア，メラネシア，ポリネシアからなる。経度180度で東西に分け，180度より東側をポリネシアとよぶ。ただし，ニュージーランドはポリネシアに含まれる。180度より西側はさらに南北に分け，北部をミクロネシア，南部をメラネシアとよぶ。
(2)オーストラリアとニュージーランドが上位に入っていることから羊毛とわかる。
(3)**イ**の米の二期作は，東南アジアで盛ん。**ウ**のアルパカの放牧は，南アメリカで盛ん。**エ**のコーヒーやカカオのプランテーションがあるのは，アフリカである。

4 (2)イギリス系の移民が優遇された政策を白豪主義という。
(3)現在，もっとも数の多い移民はアジア系である。
(4)ツバルなどの島国で問題になっている。

p.64～65 ステージ3 総合

1 (1)aう　bあ　cい
(2)①0度
②ガラパゴス諸島
(3)①ウ
②イ
③例20世紀後半から大規模な開発が進められ，伐採されたため。
(4)①ラプラタ川
②ウ

なぞろう重要語句

かざんとう 火山島　ろてんぼ 露天掘り　はくごうしゅぎ 白豪主義　たぶんかしゃかい 多文化社会

❷ (1)記号　い　　気候　乾燥帯気候

(2)アボリジニ

(3)例イギリス系の移民を優遇し，アジア系の移民を制限する政策。

(4)Xア　　Yイ

❸ (1)地球温暖化

(2)ア・イ

解説

❶ (1)aはマナオス，bはリマ，cはブエノスアイレスである。マナオスは熱帯気候，リマは乾燥帯気候，ブエノスアイレスは温帯気候にそれぞれ含まれる。

(2)①エクアドルは赤道直下の国で，国名は，スペイン語で「赤道」という意味である。②エクアドルにあるガラパゴス諸島では，動物が独自の進化をとげている。生物学者のダーウィンは，ガラパゴス諸島で進化論を着想した。

(3)①南アメリカの多くの国がスペイン語を公用語としているが，ブラジルの公用語はポルトガル語である。②スラムは，都市の周辺部の貧しい人々が集まっている地区。③アマゾン川流域の熱帯雨林の消失によって，地球温暖化の原因の一つとなる二酸化炭素を吸収する量が少なくなり，地球温暖化が進んでいるといわれている。

(4)①ラプラタ川の河口には，アルゼンチンの首都であるブエノスアイレスがある。②ア・イは同じ南アメリカでもアルゼンチンではなく，ブラジルの説明である。

❷ (1)降水量が少ないオーストラリア大陸の内陸部は，乾燥帯気候に含まれ，砂漠や高原が広がっている。

(2)先住民のアボリジニは，移住してきた人々によって迫害され，生活するには厳しい自然環境が広がる内陸部などに追いやられた。現在は，アボリジニとの共生が進んでいる。

(3)(4)白豪主義の廃止後，アジア系の移民が増加している。また，かつてはヨーロッパ諸国との経済的な結びつきが強かったが，現在では中国や日本，韓国との貿易が盛んで，アジアの国々との結びつきが強まっている。

❸ (1)二酸化炭素などの温室効果ガスは，地表から放出された赤外線の一部を吸収してから地表に戻すため，温室効果をもたらす。

(2)バイオ燃料の需要がのびると，生産を増加させるために，原料のとうもろこしやさとうきびを育てる耕地を増やす必要が生じ，新たな熱帯雨林の伐採につながるという問題も起きる。また原料となる農産物の価格が上がったりする。そこで，従来の原料以外のサボテンや牧草などが注目され，それらを使用した生産技術の開発が進められている。ブラジルではバイオ燃料で走る自動車が普及している。

p.66~67 ステージ3 資・思

❶ (1)X酪農　　Y綿花

(2)例放牧は，アメリカ西部（西経100度より西側）で，降水量が500㎜以下の地域で行われている。

❷ (1)①Aイ　　Bア

②Aa　　Bc

(2)例環境破壊が進んでおり，開発と環境保全を両立させた持続可能な開発を進めることが課題となっている。

❸ (1)Aa　　Bc　　Cb

(2)例オーストラリア大陸の内陸部には乾燥帯気候が広がっており，自然環境がきびしいから。

❹ (1)Aオ　　Bウ　　Cア

解説

❶ (1)アメリカでは，それぞれの地域の気候や地形に適した農産物を生産する適地適作の農業が行われている。Xの酪農は，気候が冷涼で，大消費地となる都市圏に近いことから，アメリカ東部の五大湖周辺で盛ん。Yの綿花の栽培は，温暖な南部で，ヒスパニックの労働者を雇って生産されている。

(2)Xについての記述のように，地域や降水量にふれる。アメリカの放牧が行われている地域は，降水量が少ないことから小麦や野菜などの農産物の生産に適さない。

地形図（ちけいず）　国土地理院（こくどちりいん）　縮尺（しゅくしゃく）　断面図（だんめんず）

❷ (1)Aはエクアドル。ガラパゴス諸島では，観光客の増加にともなって環境破壊が進み，2007年に世界遺産としての価値をあやぶまれる「危機遺産」に登録された。その後，環境保全の取り組みを進め，2010年には「危機遺産」からはずされた。Bはブラジル。アマゾン川の流域面積は世界最大で，流域には熱帯雨林が広がっている。熱帯雨林の伐採が，二酸化炭素の吸収量を減少させることから，地球温暖化への影響が心配されている。

(2)環境保全が課題となっていることを記述する。

❸ (1)Aはアリススプリングス，Bはヌーメア，Cはオークランド。

(2)乾燥帯気候が広がるオーストラリアの内陸部は，自然環境がきびしい。東部から南西部にかけての沿岸部は，温帯気候に含まれて生活がしやすい自然環境であるため，人口密度が高くなっている。

❹ (1)グラフ中の**ア**はアジア，**イ**はアフリカ，**ウ**は南アメリカ，**エ**はヨーロッパ，**オ**はオセアニア。Aはオセアニア，Bは南アメリカ，Cはアジアについて述べている。Cの人口が10億をこえる国は，中国とインドである。

ポイント

■重要事項をおさえる。

南アメリカの自然▶アンデス山脈，アマゾン川，熱帯雨林，パンパ。オセアニアの自然▶火山島，さんご礁。

■開発と環境保全・多文化共生をおさえる。

南アメリカ▶アマゾン川流域の熱帯雨林の伐採抑制。ブラジルのバイオ燃料。オセアニア▶オーストラリアの白豪主義の廃止。アボリジニとの共生。

第3編 日本のさまざまな地域

第1章 地域調査の手法

p.68～69 ステージ1

●教科書の要点

①空中　②地形図
③方位　④縮尺
⑤断面図　⑥インターネット
⑦聞き取り　⑧統計
⑨ハザードマップ　⑩帯グラフ

●教科書の資料

(1)A北北西　B東北東　C南西
(2)①Xイ　Yエ　Zア
②地形図

●教科書チェック☆一問一答

①国土地理院　②2.5km
③等高線　④地図記号
⑤デジタル地図　⑥文献資料
⑦統計資料　⑧ハザードマップ
⑨棒グラフ　⑩円グラフ

p.70～71 ステージ2

❶ (1)①20㎝　②40㎝
(2)地形図２
(3)ア
(4)A消防署　B神社　C交番　D小・中学校　E老人ホーム
(5)ア

❷ (1)120m
(2)750m
(3)①等高線　②ゆるやか　③急
(4)

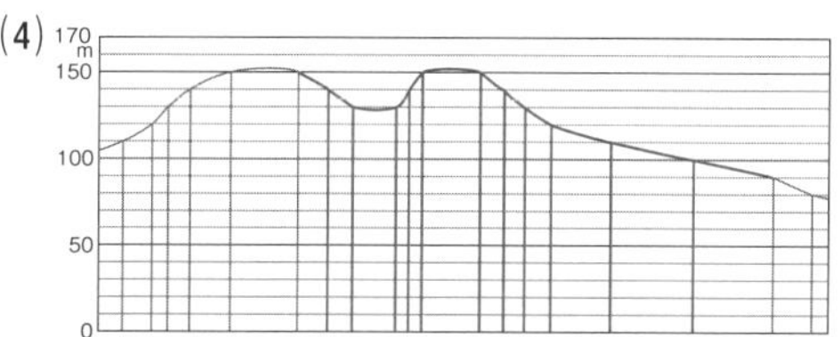

とうこうせん 等高線　とうけいしりょう 統計資料　ぶんけんちょうさ 文献調査

❸ (1)①地形図　②統計調査
③文献調査
(2)イ
(3)①インターネット
②ペースト

解説

❶ (1)①は５万分の１の地形図なので，10km（1000000cm）÷50000＝20cmになる。②は２万５千分の１の地形図なので，10km（1000000cm）÷25000＝40cmになる。
(2)５万分の１の地形図と２万５千分の１の地形図では，５万分の１のほうが実際の距離をより縮小している（小縮尺)。２万５千分の１のほうがよりくわしく地域のようすが表されている。
(5)**イ**鉄道の沿線にできているのは，小・中学校。**エ**鉄道の路線は，1970年にもあった。

❷ (1)100mと150mの等高線から判断する。
(2)３cm×25000＝75000cm。メートルに換算すると750mになる。
(4)例のように，地図上の直線と等高線が交わる点から垂線を引き，なめらかな線で垂線をつなぐと，断面図になる。

第2章 日本の地域的特色と地域区分

p.72～73 ステージ1

●**教科書の要点**
①環太平洋造山帯　②扇状地
③砂丘　④岩石海岸
⑤リアス　⑥フォッサマグナ
⑦暖流　⑧親潮
⑨季節風　⑩冷帯〔亜寒帯〕

●**教科書の資料**
(1)季節風
(2)A内陸性
B瀬戸内
C南西諸島
(3)①

●**教科書チェック☆一問一答**
①日本アルプス　②三角州
③砂浜海岸　④中央構造線
⑤黒潮　⑥寒流
⑦温帯気候　⑧梅雨
⑨台風　⑩熱帯気候

ミス注意!
★黒潮と親潮…取りちがいに注意しよう。

黒潮	親潮
日本列島の太平洋側で，南から北へ流れる日本海流の別名。暖流。	日本列島の太平洋側で，北から南へ流れる千島海流の別名。寒流。

p.74～75 ステージ1

●**教科書の要点**
①液状化現象　②津波
③東日本大震災　④火山
⑤断層　⑥洪水
⑦人災　⑧干害
⑨冷害　⑩自助

●**教科書の資料**
(1)Aウ　Bイ
Cエ　Dア
(2)プレート

●**教科書チェック☆一問一答**
①マグニチュード　②阪神・淡路大震災
③雲仙岳　④風水害
⑤高潮　⑥やませ
⑦雪害　⑧減災
⑨ハザードマップ　⑩公助

ミス注意!
★干害…漢字に注意しよう。

○ 干害	× 乾害
少雨による水不足で起こる災害。	

p.76～77 ステージ2

❶ (1)Aフォッサマグナ　B中央構造線
(2)環太平洋造山帯
(3)①扇状地　②三角州
(4)リアス海岸

かんたいへいようぞうざんたい 環太平洋造山帯　ちゅうおうこうぞうせん 中央構造線　だんそう 断層

❷ (1)①太平洋　②日本海
(2)①梅雨　②台風
③からっ風
(3)Aイ　Bア

❸ (1)マグニチュード
(2)津波
(3)①阪神・淡路大震災
②東日本大震災
(4)①桜島　②御嶽山

❹ (1)A高潮　Bハザードマップ
(2)aイ　bア　cウ
(3)減災

解 説

❶ (2)環太平洋造山帯は，南アメリカ大陸と北アメリカ大陸の西岸から東アジア，ニュージーランドまでのびている。

❷ (3)Aは北海道の気候。はっきりした梅雨がないのも特徴である。Bは太平洋側の気候。季節風の影響で，夏は降水量が多くなり，冬は乾燥する。

❸ (1)地震の規模を表すマグニチュードは，値が1増えると規模が32倍になる。それぞれの地点での地震のゆれの大きさは震度という。
(4)火山の噴火により，火山灰，溶岩，火山ガス，火砕流などが発生し，被害をもたらす。

❹ (1)A高潮により，沿岸部の低地が浸水する。

p.78～79　ステージ3　総合

❶ (1)A奥羽山脈
B大阪平野
C利根川
(2)ウ・オ
(3)①長い　②短い
(4)Y
(5)例日本の北端と南端の緯度の差が大きく，けわしい山脈は季節風をさえぎるから。
(6)①イ　②ア　③ウ
(7)①扇状地
②例川が山地から平野や盆地に流れ出るところに土砂がたまってでき，扇形をしている。

❷ (1)A日本海溝
B南海トラフ
(2)断層
(3)例日本の周辺の海に，大地震を引き起こすプレートの境界が集まっているから。
(4)火砕流
(5)ア
(6)イ
(7)イ
(8)①ウ　②イ　③ア
(9)例災害時の被害の想定や避難所などを掲載した地図。

解 説

❶ (3)日本は，国土が南北に細長く，山地が多いため，短くて急な流れの川が多い。
(5)北海道には冷帯（亜寒帯）気候，南西諸島の一部は熱帯気候に含まれるなど，高緯度の地域と低緯度の地域で気温に大きな差がある。東日本では南北に，西日本では東西に山地がつらなっており，湿った空気を運ぶ季節風をさえぎることから，山地をはさむと気温や降水量にちがいが出る。
(6)アは新潟，イは松本，ウは高知の雨温図である。
(7)扇状地は，果樹の栽培に適している。

❷ (5)火山による災害は，東日本や伊豆諸島，中部地方，九州地方で多い。
(7)ア郊外から中心部に向かって気温が高くなるのがヒートアイランド現象。ウ猛暑日や熱帯夜の増加により，熱中症の増加などの問題が起こっている。干害は，水不足による災害。

p.80～81　ステージ1

●**教科書の要点**

①人口密度　②高齢
③三大都市圏　④地方中枢都市
⑤過疎　⑥鉱産資源
⑦大陸棚　⑧レアメタル
⑨二酸化炭素　⑩再生可能エネルギー

●**教科書の資料**

(1)人口ピラミッド
(2)ア富士山型　イつぼ型

なぞろう重要語句
扇状地（せんじょうち）　三角州（さんかくす）　日本海溝（にほんかいこう）　大陸棚（たいりくだな）

●教科書チェック☆一問一答

①少子化　②少子高齢化
③東京　④過密化
⑤仙台市　⑥過疎化
⑦リサイクル　⑧火力発電
⑨地球温暖化　⑩再生可能エネルギー

ミス注意！

★少子高齢化…漢字に注意しよう。

○　少子高齢化	×　小子高齢化
子どもの数が少なくなり，高齢者の占める割合が高く多くなること。	

★鉱産資源…漢字に注意しよう。

○　鉱産資源	×　鉱山資源
石油，石炭，鉄鉱石など，地下に埋まっている鉱物や岩石などのこと。	

p.82～83　ステージ1

●教科書の要点

①稲作　②近郊農業
③園芸農業　④食料自給率
⑤太平洋ベルト　⑥高速道路
⑦産業の空洞化　⑧情報通信業
⑨海上　⑩航空

●教科書の資料

(1)Aウ　Bイ
(2)エ
(3)第２次産業

●教科書チェック☆一問一答

①酪農　②畜産
③養殖業　④栽培漁業
⑤第２次産業　⑥中京工業地帯
⑦第３次産業　⑧商店街
⑨航空機　⑩情報社会

ミス注意！

★養殖業と栽培漁業…取りちがいに注意しよう。

養殖業	栽培漁業
魚介類を出荷できる大きさまで育てて漁獲する。	ふ化させた稚魚や稚貝を育て，海や川に放流して成長したあとに漁獲する。

★畜産…漢字に注意しよう。

○　畜産	×　蓄産
牛や豚などの家畜を飼い，肉などを生産。	

p.84～85　ステージ2

❶ (1)①イ　②ウ　③ア
(2)少子高齢化
(3)三大都市圏
(4)地方中枢都市

❷ (1)A石油
B鉄鉱石
C石炭
(2)リサイクル
(3)再生可能エネルギー

❸ (1)①園芸農業
②近郊農業
③栽培漁業
(2)A中京　B京浜
C阪神　D北九州
(3)太平洋ベルト
(4)第３次産業

❹ (1)A海上　B航空
(2)中国
(3)ア
(4)情報社会

解説

❶ (1)ア・ウはつぼ型，イは富士山型の人口ピラミッド。アの方が高齢者の割合が高い。発展途上国などでは，子どもの数が多く高齢者の数が少ない，富士山型の人口ピラミッドの国が多い。

❷ (1)石油は西アジアからの輸入量が多い。石炭はオーストラリアからの輸入量が多い。鉄鉱石もオーストラリアからの輸入量が多いが，ブラジルからも輸入している。

❸ (2)地図中の工業地域は，ＡＢＣＤの順に工業製品出荷額が大きい。
(3)発展している工業地域は，太平洋ベルト上に集中している。

❹ (2)輸入量，輸出量ともに，中国とアメリカが上位を占めている。

過密（かみつ）　過疎（かそ）　畜産（ちくさん）　近郊農業（きんこうのうぎょう）

(3)アの公共交通機関の廃止は，過疎化が進む地域で問題になっている。

p.86~87 ステージ3 総合

❶ (1)A少子(しょうし)　B過密(かみつ)
C過疎(かそ)
(2)エ
(3)ウ
(4)①イ
②例若い人が都市部などに流出しているから。

❷ (1)A石炭
B原子力
(2)ウ
(3)例太陽光，風力など，消費してもなくならず，地球環境(かんきょう)への負担が少ないエネルギー。

❹ (1)Aウ　Bア　Cイ
(2)例規模(きぼ)が小さく，生産費用が高い。
(3)①イ　②エ
(4)エ

❹ (1)Aイ　Bア　Cウ
(2)Xイ　Yア　Zウ
(3)例交通網が整備されている場所。

解説

❶ (2)アの東京23区は東京大都市圏，イの名古屋市は名古屋大都市圏，ウの大阪市は，神戸市，京都市とともに京阪神大都市圏の中心都市。エの広島市は，中国・四国地方にある地方中枢都市で，政令指定都市である。
(3)ア・イは，過密化が進んでいる都市部などで起こっている問題である。

❸ (2)規模が大きく生産費用が安い外国の農産物の輸入が増えたことなどから，日本の食料自給率は約4割まで低下した。
(4)第1次産業や観光業は，エの九州南部・沖縄や，北海道，東北地方，北陸・中央高地，山陰・南四国などの地域で重要な産業になっている。太平洋ベルト状にある関東地方，東海，近畿地方，瀬戸内，九州北部では，第2次産業や第3次産業が発達している。

❹ (2)人の移動では，都市圏内の移動や近距離・中距離の移動には鉄道，遠距離の移動には航空機が使われることが多い。貨物の輸送には，トラックによる陸上輸送や，コンテナ船やタンカーによる海上輸送がよく使われている。

p.88~89 ステージ3 資・思

❶ (1)①南北　②東西
(2)例山地が広がっている。

❷ (1)A火力　B水力
(2)新潟県(にいがたけん)
(3)例大都市からはなれた沿岸部(えんがんぶ)に多い。

❸ (1)①北海道(ほっかいどう)　②千葉県(ちばけん)
(2)例夏に降水量(こうすいりょう)が多く，冬は乾燥(かんそう)する太平洋側の気候に含(ふく)まれる。
(3)例日本の農業は，外国に比べて小規模で生産費用が高いから。

❹ (1)Aイ　Bア
(2)例大量に運ぶ必要があるものや重いものが多い。

解説

❶ (1)東日本では南北方向に，西日本では東西方向に山地がつらなっており，そのあいだには日本アルプスがある。
(2)高齢化は，人口減少が進み人口密度が低い，農村部や山間部でいちじるしい。都市部でもゆるやかに高齢化が進んでおり，今後は都市部でも急速な高齢化が進むといわれている。

❷ (2)電力会社の営業地域は，7地方区分に近いが，完全には一致していない。山梨県や静岡県の一部は，東京電力の営業地域である。

❸ (1)①資料1で，農業生産額が5000億円以上なのは，北海道と鹿児島県。米や小麦の生産や酪農が盛んなのは北海道である。②茨城県も東京都に近く，大都市圏の消費者向けの近郊農業を行っているが，東京都に隣接していない。
(2)みかんの栽培には，温暖な気候が適している。

❹ (1)Aは臨海型，Bは内陸型の工業地域。
(2)海上輸送に対し，航空輸送では，軽くて高価なものが運ばれる。

園芸農業(えんげいのうぎょう)　栽培漁業(さいばいぎょぎょう)　地方中枢都市(ちほうちゅうすうとし)

ポイント

■日本の自然環境をおさえる。

山地▶環太平洋造山帯，日本アルプス，中央構造線，フォッサマグナ。海岸▶砂浜海岸，岩石海岸，リアス海岸。気候▶温帯気候，季節風（モンスーン），梅雨，台風。地震・火山災害▶プレート，日本海溝，南海トラフ，断層。気象災害▶洪水，土石流，高潮，干害，冷害，雪害。

■日本の人口をおさえる。

人口減少▶少子高齢化，過疎化。人口増加▶過密化，三大都市圏，地方中枢都市。

■日本の資源・エネルギーをおさえる。

エネルギー供給▶原子力発電所の事故。再生可能エネルギーの開発。３Ｒ▶Reduce（リデュース）・Reuse（リユース）・Recycle（リサイクル）。

■日本の産業をおさえる。

第１次産業▶稲作が農業の中心。食料自給率の低下。第２次産業▶太平洋ベルト。中京工業地帯，京浜工業地帯，阪神工業地帯，北九州工業地帯。第３次産業▶情報通信業，医療・福祉業の成長。

■日本の交通・通信をおさえる。

物資の輸送▶海上輸送，航空輸送，陸上輸送。人の移動▶近距離・中距離に鉄道，遠距離に航空機の利用。

第3章 日本の諸地域

p.90～91 ステージ1

●教科書の要点

①カルデラ　②さんご
③地方中枢（ちほうちゅうすう）　④日本海流
⑤世界自然遺産（せかいしぜんいさん）　⑥火山灰（かざんばい）
⑦シラス台地（だいち）　⑧温泉（おんせん）
⑨地熱発電（ちねつはつでん）　⑩太陽光発電（たいようこうはつでん）

●教科書の資料

(1) a 雲仙岳（うんぜんだけ）　b 阿蘇山（あそさん）
c 桜島（さくらじま）
(2)シラス台地
(3)地熱

教科書チェック☆一問一答

①南西諸島（なんせいしょとう）　②阿蘇山
③九州山地（きゅうしゅうさんち）　④黒潮（くろしお）
⑤福岡市（ふくおか）　⑥屋久島（やくしま）
⑦桜島　⑧温泉
⑨筑後川（ちくご）　⑩台風

p.92～93 ステージ1

●教科書の要点

①二毛作（にもうさく）　②園芸農業（えんげいのうぎょう）
③促成栽培（そくせいさいばい）　④琉球王国（りゅうきゅうおうこく）
⑤リゾート　⑥エコツーリズム
⑦ラムサール条約（じょうやく）　⑧北九州工業地帯（きたきゅうしゅうこうぎょうちたい）
⑨重化学工業（じゅうかがくこうぎょう）　⑩持続可能（じぞくかのう）

●教科書の資料

(1)北九州工業地帯
(2)水俣市（みなまた）
(3)持続可能な社会

●教科書チェック☆一問一答

①筑紫平野（つくし）　②畜産業（ちくさん）
③さつまいも　④沖縄県（おきなわ）
⑤アメリカ　⑥エコツーリズム
⑦八幡製鉄所（やはた）　⑧公害（こうがい）
⑨水俣病　⑩北九州市

ミス注意!

★二毛作と二期作…取りちがいに注意しよう。

二毛作	二期作
同じ耕地で，１年間に２回ちがう作物を栽培する。	同じ耕地で，１年間に２回同じ作物を栽培する。

★促成栽培…漢字に注意しよう。

○　促成栽培	×　捉成栽培
ビニールハウスなどを使い，農産物の出荷時期を早める。	

★琉球王国…漢字に注意しよう。

○　琉球王国	×　流球王国
江戸時代以前，現在の沖縄県にあった。中国や東南アジアと交流があり，独自の文化が発展。首里城跡は世界文化遺産。	

なぞろう重要語句

筑紫平野（つくしへいや）　阿蘇山（あそさん）　南西諸島（なんせいしょとう）　火山灰（かざんばい）

p.94~95 ステージ1

●**教科書の要点**

①瀬戸内海　②山陰
③政令指定都市　④瀬戸内
⑤石油化学　⑥過疎
⑦少子高齢　⑧本州四国連絡橋
⑨促成　⑩まちおこし

●**教科書の資料**

(1)政令指定都市
(2)過疎地域
(3)イ

●**教科書チェック☆一問一答**

①対馬海流　②干害
③岡山市　④地方中枢都市
⑤少子高齢化　⑥本州四国連絡橋
⑦６次産業化　⑧愛媛県
⑨エコツーリズム　⑩Uターン

ミス注意!

★**瀬戸内と瀬戸内海**…取りちがいに注意しよう。

瀬戸内	瀬戸内海
瀬戸内海沿岸に広がる地域。	本州・四国・九州に囲まれた海。

p.96~97 ステージ2

1 (1)A九州山地　B東シナ海
C筑紫平野
(2)D対馬海流　E日本海流〔黒潮〕
(3)①b　②c　③a
(4)カルデラ
(5)シラス台地

2 (1)福岡市
(2)Bイ　Cア
(3)北九州工業地帯
(4)水俣病
(5)琉球王国
(6)アメリカ

3 (1)A中国山地　B鳥取砂丘
C高知平野
(2)Xイ　Yア
(3)干害

4 (1)A広島市　B岡山市
(2)瀬戸内工業地域
(3)過疎化
(4)Xイ　Yウ　Zア
(5)Cなし　Dもも
Eみかん　Fピーマン
(6)エコツーリズム

解説

1 (3)九州地方は火山が多く分布している。鹿児島市では，桜島の噴火によりしばしば火山灰が降る。雲仙岳は1990年に噴火し，火砕流の発生で多くの被害を出した。霧島山は，宮崎県と鹿児島県の県境にある火山。

(4)阿蘇山のカルデラは，南北25kmにおよび，世界最大級である。

(5)シラス台地は，桜島・霧島山など，九州南部の火山が噴出した火山灰が堆積してできた。水はけがよいため作物が育ちにくく，かつてはやせた土地でも育つさつまいもが栽培されていた。戦後にかんがい施設が整備され，畑作や畜産が盛んになった。近年，鹿児島県は豚の飼育や茶・さつまいもの生産量が多くなっている。

2 (2)Bは筑紫平野，Cは宮崎平野である。筑後川の流れる筑紫平野は，九州最大の稲作地帯である。温暖な気候なので，１年に米と麦をつくる二毛作も行われている。沖合を暖流の日本海流（黒潮）が流れている宮崎平野は温暖な気候のため，野菜の促成栽培に適している。

(5)沖縄県はかつて琉球王国とよばれ，中国などとの貿易で栄えた。明治時代に沖縄県が設置された。

(6)沖縄県は第二次世界大戦で戦場となり，戦後もアメリカの占領下にあった。1972年に日本に返還されたが，現在でもアメリカ軍の基地が多い。

3 (2)Xは松江，Yは高知。季節風の影響で，高知は夏の降水量が多く，松江は冬の降水量が多い。

(3)香川県など，瀬戸内は降水量が少ないため，干害が起きやすい。讃岐平野では，古くから水不足に備えたため池がみられる。また，水が少なくても育つ小麦の生産が多く，小麦を原料とするうどんは香川県の名産となっている。

地熱発電（ちねつはつでん）　二毛作（にもうさく）　対馬海流（つしまかいりゅう）　琉球王国（りゅうきゅうおうこく）

❹ (1)A中国・四国地方の地方中枢都市である広島市は，人口約120万人である。

(4)本州四国連絡橋は，Xの児島─坂出ルート（瀬戸大橋），Yの神戸─鳴門ルート（明石海峡大橋・大鳴門橋），Zの尾道─今治ルート（しまなみ海道）の順に開通した。

(5)みかんは温暖な日当たりのよい斜面での栽培に適しており，愛媛県の沿岸部や離島で栽培がさかんである。また，高知平野では温暖な気候を生かして，なすやピーマンなどの促成栽培が行われている。

p.98〜99 ステージ3 総合

❶ (1)①ア　②ウ　③イ

(2)記号　あ　県名　福岡県

(3)例交通網の整備で輸送時間が短縮され，短時間で輸送できるようになったから。

❷ (1)ウ

(2)ア

(3)例沖縄県の琉球王国時代の史跡や伝統文化が観光資源になっているから。

❸ (1)A八幡製鉄所

Bコンビナート

(2)ウ

(3)瀬戸内工業地域

(4)X　(5)ア

(6)例中国自動車道の建設により工業団地ができ，工業が盛んになったから。

解説

❶ (1)岡山県は，果樹栽培がさかんで，ももやぶどうなどが生産されている。九州南部は，稲作に不向きな火山灰地（シラス台地）が広がっているため，畜産業がさかんである。

(3)本州四国連絡橋の開通により，四国地方で生産した農産物や水産物を，新鮮な状態で本州に運べるようになった。

❷ (1)アの厳島神社は広島県，イの屋久島は鹿児島県にある。

(2)沖縄県には，日本にあるアメリカ軍基地の約7割が集中している。

❸ (1)鉄鋼業や石油化学などでみられるコンビナートとは，関連するいくつもの工場をパイプラインなどで結んだもの。瀬戸内工業地域では，倉敷市（岡山県）の鉄鋼・石油化学，呉市（広島県）の造船，周南市（山口県）の石油化学などが有名。

(2)水俣病は，熊本県の八代海沿岸で発生した公害病。工場から海に流された排水にメチル水銀が含まれており，魚にとりこまれた。魚を食べることで，手足が震えるようになったり，意識不明になったりする症状が出て，亡くなる人もいた。

(3)瀬戸内は，海沿いにあり原料・燃料の輸入に便利で，船を使った製品の輸送にも適していることから，工業地域が発達した。

(4)本州四国連絡橋のうち，鉄道が開通しているのは，瀬戸大橋（児島─坂出ルート）のみである。

ポイント

■九州地方の自然をおさえる。

地形▶九州山地，筑紫平野，筑後川，有明海。阿蘇山のカルデラ，南西諸島のさんご礁でできた島々。火山▶阿蘇山，桜島，霧島山，雲仙岳。温泉，地熱発電。

■九州地方の産業をおさえる。

北九州工業地帯▶日本で最も早く工業化，現在は生産額が縮小。九州南部▶火山灰でできたシラス台地。畜産業，茶・さつまいもの栽培。宮崎平野▶野菜の促成栽培。筑紫平野▶稲作，米と麦の二毛作。

■中国・四国地方の自然をおさえる。

地形▶なだらかな中国山地，けわしい四国山地。鳥取砂丘。山陰▶冬の降水量が多い。瀬戸内▶年間の降水量が少ない。讃岐平野のため池。南四国▶夏の降水量が多い。

■中国・四国地方の産業をおさえる。

瀬戸内工業地域▶倉敷市（鉄鋼・石油化学），呉市（造船），周南市（石油化学）など。高知平野▶野菜の促成栽培。愛媛県▶みかんの栽培。

山陰（さんいん）　瀬戸内（せとうち）　南四国（みなみしこく）　本州四国連絡橋（ほんしゅうしこくれんらくきょう）

p.100〜101 ステージ1

●教科書の要点

①琵琶湖　②紀伊半島
③リアス　④季節風
⑤京阪神　⑥平城
⑦文化遺産　⑧平安
⑨無形文化遺産　⑩奈良

●教科書の資料

(1)A琵琶湖　B淀川　C大阪湾
(2)ラムサール条約
(3)リアス海岸

●教科書チェック☆一問一答

①大阪平野　②伊勢湾
③紀伊山地　④中央構造線
⑤若狭湾　⑥平安京
⑦伝統文化　⑧和食
⑨近郊農業　⑩京野菜

ミス注意

★琵琶湖…漢字に注意しよう。

○ 琵琶湖	× 琶琵湖
滋賀県にある，日本最大の面積をもつ湖。 ラムサール条約に登録されている。	

p.102〜103 ステージ1

●教科書の要点

①難波　②天下の台所
③再開発　④埋立地
⑤阪神・淡路大震災　⑥阪神工業地帯
⑦重化学工業　⑧伝統
⑨観光　⑩景観

●教科書の資料

(1)①大阪府　②奈良県　③京都府
(2)兵庫県

●教科書チェック☆一問一答

①大阪市　②再開発
③神戸市　④埋立地
⑤阪神工業地帯　⑥軽工業
⑦先端技術（ハイテク）産業
⑧伝統的工芸品　⑨林業
⑩景観政策

p.104〜105 ステージ2

1 (1)A琵琶湖　B若狭湾
C紀伊山地
(2)リアス海岸
(3)①b　②c　③a
(4)京阪神大都市圏

2 (1)A世界文化遺産
B無形文化遺産
(2)①平城京　②平安京
(3)ウ
(4)京野菜

3 (1)①b　②a
(2)①ニュータウン
②埋立地

4 (1)A阪神　B伝統
(2)ウ
(3)①イ・ウ
②ア・エ
(4)①観光　②町家

解 説

1 (1)A琵琶湖は日本最大の湖であり，淀川が流れ出ている。淀川は，大阪平野の水源になっていることから，琵琶湖は「近畿の水がめ」とよばれる。Bリアス海岸の発達した若狭湾の沿岸には原子力発電所が多く立地している。C紀伊山地では林業が発達している。熊野の巡礼道は世界文化遺産にも登録されている。
(3)日本海側は北西の季節風の影響で冬の降水量が多い。太平洋側は，梅雨から秋にかけて，台風や夏の季節風の影響で降水量が多くなる。京都市や奈良市のある内陸部は，夏の暑さと冬の寒さがきびしい。

2 (1)A古都京都の文化財は1994年に，古都奈良の文化財は1998年に，それぞれ世界文化遺産に登録された。Bユネスコの無形文化遺産は，形のない口頭の伝承や伝統芸能，儀式・祭り，伝統工芸技術などを保護するもの。和食は2013年に無形文化遺産に登録された。
(3)近畿地方は，長いあいだ都がおかれ，遺跡や寺社も多いため，文化財数が多くなっている。

琵琶湖（びわこ）　紀伊半島（きいはんとう）　淀川（よどがわ）　若狭湾（わかさわん）

❸ (1)①江戸時代の大阪は商業の中心で，全国からの年貢米などが納められる「蔵屋敷」が立ちならんでいた。②神戸市は，古くは大輪田泊とよばれた。平安時代の終わり，平清盛が貿易港として整備した。幕末に開港地となり，近代以降多くの外国人が居住するようになった。そのため，西洋風の街並みや中華街などがある。現在でも，日本を代表する貿易港の１つである。

(2)ポートアイランドや六甲アイランドは，神戸市にある人工の島である。工場や娯楽施設，商業施設などがつくられている。兵庫県の六甲山地では山を削って住宅地（ニュータウン）がつくられたが，その際に出た土砂が埋め立てに使われた。

❹ (1)阪神工業地帯は，戦前には日本最大の工業地帯だった。現在では，東大阪市などに独自の技術を持った多くの中小企業が集まっている。

(2)「ひょうごゴールデンルート」は，神戸市・世界遺産の姫路城・城崎温泉をつなぐ観光ルート。

(3)京都府や奈良県では，長い歴史に由来する伝統的工芸品が多い。

(4)古くから残っている日本の住居である町家は，近年観光客の人気を集めている。

p106～107 ステージ1

●教科書の要点

①赤石山脈　②中央高地
③木曽川　④越後
⑤名古屋市　⑥日本海流〔黒潮〕
⑦季節風　⑧自動車
⑨東海工業地域　⑩三大都市圏

●教科書の資料

(1)A豊田　B中部国際
(2)中京工業地帯
(3)東海工業地域

●教科書チェック☆一問一答

①中央高地　②日本アルプス
③信濃川　④濃尾平野
⑤名古屋大都市圏　⑥水力発電
⑦自動車工業　⑧楽器
⑨製紙業　⑩名古屋港

ミス注意！

★濃尾平野…漢字に注意しよう。

○　濃尾平野	×　農尾平野
愛知県と岐阜県に広がる平野。木曽川・長良川・揖斐川の下流に広がる。	

p.108～109 ステージ1

●教科書の要点

①高原　②観光
③稲作　④北陸工業地域
⑤水力　⑥若狭
⑦茶　⑧園芸
⑨用水　⑩焼津港

●教科書の資料

(1)長野県
(2)高原野菜
(3)①中央高地　②夏

●教科書チェック☆一問一答

①扇状地　②精密機械工業
③軽井沢　④水田単作
⑤銘柄米　⑥地場産業
⑦原子力発電所　⑧園芸農業
⑨抑制栽培　⑩かんがい

ミス注意！

★抑制栽培と促成栽培…取りちがいに注意しよう。

抑制栽培	促成栽培
農産物の生育をおさえて，出荷時期をおくらせる。	ビニールハウスなどを使って農産物の出荷時期を早める。

p.110～111 ステージ2

❶ (1)A信濃川　B飛驒山脈
C赤石山脈
(2)①濃尾平野
②名古屋大都市圏
(3)①イ　②ウ　③ア

❷ (1)A中京工業地帯
B東海工業地域
(2)①自動車　②名古屋港
(3)①ウ　②イ　③ア

なぞろう重要語句

飛驒山脈（ひださんみゃく）　木曽山脈（きそさんみゃく）　赤石山脈（あかいしさんみゃく）　濃尾平野（のうびへいや）

❸ (1)A甲府　B松本
(2)ア
(3)①イ　②ア

❹ (1)A水田単作　B北陸工業
(2)イ

❺ (1)A静岡県　B愛知県
(2)抑制栽培
(3)焼津港

解説

❶ (2)三大都市圏は，東京大都市圏，京阪神大都市圏，名古屋大都市圏の順に人口が多い。
(3)①静岡県は温暖な気候で，みかんや茶の栽培に適している。茶の生産量は全国1位。②長野県は，標高が高く，夏は涼しいが，冬の寒さがきびしい。夏は避暑地，冬はスキー場として人気があり，リゾート地が発達している。③北陸地方は日本海に面しているため雪が多く，日本有数の豪雪地帯である。

❷ (2)中京工業地帯では自動車の生産がさかんで，機械工業の割合が大きい。自動車メーカーの本社があり，豊田市の市名の由来になっている。
(3)①四日市市には石油化学コンビナートがあり，工場の煙が原因で四日市ぜんそくが発生した。②瀬戸市は古くから瀬戸焼の生産がおこなわれており，「瀬戸物」の語源になった。③浜松市には，楽器メーカーの本社がある。また，オートバイ・自動車のメーカーが設立された場所でもある。

❸ (1)盆地には，山地から川が平地に流れ出るところにできる扇状地が発達していることが多い。扇状地は水はけがよいため果樹栽培に適している。そのため，長野盆地・松本盆地・甲府盆地などは果樹栽培が盛んである。
(2)長野県は，レタスの生産量が全国1位である。

❹ (1)1年に1つの作物をつくることを単作という。北陸地方は冬の積雪が多く，農業ができない時期が長いため水田単作の農業が行われている。
(2)農作業のできない冬のあいだの内職として，伝統的な産業がさかんになった。古くからの技術が蓄積されていることから，戦後に北陸工業地域が発達した。

❺ (2)渥美半島では，電照菊の栽培が盛んである。菊は，日照時間が短くなると開花する性質がある。電照菊は，夜間に菊に光を当てることで，開花を遅らせる方法で栽培されている。
(3)焼津港は，水揚げ量が全国2位（2019年）の漁港である。水揚げ量1位は千葉県の銚子港である。

p.112~113 ステージ3 総合

❶ (1)A越後平野　B濃尾平野
C大阪平野　D紀伊山地
E木曽山脈
(2)Y
(3)aア　bイ　cウ
(4)例太平洋からふく湿った季節風や台風の影響を受けるため。

❷ (1)約47%
(2)例観光業の発展と歴史的な街なみの保存を両立させるため。
(3)①標高　②都市圏

❸ (1)a神戸市　b京都市
c大阪市　d名古屋市
(2)①ア　②イ
(3)B
(4)①自動車
②例組み立て工場の周辺に多くの関連工場が集まっているから。
(5)ア
(6)う
(7)例冬の間の農家の副業や江戸時代の藩の特産品が発展したから。

解説

❶ (2)Xは駿河湾，Yは若狭湾，Zは熊野灘である。福井県の若狭湾沿岸は，全国でも原子力発電所が集中している。Zの熊野灘沿岸にもリアス海岸が広がっているが，原子力発電所は建設されていない。
(3)アは大阪，イは静岡，ウは上越の雨温図。日本海側にある上越市は冬の降水量が，太平洋側にある静岡市は夏の降水量が多い。また，瀬戸内海に面する大阪市は，1年を通じて降水量が少ない。

なぞろう重要語句
中京工業地帯（ちゅうきょうこうぎょうちたい）　抑制栽培（よくせいさいばい）　電照菊（でんしょうぎく）

⑷三重県尾鷲市は，日本でも最も降水量の多い地域。沖合を暖流の日本海流（黒潮）が流れており，その上を吹く風はあたたかく湿った風になる。湿った風が山地にぶつかり，雨を降らせる。

❷ ⑵古くから残る民家である町家は，近年外国からの観光客にも人気を集めており，観光資源として保護されている。

⑶中央高地は，東京・名古屋・大阪の三大都市圏のいずれからも比較的近い。また，長野新幹線や中央自動車道が通っているなど，交通が便利なため，多くのリゾート地がある。

❸ ⑵**ウ**は東京大都市圏の説明。

⑶戦前には，阪神工業地帯の生産額が最も多かった。戦後には京浜工業地帯が１位となったが，現在は中京工業地帯が１位となっている。

⑷①豊田市の市名は，トヨタの工場が立地し，市の経済を支えていることからつけられた。②自動車工業では，下請け工場（関連工場）が部品をつくり，組み立て工場に運んで組み立てる。

⑸レタスは気候の涼しい長野県や，茨城県など大都市近郊で多い。キャベツは群馬県が生産量１位。ぶどうは山梨県，長野県などで多い。茶の生産量１位は静岡県。

⑹菊の抑制栽培（電照菊）は愛知県の渥美半島で盛んである。夜間も照明をあて，菊の成長を遅らせている。

p.114～115 ステージ3 資・思

❶ ⑴**A**イ　**B**ウ　**C**ア

⑵例温泉を観光資源にしている。

❷ ⑴**A**イ　**B**ア

⑵例本州四国連絡橋の児島～坂出ルートが開通し，自動車で本州と四国のあいだの移動ができるようになったため。

❸ ⑴**ア**大阪府（おおさかふ）　**イ**奈良県（ならけん）　**ウ**京都府（きょうとふ）

⑵①例街なみを保存する

②例電柱や電線が撤去

❹ ⑴**A**京阪神（けいはんしん）　**B**名古屋（なごや）　**C**東京（とうきょう）

⑵例三大都市圏（けん）へのアクセスがよく，生産した製品の輸送がしやすい

解説

❶ ⑴文章を参考にして，市街地や田，畑の分布を読み取る。「人口や産業が集中している」という福岡市周辺に多い**C**が市街地，福岡県～佐賀県に広がる筑紫平野に多い**A**が田，鹿児島県周辺のシラス台地に多い**B**が畑とわかる。

⑵温泉は地下水がマグマによって温められたもので，火山活動が活発な地域に多い。阿蘇山の世界最大級のカルデラも観光資源である。また，地熱発電も火山によるめぐみである。

❷ ⑴本州四国連絡橋の開通により，フェリー・旅客船の利用は減り，高速バスの利用は増えたと考えられる。

❸ ⑴**ア**大阪市は江戸時代には「天下の台所」と呼ばれる経済の中心地だった。**ウ**条坊制は，碁盤の目のような都市の区画。

⑵京都市では，歴史ある街なみや景観を守る取り組みをしており，建物の高さを制限したり，目立つ大きな看板を規制したりしている。

❹ ⑵東海地方は，東京大都市圏と名古屋大都市圏の中間にあり，東名高速道路や東海道新幹線など，交通も発達しているため，製品の出荷などに便利である。

ポイント

■**近畿地方の自然をおさえる。**

地形▶大阪平野，大阪湾，淀川，琵琶湖。若狭湾や熊野灘沿岸にリアス海岸。

■**近畿地方の産業をおさえる。**

京阪神大都市圏▶先端技術（ハイテク）産業。伝統産業▶西陣織など，伝統的工芸品を生産。観光業▶貴重な文化財を生かす。

■**中部地方の自然をおさえる。**

地形▶日本アルプス（飛驒山脈，木曽山脈，赤石山脈），濃尾平野，信濃川。

■**中部地方の産業をおさえる。**

東海▶中京工業地帯，東海工業地域。中央高地▶長野盆地のりんご，甲府盆地のもも。観光業。北陸▶水田単作の農業。北陸工業地域。伝統産業と地場産業。

中央高地（ちゅうおうこうち）　甲府盆地（こうふぼんち）　地場産業（じばさんぎょう）　焼津港（やいづこう）

p.116~117 ステージ1

● 教科書の要点

①火山灰　②東京湾
③東京大都市圏　④首都
⑤太平洋　⑥からっ風
⑦集中豪雨　⑧経済
⑨一極集中　⑩情報

● 教科書の資料

(1)Aア　Bイ
(2)東京大都市圏
(3)一極集中

● 教科書チェック☆一問一答

①関東平野　②利根川
③関東ローム　④政令指定都市
⑤首都圏　⑥ゲリラ豪雨
⑦ヒートアイランド現象
⑧東京国際空港〔羽田空港〕
⑨情報通信業
⑩都市文化

p.118~119 ステージ1

● 教科書の要点

①副都心　②郊外
③衛星都市　④過密
⑤地価　⑥成田国際
⑦京浜工業　⑧物流
⑨工業団地　⑩首都直下地震

● 教科書の資料

(1)A東京23区　B大阪市
　C横浜市
(2)副都心
(3)郊外

● 教科書チェック☆一問一答

①都心　②昼間人口
③再開発　④京浜工業地帯
⑤京葉工業地域　⑥重化学工業
⑦北関東工業地域
⑧近郊農業　⑨首都直下地震
⑩スーパー堤防

ミス注意！

★京浜工業地帯と京葉工業地域…取りちがいに注意しよう。

京浜工業地帯	京葉工業地域
東京都・神奈川県にまたがる。日本で２番目に工業製品出荷額が多い工業地帯。	東京都・千葉県にまたがる。

★近郊農業…漢字に注意しよう。

○　近郊農業	×　近効農業
大消費地の都市圏向けに農産物を生産する農業。都市圏の近くで行われる。	

p.120~121 ステージ2

1 (1)A関東平野
　B利根川
　C東京湾
(2)①火山灰
　②関東ローム
(3)からっ風

2 (1)X東京都
　Y神奈川県
(2)東京大都市圏
(3)①都心　②副都心
(4)①郊外　②ア

3 (1)a京浜工業地帯
　b京葉工業地域
　c北関東工業地域
(2)①重化学工業
　②内陸部
(3)①Y　②横浜港
(4)①千葉県
　②近郊農業
(5)群馬県

4 (1)首都直下
(2)再開発

解説

1 (1)関東平野は，日本で最も広い平野である。関東平野を流れる利根川は，日本で最も流域面積が広い。

しゅとけん
首都圏

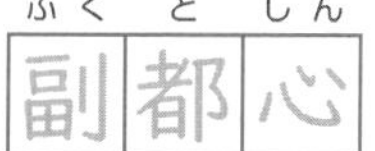

いっきょくしゅうちゅう
一極集中

(2)浅間山は群馬県と長野県の境，富士山は山梨県と静岡県の境にある。これらの火山が噴出した火山灰が積もり，関東ロームとよばれる地層ができた。

(3)冬に北西から日本列島にふきつける季節風は，日本海側に雪をもたらすが，山地を越えて関東地方に到達するときには乾燥している。そのため，関東地方では乾いた冷たい風が吹く。一方，夏は，太平洋側からふく湿った季節風の影響で，湿度が高くなり，むし暑くなる。

❷ (3)東京駅周辺（都心）は，企業の本社などが集まる経済の中心で，高層ビルや商業施設が立ち並んでいる。新宿・渋谷・池袋といったターミナル駅周辺では，副都心としてそれぞれ特色ある発展をしている。

(4)①東京の中心部に通勤する人の住宅が集まり，郊外に形成される住宅街をベッドタウンという。②東京23区では，郊外の住宅地から通勤・通学する人が多いので，昼間人口の方が多くなる。

❸ (2)鉄鋼や石油化学工業は，原料の鉄鉱石・石油などを船で輸入しているので，臨海部に多く立地する。一方，機械工業やＩＣ工業は部品や製品をトラックなどで運べるため，内陸の高速道路沿いなどに立地することが多い。

(3)①Ｘは茨城空港，Ｚは東京国際空港（羽田空港）である。千葉県にある成田国際空港は，貿易額で日本最大の貿易港である。半導体や精密機械，貴金属など軽量で高価なものを多く扱っている。

(4)①千葉県は気候が温暖で，東京などの大消費地に近いことから，農業生産額が多い。②関東地方では東京23区や横浜市など，人口の集中した都市が多いため，千葉県・茨城県などで近郊農業が発達している。

❹ (2)大都市の中心部では，建物の老朽化などの問題が起こるため，都市を計画的に改造する再開発が必要になる。

p.122~123 ステージ1

●教科書の要点

①カルデラ　②三陸海岸
③東日本大震災　④季節風
⑤日本海流　⑥米
⑦冷害　⑧津軽
⑨減反政策　⑩第６次

●教科書の資料

(1)Ａ秋田平野
Ｂ庄内平野
Ｃ仙台平野
(2)冷害
(3)減反政策

●教科書チェック☆一問一答

①奥羽山脈　②白神山地
③北上高地　④リアス海岸
⑤日本海溝　⑥やませ
⑦潮目　⑧養殖
⑨穀倉地帯　⑩グリーンツーリズム

ミス注意！

★潮目…漢字に注意しよう。

○　潮目	×　塩目
暖流と寒流がぶつかるところ。豊かな漁場になる。日本の三陸海岸の沖合は，暖流の日本海流（黒潮）と寒流の千島海流（親潮）がぶつかる，世界有数の漁場。	

★養殖…漢字に注意しよう。

○　養殖業	×　養植業
海・湖・人工の池などで，魚介類や海草を出荷できる大きさまで育ててとる漁業。「殖」は増やすという意味。	

p.124~125 ステージ1

●教科書の要点

①男鹿　②祭り
③観光　④世界文化遺産
⑤ユネスコ無形文化遺産
⑥東日本　⑦地方中枢都市
⑧原子力発電所　⑨放射線
⑩防潮

こうがい 郊外　けいひんこうぎょうちたい 京浜工業地帯　おううさんみゃく 奥羽山脈　さんりくかいがん 三陸海岸

●教科書の資料

(1)A津軽塗

B大館曲げわっぱ

C会津塗

(2)①青森県　②宮城県

●教科書チェック☆一問一答

①年中行事　②平泉町

③ナマハゲ　④無形文化遺産

⑤伝統的工芸品　⑥南部鉄器

⑦仙台市　⑧風評被害

⑨工業団地　⑩震災遺構

p.126~127 ステージ1

●教科書の要点

①カルデラ　②世界自然遺産

③冷帯〔亜寒帯〕　④屯田兵

⑤地方中枢　⑥酪農

⑦リゾート　⑧グリーンツーリズム

⑨栽培漁業　⑩エコツーリズム

●教科書の資料

(1)Aイ　Bア　Cウ

(2)酪農

(3)てんさい

●教科書チェック☆一問一答

①知床半島　②濃霧

③アイヌ民族　④石狩平野

⑤輪作　⑥十勝平野

⑦流氷　⑧グリーンツーリズム

⑨近代化遺産　⑩養殖

ミス注意!

★グリーンツーリズムとエコツーリズム…取りちがいに注意しよう。

グリーンツーリズム	エコツーリズム
農家などに滞在して自然を楽しむ。	自然や文化などを楽しみ，保全の大切さを学ぶ。

★輪作…漢字に注意しよう。

○ 輪作	× 輪作
何種類もの農産物を年ごとに交代でつくる。	

p.128~129 ステージ2

1 (1)A白神山地

B出羽山地

C奥羽山脈

D北上高地

(2)①日本海　②太平洋

(3)やませ

(4)減反政策

(5)①ウ　②イ

2 (1)仙台市

(2)東日本大震災

(3)①イ　②ア

(4)震災遺構

3 (1)A石狩川

B日高山脈

C十勝平野

D根釧台地

(2)①ウ　②知床半島

(3)ア

(4)ア・イ・エ

4 (1)①ア　②イ

(2)輪作

(3)イ

(4)流氷

(5)グリーンツーリズム

(6)近代化遺産

(7)栽培漁業

解説

1 (2)冬に吹く北西の季節風は，奥羽山脈にぶつかって日本海側に雪を降らせる。太平洋側では降水量が少なくなる。

(4)食事の洋風化で，米の消費量が減り，余るようになった米の生産量を調整するために行われたのが減反政策である。農家に対して他の作物にきりかえる転作が奨励され，東北地方では大豆やそばなどへの転作が進んだ。減反政策は，2018年に廃止された。

(5)アの花笠まつりは，山形県で行われている。ウのねぶた祭は，青森市の祭り。ねぷたまつりは，同じ青森県内の弘前市の祭り。

つ が る ぬり　津軽塗

な ん ぶ て っ き　南部鉄器

ひがし に ほん だい しん さい　東日本大震災

❷ (2)2011年３月11日に発生した東日本大震災では，岩手県・宮城県・福島県での津波の被害が大きく，死者・行方不明者は２万人近くにのぼった。

(3)沿岸部は津波の被害を受けたため，多くの人が内陸部や仙台市などに移り住んだ。そのため，沿岸部の人口が大きく減少している。

❸ (3)空気中に含まれた水分が冷やされると水滴になり，霧やもやの原因になる。南東のしめった季節風が，寒流である千島海流の上で冷やされると，濃霧が発生する。**イ**のやませは，東北地方の太平洋側にふき，日照不足や冷夏をもたらす風。**ウ**のからっ風は，冬に日本海側から関東地方にふく，乾燥した風。

(4)玄関を二重にするのは，外の冷気が室内に入らないようにするため。信号機を縦にするのは，信号機が，積もった雪の重みで壊れないようにするため。ロードヒーティングは，道路が凍結しないようにするために設置される。**ウ**の「家の周りを石垣で囲み，屋根を低くする」は，沖縄の伝統的な住居でみられる，台風対策。

❹ (1)**ア**は石狩平野，**イ**は十勝平野，**ウ**は根釧台地である。石狩平野は，稲の生育に適さない環境ではあるが，土壌改良や品種改良により，米が生産されるようになった。十勝平野では，畑作や酪農が盛ん。根釧台地では，酪農が盛んである。

(2)輪作は，同じ作物を同じ土地で作り続けることで，土地がやせて農産物の収穫量が減少するのを防いでいる。

(3)**ア**のいちごは，温暖な地域で生産され，栃木県，福岡県，静岡県で生産が盛ん。**ウ**の米は，北海道の石狩平野の生産量が多いが，東北地方や北陸でも生産が盛んで，北海道が全体に占める割合は１割に満たない。

(7)いけすの中で育てる養殖業では，海が汚れるなどの問題点があった。そのため，環境に配慮しつつ漁業資源を減らさない栽培漁業に注目が集まった。

p.130～131 ステージ3 総合

❶ (1)A

(2)①神奈川県

②千葉県

③群馬県

(3)例大消費地である都市圏に近く，近郊農業が盛んだから。

(4)①京浜工業地帯

②北関東工業地域

(5)ア

(6)一極集中

(7)例昼間は東京23区などに通勤や通学をしている人が多いから。

❷ (1)Aイ　Bエ

(2)風　やませ

矢印　ウ

(3)イ

(4)例沖合に寒流と暖流がぶつかる潮目があるから。

❸ (1)a A　b B　c C

(2)ア

(3)例農家１戸あたりの耕地面積が広く，日本の中では規模の大きい農業が行われている。

解説

❶ (2)①神奈川県には，横浜市，川崎市，相模原市の３つの政令指定都市がある。

(3)大都市圏の近くで発達する近郊農業は，近畿地方の兵庫県，中部地方の愛知県などでも盛んである。

(4)①京浜工業地帯や京葉工業地域では，鉄鋼業や石油化学工業が発達している。原料・燃料の輸入に便利な臨海部に工場がつくられ，発展した。②北関東工業地域は，高速道路のインターチェンジ付近に工業団地が集まることで発展した。部品や製品をトラックで運べる，電気機械工業などが盛んである。

(5)**イ**の東京都の大学生・短期大学生数は，303万人の25.5％で，約77万人になる。**ウ**の情報通信業の従事者数は，グラフ中の東京都と神奈川県を合わせると約６割になる。

のうむ　濃霧　しれとこはんとう　知床半島　ひだかさんみゃく　日高山脈　さっぽろ　札幌

(6)東京に人口や産業などが集中しすぎると，災害などの非常時に混乱が大きくなるなどの問題点があるため，東京への一極集中の改善が議論されている。

(7)昼間は大都市の中心部に通勤・通学で移動しているため，大都市中心部で昼間人口が多くなり，周辺部で昼間人口が少なくなる。同様の現象は近畿地方でもみられる。

2 (1)ねぶた祭と津軽塗は青森県，花笠まつりと天童将棋駒は山形県。

(2)やませは，夏に東北地方の太平洋側で北東からふく風。冷たく湿っているため，日照不足をもたらし，冷夏になることがある。

(3)三陸海岸では養殖業が盛んで，宮城県のかきなどが有名。北洋漁業は，太平洋の北部で行う漁業で，かつて北海道で盛んであったが，排他的経済水域の設定により，漁獲量が減った。遠洋漁業は，静岡県の焼津港で盛ん。

(4)三陸海岸沖には，寒流の千島海流（親潮）と暖流の日本海流（黒潮）がぶつかる潮目がある。潮目では，魚のえさとなるプランクトンが多く繁殖するため，好漁場となる。

3 (1)石狩平野では稲作，十勝平野では畑作や酪農，根釧台地では酪農が盛ん。

(2)同じ作物を一つの土地で育て続けると，土地の栄養がなくなって不作になる（連作障害）。そのため，数年サイクルでちがう作物を育てる輪作が行われている。一年のなかで出荷時期を調整するわけではないので，**イ**は不適。

(3)文中から，農家１戸あたりの耕地面積が全国平均より広いことがわかる。

p.132～133 ステージ3 資・思

1 (1)**都市　東京23区**

理由　例周辺の横浜市，川崎市，さいたま市などから東京23区内に通勤する人が多いから。

(2)**千葉市・相模原市**

(3)**例新幹線や高速道路など，交通網が発達している。**

2 (1)**ア**

(2)**ひとめぼれ**

(3)**例冷害（れいがい）に強い品種。**

3 (1)**Aア　Bイ**

(2)**①千島（ちしま）　②濃霧（のうむ）**

(3)**例冬に湿った北西の季節風がふくため，積雪量が多い。**

4 (1)**Aイ　Bキ　Cア**

解説

1 (1)川崎市やさいたま市などは東京23区や横浜市のベッドタウンである。こうした地域は昼間人口が少なく，夜間人口が多い。

(2)政令指定都市は，人口50万人以上の都市を目安に指定される。都道府県の権限が一部移されるため，一般の市よりも権限が大きくなる。

2 (1)政府の方針によって米の生産量は増加したが，1960年代以降，食生活の洋風化によって米の消費量は減少した。そのため，米の在庫量は増え，政府は減反政策によって米の生産量を減らした。

(3)東北地方では，やませの影響で冷害がもたらされる。そのため，「ひとめぼれ」のような冷害に強い品種が開発され，普及している。

3 (1)文章から，石狩平野（札幌市の所在する平野）は田が多く，十勝平野（北海道の南東部）では畑が多いことが読み取れる。

(2)北海道の太平洋側では，沖合を寒流の千島海流（親潮）が流れているため，夏でも涼しい。千島海流の上からしめった風がふきつけるため，濃霧が発生しやすい。

4 (1)グラフ中の**ア**は北海道地方，**イ**は東北地方，**ウ**は中部地方，**エ**は中国・四国地方，**オ**は九州地方，**カ**は近畿地方，**キ**は関東地方である。**A**東北地方には，青森県・岩手県・秋田県・宮城県・山形県・福島県の６つの県がある。また，米の生産量が地方別で最も多い。**B**関東地方は面積では最も小さいが，首都である東京があるため人口や経済規模は最大である。**C**日本で最も面積の広い都道府県は北海道。

千島海流（ちしまかいりゅう）　親潮（おやしお）　石狩平野（いしかりへいや）　十勝平野（とかちへいや）

ポイント

■**関東地方の自然をおさえる。**

地形▶関東平野，利根川，関東ローム。

■**関東地方の産業をおさえる。**

工業▶臨海部に京浜工業地帯，京葉工業地域。内陸部に北関東工業地域。京浜工業地帯・京葉工業地域▶鉄鋼，金属，化学などの重化学工業。北関東工業地域▶高速道路沿いに工業団地。農業▶茨城県，千葉県などで近郊農業。

■**東京大都市圏をおさえる。**

首都圏▶政治・経済・文化の中心。一極集中。

■**東北地方の自然をおさえる。**

地形▶奥羽山脈，北上高地，出羽山地，十和田湖，秋田平野，庄内平野，北上川，最上川。三陸海岸▶リアス海岸，潮目。

■**東北地方の産業をおさえる。**

農業▶米の生産が多く，日本の穀倉地帯。冷害の被害をおさえる品種改良。伝統的工芸品▶津軽塗，大館曲げわっぱ，樺細工，会津塗，南部鉄器，雄勝硯，天童将棋駒。

■**北海道地方の自然をおさえる。**

地形▶駒ケ岳，有珠山などの火山。洞爺湖，阿寒湖などのカルデラ湖。石狩平野，日高山脈，十勝平野，根釧台地。知床半島。気候▶冷帯（亜寒帯）気候。濃霧の発生。

■**北海道地方の産業をおさえる。**

農業▶石狩平野の米，十勝平野の畑作と酪農，根釧台地の酪農。観光業▶リゾート，流氷，エコツーリズム，グリーンツーリズム，近代化遺産。漁業▶ほたて，かき，こんぶなどの養殖業。さけ，ますなどの栽培漁業。

第4章 地域のあり方

p.134 ステージ1

●**教科書の要点**

①**過去**　②**考察**
③**聞き取り調査**　④**統計資料**
⑤**比べる**　⑥**プレゼンテーション**
⑦**高齢者**　⑧**改善**

p.135 ステージ2

1 (1)**ウ**
(2)**イ**
(3)**a ア　b ウ　c イ**

解説

1 (1)**ア・イ**観光客や，通勤・通学者，障がい者，ほかの地域からの避難者のための災害対策が提案されている。**ウ**地形的に災害が起こりやすい観光地への避難のよびかけにふれているが，自然環境にしぼって災害の特色を考察しているわけではない。
(2)**ア・ウ**日本の人口ピラミッドや日本の高齢化率の推移の資料だけでは，日本全体の人口の特色はわかるが，まちづくりプランで対象地域としている京都市の人口の特色は伝わらない。**エ**土地利用図だけでは，京都市の人口の特色はわからない。

なぞろう重要語句
輪作（りんさく）　根釧台地（こんせんだいち）　栽培漁業（さいばいぎょぎょう）　養殖業（ようしょくぎょう）

定期テスト対策 得点アップ！予想問題

p.138 第1回

[1] (1)南極大陸

(2)①アフリカ（州）　②アジア（州）

(3)東アジア

(4)①記号　C　国名　モンゴル

②記号　A　国名　イギリス

(5)例イギリス連邦の一員だから。

[2] (1)イ　(2)ウ

(3)①ケープタウン

②ブエノスアイレス

(4)大陸　北アメリカ大陸　記号　A

大陸　アフリカ大陸　記号　C

解説

[1] (3)ユーラシア大陸の，ウラル山脈より東にある地域がアジアの範囲である。アジアは，シベリア，東アジア，東南アジア，南アジア，中央アジア，西アジアの６つの地域に区分できる。

p.139 第2回

[1] (1)①ア　②イ　③エ

(2)例太平洋をはさんだ北側にある。

(3)２月１日午前３時

[2] (1)地域　北方領土　国　ロシア連邦

(2)ウ

(3)例島国（海洋国）で，離島も多くあるから。

(4)中部地方

(5)３つ

解説

[1] (3)日本とロサンゼルスの経度の差は，135＋120＝255。時差は，255÷15＝17。ロサンゼルスの時刻は日本より17時間遅れていて，10時間経過していることから，2月1日午前10時の7時間前の時刻になる。

[2] (2)ア領海だと，沿岸国の領域になるため沿岸国の許可が必要になる。イ公海であればどの国も水産資源を利用できる。

(5)県名と県庁所在地がちがうのは，滋賀県（大津市），三重県（津市），兵庫県（神戸市）。

p.140 第3回

[1] (1)①B　②C　③A

(2)イ・ウ

(3)例標高が高いため，気温が低い。

[2] (1)Aキリスト教　Bイスラム教

C仏教

(2)イ

(3)例インドなど，特定の地域で信仰されている。

(4)公用語

解説

[1] (1)Aは熱帯気候，Bは乾燥帯気候，Cは寒帯気候。①はモンゴル，②はカナダ北部，③はマレーシアなどの東南アジアについて述べたものである。

(2)ローマは，夏は乾燥し，冬の降水量が多い。北半球にあるため，冬より夏のほうが日照時間が長い。

(3)aは中央アンデス高地にあるラパスである。

p.141 第4回

[1] (1)世界の工場

(2)経済特区

(3)例沿岸部のほうが経済が発展しているから。

(4)イ・ウ

[2] (1)二期作

(2)東南アジア諸国連合〔ASEAN〕

(3)情報通信技術（ICT）産業

(4)イ

(5)石油

(6)石油輸出国機構〔OPEC〕

解説

[1] (4)先端技術（ハイテク）産業は，医薬品，航空・宇宙，コンピューター，ソフトウェア開発などの産業。韓国では，自動車の生産も盛んであるが，先端技術産業には含まれない。

[2] (4)近年，インドでは人口が増加しているが，少子高齢化はまだ進んでいない。

p.142 第5回

1 (1)①西ヨーロッパ　②イギリス
(2)例東ヨーロッパのほうが賃金が低いから。
(3)ウ
(4)イ
(5)持続可能な社会

2 (1)Xウ　Yア　Zイ
(2)モノカルチャー経済
(3)例植民地支配をしていたヨーロッパの国々が直線的に引いたものだから。

解説

1 (3)Xは地中海である。地中海沿岸では地中海式農業が盛んで，ぶどう，オリーブ，オレンジ，小麦などが栽培されている。
(4)ＥＵでは，国境を物資が通過する制限の少なさを生かし，国境をこえた協力が進んでいる。

p.143 第6回

1 (1)a　40　b　100
(2)C
(3)多民族国家
(4)エ
(5)適地適作
(6)例農業労働者を雇って経営する農業。

2 (1)イ
(2)サンベルト
(3)ウ・エ
(4)シリコンバレー
(5)多国籍企業

解説

1 (2)ヒスパニックは，メキシコやカリブ海の島々からの移民であることから，アメリカの南部に多い傾向がある。
(4)西経100度より西側の地域では，降水量が少ないため，肉牛の放牧が盛んである。
(6)アメリカでは，農業労働者を雇い，センターピボットなどの設備を使った農業が行われている。

2 (1)**ア**のデトロイトでは，自動車工業が発展した。**ウ**のワシントンＤ.Ｃ.は，アメリカの首都。**エ**のニューヨークはアメリカ最大の都市で，世界経済の中心地。

p.144 第7回

1 (1)アンデス山脈
(2)Aリマ　Bマナオス
(3)ア・エ
(4)例スペインやポルトガルの植民地だったから。

2 (1)Aイギリス　Bアメリカ　C中国
(2)a鉄鉱石　b露天掘り
(3)白豪主義
(4)①エ　②ア

解説

1 (3)モノカルチャー経済の国が多いのは，アフリカのこと。

2 (2)bオーストラリアで行われている露天掘りは，地面を直接掘って鉱物を採掘する方法。採掘方法には，露天掘り以外に地面に坑道とよばれる穴を掘って採掘する坑内掘りという方法がある。

p.145 第8回

1 (1)国土地理院
(2)①イ　②ア
(3)北東
(4)ア・ウ
(5)約１km
(6)①X
②例Xは100mの等高線より上，Yは50mの等高線より下にあるから。

2 (1)ハザードマップ
(2)文献資料
(3)①イ　②ア

解説

1 (2)２万５千分の１の地形図と５万分の１の地形図では，２万５千分の１のほうが縮尺が大きく，より詳しい情報が掲載されている。主曲線も，２万５千分の１の地形図のほうが詳細なものが入る。
(5)地形図の縮尺は２万５千分の１なので，４cm×25000＝100000cm。単位をkmに換算すると，１kmになる。

2 (3)①数量の変化を見るには，折れ線グラフのほかに棒グラフも活用できる。②割合を示すには，円グラフのほかに帯グラフも活用できる。

中学教科書ワーク

定期テスト対策

スピードチェック

教科書の重要用語マスター

社会 地理

日本文教版

「スピードチェック」は取りはずして使用できます。

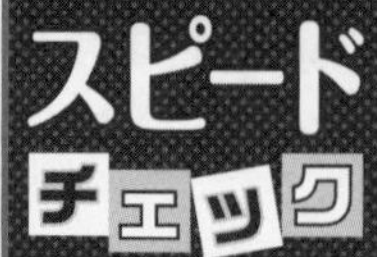

第１編　世界と日本の地域構成

1　世界の地域構成

地図でチェック

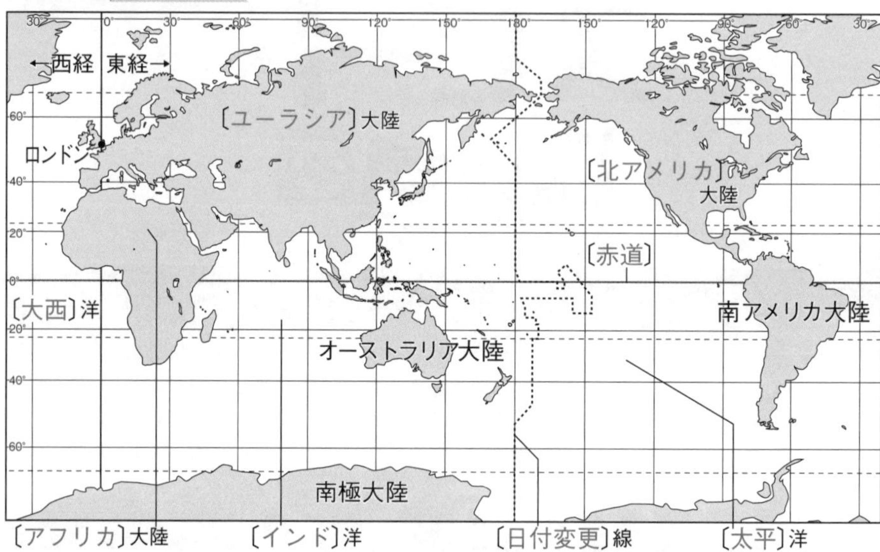

ファイナルチェック

❶三大洋のなかで，最も面積の大きい大洋は？	太平洋
❷陸地と海洋の割合は何対何？	約３対７
❸ユーラシア大陸は何州と何州に分けられる？	アジア州とヨーロッパ州
❹国の全体が大陸からはなれて海に囲まれている国は？	島国〔海洋国〕
❺国土が海に面していない国を何という？	内陸国
❻国や地域(ちいき)の人口を面積で割ったものを何という？	人口密度
❼スペイン語で「赤道」という意味の国はどこ？	エクアドル
❽オーストラリアとニュージーランドの国旗に共通してとりこまれている国旗はどこの国のもの？	イギリス
❾赤道と平行に引かれている緯度(いど)をあらわす線を何という？	緯線
❿経度(けいど)０度の線が通るイギリスのロンドン郊外(こうがい)の場所は？	グリニッジ
⓫地球の姿をほぼ正確にあらわす模型(もけい)を何という？	地球儀(ちきゅうぎ)
⓬地図の中心点から各地への距離(きょり)と方位が正しい図法は？	正距方位図法(せいきょほういずほう)
⓭地図上の２地点を結ぶ直線が経線に対して等しい角度になる，海図などに使われる図法は？	メルカトル図法

スピードチェック

第1編　世界と日本の地域構成

2　日本の地域構成

地図でチェック

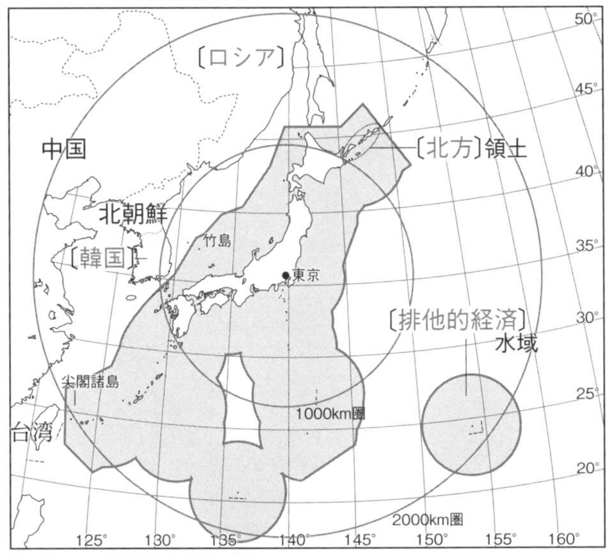

▶日本の範囲

・北端
〔択捉(えとろふ)〕島

・南端
〔沖ノ鳥(おきのとり)〕島

・東端
〔南鳥(みなみとり)〕島

・西端
〔与那国(よなぐに)〕島

▶時差

・経度〔15〕度
時差1時間

・日付変更線
ほぼ経度〔180〕度

ファイナルチェック

- ❶世界各国が標準(ひょうじゅん)時の基準とする経線を何という？　標準時子午線(しごせん)
- ❷兵庫県明石(あかし)市を通る，日本の❶の経度は何度？　東経135度
- ❸経度の差によって生まれる時間の差を何という？　時差
- ❹太平洋に引かれ，その東西で日付が異なる線は？　日付変更(へんこう)線
- ❺国の領域(りょういき)は，領土(りょうど)，領空(りょうくう)と何からなる？　領海(りょうかい)
- ❻海岸線から200海里の，領海を除(のぞ)く範囲(はんい)を何という？　排他的経済水域(はいたてきけいざいすいいき)
- ❼沖ノ鳥島は侵食(しんしょく)から守るために何をされている？　護岸工事(ごがんこうじ)
- ❽ロシアが不法に占拠(せんきょ)している北海道の島々は？　北方領土
- ❾韓国(かんこく)が不法に占拠している島根県の島は？　竹島(たけしま)
- ❿日本には現在いくつの都道府県がある？　47
- ⓫県庁がおかれている都市を何という？　県庁所在地
- ⓬日本を，北海道，東北，関東，中部，近畿(きんき)，中国・四国，九州地方に分ける区分を何という？　7地方区分
- ⓭中国・四国地方はどのような3つの地域に分かれる？　山陰(さんいん)・瀬戸内(せとうち)・南四国(みなみしこく)
- ⓮中部地方の日本海側の地域を何という？　北陸(ほくりく)

教科書 p.24 ~ 42

スピードチェック

第2編　世界のさまざまな地域

第1章　世界各地の人々の生活と環境

地図でチェック

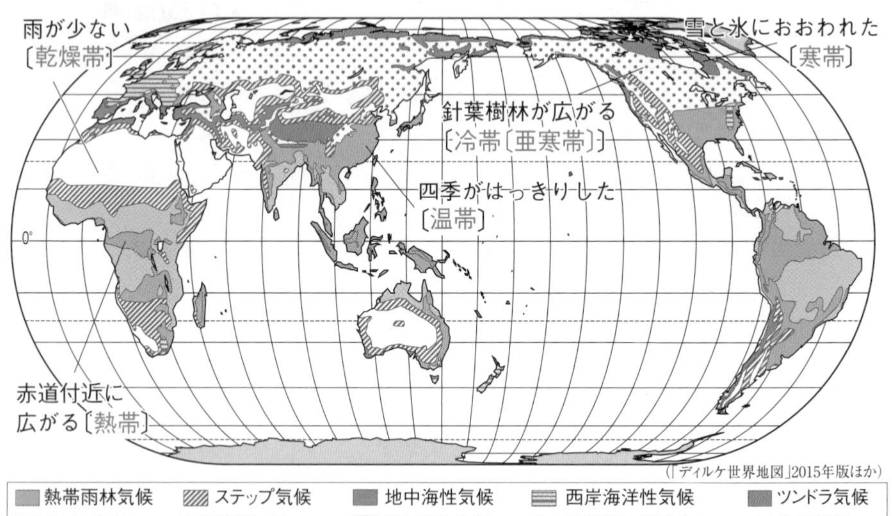

ファイナルチェック

☐❶熱帯(ねったい)気候のマレーシアで午後に降(ふ)るはげしい雨は？	スコール
☐❷熱帯の地域(ちいき)の背の高い樹木が密集する森林を何という？	熱帯雨林(ねったいうりん)
☐❸ロシアと中国にはさまれた内陸国は？	モンゴル
☐❹雨が非常に少なく，草木がほとんど育たない気候は？	乾燥帯気候(かんそうたい)
☐❺牧草を求めて移動しながら家畜(かちく)を飼(か)う農業を何という？	遊牧(ゆうぼく)
☐❻イタリアで主に雨が降るのは夏と冬のどちら？	冬
☐❼カナダ北部に住む先住民を何という？	イヌイット
☐❽アンデス山脈で放牧が行われている寒さに強い家畜は？	リャマ，アルパカ
☐❾役所などで公的に用いられる言語を何という？	公用語
☐❿同じ言語でも地域でちがう場合の言語を何という？	方言
☐⓫インドでおこり，6世紀に日本に伝わった宗教は？	仏教
☐⓬ヨーロッパで広く信仰(しんこう)されている宗教は？	キリスト教
☐⓭7世紀初めにアラビア半島でおこった宗教は？	イスラム教
☐⓮⓭を信仰する人は，何の肉を食べない？	豚肉(ぶたにく)
☐⓯インドで，現在特に信仰が盛(さか)んな宗教は？	ヒンドゥー教

教科書 p.44 ~ 57

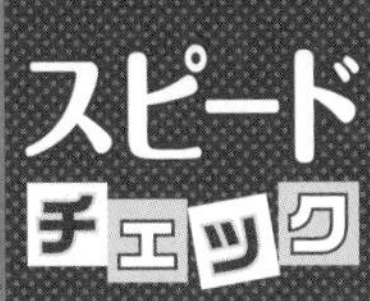

第２編　第２章　世界の諸地域

１　アジア州

地図でチェック

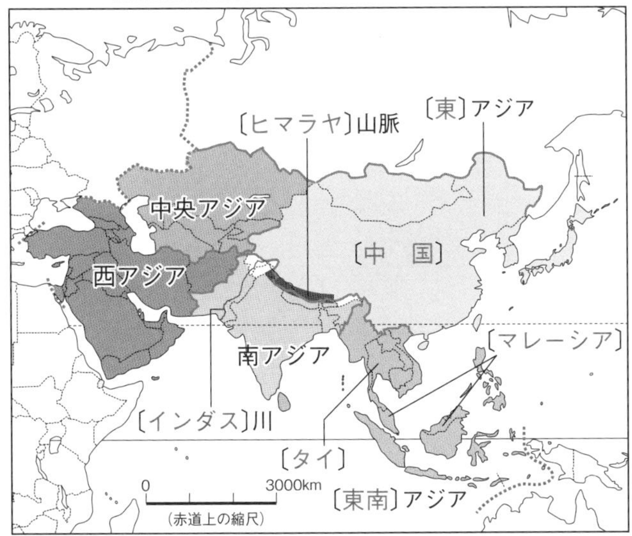

▶アジアの気候

・南から順に〔熱帯〕気候→〔温帯〕気候→冷帯（亜寒帯）気候→〔寒帯〕気候

▶人口の集中

・世界の人口の約〔６〕割がアジアに集中

・人口の多い国…人口が13億人以上の国→中国，〔インド〕

ファイナルチェック

☐❶季節によってふく方向が変わる風を何という？	季節風〔モンスーン〕
☐❷降水量の多い東アジアから南アジアで盛んな農業は？	稲作
☐❸韓国で現在盛んな工業は自動車工業と何？	先端技術〔ハイテク〕産業
☐❹中国が外国企業受け入れのため沿岸部に作ったのは？	経済特区
☐❺中国の都市部で起きている環境問題は？	大気汚染
☐❻同じ農地で年２回同じ農作物を収穫することは？	二期作
☐❼植民地時代に東南アジアにつくられた大規模農園は？	プランテーション
☐❽東南アジア諸国連合のアルファベットの略称は？	ASEAN
☐❾インドで社会問題が残る，ヒンドゥー教に基づく身分制度を何という？	カースト制度
☐❿英語が普及していることから発展した，近年，インドの経済成長を支える産業は？	情報通信技術〔ICT〕産業
☐⓫1960年に産油国で結成した組織を何という？	石油輸出国機構〔OPEC〕
☐⓬西アジア・中央アジアで主に信仰されている宗教は？	イスラム教
☐⓭紛争などでほかの国にのがれた人を何という？	難民

スピードチェック

第２編　第２章　世界の諸地域

2　ヨーロッパ州

地図でチェック

▶ヨーロッパの地形と国々

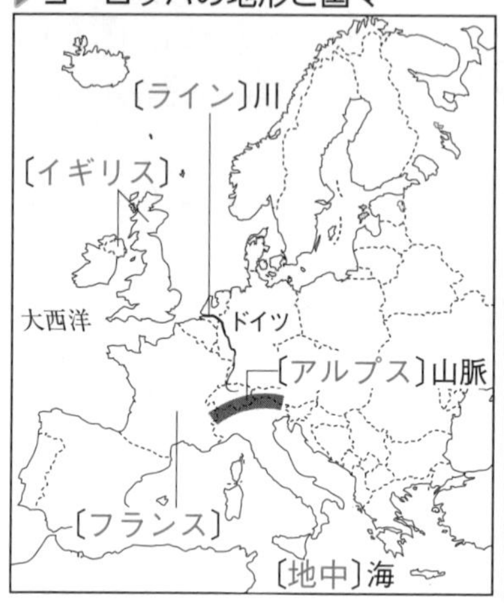

EU 加盟国の拡大

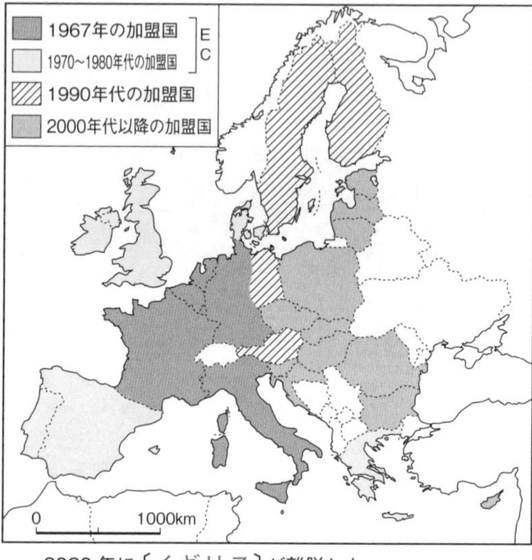

▶〔ライン〕川やドナウ川などの水上交通がヨーロッパを結ぶ

2020 年に〔イギリス〕が離脱した。

ファイナルチェック

☐❶スカンディナビア半島に見られる氷河による地形は？	フィヨルド
☐❷ヨーロッパ州の気候に影響(えいきょう)を与(あた)える暖流を何という？	北大西洋海流(きたたいせいようかいりゅう)
☐❸❷によって暖められる，つねに西からふく風は？	偏西風(へんせいふう)
☐❹キリスト教のうち，イギリスやドイツで信仰(しんこう)されている宗派は？	プロテスタント
☐❺ヨーロッパ州で多くの共通政策を実施(じっし)する組織は？	ヨーロッパ連合〔ＥＵ〕
☐❻❺の多くの国が導入する共通通貨は？	ユーロ
☐❼畑作と牧畜(ぼくちく)を組み合せた農業を何という？	混合農業(こんごうのうぎょう)
☐❽乾燥(かんそう)に強いふどう，オリーブなどを栽培(さいばい)するのは？	地中海式農業(ちちゅうかいしきのうぎょう)
☐❾❺が農業に補助金を出すのは何を上げるため？	食料自給率(じきゅうりつ)
☐❿ヨーロッパの石油・天然ガスはロシアから何で送られる？	パイプライン
☐⓫風力，太陽光，バイオマスなどのエネルギーをまとめて何という？	再生可能エネルギー
☐⓬ヨーロッパで近年増えた，他国から移り住んだ人は？	移民
☐⓭2016年に❺からの離脱を国民投票で決めた国は？	イギリス

教科書 p.72 ~ 95

第2編　第2章　世界の諸地域

3　アフリカ州
4　北アメリカ州

地図でチェック

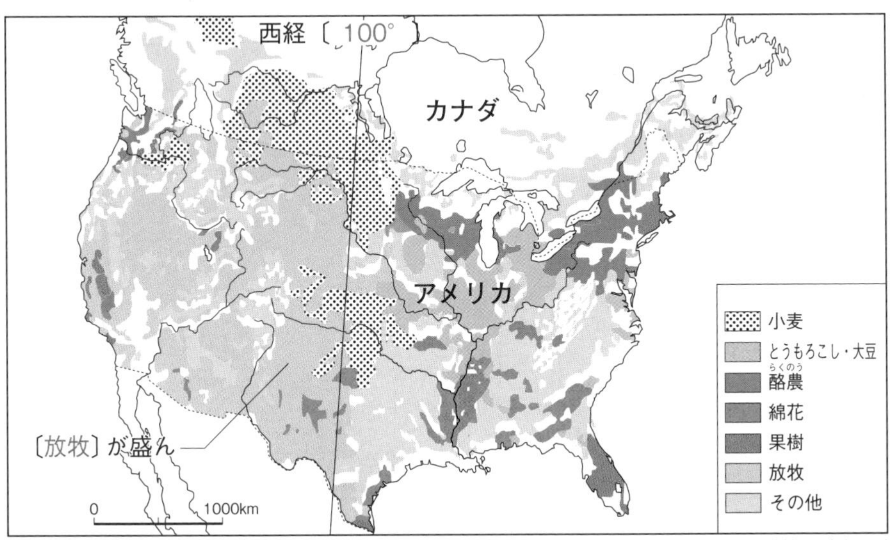

(「グーズ世界地図帳」2017年版ほか)

ファイナルチェック

☐❶アフリカ大陸の北部にある世界最大の砂漠は？	サハラ砂漠
☐❷アフリカの乾燥帯の地域で行われている農業は？	牧畜
☐❸17世紀ごろ，アフリカからつれてこられた人々は？	奴隷
☐❹埋蔵量が少なく，工業製品に欠かせない金属を何という？	レアメタル〔希少金属〕
☐❺単一の農作物や鉱産資源にたよる経済を何という？	モノカルチャー経済
☐❻ＥＵをモデルにつくられたアフリカ州の国際組織は？	アフリカ連合〔AU〕
☐❼非政府組織をアルファベットでいうと？	NGO
☐❽もともとその土地に住んでいた人を何という？	先住民
☐❾メキシコやカリブ海の島々からアメリカに移住した人々を何という？	ヒスパニック
☐❿地域の気候や地形に適した農作物をつくる農業は？	適地適作
☐⓫アメリカに特に多い，穀物を扱う大企業は？	穀物メジャー
☐⓬アメリカの現在の工業の中心となる産業は？	先端技術〔ハイテク〕産業
☐⓭アメリカの北緯37度以南の工業が盛んな地域を何という？	サンベルト
☐⓮採掘が難しい場所にある天然ガスを何という？	シェールガス

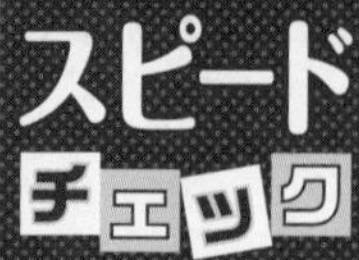

教科書 p.96 ~ 115

第2編　第2章　世界の諸地域

5　南アメリカ州
6　オセアニア州

地図でチェック

南アメリカ州

オセアニア州

ファイナルチェック

☐❶南アメリカ大陸を流れる, 流域面積(りゅういきめんせき)が世界最大の川は？	アマゾン川
☐❷❶の流域に広がる, 熱帯(ねったい)地方の森林は？	熱帯雨林(ねったいうりん)
☐❸アルゼンチンに広がる大草原は？	パンパ
☐❹20世紀初め, 日本から移住してきた人たちの子孫は？	日系人
☐❺都市化が進む中, 南アメリカで課題になっている生活環境の悪い地域(ちいき)を何という？	スラム
☐❻穀物やさとうきびを原料としてつくられた燃料は？	バイオ燃料
☐❼オセアニア州は, 太平洋の島々と, 何大陸からなる？	オーストラリア大陸
☐❽オーストラリアの先住民を何という？	アボリジニ
☐❾ニュージーランドの先住民を何という？	マオリ
☐❿オーストラリアの鉱産資源(こうさんしげん)の採掘(さいくつ)のしかたは？	露天掘り(ろてんぼり)
☐⓫かつてオーストラリアで行われていた, アジア州からの移民を制限する政策を何という？	白豪主義(はくごうしゅぎ)
☐⓬ツバルなど, 太平洋の海洋国が水没(すいぼつ)する危険性のある, 海面の上昇(じょうしょう)の大きな原因になる環境問題は？	地球温暖化(おんだん)

教科書 p.118～137

第３編　日本のさまざまな地域

第１章　地域調査の手法

地図でチェック

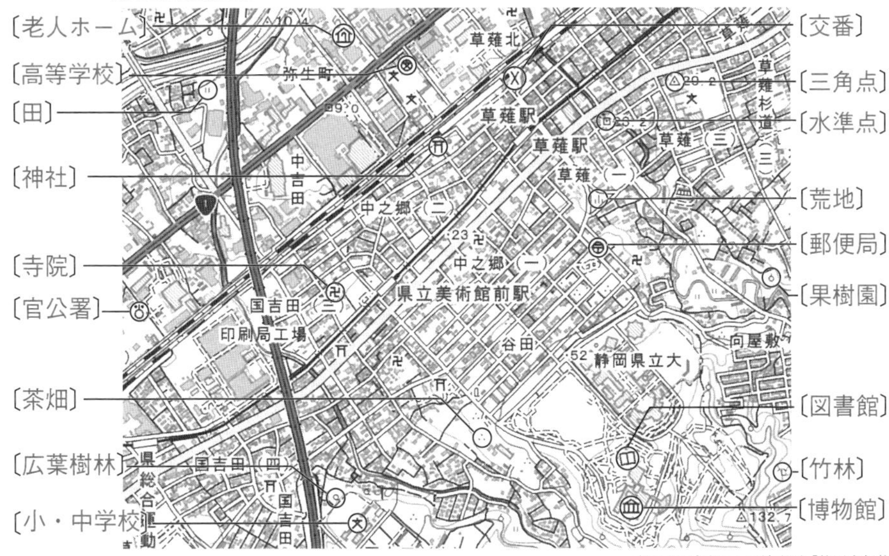

（２万５千分の１の地形図「静岡東部」）

ファイナルチェック

❶国土地理院が発行する縮尺（しゅくしゃく）２万５千分の１や５万分の１の地図を何という？	地形図
❷実際の距離（きょり）を地図上に縮小する割合を何という？	縮尺
❸２万５千分の１の地形図の１cmの，実際の距離は？	250m
❹方位が示されていない地図で，ふつう上になる方位は？	北
❺北東と北の間の方位は？	北北東
❻高さが等しい地点を結んだ線を何という？	等高線
❼地図上で，建物や土地利用を表す記号を何という？	地図記号
❽さまざまな情報を地図上で表示したり処理したりできるシステムを一般（いっぱん）にアルファベットで何という？	ＧＩＳ
❾地域（ちいき）研究のために現地を調査することを何という？	野外観察
❿❾の調査する道順をかきこんだ地図を何という？	ルートマップ
⓫自然災害が発生したときに，どこで，どのような被害（ひがい）になるかを想定した地図を何という？	ハザードマップ
⓬割合を示す，比べるときは，どのようなグラフをつくる？	円グラフ・帯グラフ

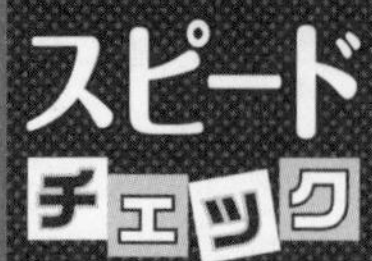

教科書 p.140 ～ 149

第３編　日本のさまざまな地域

第２章　日本の地域的特色と地域区分①

地図でチェック

日本の主な地形

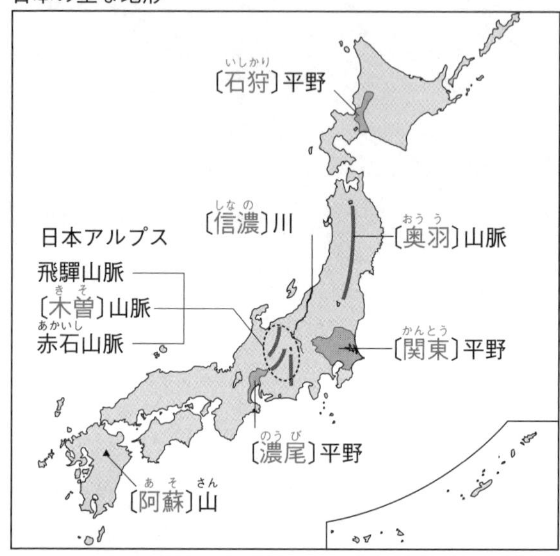

日本周辺の海流

いろいろな海岸

・砂におおわれる〔砂浜〕海岸
・岩場が海に面す〔岩石〕海岸
・入り組んだ海岸線をもつ〔リアス〕海岸…三陸海岸，志摩半島

ファイナルチェック

☐❶太平洋をとりまく，日本列島がふくまれる造山帯は？	環太平洋造山帯
☐❷川が山地から流れ出るところに土砂がたまってつくられる扇形の地形を何という？	扇状地
☐❸飛騨，木曽，赤石山脈の３つをまとめて何という？	日本アルプス
☐❹日本の地形を東西に分ける帯状の地形を何という？	フォッサマグナ
☐❺日本の近海の浅く平らな地形を何という？	大陸棚
☐❻太平洋を日本の南から流れてくる暖流を何という？	日本海流〔黒潮〕
☐❼千島列島から太平洋を流れてくる寒流を何という？	千島海流〔親潮〕
☐❽北海道と沖縄を除く日本列島が含まれる気候は？	温帯気候
☐❾季節によって風向きが変わる風は？	季節風〔モンスーン〕
☐❿地震の震源が海底の場合，何が発生することがある？	津波
☐⓫1995年，兵庫県南部を中心に大きな被害のあった災害は？	阪神・淡路大震災
☐⓬海面が上昇し，海水が陸上にあふれて起こる災害は？	高潮
☐⓭都市部の方が郊外より気温が高くなる現象を何という？	ヒートアイランド現象
☐⓮災害の被害をできるだけ小さくすることを何という？	減災

教科書 p.152 ~ 162

第３編　日本のさまざまな地域

第２章　日本の地域的特色と地域区分②

地図でチェック

日本の主な工業地帯・地域

▶さまざまな農業

名前	特色
〔近郊農業〕	野菜などを大都市の周辺で栽培。
〔園芸農業〕	温暖な地域で花などを栽培。
〔酪農〕	牛乳とその加工品を作る。北海道で盛ん。

▶輸送の方法

・〔海上〕輸送…大量の貨物を一度に運ぶ
・〔航空〕輸送…軽くて高価なものを運ぶ

ファイナルチェック

☐❶子どもの数が減り，高齢者が増えることを何という？	少子高齢化
☐❷その地方の政治・経済・文化の中心となる都市は？	地方中枢都市
☐❸量が少なく，採掘も難しい金属を何という？	レアメタル〔希少金属〕
☐❹風力，地熱，太陽光などによるエネルギーを何という？	再生可能エネルギー
☐❺大消費地に近い関東地方などで盛んな農業は？	近郊農業
☐❻魚や貝を育ててとる漁業を何という？	養殖業
☐❼稚魚や稚貝を放流し成長してからとる漁業は？	栽培漁業
☐❽国内で消費する食料のうち国産の割合を示したものは？	食料自給率
☐❾日本の太平洋岸にのびる，人口が集中し工業が盛んな帯状の地域を何という？	太平洋ベルト
☐❿情報通信技術をアルファベットで何という？	ＩＣＴ
☐⓫工場の海外移転などにより，国内の工場や働く人が減っていく現象を何という？	産業の空洞化
☐⓬商業やサービス業が含まれる産業を何という？	第３次産業
☐⓭知識や情報を中心に技術が発展していく社会は？	情報社会

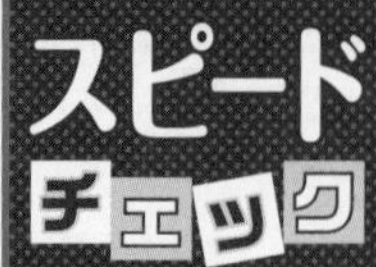

教科書 p.164～189

第３編　第３章　日本の諸地域

1　九州地方
2　中国・四国地方

地図でチェック

九州地方

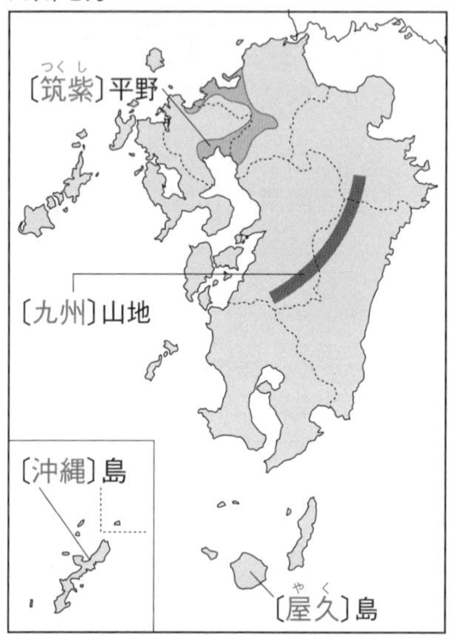

中国・四国地方

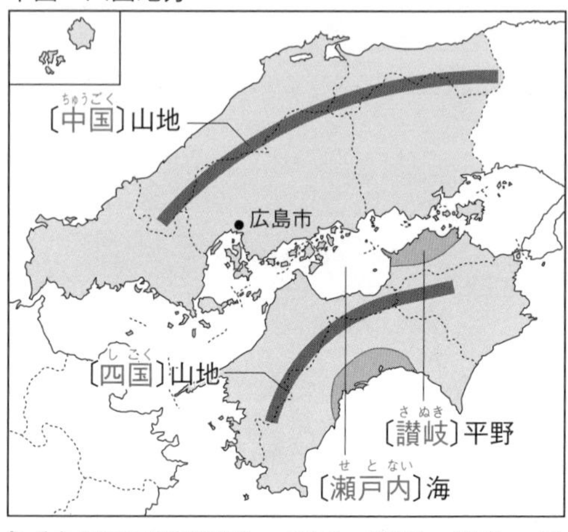

▶〔本州四国連絡橋〕…神戸－鳴門，児島－坂出（瀬戸大橋），尾道－今治の３つのルート

ファイナルチェック

☐❶直径約20kmのカルデラをもつ熊本県の火山は？	阿蘇山
☐❷火山の地下の熱水と蒸気を利用して発電する方法は？	地熱発電
☐❸同じ耕地で１年に異なる２つの作物をつくる農法は？	二毛作
☐❹温暖な気候を生かし，農産物の出荷時期を早める農業は？	促成栽培
☐❺江戸時代以前に日本から独立していた沖縄の王国は？	琉球王国
☐❻沖縄島の約15％はどの国の軍の基地が占める？	アメリカ（合衆国）
☐❼北九州市を中心とする九州地方北部の工業地帯は？	北九州工業地帯
☐❽四大公害の１つで，熊本県や鹿児島県で発生した公害病は？	水俣病
☐❾将来の世代の欲求を満たしつつ，現代の世代の欲求を満足させるような社会を何という？	持続可能な社会
☐❿山陰の海岸にある日本最大の砂丘を何という？	鳥取砂丘
☐⓫中国山地などで見られる人口が過度に減少する現象は？	過疎化
☐⓬岡山県倉敷市などにある石油化学の工場群を何という？	石油化学コンビナート
☐⓭本州と四国を結ぶ３つのルートを合わせて何という？	本州四国連絡橋
☐⓮農産物の生産者が加工や販売に取り組むことは何化？	「６次産業」化

スピードチェック

第３編　第３章　日本の諸地域

３　近畿地方

地図でチェック

近畿地方

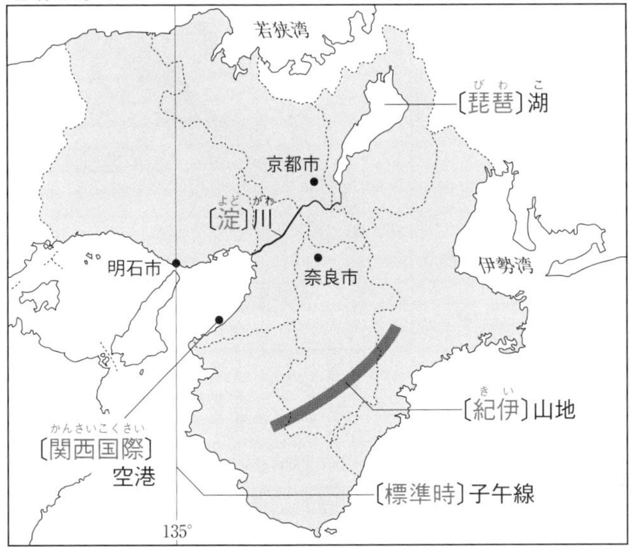

▶近畿地方の自然
- 若狭湾・熊野灘沿岸…〔リアス〕海岸
- 南部の〔紀伊〕山地

温暖で雨が多く，しばしば風水害が発生

▶〔京阪神〕大都市圏
- 大阪，京都，神戸が中心都市
- 中心部と郊外を鉄道が結ぶ
- 〔ニュータウン〕…郊外で大規模な開発。近年は高齢化が課題

ファイナルチェック

☐❶近畿地方に位置する日本最大の湖は？	琵琶湖
☐❷平安京から発展した都市は？	京都市
☐❸現在の奈良市にはかつて何という都があった？	平城京
☐❹❷に見られる，碁盤の目のような通りに代表される古代の都市計画を何という？	条坊制
☐❺和食はユネスコの何に登録されている？	ユネスコ無形文化遺産
☐❻江戸時代，大阪の繁栄の様子は何とよばれた？	天下の台所
☐❼国際貿易都市として発展した兵庫県の都市は？	神戸市
☐❽大阪やその周辺で発展した工業地帯は？	阪神工業地帯
☐❾スーパーコンピューターの研究所が誘致された❼の埋め立て地を何という？	ポートアイランド
☐❿京都の西陣織や清水焼などの工芸品を何という？	伝統的工芸品
☐⓫紀伊山地の吉野地方や尾鷲で古くから盛んな産業は？	林業
☐⓬❷では街なみを守るため建物の何が規制されている？	高さ・デザイン・屋外広告
☐⓭姫路城や百舌鳥・古市古墳群は何に登録されている？	世界文化遺産

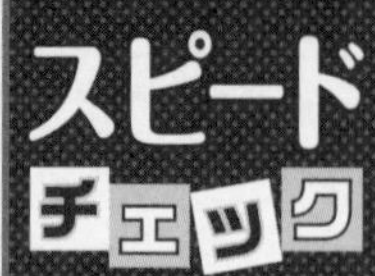

第３編　第３章　日本の諸地域

4　中部地方

地図でチェック

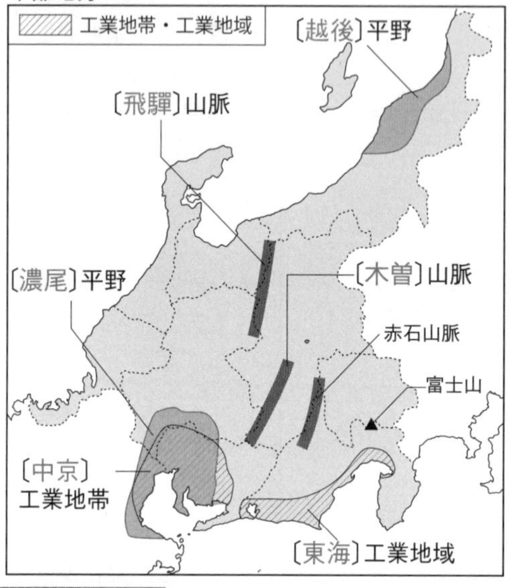

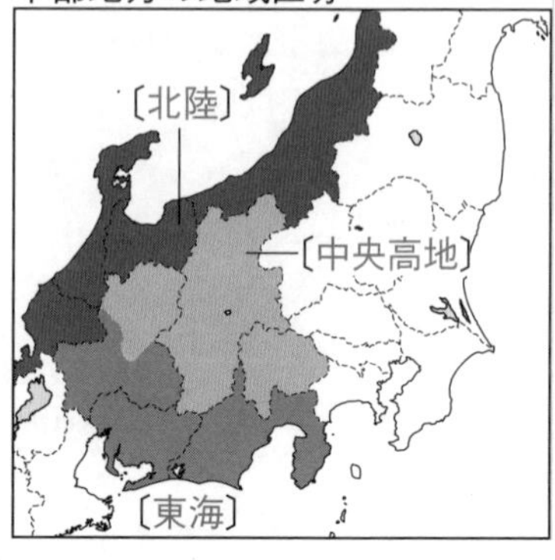

▶中部地方の工業

・中京工業地帯…愛知県中心。
→豊田市の〔自動車〕産業など

・東海工業地域…浜松市でのオートバイ，〔楽器〕など

ファイナルチェック

☐❶飛驒，木曽，赤石山脈の３つをまとめて何という？	日本アルプス
☐❷日本で３番めに人口が集中する大都市圏は？	名古屋大都市圏
☐❸愛知県から三重県北部に広がる工業地帯を何という？	中京工業地帯
☐❹❸の工業生産額のうち，最大の割合を占める工業は？	自動車工業〔輸送機械〕
☐❺静岡県に広がる工業地域を何という？	東海工業地域
☐❻中央高地の冷涼な気候を生かして栽培されるのは？	高原野菜
☐❼中央高地の盆地で見られ，果樹栽培が盛んな地形は？	扇状地
☐❽コシヒカリなどの産地と結びついた米を何という？	銘柄米
☐❾北陸で，冬の間の副業や江戸時代の特産品の生産から発展した産業は？	伝統産業，地場産業
☐❿❾のうち眼鏡枠の生産が盛んなのはどこ？	福井県鯖江市
☐⓫北陸の雪どけ水を生かしたダムによる発電は？	水力発電
☐⓬温暖な気候を利用して花や野菜を栽培する農業は？	園芸農業
☐⓭⓬の一つで，静岡県の台地で生産が盛んな農作物は？	茶
☐⓮静岡県の焼津港は何という漁業の基地？	遠洋漁業

教科書 p.220～233

第３編　第３章　日本の諸地域

5　関東地方

地図でチェック

関東地方

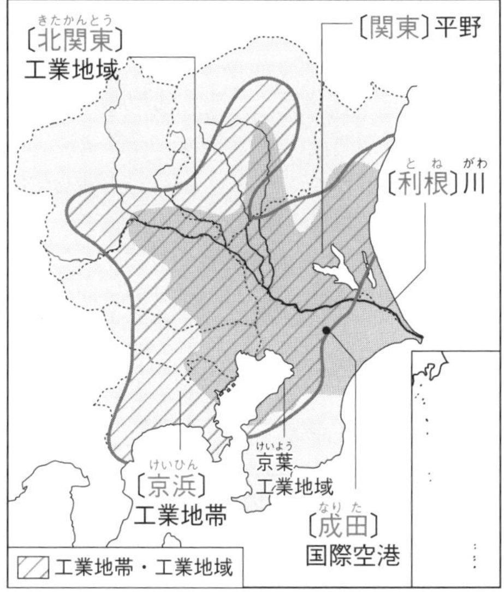

▶人口の集中

・関東地方に4000万人以上が住む

▶工業地帯・工業地域の特色

・京浜工業地帯，京葉工業地域
…鉄鋼，金属，化学→
〔重化学工業〕が盛ん

・工場の跡地が〔物流〕センターへ

・北関東工業地域
…高速道路周辺に〔工業団地〕

▶日本有数の貿易港

・東京港，〔横浜〕港…貨物輸送

・〔成田〕国際空港…貿易額日本一

ファイナルチェック

☐❶火山灰が積もってできた赤土の層を何という？	関東ローム
☐❷さいたま市，千葉市，横浜市などは何に指定されている？	政令指定都市
☐❸郊外に衛星都市がつらなる日本最大の都市圏は？	東京大都市圏
☐❹❸を別のよび方で言うと？	首都圏
☐❺関東地方で冬にふく北西の風を何という？	からっ風
☐❻大都市圏に人口や産業が過度に集中することを何という？	一極集中
☐❼日本の国内線の航空路線の中心となる空港は？	東京国際〔羽田〕空港
☐❽人口が増えるにつれて郊外に新たに建設された住宅地区を何という？	ニュータウン
☐❾特定の地域や都市に人口や産業が過度に集中し，都市問題を引きおこす現象を何という？	過密化
☐❿❻の解消のため茨城県に研究機関が移転してできたまちは？	筑波研究学園都市
☐⓫四大工業地帯の１つで，関東地方南部にある工業地帯は？	京浜工業地帯
☐⓬大都市の近くで野菜などを生産する農業は？	近郊農業
☐⓭❸で発生が心配されている地震は？	首都直下地震

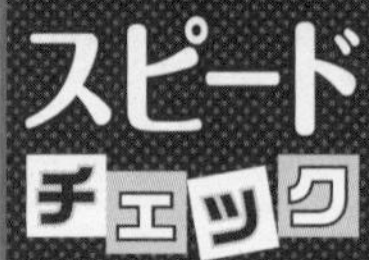

第３編　第３章　日本の諸地域
6　東北地方
7　北海道地方

地図でチェック

東北地方

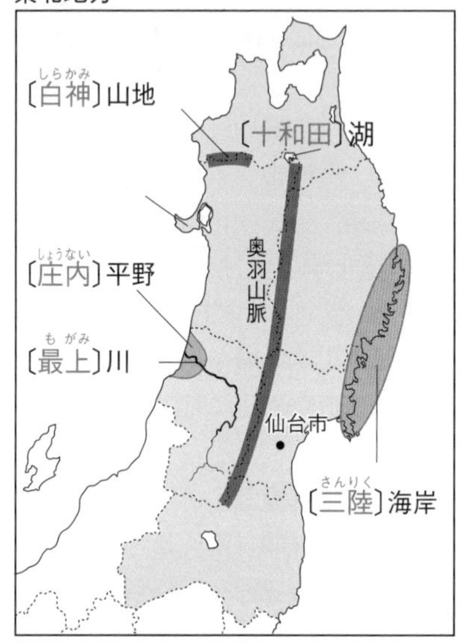

北海道地方

▶北海道の農業…自然環境に合わせた農業
・〔石狩〕平野…稲作　・根釧台地…〔酪農〕
・十勝平野…〔畑〕作，酪農

ファイナルチェック

❶三陸海岸の南部に見られる特徴的な海岸は？	リアス海岸
❷2011年３月11日に起こった地震災害を何という？	東日本大震災
❸東北地方の太平洋側で夏にふく冷たく湿った北東の風は？	やませ
❹夏に太平洋側にふく❸が原因で起こる災害は？	冷害
❺三陸沖の親潮と黒潮がぶつかる場所を何という？	潮目
❻銘柄米などを生産する東北地方の主な農業は？	稲作
❼津軽平野や北上盆地で栽培が盛んな果樹は？	りんご
❽岩手県で砂鉄を利用してつくる伝統的工芸品は？	南部鉄器
❾北海道の大部分が属する気候帯は？	冷帯〔亜寒帯〕
❿オホーツク海沿岸に，冬に接近する氷は？	流氷
⓫北海道の太平洋側で夏に発生し，低温の原因になるのは？	濃霧
⓬北海道の先住民族を何という？	アイヌ民族
⓭明治時代，北海道の開拓と防衛を担ったのは？	屯田兵
⓮根釧台地で盛んな乳製品を生産する農業を何という？	酪農
⓯世界自然遺産に登録された，オホーツク海に面する半島は？	知床半島

p.146 第9回

1 (1)環太平洋造山帯
(2)ウ・エ
(3)扇状地
(4)A中央構造線
B フォッサマグナ
(5)例奥行きのある岬と湾が連続し，入り組んだ海岸線をもつ。

2 (1)イ（→）ウ（→）ア
(2)過疎化
(3)太平洋ベルト
(4)ア・エ
(5)①ウ　②エ
(6)鉱産資源

解説

1 (1)(2)環太平洋造山帯にあるため，日本では火山や地震・津波などの災害が多い。

2 (2)三大都市圏では過密化が進んでいる。
(4)**イ**の農業は第１次産業，**ウ**の製造業は第２次産業。**ア**の金融業と**エ**の観光業が第３次産業にあたる。北海道と沖縄で就業者の割合が高いのは，観光業である。

p.147 第10回

1 (1)イ
(2)地熱発電
(3)シラス台地
(4)Xウ　Yイ　Zア
(5)①ウ　②イ
(6)持続可能な社会

2 (1)松江
(2)例降水量が少なく，干害が起こることがあるから。
(3)本州四国連絡橋
(4)ウ

解説

1 (1)**ア**は雲仙岳，**ウ**は桜島。
(4)**X**は筑紫平野，**Y**は宮崎平野，**Z**はシラス台地が広がる鹿児島県。

2 (4)**B**は，瀬戸内工業地域である。

p.148 第11回

1 (1)A 琵琶湖　B 紀伊山地
(2)イ
(3)例夏の季節風や台風の影響を受けるから。
(4)リアス海岸
(5)京阪神大都市圏
(6)ア
(7)①a　②c

2 (1)奈良県
(2)京都府
(3)a 阪神工業　b 医療

解説

1 (4)**C**は若狭湾である。熊野灘にもリアス海岸が広がっている。
(5)**a**は神戸市，**b**は大阪市，**c**は京都市である。
(6)**X**では，都市の活性化を図るために再開発が行われており，工業化のためではない。

p.149 第12回

1 (1)3つ
(2)東海
(3)例1年を通じて降水量が少なく，夏は涼しく，冬は寒さがきびしい。
(4)飛驒山脈
(5)①C　②D　③A　④B

2 (1)エ
(2)ウ
(3)イ（→）ア
(4)例三大都市圏からのアクセスがよいから。

解説

1 (1)県名と県庁所在地がちがうのは，石川県（金沢市），山梨県（甲府市），愛知県（名古屋市）。
(4)飛驒山脈の南東に，木曽山脈，赤石山脈がつらなる。

2 (1)①中京工業地帯では，自動車工業や鉄鋼業，化学工業などの重化学工業が盛ん。②東海工業地域では，自動車や二輪車などの輸送機械，楽器の生産，製紙業などが盛んである。
(2)石川県には，輪島市の輪島塗，金沢市の金箔などの伝統産業がある。

p.150 第13回

1 (1)利根川
(2)水田
(3)火山灰
(4)①ア
②夏 イ　冬 ア
(5)一極集中
(6)①ア　②エ
(7)B
(8)例多くの人が通勤・通学で集まるため。

2 (1)①C　②A　③D
(2)例高速道路が整備されたから。

解説

1 (4)①からっ風は，日本海側から山脈をこえてふく，北西の風である。
(6)Aは茨城空港，Cは東京国際空港（羽田空港）である。

p.151 第14回

1 (1)奥羽山脈
(2)やませ
(3)①E　②B　③A
(4)ウ
(5)例暖流と寒流がぶつかる潮目があるから。
(6)工業団地
(7)東日本大震災

2 (1)千島海流
(2)ロードヒーティング
(3)①C　②B
(4)例地域の自然環境を体験しながら学び，環境保全にも関心や責任をもつ観光。

解説

1 (5)三陸海岸の沖合は，世界有数の漁場になっている。リアス海岸の湾内では，わかめやかきなどの養殖も盛んである。

2 (1)千島海流は，親潮ともいう。濃霧は，千島海流の上で冷やされた南東の季節風により，発生することがある。
(3)Aは天塩平野，Bは石狩平野，Cは十勝平野，Dは根釧台地。

p.152 第15回

1 (1)B
(2)①クアラルンプール
②熱帯気候〔熱帯雨林気候〕
(3)ニューヨーク
(4)例植民地時代，民族の分布を無視して境界線が引かれたから。
(5)カナダ
(6)キリスト教
(7)石炭
(8)ニュージーランド

2 (1)G
(2)C・D・E
(3)A・B
(4)瀬戸内
(5)例島が波で浸食され，排他的経済水域が失われることを防ぐため。

解説

1 (2)1年を通して降水量が多く，気温が高いことから，熱帯気候に含まれる地域の雨温図であることがわかる。
(3)日本との経度差や，日付変更線から，日本との時差を判断する。
(5)面積が1番広い国はロシア，2番目に広い国はカナダ，3番目に広い国はアメリカである。

6　5　4
D　C　B　A